The Struggle to Understand Isaiah as Christian Scripture
Brevard Springs Childs

教会はイザヤ書を
いかに解釈してきたか

七十人訳から現代まで

B. S. チャイルズ［著］

田中光、宮嵜薫、矢田洋子［訳］

日本キリスト教団出版局

この本をアンに捧げる
彼女は 55 年来の妻、また最も親密な友人
この本を書くにあたっての私の肉体的な闘いをただ一人
余すところなく理解してくれたのは彼女である。

The Struggle to Understand Isaiah
as Christian Scripture

by Brevard S. Childs

© Brevard S. Childs, 2004

Japanese Edition Copyright © 2018

Translated by Permission of Wm. B. Eerdmans Publishing Co.

Grand Rapids, Michigan / Cambridge, U. K.

tr. by HIKARU Tanaka

KAORU Miyazaki

YOKO Yada

Published by

The Board of Publications

The United Church of Christ in Japan

Tokyo, Japan

日本語版への序文

クリストファー・R. サイツ（**Christopher R. Seitz**）

　私は、日本語に訳されることになったこのチャイルズの著作への短い序文を書くようにと依頼されていたが、ここに喜んでそのことをしたいと思う。私はブリヴァード・チャイルズの学生、同僚、そして友人であった。私はたびたび、彼が取り組んでいた様々なプロジェクトについて、彼と論じ合ったものだった。彼はそういう時にほんのわずかしか語らなかったが、しかしそれからやがて完成した本を手にして現れて、私を驚かせるということがあった。本書 *The Struggle to Understand Isaiah as Christian Scripture*（原題『イザヤ書をキリスト教聖典として理解するための苦闘』）も、そのような類の本である。チャイルズは定期的に聖書解釈の歴史を教えており、従って彼がこの種の思索に取り組んでいたことはよく知られていた。私はこの本が完成する以前に、チャイルズとこの本について交わした、ただ一度きりの会話の内容を思い起こす。その会話の中で、聖書解釈の歴史の研究は単なる記述的な作業を超えて何をすべきか、という問いが起こった。注解者 A は X という教会の歴史の文脈の中で過ごし、聖書解釈についてあれこれの著作を生み出し、それから時代は注解者 B の時代へと移る。そのような事実から説き起こして、ある種の規範、ある種の評価基準に導かれた聖書解釈の歴史というものを、批判的に記述することは可能だろうか。そのことを十分に行うためには、何らかの規範が出現するべくして出現し、尊重されるよりも以前に、歴史が多様であること、またそれが共感をもって記述され、理解される必要があることを直視しなければならないだろう。チャイルズは常にそうしていたよう

に、これらの問いを、すでに頭の中に答えを思い描きつつ提示していたのではなく、むしろ、研究が進められる過程において、興味をかきたて公正な判断をさせてくれる刺激として提示していたのであろう。

ブリヴァード・スプリングス・チャイルズ（Brevard Springs Childs）は南部のサウスカロライナ州で生まれた。彼の父親は第一次世界大戦で負傷し、その後、家族はニューヨーク州のクイーンズへと移った。チャイルズはそこで、長老教会における説教という形で本格的な聖書学と出会い、更にまた、聖書とその学びを重んじるユダヤ人たちとの交流も得た。

チャイルズは学部生として歴史を学んだ後、プリンストン神学大学へと進学した。第二次世界大戦中、彼は歩兵として兵役についたが、その間、彼はギリシャ語の習得に取り組み、またドイツ語の能力も身につけた。彼は更にバーゼル大学に学び、バウムガルトナー（Baumgartner）とアイヒロット（Eichrodt）の下で学んだ。彼はまた、カール・バルト（Karl Barth）によるセミナーにも参加した。当時バルトの評判は、論争を巻き起こしていたという意味で、その頂点にあった。チャイルズは後に、当時のことを回想してこう語っている。旧約聖書学の学生たちとバルトは、和やかな雰囲気の中で、歴史的批判的研究に与えられていた高い地位について、それをからかうような冗談を言い合っていた、と。

チャイルズの最初の三つの著作（1960-67 年）は、彼の様式史批判的方法論への造詣の深さをうかがわせる内容となっている。この時期、彼はウィスコンシン州の神学校で短い期間教えた後、イェール神学大学に採用され、若くして教授となった。チャイルズは多読の人であり、書評を書くことに多大な労力を割き、同時に一連の重要な論文を雑誌に発表した。忙しい講義の準備、結婚、そして家族と過ごす時間といったことに加えて、こういった仕事がなされていったのである。彼と妻のアンには息子と娘が与えられ、子供たちはコネティカット州ニューヘイブンで育った。チャイルズは按手を受けた長老教会の牧師であったが、しかし彼自身は礼拝に出席するということが自分の分だと考えていた。そこでは説教と牧会が熱心になされ、また優れたキリスト教教育もなされていた。

1970 年に上梓された『危機にある聖書神学』（*Biblical Theology in Crisis*）を

日本語版への序文

見ると、聖書を読むための「正典的アプローチ」として、チャイルズ自身と他の人々が特徴づけようとしていたことの要点が現れ始めていることが分かる。このアプローチの出発点が古典的な批判的方法論（特に様式史的、伝承史的方法論）にあったことは、1974 年に出版された彼の画期的な出エジプト記の注解［邦訳：『出エジプト記　上・下』近藤十郎訳、日本キリスト教団出版局、1994 年］のどこを開いてみても明らかである。この注解においては、まず出エジプト記解釈の批判的な視点からの研究結果が概観され、それらの長所と短所が評価される。チャイルズはそのような作業の後において初めて、最終形態のテクスト自体が、どのようにしてそれらの方法論が発見した可能性のある事柄を際立たせ（foregrounded）、また背景に押しやっているか（backgrounded）という吟味を開始するのである。最終形態のテクストは、奥行きのある一つの次元の中で存在している。すなわちそれは、口頭伝承の段階、次にそれが初めて書き下された形へと改鋳される段階、更にそれを再読し、我々の目の前にある書物へ整えていく歴史を経ることを通して形を変えられるという段階、という過程の全てを含んでいる。そしてこの奥行きのある次元が、我々がいかにしてこの類のない旧約聖書の証言を重んじるようになったかを教えてくれているのと同じように、その後の聖書受容の歴史（新約聖書、ラビ的伝承、そしてそれ以降の釈義）もまた、聖書とは何かということについての理解を深めるための貢献を提示することを許されているに違いない。つまり聖書とは、神の下にあるイスラエルの宗教生活においてこれから聖書へと整えられていく文書であり、同時にそれはまた、生きた神の言葉として、新約聖書やタンナイーム文書との関連においてそれに聴こうとする共同体の中で生きた歴史を持つのである。*The Struggle to Understand Isaiah as Christian Scripture* の翻訳としての本書の序文においては、次のことを知ることが大変重要である。すなわち、チャイルズがその後期の著作である本書の中で生み出した事柄が、1970 年代前半の彼の諸研究に新たな意味づけを与えているかということである。チャイルズが出エジプト記の注解でしようとしたことは、その時代にはそぐわないことであった。そしてチャイルズのその注解における企ては、チャイルズが「正典的アプローチ」という名の下に探究していたことが、共時的な解釈や、読者反応批評——それらは、

歴史的批判的研究によって主張された客観性への自信喪失に伴って現れようとしていた聖書解釈のアプローチであり、また20世紀後期になるにつれて大量に生み出されようとしていた不確かな理論と研究であった——とは全く異なるということを示したのである。

　チャイルズと聞くと、最もよく思い起こされる著作が、1979年に出版された旧約聖書に関する入門書（『聖典としての旧約聖書入門』〔*Introduction to the Old Testament as Scripture*〕）である。ここで彼は、1974年の出エジプト記注解で用いたアプローチを採用し、更にそれを旧約聖書各書の緒論的考察のために適合させた。彼はその書物の長い序文において、正典的アプローチについて詳しく説明し、その正当性を述べている。色々な意味で、チャイルズにとって、聖書の章を順に追う形での以前のような入門的書物は暫定的な位置づけを保っているに過ぎない。というのも、チャイルズのこの書物の中では、様々な古いアプローチが評価の対象とされ、新しい提案が考慮すべきこととして説明されているからである。しかしチャイルズはここで——紙幅の制約の下で、また以前の学問的発見と取り組むという視座を所与のこととして——今後進むべきと思われる道を提示することで満足している。これまでの研究史が言及してこなかった枠組みの中に旧約聖書の内容を押し込めることで、それを根底から覆してしまおうとはしていない。それこそが、チャイルズの歴史家として抱いていた関心の特徴であろう。聖書テクストを今ある形での興味深い文学へと作り上げている歴史的次元が存在しているのとちょうど同じように、聖書におけるこの特質を説明しようとして生み出された冷静な思考法と方法論の数々によって聖書を解釈してきた歴史が存在している。この次元は尊重されるべきであるし、公平で思慮深く扱われるべきである。チャイルズによるこの1979年の入門書を読む読者は、聖書学がこれまでのような形で真剣に取り組んできたことと彼が折り合いを付けようと多大な労力を費やしていることを、決して見逃すことはないであろう。

　1979年の入門書の出版の後、聖書学の分野において、チャイルズが実際に行っていることをどう評価すればよいのかということについての理解は、なかなか深まらなかった。ある者たちはチャイルズの聖書解釈について、それを反歴史的であるとして拒絶し、またある者たちにとっては、それが「芸

日本語版への序文

術作品としてのテクスト」のようなポストモダン的アプローチなのかどうかということについてはっきりしないように見えた。チャイルズが執筆していた当初からある種の混乱が内在していたが、それは時が経つにつれて明らかになったのである。チャイルズは自身の旧約聖書神学についての講義の中心部分を、1985 年にコンパクトな単行本として出版した。しかし実際には、彼のエネルギーは（我々がここでそのことについて気付かされるように）、彼が旧約聖書を解釈するために苦心して用いようとしたアプローチを、新約聖書の解釈にも適用することへと注がれたのである。莫大なエネルギーと創造性が詰まったその著作は、1984 年に『正典としての新約聖書入門』（*Introduction to the New Testament as Canon*）として出版された。彼は個人的にこの著作を自身の思索の真の到達点と理解していたので、彼がそこにおいて説明しようと企てていたことについて新約聖書学の研究者たちがいかに混乱を示し、また無関心であったかに失望した。しかし、この著作を読んだ者は誰も、それはチャイルズが単に新約聖書学の中身について無知であったためだと結論づけることはしないだろう。実際、私が理解している限りにおいて、チャイルズが常に幅広い学術議論に精通していたことが顕著に見出される。彼の学術的卓越性と、特に彼が大陸（ドイツ、フランス、オランダ）の学術議論を把握して用いていたことは、彼にとっては常に、その正典的アプローチの考え方を引き立てるためであったのである。

チャイルズは 60 代に入り、イェール大学の神学部の学生に対して継続して講義を行っていた。彼は入門的クラス、中級の釈義の授業、演習といったクラスを、多くの人が出席した博士課程の学生のための演習と同じように指導して行った（中近東言語・文学部と旧約聖書が講じられていた宗教学部との間の良い関係が、ユダヤ教学との相互交流と共に、この時代のイェール大学には存在していた）。加えて、やがて「イェール神学」と呼ばれるようになるものが現れたが、それは聖書学、組織神学、歴史神学を橋渡しする学問分野であった。この学問分野の一つの特徴は、チャイルズが二学期にわたって開講していた聖書解釈の歴史の授業において現れていた。もちろんそれは、第二ヴァチカン公会議やローマ・カトリック教会における源泉回帰運動

(ressourcement movement) ^{訳注1} の前であっても後であっても、大陸的学問研究が持っていた諸学を統合的に扱う特徴であり、学生のカリキュラムの中心的な部分でもあったのである。イェール大学は、そのような解釈の歴史についての授業がカリキュラムの中に目立つ形で加えられ、しかも聖書学者が主として授業を受け持っていた、北米の数少ない学校の一つであった。新約聖書学の分野にまでその研究領域を拡大した後、チャイルズは聖書とのその影響史について扱う際には、カリキュラムの境界線の前で立ち往生したくないとすでに感じるようになっていた。彼が開講していた二つの授業は非常に人気があり、旧約学、新約学、組織神学、教会史、牧会学——チャイルズが研究対象とした領域を特徴づけることも、損なうこともしなかった学問的区分——に興味のある学生が皆出席していた。

　大著『旧約・新約聖書神学』（*Biblical Theology of the Old and New Testaments*）を 1992 年に出版した後、チャイルズは 1 巻本のイザヤ書の注解（2001）に精力を傾けた。その頃に一般的であったこととして、イザヤ書の注解はその三つのまとまりに従って（1-39; 40-55; 56-66 章）、3 巻に分けて執筆されていた。従って、この 1 巻本のイザヤ書注解自体が、すでにある強烈なメッセージを発しているものであった。すなわち、イザヤ書を三つの部分に分ける注解はもはや自明のことではなく、別の方法が真剣に考慮されるべきであるということである。聖書学の世界では、次第にチャイルズの正典的_{カノニカル}アプローチが認識されるようになってきていたので、チャイルズは、イザヤ書研究の分野における最も代表的な立場の幾つかを注意深く概観し、それから彼が考える進むべき道筋を「正典的_{カノニカル}アプローチ」という名の下に考えている。常のこととして、読者は、諸々の通時的アプローチ——特にイザヤ書の場合、ヨーロッパにおいて受け入れられていた編集史的モデル——と折り合いをつけるために、そして我々に今語りかけてくるテクストの特異な形態に注意深くあろうとした強固な新しい提案を提供するために割かれたチャイルズの労力を見出すことができる。歴史には深さという次元がある。そして、正典として_{カノン}

訳注1　20 世紀中葉にカトリックにおいて見られた運動で、伝統的信仰（主に古代教父）への回帰を目指した。別称として「新神学」（nouvelle théologie）とも呼ばれる。

のイザヤ書を伝達し、形成することにおいて働いた聖霊の摂理的導きの下で、深さの歴史が提示されているのである。

　チャイルズが、より以前の解釈史の中に見出される聖書の「字義的意味」（*sensus literalis*）を用いることに価値を置くようになったのは、ある面では、視野の狭い「著者の意図」なるものを探し求めるような解釈のモデルへの反発からであった。このような解釈のモデルは現代において、テクストを史実に基づかせる流れを生み、またテクストの政治的・社会的意図（*tendenz*）に関わる際限のない推測とそれらの不一致を生んだ。イザヤ書の注解を書き終えた直後、彼はすぐさま、もしイザヤ書とそれが教会に与えた重大な影響について正当に評価するのであれば、今度は解釈の歴史、そして特にその歴史において寓喩（アレゴリー）や様々な形の文彩的（フィギュラル）解釈がたびたび用いられてきたことの意義について考える作業と取り組む必要があると書いている。この場は、そのことに関するチャイルズの洞察を十分に明らかにするところではない（もっとも、彼が書いた「字義的意味」に関する重要なエッセイ^{訳注2}を振り返ることは、ここでチャイルズの思考について行けない読者にとっては、理解する手がかりを提供することにはなるのだが）。しかしある面において、チャイルズがこの重要な解釈学的視座を理解するところへと導かれたのは、ひとえにイザヤ書が歴史の中で様々な影響を与え、そしてその歴史の中で寓喩（アレゴリー）が顕著に用いられてきたという事実があったためであった。この事実は説明と理解を要した。

　そうして現れてきたのは、チャイルズが用いた「系統的類似」（family resemblance）という有益な言葉であった。この言葉は、イザヤ書の場合、解釈の示している範囲を歴史的指示対象と、そこから拡張された意味創出との間の釣り合いで理解しようとするチャイルズの努力の中で生み出されたものである。たとえばすぐ思いつくのは、アンティオキア学派（ディオドロス、モプスエスティアのテオドロス、キュロスのテオドレトス）とアレクサンド

訳注2　B. S. Childs, "The Sensus Literalis of Scripture: An Ancient and Modern Problem," in H. Donner et al., eds., *Beiträge zur alttestamentlichen Theologie: Festschrift für Walter Zimmerli* (Göttingen: Vandenhoeck & Ruprecht, 1977), 80-94.

リア学派（オリゲネス、ディデュモス、アレクサンドリアのキュリロス）の間の強調点の違いである。解釈の歴史は、「現代以前」という言葉だけで括ることのできる単一の様相を呈してきたわけではなかった。むしろそれは歴史性への関心（たとえば、歴史的文脈における預言者イザヤ）と、そのような歴史性と並んで存在する、より大きく様々な意味が合わさった指示対象への関心（イザヤと新約聖書の信仰）の間を行きつ戻りつしてきたのである。そして実に、チャイルズによるイザヤ書注解のプロジェクトにも、今我々の手元にある正典的テクストの歴史的成立過程における関心と同じ関心が示されていた。つまりそこにおいても、一つの歴史的指示対象が保持されつつ、しかしそれが同時に、テクスト自身の歴史的文脈の中で拡張され、終末論化されているのである。ヒゼキヤはもちろん歴史的意味でヒゼキヤ自身であるが、しかし同時に彼は自分自身以上の何かを指し示す人物でもある。僕イスラエルは、［新しい］イスラエルとなる個人的存在であるが、しかし彼は同時に、「僕たち」との関係において実現される終末論的目的を持った存在でもある。こういったことは全て、現在の正典的形態が示すドラマを我々が読み進めていく際に起こることなのである。

　本書 *The Struggle to Understand Isaiah as Christian Scripture* は、ブリヴァード・チャイルズによる比較的大きな作品の中で特別な著作である。この著作には個々の聖書解釈者について短い説明が付してあり、そのことによって我々が、それら解釈者の個人的特徴と、彼らが生きた時代について前もって理解できるようになっている。チャイルズが読者のために配慮し、完全を期し、明快に著述していることは明らかであり、それは彼自身の神学校の学生の授業における指導を反映したものであると言える。それから彼は、とりあげている注解の特徴を論評し、寓喩的、文彩的／予型論的、歴史的指示対象のどれが強調されているかを吟味することによって、その注解が「系統的類似」のどこに位置づけられるかを理解しようとする。彼が論評する幾つかの資料には、聖書の受容史の中であまり重要視されてこなかったものがあり、我々にとっては意味不明に思える場合もある（たとえば、オリゲネスによる説教）。しかしチャイルズは、他の研究者たちが奇妙で、おかしいと思う解釈に対しても常に好奇心を持ち、敬意を払っている。このような態度は、聖書がその力

日本語版への序文

を明確に発揮し、また神の摂理の中で古の信仰者たちを励まし導いてきたことを信じる彼の謙遜から来ているものである。従ってその意味では、我々にも古の信仰者に共感できる部分があるのである。聖書を単なる本と異なるものとしているのは、まさにこのようにして聖書が信仰者たちに影響を与えてきた歴史の存在である。誰も聖書を読んで「自分は今ここに書いてあることを成し遂げた」などとは言わない。聖書は生きて働くものであり、信仰者から応答を引き起こすからである。このチャイルズによる著作にはちょっとした驚きがある。それはチャイルズが、その当時はあまり理解されなかったようなある聖書解釈者に出くわしたときにも、彼がそういう解釈者の中になお、啓発的で洞察に富んだ言葉を見出しているように見えることが明らかな場合であり、実際そのような解釈者の言葉は時代とともに色あせるどころか力を増していったのである。こういった解釈者はまさに、預言者イザヤ自身を彷彿とさせるではないか！

　ここで読者の必要のために次のことを記しておこう。チャイルズは寓喩（アレゴリー）と予型論（タイポロジー）に関して小論を書いており、その中で、本書（The Struggle）において見出されるのと同じ関心について幾つか説明している。その意味で、その小論もまた、チャイルズの長い著作歴の中で生み出されてきたこの重要で類まれなる本を理解するための有用な入り口となるであろう。ちなみにこの小論は、『キリスト教聖典としての聖書』（The Bible as Christian Scripture, Atlanta: SBL, 2013）という書物の中に収められている。

　本書が出版されたとき、私はこの本についてチャイルズと論じ合った。この本の最後の数章においては、「系統的類似」の概念についてもう一度主張することの内に、彼の強い思いが表れている。また、そうすることによって彼は、我々の時代におけるイザヤ書に関する幾つかのよく用いられているアプローチが、このイザヤ書解釈の歴史の描く軌道から外れていっているのではないかと問おうとしている。この本には、過去の解釈こそが規範であるという議論はない。なぜならその過去の解釈の歴史自体、多様な解釈を包含しているからである。しかしチャイルズは、教訓的な観点から真剣に考えつつ、次のように自問している。近代の、あるいは近代後期のイザヤ書の読み方の中には、非常に注意深くイザヤ書の字義的意味を読もうとするあまり、字義

的意味から拡張された意味を創出する能力の働きを阻害してきたものがあるのではないか、と。トマス・アクィナスが、字義的意味はより大きな神的意味であり、また字義的意味は歴史的意味（これはトマスの概念の中では、神の御計画を過去の中に非常に狭く閉じ込めてしまう）と対照的であると強く主張していることは我々を驚かせる。神の言葉は常に生きて動いている。そしてそれは、その新しい受容と創造の地平を探し求める中で、確実に神の御計画を成し遂げるのである。

チャイルズは本書をニカイア信条の一節の引用をもって結んでいる。「我は、一つの、聖なる、公同の、使徒的教会を信ず」。聖書は教会とシナゴーグの全ての世代を貫いて前進し、そしてその成し遂げつつある目的を知らしめる。我々が歴史を通してあり続け、また世界中に広がっている教会を信ずるということは、神の生きて働く言葉について、そして預言者と使徒のうちに示された神の思いがどのようにして彼らの証言を通して啓き示されているのかについてのある見解を表明していることそのものなのである。数ある聖書の言葉の中で、ある二つの言葉がこのことを明確にする。一つは、預言者イザヤ自身の言葉である。「そのように、わたしの口から出るわたしの言葉も　むなしくは、わたしのもとに戻らない。それはわたしの望むことを成し遂げ　わたしが与えた使命を必ず果たす」（イザ 55:11）。そしてもう一つは使徒パウロの言葉である。「かつて書かれた事柄は、すべてわたしたちを教え導くためのものです。それでわたしたちは、聖書から忍耐と慰めを学んで希望を持ち続けることができるのです」（ロマ 15:4）。

預言者と使徒が結び合わされたこれらの言葉は、イザヤが記している言葉を長く豊かな解釈の歴史を通して人々に知らしめようとする、チャイルズの企てに宿る精神を鼓舞するのである。

目　次

日本語版への序文（クリストファー・R. サイツ）……3

序文 ……17

第1章　ヘブライ語聖書の初期の受容
　　　　──七十人訳聖書と新約聖書 ……23

第2章　殉教者ユスティノス ……62

第3章　エイレナイオス ……80

第4章　アレクサンドリアのクレメンス ……96

第5章　オリゲネス ……104

第6章　カイサリアのエウセビオス ……123

第7章　ヒエロニムス ……145

第8章　ヨアンネス・クリュソストモス ……167

第9章　アレクサンドリアのキュリロス ……177

第10章　キュロスのテオドレトス ……207

第 11 章　トマス・アクィナス　……234

第 12 章　リールのニコラス　……262

第 13 章　マルティン・ルター　……282

第 14 章　ジャン・カルヴァン　……317

第 15 章　17-18 世紀の解釈者たち　……351

第 16 章　19 世紀と 20 世紀　……397

第 17 章　ポストモダンの解釈　……431

第 18 章　解釈学的結論　……441

人名索引　……478
事項索引　……488

訳者あとがき　……491

教会はイザヤ書を
いかに解釈してきたか

七十人訳から現代まで

序　文

　この書物が生み出されるにあたっては、幾つかの要因があった。第一に、私は最近イザヤ書の専門的かつ現代的な注解書を書き上げたばかりであった[訳注1]。66 章全体を扱う作業は並大抵のことではなく、また、その注解書は解釈の焦点を限定することを余儀なくした。このことは解釈史を省いてしまうということ、また、多くの重要な解釈学的問題を釈義の周辺的な事柄として扱ってしまう、という事態を生じさせてしまった。注解書が完成してから私は、自分が最も関心を寄せてきた多くの中心的な神学的、解釈学的問いが十分に言及されていないということに苦々しく気が付くこととなった。

　第二に、私は幾つかの重要な、しかしまた複雑な神学的問題について考え続けてきた。聖書は教会にとっての神の導きのために与えられ続けてきた、というキリスト者としての告白が肯定されるとすれば、聖書に割り当てられたこの役割の本質が熟考されるべきである。聖書テクストによって及ぼされる、聖書読者たちへの神から来る抗えない強い力（divine coercion）について語ることはいまだ可能なのであろうか。一体、聖書に関する教義上の主張と、歴史を通じての教会へのその実際的な影響とには、何らかの調和があるのであろうか。現代の学者たちの多くは教会におけるこれまでの聖書の用い方について、それは「誤読の地図」だったと説明してきた。一体このような挑戦に対して、いかにして答えればよいのであろうか。教会における聖書受

訳注1　チャイルズの著したイザヤ書の注解書のこと。B. S. Childs, *Isaiah*, The Old Testament Library (Louisville: Westminster John Knox Press, 2001).

容の歴史的価値を真実か偽りか、という観点から見極めるだけでは、困難な問いが残りつづける。我々は、聖書の正当な、あるいは不当な扱われ方（use and abuse）という観点から問題提起をすることによって、かつてデニス・ナインハム（Dennis Nineham）が試みたように、再び誤った方向へと向かってしまうのだろうか。残念ながらこの問題について言及している本は、驚くべきことに少数しか存在していない。その中でも、M. ケーラー（Kähler）の『教会へのその影響における聖書の歴史』（*Geschichte der Bibel in ihrer Wirkung auf die Kirche*）、あるいは、J. A. メーラー（Möhler）の『教会における統一』（*Die Einheit in der Kirche*）訳注2 は価値ある著作である。

　第三に、私は、キリスト者の教会の釈義的伝統といったものは存在するか、という問いを探究することに関心がある。教会における尋常ならぬ文化的多様性、去る二千年紀（last two millennia）にわたって起こった歴史的出来事によって影響された、人間の世界観に関する根本的転換、そして人間生活のあらゆる局面を変革する科学革命の強力な影響を考慮するとき、多くの者にとっては、その問いは見当違いであり、また無意味なものであると見えてしまう。それにもかかわらず、キリスト者たちはその信条において、次のことを告白し続ける。すなわち、教会は神の御手によって導かれた神的被造物であり、そしてキリストの肉と血の偽りなき歴史的現実であると。「我は聖なる公同の教会を信ず」。一体どのようにして、幾つもの時代を通じての、聖書解釈における変遷を理解することができるだろうか。教会は、聖書の誤用からも何事かを学んできたのであろうか。

　第四に、私はこの企画のために数ヶ月働いた後、私の注意をますます引くようになった重要な解釈学的問題を見出した。古代教父たちにとって一般的であった釈義的要素は、長らく比喩的意味——これを寓喩（アレゴリー）と呼ぶことにしよう——の適用であった。私は寓喩（アレゴリー）の新しい理解が得られることなしには、釈

訳注 2　この書物の正式な名称は、*Die Einheit in der Kirche, oder das Prinzip des Katholizismus, dargestellt im Geiste der Kirchenväter der drei ersten Jahrhunderte*（『教会における統一、あるいはカトリック主義の原則　教会の歴史の初めの 300 年における古代教父の精神に基づいた叙述』）である。

義におけるキリスト教的伝統を回復しようとする企てははじめから挫折を運命づけられていると確信するようになった。遠慮なく言えば、良かれ悪しかれ、寓喩は教父的解釈の本質的要素だったのである。しかしそれでは、21世紀の始まりにあたって、いかにしてそのことを推し進めてゆくべきであろうか。

　第五に、私は J. F. A. ソーヤー（Sawyer）の本に長らく刺激され続けてきた。それは『第五の福音書』（*The Fifth Gospel*）という著作である。彼とは 40 年来の友人であり、我々が共にエルサレムで学生だった頃にその出会いが遡る。彼の本は学識と洞察に満ちているが、それにもかかわらず、私はイザヤ書の解釈史における彼の分析には基本的に満足していない。そして私は、この歴史に対する我々の理解がいかに異なっているかということに気付いている。ソーヤーの本に関して私が残念に思ったのは、教義、典礼、そして教会の実践、その中でも特に、教会の最も優れた神学者たちによるイザヤ書の釈義的考察から現れてきた事柄の形成において、この預言書が与えてきた影響への真摯な取り組みが欠けていたことである。私は文化的要因が常に、イザヤ書の受容を形成する中で存在していたことは否定しない。しかしソーヤーが強調するイザヤ書の誤用という観点は、イザヤ書が新約聖書の時代から現代に至るまで、福音の真実な担い手（tradent）としてその主要な役割を果たしてきた、という大事な事柄をかき消してしまうように見受けられるのである。

　最後に私は、聖書の読み方についての挙げればきりがない相対立するアプローチによって生み出された、教会における深刻な混乱についてよく知っている。その主題が右派からも左派からも、政治的に大きく利用されてきたというだけではない。その時々の流行のアプローチが、どれも個人と共同体の啓蒙における大きな進展を約束しながら、その領域にあふれかえってしまったのである。残念ながらこのような混乱は、信徒の次元において広く認められているのと同様に、学術的な次元においても認められる。しかしながらこのような深刻な状況にもかかわらず、聖書は真剣な読者たちのどの新しい世代をも、全く予想もつかない方法で、またありそうもない場所において刺激し続けている。人生を変革する力、希望に向かっての新しい展望を開く力、そして神の和解の賜物を与える力。これらは、聖書の読者たちを恵みと赦し

の神との出会いへと導く、思いがけない驚きの一部分である。

　しかし、この本を書くにあたっての私の目的は、聖書に対する何か別のアプローチを直接提供することではない。むしろ私は、偉大なキリスト教神学者たちがイザヤ書を教会の聖なる書物として、すなわちキリスト者の福音を伝えるための伝達手段として理解しようと格闘してきたところの様々な方法を、数世紀にわたってたどることを試みてみようと思っている。しかし同時にこの本は、ただ単にこれまで書かれてきた聖書解釈の歴史と同じようなものを提供しようとしているわけでもない。ここ何年かの内には、多くのそのようなよく研究された大著が世に問われてきた（たとえば、レヴェントロウ〔Reventlow〕、サーボ〔Saebø〕）。一般的に、このような視野を包括的に保とうとする努力は、往々にして解釈学的考察をその背後へと押しやってきた。私は自分自身のこの研究においては、そのような解釈学的問題が第一義的な事柄として理解されることを願っている。

　私は幾つかの理由のために、イザヤ書に焦点を絞ることを決めた。何よりもまず第一に、多くのキリスト教の偉大な学者たちが、東西の教会両方において、イザヤ書に関する注解書や大きな学術的研究を著してきたからである（ユスティノス、エイレナイオス、ヒエロニムス、トマス、ルター、カルヴァン）。そしてまた、旧約聖書と新約聖書の関係を取り巻く釈義的難問のほとんどが、イザヤ書に焦点を見出してきているからである。最後に、イザヤ書に分析の的を絞ることで、解釈者は主題となっている事柄に深く入り込むことができる。このことによって、ただ単に解釈史に関する一般論や、二、三の概要を描くことに留まることを強いられはしないであろう。

　私はこれまで、自らの関心をキリスト教神学者たちに向けるとともに、聖書解釈の大部分を教会の文脈の中で行おうとする彼らの闘いにも向けてきた。しかし、そのような研究においてはどこでも、ユダヤ教の学者たちの存在と貢献は明らかである。彼らの革新的な方法は、キリスト教釈義の主要な方向転換を引き起こすことにおいて、たびたび決定的な役割を果たした（たとえばラシ〔Rashi〕がそうである）。事実、14世紀におけるリールのニコラス（Nicholas of Lyra）の重要な貢献は、ユダヤ教の釈義的伝統を、大半がそのことに無知であったキリスト者の読者に紹介したことにあった。それにも

かかわらず、ユダヤ教の聖書学の歴史を扱うには少なくとももう一冊本を書かなければならないし、私の能力を超えた専門性と知識を備えた人間を要求するであろう。

　私は本書において、この序文において挙げる次の批判的問いに焦点を絞り続けるよう努めた。何世代にもわたってなされたキリスト者による聖書研究の分析から現れてくる「系統的類似」（family resemblance）なるものはあるだろうか。そこには、キリスト者としての釈義と同定されるような条件といったものはあるのだろうか。多様な読者と変わりゆく歴史的状況に語りかけるために、次世代の解釈者たちは、先達者によって生み出された釈義的動向を拒否し、訂正し、充実させることにおいて、どのように批判的評価を下せばよいのだろうか。

　私は、この解釈の歴史の書の結論部分においてのみ、この歴史的視座から何を習得すべきか、今日の教会が旧約聖書をキリスト教聖典として研究するために何が役立つか、ということに関する私なりの神学的考察を提供したいと思う。

文献表

Kähler, Martin. *Geschichte der Bibel in ihrer Wirkung auf die Kirche. In Aufsätze zur Bibelfrage*, edited by Ernst Kahler, pp. 131-288. Reprint, Munich: Kaiser Verlag, 1967.

Möhler, J. A. *Die Einheit in der Kirche oder das Princip des Katholizismus*. Tübingen: H. Laupp, 1825, reprint, Köln: Jacob Hegner, 1957.

Nineham, D. E. *The Use and Abuse of the Bible: A Study of the Bible in an Age of Rapid Cultural Change*. London: SPCK, 1978.

Reventlow, Henning. *Epochen der Bibelauslegung*. 4 vols. Munich: Beck, 1990-2001.

Saebø, M. ed. *Hebrew Bible/Old Testament: The History of Its Interpretation*, Part 1. Göttingen: Vandenhoeck & Ruprecht, 1996.

Sawyer, J. F. A. *The Fifth Gospel: Isaiah in the History of Christianity*. Cambridge: Cambridge University Press, 1986.

第 **1** 章

ヘブライ語聖書の初期の受容

——七十人訳聖書と新約聖書

I 七十人訳聖書の役割

　マルティン・ヘンゲル（Martin Hengel）は、最近の著作である『キリスト教聖典としての七十人訳』（*The Septuagint as Christian Scripture*）の中で、七十人訳聖書は単に「唯一無比の言語学的金字塔というだけではなく……、しかしまたそれは、旧約聖書に対する初めての完全な、そしてキリスト教以前の注解書となっている」（p. xi）と語っている。言うまでもなくキリスト教のその最初期から、新約聖書のユダヤ教聖典——それは後に旧約聖書と名付けられた——に対する依存は十分に明らかであった。更に、新約聖書の初期におけるユダヤ教聖典の大雑把な読みさえも、聖書テクストのギリシャ語訳の圧倒的な使用を反映している。権威あるイスラエルのヘブライ語聖書は、ギリシャ語訳の集積を通してフィルターにかけられていた。それ故、キリスト者が翻訳という手段を通してユダヤ教聖典を自らに取り入れたその経緯を扱

う前に、七十人訳聖書の特徴をまずもって扱う必要がある。

1　19世紀のイギリスにおける七十人訳聖書の研究

　批評的に七十人訳聖書を位置づけようとする初めての包括的な試みは、ロバート・ホームズ（Robert Holmes）とジェイムズ・パーソン（James Parson）による5巻から成る版（1798-1827）によってなされた。しかし、七十人訳への興味を広くかきたててきたのは、H. B. スウィート（Swete）による3巻から成る普及版（popular edition, 1887-94）であった。これは、基本的にはヴァチカン写本に準拠したものである。同じ頃、フィールド（Field）、サッカレー（Thackeray）、オットリ（Ottley）、そしてハッチ（Hatch）らがこの分野の研究に名を連ねた。スウィートの版に続いて間もなく、1906年にブルック（Brooke）、マクリーン（McLean）、そしてサッカレーによって編集された、記念すべき「大型ケンブリッジ七十人訳」（Larger Cambridge Edition）の編纂が開始された。このようなイギリスの学者たちによる進展に加えて、ドイツにおいて同じようなプロジェクトが起こったが、これは一般にゲッティンゲン版と呼ばれており、はじめに P. デ・ラガルデ（de Lagarde）によって発案された。この初期の時代における主要な関心は、元来のヘブライ語を回復するためにギリシャ語訳を手がかりとするという、本文批評的問題にあった。

2　現代の七十人訳聖書研究の広がりゆく視点

　本文批評は依然として研究者たちのとりあげる課題であり続けていたにもかかわらず、新しい視点からの様々な研究が20世紀のこれに続く数十年の内に現れ、批評的な試みに驚くべき広がりを与えた。とりわけ七十人訳はそれ自身一つの資料として研究されるべきであり、ヘブライ語聖書の底本（*Vorlage*）に対する証拠として研究されるべきではない、ということが認識された。この新しい方向性における刺激的な研究によって名声を得た人物として、通常、次の二人の名が挙げられる。ヨゼフ・ツィーグラー（Joseph

Ziegler) と I. L. セリグマン（Seeligmann）である。

　ツィーグラーは、1934 年の『イザヤ書の七十人訳に関する研究』（*Untersuchungen zur Septuaginta des Buches Isaias*）において、イザヤ書の七十人訳翻訳者によって用いられていた諸方法に関しての高度に洗練された考察から議論を開始する。彼は翻訳の背後にある翻訳者の「人間性」（personality）へと至ろうとしたが、それは単に心理学的意味においてではなかった。彼は、多くの特定の語句の好みにおいて、またテクストを逐語的に訳すか自由に訳すかという選択において現れてくる翻訳者の傾向という観点から、七十人訳の背後にまで至ろうと試みたのである。ツィーグラーはヘブライ語と同等の意味を適切に表すギリシャ語の選択の範囲に注目し、それが聖書の章句全体に及ぼす影響から洞察を得ようとした。彼はギリシャ語テクストにおける付加と省略、またギリシャ語訳イザヤ書と他の旧約諸文書との関係の詳細な分析を用いて、自分の方法論を描いてみせた。彼の著作の最終章はその分析の広範さにおいて特別に重要である。そこでは、ギリシャ語訳のアレクサンドリア・エジプト的背景が説明され、かつ、農業、地理、服飾、そして宝石の分野における専門用語を当てはめる際のヘレニズム的影響が論証されている。彼は、ヘレニズムが七十人訳が形成される際の媒体であったことを論証したのである。

　セリグマンは 1948 年、ツィーグラーの研究の上に更に、『イザヤ書の七十人訳版』（*The Septuagint Version of Isaiah*）を打ち立てた。彼は単にツィーグラーの方法論的アプローチを更に洗練されたものとしただけではなく、幾つかの新しい方向性へと移行した。彼はもう一度、ヘブライ語テクストとの関係におけるギリシャ語訳者の翻訳技術について考察を深め、翻訳者による表現の自由さと大胆さとをたびたび強調している。特に興味深いのは、セリグマンが翻訳作業の年代決定を試み、かつ、翻訳者がヘブライ語テクストをいかに現代化しようとしたかを示そうとしたことである。翻訳者は、ヘブライ語のテクストを、大祭司オニアスが神殿をレオントポリスに建設した後の初期マカベア時代におけるヘレニズム史の出来事（紀元前 160 年前後）と関連づけることによってその現代化を行った、というのが彼の見方である。最終的にセリグマンは、ギリシャ語のイザヤ書をユダヤ・アレクサンドリア神学

の資料として説明しようと努めた。彼は翻訳者の神学の傾向（Tendenz）が、神と関連した用語の選択においてのみ現れるのではなく、章句全体の形成においても現れることを強調した。エマニュエル・トーヴ（Emanuel Tov）は最近の論文において（"Die Septuaginta," *Mitte*, pp. 237ff.）、セリグマンの方法論を更に洗練させ、第一義的に神学的事柄に焦点を合わせることを警戒している。彼によれば、神学的事柄は結局、大きな絵の中の一つの部分に過ぎないのである。

　七十人訳の批判的研究における新しい関心は、幾つかの重要な要素から引き出されてきた。国際専門家チームによるゲッティンゲン版七十人訳聖書の継続的な出版は、目下の新しい研究のために、批判的観点から信頼に足るテクストを提供してきた。そして間違いなく、より広範な興奮を生み出しているのは、クムランの死海写本の発見である。これによって初めて、ヘブライ語テクストとギリシャ語テクスト両方の発展の真の歴史が大まかに再構成され得ることとなった。しかしその結果、以前からずっと回答不能であった諸疑問が更に深まってしまった。

　七十人訳に関する問題の批判的研究の新しい広がりの良い例は、マルティン・ヘンゲルの『七十人訳聖書』の中によく表れている。彼は、七十人訳が次第に教会によって権威ある聖典としての書物の集積へと発展していった歴史をたどることに関心がある。その発展の歴史に並行してヘンゲルは、ユダヤ教が元々生み出した七十人訳聖書（Jewish Septuagint）が発展していく過程と、その後ユダヤ教とキリスト教が袂を分かつことになった経緯を注意深く追っている。この二つの立場の分離においては、キリスト者が七十人訳を占有したことから、ラビ・ユダヤ教はそれに対して不信感を強めていったのである。彼は次に、オリゲネスの重要な役割について分析する。オリゲネスは、ギリシャ語訳がヘブライ語から逸脱したことによって生じた緊張の問題と取り組もうとした。この緊張は、教会がヘブライ語聖書以外の書物を取り入れてより大きな正典を形作り、それを受容したことによって更に悪化した。教会にとって元々のヘブライ語聖書とギリシャ語訳の関係は、その大部分が決着のつかないままだった。それというのも、新約聖書がヘレニズムに影響されたギリシャ語翻訳者のフィルターを通して形成されたという事実に

第 1 章　ヘブライ語聖書の初期の受容

もかかわらず、ヘブライ語聖書の権威がほとんどのキリスト者によって認識されていたからである。様々なギリシャ語校訂本の歴史は、発展していくヘブライ語テクストにギリシャ語を適合させようとする継続的努力を表している（cf. Hengel, *The Septuagint* への Hanhart の序文〔pp. 5ff.〕）。また、七十人訳はユダヤ教のタルグムの伝統からも影響を受けている、というますます信憑性を増している証拠もある（cf. Chilton, *A Galilean Rabbi*）。

3　七十人訳によるイザヤ書

ツィーグラーとセリグマンの著作がすでに、イザヤ書の七十人訳に重点を置いて研究したにもかかわらず、この 50 年の間にイザヤ書に関する更に新しい研究が発表されてきている。しかしこのことは、クムランから発見されたイザヤ書の巻物の引き起こした衝撃を考えれば何ら驚くべきことではない。

　幸いにも、七十人訳のイザヤ書に関する最近の研究の広がりを短く要約した、C. C. ブロイルズ（Broyles）、C. A. エヴァンズ（Evans）編『イザヤの巻物を書くことと読むこと』（*Writing and Reading the Scroll of Isaiah*, vol.2, 1997）が大いに助けになってくれる。その一番最初に収録されている、ユージン・ウルリヒ（Eugene Ulrich）とピーター・フリント（Peter Flint）の論文は、ユダヤの砂漠から発見されたイザヤ書の出版済みの全資料の包括的リストと、それらの資料についての簡潔な説明を提供してくれている。これに続き、これらのテクストによって提供された新しい情報を、エマニュエル・トーヴが様々な疑問点を掲げつつ注意深く吟味する。トーヴによれば、この巻物のコレクションの大いなる貢献は、マソラテクストに対して多くの改善されたテクストの読みを提供していることにあるのではなく、原マソラ（proto-Masoretic）からクムラン共同体の特定の写本が生み出されるまで、ヘブライ語テクストの発展に影響を及ぼしたあらゆる情報を提供していることにあるという。結果としてマソラテクストと七十人訳の相違は、非常に異なったテクストの底本（*Vorlage*）や、大々的な改訂作業から生じてはいない、というコンセンサスが広く存在している。むしろこの相違は、ギリシャ語の翻訳者たちの特殊かつユニークな読み方に起因している。この翻訳者たちは、ヘ

ブライ語の語義への忠実さを尊重することと、ヘレニスト・ユダヤ人の読者たちに対して理解しやすいコイネー・ギリシャ語の慣用句を用いることとを、うまく結合しようとしたのである。

　それからこの論文集は、七十人訳のイザヤ書を分析する二つの論文に続いてゆく。アリー・ファン・デル・コーイ（Arie van der Kooij, pp. 513ff.）は、ツィーグラーとセリグマンによって築かれた基礎の上に直接、自分の議論を打ち立てる。彼ははじめに、パピルスの研究から鮮明になったエジプトのヘレニズム的環境の影響を強調する際、ツィーグラーを引用する。次に彼は、セリグマンの洞察を自分の論証に用いる。セリグマンは、ギリシャ語テクストを同時代の出来事として現実化する営みを古代の預言の更新の試みと見なし、それによって預言の成就が確証されていると考えるが、ファン・デル・コーイもその考えを踏襲している。最後に彼は、J. ケーニヒ（Koenig）の著作を引きながら（*L'herméneutique analogique du Judaïsme*, 1982）、イザヤ書の内外のテクストにおいて、間テクスト的解釈の形式が用いられていることを跡づけている。

　S. E. ポーター（Porter）と B. W. R. ピアソン（Pearson）による続く論文は、「ギリシャ人の目を通したイザヤ書」（pp. 531ff.）と題されており、ファン・デル・コーイと同じ強調点を保っている。しかしこの二人は、現在七十人訳研究において用いられている多様なアプローチを素描することにおいて、価値ある貢献をしている。彼らもまたテクスト批判の重要性と、変化してゆく歴史的、社会学的、宗教的環境に注意を払った翻訳の意義において得られた洞察の重要性を認識している。しかし更に挑戦的なのは、彼らの批判的方法論の構築である。その方法論は、後の受け手のグループがどのように七十人訳のテクストを理解したかということを解明しようとする。このように文脈的意味に多様な次元が存在する（歴史的、社会学的、宗教的環境）意義を認識することは、現代の解釈者がイザヤ書の七十人訳へと近づくための新しい可能性を提供する。

Ⅱ 新約聖書のイザヤ書の用い方

　聖書協会世界連盟（The United Bible Society）によるギリシャ語新約聖書は、新約聖書においては大体 400 箇所を超えるイザヤ書の引用、言い換え、間接的言及があると見積もっている。C. A. エヴァンズ（Evans, "From Gospel to Gospel," *Writing and Reading*, vol.2, p. 651）は、その引用が驚く程均等に分布していると記している（1-39 章から 150 箇所、40-55 章から 168 箇所、56-66 章から 89 箇所、欠けているのは、二、三の章のみ）。新約聖書のイザヤ書の用い方は文脈、文学的技法、そして神学的機能に関して実に多様である。その中でも幾つかの主題が特に多く見られる。それは、神の救いの終末的約束の成就、メシア、救い主、そして主としてのイエスのアイデンティティー、苦難の僕、イスラエルの頑なさ、神の義、異邦人の救い、神の和解と贖い、そして、神の最終的な勝利、といったものである。新約聖書の旧約聖書の用い方における連続と非連続の特徴的な要素は、以下の二つの例から、驚くべき仕方で示すことができるだろう。

1　イザヤ書と新約聖書の良い知らせ

　イザヤ書においては、「良い知らせ」についての主題が 5 箇所に見出される（40:1-11; 41:21-29; 52:7-12; 60:1-7; 61:1-11）。この良い知らせはイスラエルに対する救いの約束、シオンの歓喜、イスラエルの土地への帰還、敵に対する勝利、そして神の支配との関連で叙述されている。悔い改めへの呼びかけもまた、重要なメッセージである。イザヤ書と新約聖書の重大な言語学上の繋がりは、ヘブライ語の *bsʾr* という語根の動詞形と名詞形を、*euangelizō* と *euangelion* という言葉によって表現したギリシャ語訳によって与えられている。すなわちそれは、良い知らせ、福音を述べ伝える、という意味の言葉である。

　その優れた小論において（"From Gospel to Gospel," pp. 667ff.）エヴァンズは良い知らせの宣言を語り、その到来の複合的な側面を叙述する箇所を三つ

の共観福音書から 20 箇所ほど挙げている。その各々の場合において、新約
聖書の神の国に対する言及は、イザヤ書の中にそれと並行する箇所がある。
たとえば、ルカによる福音書 6:20 ＝マタイによる福音書 5:3「貧しい人々は
幸いである、神の国はあなたがたのものである」、cf. イザヤ書 61:1「貧しい
人に福音を知らせるために」、マタイによる福音書 11:4-5 ＝ルカによる福音
書 7:18-23「目の見えない人は見えるようになり、足の萎えた者は歩き、皮
膚病のものは清められる。——貧しい者は福音を告げ知らされている」、cf.
イザヤ書 35:5-6「そのとき、目の見えない者の目は開かれ、耳の聞こえない
者の耳は聞こえるようになる」、マタイによる福音書 16:19「私はあなたに天
の国の鍵を授ける。そしてあなたが地上で繋ぐものは何でも、天においては
繋がれ、あなたが地上において解くものは何でも、天においては解かれる」、
cf. イザヤ書 22:22「私はあなたの肩にダビデの家の鍵を置く。彼は開き、誰
もそれを閉じることはない。彼はそれを閉じ、誰もそれを開くことはない」。
「要するに」と、エヴァンズは言う。「イエスの福音は本質的にはイザヤの福
音なのである」（p. 671）。

　しかしながら、新約聖書と旧約聖書とにはまた、非連続の要素もあらゆる
ところで見出される。新約聖書のイザヤ書との釈義的関連は、最終的には根
本的な相違を際立たせる。イザヤ預言の新約聖書による適用の中心には、神
の国の到来は単なる約束ではなく、イエス・キリストの人格において経験さ
れる神的現実である、という確信がある。イエスは単に神の国の到来の良い
知らせを述べ伝えたのではない。彼はその生と死を通して、それを現実のも
のとしたのである（マコ 10:45; イザ 53:11-12）。その結果、同じ旧約聖書の
テクストは、違った形で聞こえてくる。

2　イザヤ書と新約聖書の文脈におけるイスラエルの頑なさ

　終末論的神の国（eschatological kingdom of God）の、豊かで一貫した情景
を叙述するためにイザヤ書の広範な箇所を引用している上掲の新約テクス
トの例とは対照的に、四福音書と使徒言行録によるイザヤ書 6:9-10 の使用
は、イザヤ書とそれを解釈する新約聖書の著者たちとの複雑な関係を全く異

第 1 章　ヘブライ語聖書の初期の受容

なった仕方で明らかにする（私の分析は特にヨアヒム・グニルカ〔Joachim Gnilka〕と C. A. エヴァンズの著作に負っている）。

　ヘブライ語聖書におけるイザヤ書の章句は、ユダに対する非常に厳しい裁きの神的メッセージを届けるために預言者が委託を受けるという文脈において現れる。ギリシャ語訳は同じ歴史的文脈を保っているが、しかし、その意味において幾つかの重要な変化がもたらされている。

　1）イザヤ書の七十人訳は、ヘブライ語の強意の命令（「聞き続けよ……見続けよ」）を未来定形動詞によって訳している（「あなたは聞くであろう……あなたは見るであろう」）。従って、預言者は民が頑なになることを喜んでいるのではなく、彼らが強情なままであろうと見越しているのである。

　2）ギリシャ語による受動形の用法、「鈍くなってしまった」という訳は、ヘブライ語の使役形を用いた「肥えさせる（make fat）」という表現を変更している。預言者は人々の心を鈍くするためではなく、むしろ彼らの心がすでに肥え太ってしまっているので、ここで説教しているのである。

　要するに七十人訳は上掲の両方の例において、ヘブライ語テクストが語っている人々の頑なさを引き起こす神的イニシアティヴを弱めているのである。

　新約聖書の用法では、イザヤ書の言葉が適用されている文脈が元々の預言の文脈と著しく異なっている。それは今や共観福音書によって、イエスがなぜ譬えを用いて話されるのかを説明するために用いられている。一方で、ヨハネによる福音書が譬えについては語らずにしるしについて語っているために、同じテクストはここにおいてしるしの関連において用いられている。

　マルコによる福音書 4:12 はイザヤ書 6:9-10 のパラフレーズを提供する。マルコは基本的に七十人訳に依拠しているが、しかし幾つかの場合において、文章の一部の配列が変更されることによってギリシャ語テクストとは異なる内容が生まれている。しかしながら最も重要な修正は、マルコが接続詞 hina（〜するために）の使用によって、ヘブライ語テクストが文法的に目的を言い表すために用いた強調のニュアンスを保持していることである。その結果神の国の秘密はただその弟子たちだけに与えられ、「外にいる人々」は受け入れたり、理解することができないように、イエスが譬えを用いて語ることになる。イエスの譬えとの関連において、マルコがイザヤ書の頑なとい

うモティーフをどのように用いたかを理解することは依然として難問であるが、しかしこのモティーフは、マルコにおいてたびたび議論される秘密の主題において不可欠な要素として現れているのである。

　次に、マタイによる福音書 13:13, 15 におけるイザヤ書 6 章の引用に目を向けると、ギリシャ語訳が独自の意味を生み出していることは明らかになる。それはマタイのパラフレーズが、ヘブライ語聖書ともギリシャ語聖書とも違う読み方を提供しているためである。マタイの文学的設定は、マルコがそうであるように、イエスの譬えの用い方について関心がある。しかしマタイは、マルコが hina（〜するために）としているところを hoti（なぜなら）という接続詞によって言い換えている。その結果マタイにとっては、イエスは弟子たちが理解しないようにするために譬えを用いて語るのでなく、彼らが理解しないという理由で譬えを用いて語る、ということになるのである。

　このマタイによる福音書 13:13 におけるイザヤ書 6:9-10 のパラフレーズは、七十人訳に依拠した 9-10 節を直接引用した 14-15 節に続いてゆく。その結果マタイによる福音書においては、「身内の者たちと外の者たち」というマルコによる福音書の対比が、神の国の秘密を知っている弟子たちと、それを知らない残りの者たちとの対比によって置き換えられている。更に重要なことは、福音書記者によるイザヤ書 6 章のイエスの譬えへの適用は、単にその場限りで（ad hoc）用いられた類比ではない、ということを預言の成就定式の存在が明らかにしていることである。むしろ、元々のテクストをイエスによるその斬新な適用と結び合わせるという、頑なさの性質に関する神学的重要性がそこに存在している。

　イザヤ書 6:9-10 のルカによる福音書 8:10b における引用は、四福音書の中でこの旧約聖書箇所が用いられている中では最も短い。マルコの形式はルカにおいて短縮され、かつ、幾分弱められている。ルカは時折、単数名詞を用いずに「数々の秘密を知ること」について発言しているマルコに従わず、マタイに合わせている。また別の機会には、ルカは議論の的となっているマルコの接続詞 hina を保持し、マタイには従わない。

　ルカにおける最も重要な変更は、イエスが譬えを用いたことに対する弟子たちの問いが、ただ一つの譬えの文脈の中に組み込まれたことである。その

第 1 章　ヘブライ語聖書の初期の受容

譬えとは、種を蒔く人の譬えである。この移行は十分に道理に適っている。なぜなら、イエスは間髪を入れずにこの譬えの解釈を提供しているからである。ルカはマタイと同様、赦しを阻むものとしてこのイエスの譬えを理解することはない。ルカにとっては、悪魔が悔い改めを妨げるためにやって来るのである（8:12）。使徒言行録のルカ的著者が、その第 2 巻目をイスラエルの頑なさの要約として、七十人訳に依拠したイザヤ書 6:9-10 の完全な引用によって終わらせていることも、極めて重要であるように見受けられる（使徒28:26-27）。

　最後に、ヨハネによるイザヤ書 6 章の用い方に目を転じるとき、共観福音書のそれとは全く異なった適用を発見する。問題は今や、イエスによって行われたしるしに対してのファリサイ派の人々の不信仰ということに向けられている。二つの箇所が見ることと見ないことの主題に関係している。すなわち、まずヨハネによる福音書 9:39 がイザヤ書 6:9 を示唆するものとして登場し、他方、ヨハネによる福音書 12:40 は「預言者イザヤの言葉が実現するため」という導入定式を伴って、このイザヤ書の箇所を引用している。9 章は、イエスが生まれつき目の見えない男を癒す物語と、その結果ファリサイ人と対立することになる物語である。物語は、見えるようになった盲目の男と、イエスによって行われた奇跡的なしるしを不信仰故に見ることができず、目が見えない者と見なされたファリサイ派の人々とを巧妙に対比させている。それから福音書記者は、ヨハネ 12 章において、イザヤの説教に対する頑なさと、イエスが直面した頑なさの類比を描くための語彙的な繋がりを用いることで、イザヤ書 53:1 とイザヤ書 6:10 の引用を結合させた。その類比は預言と成就という観点から定式化されている。すなわち、イザヤは、イエスのしるしは信じられることはないであろう、ということを前もって告げていたのである。

　イザヤ書の新約聖書における用い方の二つの異なった例においては、新約聖書による特定のイザヤ書テクストへの注意喚起が、旧約聖書と新約聖書の高い連続性を示すだけではなく、新約による旧約の適用における驚くべき非連続性をも示していることに気付かされる。新約はイザヤ書を七十人訳というフィルターを通して引用している。新約と旧約の主題的な一致はどこにお

いても前提にされており、その一致はイスラエルの聖なる書物の権威によって支持された。しかし、同じくらい注目に値することは、間テクスト的な注意喚起に反映された一連の非連続性の範囲の広さである。同じ旧約のテクストが、異なった神学的観点を創出するために用いられる。特にギリシャ語テクストの削除、結合、あるいは修正といった方法を用いて、証明テクスト（prooftexts）を形作る自由さが存在する。しかしながら、この釈義的試みに関わる重要な解釈学的問いの探究にすぐ移ってしまう前に、新約が旧約、特にイザヤ書を用いるときに採用されている幾つかの釈義的実践を、より体系的に分析することが有益であろう。解釈の技術の多様性と幅を公平に評価するために、その実例を四福音書とパウロ書簡から集めて吟味したいと思う。

Ⅲ　個々の新約聖書著者の釈義的技術

1　マタイによる福音書 1:23

　マタイが自身のキリスト論を発展させる際に用いた手法で最も特徴的なのは、旧約聖書の使用、特に「定式引用」（formula quotations）の適用である。この用語はマタイによる福音書に特徴的な一連の引用を意味しており、それは次のようなフレーズ、あるいはそれに似たフレーズを含んでいる。「そして、預言者によって語られたことが実現した……」。通常、次に挙げる箇所がそれに含まれる。1:22-23、2:15、17-18、23、4:14-16、8:17、12:18-21、13:35、21:4-5、そして、27:9 である。

　これらの引用の批判的な研究から多くの釈義的問題が生じた。これらの問題については、ウルリヒ・ルツ（Ulrich Luz, *Matthew 1-7*, pp. 156-64）が余すところなくとりあげている。我々はより視野を限定して、新約聖書によるイザヤ書の適用における釈義的技術に関する主要な問いに焦点を合わせる。ただしそれにもかかわらず、議論の文脈を確立するために、この試みはある程度の予備的事項の確認を必要とする。

　a）マタイがこれまでの伝統的潮流［ユダヤ教］の中にいたにもかかわら

ずこうした定式引用を用いていることは、一般に受け入れられている。そこで用いられている形式は一貫しており、他の福音書に一般的な他の旧約聖書引用とは区別されるものである。普通、その定式引用は七十人訳に従っているが、時折、マタイがヘブライ語テクストの知識を持っていたことの証拠が見出される。最も印象的なのは、付加と削除を用いてテクストを修正するその自由さである。更に、これらの変更は著者の意図を反映しているのであって、偶然に起こったのではない（cf. マタ 2:6 におけるミカ 5:1 の三つのテクスト変更）。

b）長い間議論されてきた最も困難な問題は、著者の意図に関することと、その意図に到達するためにどのような方法が用いられたか、ということであった。多くの学者たちにとって、その結論は大概否定的なものであった。C. F. D. ムール（Moule）の評価は、マタイによる福音書の旧約聖書の使用に関して広く受け入れられている。「我々の批判的な目には、マタイの旧約聖書引用は明らかに強引で、不自然かつ説得力に欠けるものである（*The Origin of Christology*, p. 129）。あるいは、S. V. マカスランド（McCasland）のよく知られた論文のタイトルを引くならば、「マタイは聖書を曲解している」（"Matthew Twists the Scripture," *Journal of Biblical Literature* 80, 1961）。

c）より有望な方法として、マタイの奇妙な聖書引用を説明するために、マタイが依拠していた古代ユダヤ・ヘレニズム的釈義技術が研究された。しかし、マタイの釈義をラビ的ミドラシュとして示そうとする最初の試みは、大方不成功に終わった。というのも、その働きと目指すところが、ラビ的ミドラシュとは異なっていたからである（cf. Soares-Prabhu, *The Formula Quotations*, pp. 15-16）。問題を更に解明すると思われたのは、クリスター・ステンダール（Krister Stendahl）によるクムランのペシェルという釈義法に注目した研究であったが、しかし再び、これもその比較が不成功に終わった。マタイによる福音書の引用は旧約聖書のテクストを手本にしているのではなく、むしろ、福音書を構成する出来事の意味に対する注解として機能しているのである（cf. Ulrich Luz, *Matthew 1-7*, p. 158）。同じように、すでにマタイの抱いていたイデオロギーを正当化するための護教的関心が、この福音書における主要な力として存在している、というバーナバス・リンダーズ

（Barnabas Lindars）による議論もまた認めることはできない。

　恐らく最も重大な神学的解釈は、最近ルドルフ・ペッシュ（Rudolf Pesch）によってなされたものであろう（"'He Will Be Called a Nazorean,'" pp. 129-78）。彼は、マタイを理解するための鍵を、彼が言うところの「メシア的釈義」において見出している。マタイが語る共同体は、自分たちをメシアであるイエスによって救われた新しいメシア的民（new messianic people）として捉えている。その共同体は、自分たちの歴史においてたびたび預言者的テクストの成就を見ており、それ故に、神によって支配された信仰共同体の実存的経験を確証するものとして、聖書引用を解釈しているのである。私はマタイによる福音書が終末論的要素を含んでいることを疑うわけではないが、私見では、それは副次的な構成要素であり、著者による主要なキリスト論的関心に従属するものである。成就定式引用はとりわけ、旧約聖書の預言との関連において、メシアであり主であるイエスのアイデンティティーを確立することを目指しており、弟子たちに対する宣教命令の含む意味を押し拡げることは二次的でしかないのである（28:16-20）。

　定式引用は、マタイによる福音書にとって歴史的枠を形作っていることは明らかである。この福音書はメシアの誕生と命名から始まって、エジプトへの逃避行とナザレでの定住、また、癒しの奉仕、拒絶、死、そして復活へと広がっていく。これらの旧約聖書引用は、イスラエルと共にある神の神的経綸（divine economy）の中で、神学的文脈を提供している。旧約聖書全体は将来へと向けられた神の目的の預言的啓示として理解され、その預言的啓示は今や、約束されたメシア、イエス・キリストにおいて成就したのである。預言の観点から見ると、イスラエルの歴史と、キリストの生涯とその働きとの間には、一つの予型（タイポロジー）が前提とされている。

　引用の選択と形成の中には、歴史の弁証法的理解（dialectical understanding）が反映されている。一方で、マタイは旧約聖書を福音という視座から読んでおり、また、預言と成就の図式における神の計画の統一性について証言しているが、他方、マタイが証する福音の他ならぬ意義は、旧約聖書からその定義を受領している。R. T. フランス（France）が確信をもって示したように、諸引用は二つの異なった次元において機能している（"The Formula-

第 1 章　ヘブライ語聖書の初期の受容

Quotations," pp. 233-51）。聖書について手ほどきを受けていない読者が、広く受け入れられている聖書テクストから把握できるような「表層的意味」がまず存在する。しかしながら同時に、伝承の歴史によって関連づけられた預言的テクストの一群から響いてくる、より深層の意味というものも存在する（cf. 以下に述べるイザ 7:14 についての議論）。最後に、引用は約束されたメシアの出現を現実化させる手段として機能しており、そのメシアとは今や復活し、高挙された「主」（kyrios）として、信仰共同体が経験しているメシアなのである（cf. Pesch, pp. 129ff.）。それ故、マタイが 12:17-21 における引用によって、イザヤ書 42 章に記された僕の姿を思い起こさせるとき、彼は信仰共同体におけるキリストによる癒しのミニストリーの現在的リアリティー（神我らと共にいます）そのものである復活後の教会について証言しているのである。

　マタイによる福音書 1:23 に引用されるイザヤ書 7:14 についての神学的考察は、マタイの釈義的方法を説明するための例を提供するが、ここにおいては多くの議論がある。はじめに、解釈者に対しては、近代の歴史的批判的分析によって引き出された推論によって問題を曖昧にしないよう警告することが肝要である。たとえばルツ（Matthew 1-7, p. 124）は、まずはじめに、近代の解釈者たちがこのテクストにおける旧約預言の成就についてもはや語れなくなってしまっている、と指摘する。なぜならイザヤ書 7:14 の釈義に際し、イエスをメシアと見なすキリスト者の伝統的解釈は、明らかに受け入れ難いからである。このイザヤ書のテクストは、シナゴーグが正しく主張してきたように、ヒゼキヤを指し示しており、その当時存在した史的人物に言及しているに過ぎないのである。

　このような歴史的再構成に頼った解釈は、より大きなイザヤ物語の文脈が、メシア的（messianic）に形成されてきたことを理解し損ねてしまう。このメシア的な構造は、特に 9 章におけるインマヌエルの機能、また、終末論的枠構造の中に存在する 7-11 章から成る、より大きな物語によって構成されているのである（cf. Childs, Isaiah, pp. 62-106）。もちろんヘブライ語テクストのこの正典的形成は、後の時代に重ねられていった数々の解釈によって大いに展開されていった。すなわち、タルグム的伝統がその先駆けとなり、新約聖

37

書の旧約聖書引用に至って、その極みに達したのである。

　七十人訳によって 'almāh というヘブライ語が parthenos（処女）というギリシャ語に訳されたことは、その焦点を、性的に結婚適齢期にある娘から、処女性へと移行させた。しかしながらこの箇所の不思議さ、そしてこの章全体に広がっている曖昧さと不確実性を匂わせる響きは、これをただ同時代の史的人物を指すものと限定することによって解決されるものではない。イザヤ書8章におけるインマヌエルの役割に関する解釈だけが、インマヌエルの継続的な終末論的役割について指し示しているのではない。ミカ書5:1-3とサムエル記下7:12-16との関連もまた、将来のダビデの待望を指し示している。それ故、「平和の君」は、イザヤ書9:5-6と、イザヤ書11章の「芽」を加えて、テクストのメシア的な質感を形作るのである（cf. H. Gese, "Natus ex virgine," pp. 73-89）。

　明らかに、マタイによるイザヤ書7:14のユダヤ・ヘレニズム的修正は、ヘブライ人預言者が生きた元々の紀元前8世紀の文脈を越え出てしまっている。しかしながらマタイの聖書の読み方は、聖書の預言のより広い神学的伝統の連続性の上に立った、キリスト者としての読み方である。ペッシュは「神の共同体の特異な歴史」（unusual history of the nation of God）ということについて語っている。信仰の目を通してのみ、そして神学的、歴史文献的解釈（historiographic interpretation）のみが、マタイのテクストに対して正当な評価を下すことができる。なぜそうなのか。それは、新約聖書の証言というものは、神の特別な歴史についての証言として福音書記者が提示しているものだからであり、それ故に、イスラエルの伝統の中において霊感を受けた文書となっているからである。

2　マルコによる福音書 1:2-3

　マルコは自身の物語を、話の始まりを示し、その文脈を記すところから始めている。「イエス・キリストの福音」と彼は記す。そのアプローチは他の福音書記者たちとは異なっており、イエスの血統を提示することも、その誕生と家系を詳らかにすることもない。

第 1 章　ヘブライ語聖書の初期の受容

　この福音書の始まりは、イエス・キリストの良い知らせについての宣言である。洗礼者ヨハネやイザヤの預言によって始まるのではなく、神の王的支配が突入してくる、という告知とともに始まるのである。それにもかかわらず、この神の国到来の知らせは、すでに計画され、預言され、そしてはるか昔に告知されていた。その到来はイザヤ書に書かれたことによって確証されてきたのであり、そのイザヤの言葉は次のような定式に続いて引用されるのである。「預言者イザヤの書にこう書いてある」。

　マルコがその報告をなす方法について、幾つかの点が特に興味深い。

　a）1:1 は福音、すなわち *euangelion* について語っている。この名詞は七十人訳において滅多に現れることがない。その用例はたった二回であり、「良い知らせを運んできたことに対する褒美」といった意味で用いられる。しかしながら、動詞は頻繁に現れる。七十人訳においては普通、*euangelizō* という中動態動詞によって表されており、これはヘブライ語の動詞 *bśr* のピエル形「良い知らせを告げる」を翻訳したものである。旧約聖書において、この動詞は特にイザヤ書 40-55 章に登場し、終末論的な諸用語を用いつつ、神が約束された神的支配の開始について語るのである。しかし、この語はまたヘレニズム的なルーツをも持っており、ローマ皇帝の儀式と関連を持つ。それは、聖書の用法がそうであるように、新しい世界の秩序について約束している（cf. Walter Bauer, *A Greek-English Lexicon*, English Translation, 4th ed., 1952, p. 318, 古典的背景の参考文献）。

　b）この福音を確証するものが、イザヤの預言の中に見出される。証明テクストを引用するために定式を用いることは、旧約聖書はもちろんのこと、七十人訳、外典、偽典においても一般的である。この引用定式は、テクストがその引用の直前に言及した事実や出来事と、旧約聖書引用とを橋渡しする役目を負っている。

　c）この箇所におけるマルコの引用形式は、もっぱらイザヤ書から成っているのではなく、三つの聖書箇所を繋ぎ合わせたもの（catena）から成っている。その箇所とは、出エジプト記 23:20、マラキ書 3:1、イザヤ書 40:3 である。ステンダールが指摘したように（*The School of St. Matthew*, 1954, pp. 47ff.）、繋ぎ言葉を用いて旧約聖書の諸テクストをこのように繋ぎ合わせる方法は、

聖書以後のユダヤ教（postbiblical Judaism）においてはよく知られたことであり、特に死海写本において見出されるものである。マルコが用いた基本的なテクストは七十人訳であったにもかかわらず、幾つかの要素から考えて、この福音書記者がヘブライ語を知っていたことを指し示していると見なすことについては、ほぼ異論がない。マラキ書3章とイザヤ書40章は共に、「道を備えよ」というフレーズを用いているが、この表現はギリシャ語においては明らかではない。このテクストの選択は、恐らく選集（anthology）のようなものに由来する伝統的なものであると思われる。

d）マルコによる福音書の旧約聖書の使用は、単に形式的なプロローグとして機能しているわけではなく、むしろイエス・キリストのアイデンティティーについての全体的証言を理解するための鍵として機能している。マルコはイエスの物語を、福音、すなわち神による来るべき勝利の支配として提示する。マルコはそれ故自身の著作に、イエスの弟子たちによっては共有されなかった神学的視座を持ち込み、その弟子たちはキリストが誰であるかということについて全く知らなかったと繰り返し説明する。弟子たちが十字架の道へと導かれたということによってのみ、御子の終末論的勝利が啓示されるのである。

マルコの旧約聖書の使用は、そのユダヤ・ヘレニズム的背景に存在した釈義的技術を十分に共有している。彼のテクストは大方七十人訳に由来するものであるが、しかし元来のヘブライ語からの影響を示す事柄も残されている。彼は旧約聖書を、自身の物語を福音として提示するための概念的、神学的枠組みとして用いたのである。福音書記者が一体どの程度まで、ローマ皇帝の儀式に由来するこの言葉［すなわち「福音」］の含蓄に気が付いていたか、ということは定かではない。しかし少なくとも、福音書読者のある人々が、この「福音」という言葉と相反する儀式について何も読み取らなかったとは信じ難いのである。

3　ルカによる福音書 4:16-30

新約聖書のイザヤ書解釈における異なった釈義的技術を説明しようという

第1章　ヘブライ語聖書の初期の受容

関心については、ルカによる福音書の中にその好例を見出すことができる。ルカは4:16-30で、イエスがその公の伝道活動の初期に故郷であるナザレを訪れる場面をとりあげることによって、マルコ的なテクスト配列から離れる。イエスはいつものように安息日にシナゴーグに入り、伝統的ユダヤ教典礼の一部であった聖書朗読の名誉に与る。彼はイザヤ書のテクストを選び、そして読み終えると座って、その解釈をし始めたのである。

1世紀のパレスティナにおいては、ユダヤ・ヘレニズム的環境がどこにおいても明白に存在していた。ルカの記述は伝統的な安息日礼拝の様子と十分に一致する。全ての男性ユダヤ人は礼拝式の中で聖書を読む権利があり、イエスもその伝統を受け入れた。この当時、定められたテクストからトーラーを朗読するということがすでに行われていたのであろう。しかしながら、預言書（Haftorah）[訳注1]からの朗読は、まだこの時代において固定化されていたものではなかった。それ故、イエスは意図的にイザヤ書61章から、このよく知られているテクストを選び、立ってこれを読み上げ、そして会衆に向かってその解釈を与えるため、腰を降ろしたのである。

朗読テクストとして、ルカはイザヤ書61:1、58:6、そして61:2のテクストを組み合わせた。実はここで、七十人訳版から二つのフレーズが抜け落ちている。「打ち砕かれた心を癒す」と、「我らの神の報復の日」である。後者はイザヤ書のネガティヴな側面を意図的に削除したと見える。普通、ルカによって引用されるテクストは七十人訳聖書であるが、ここでは、「呼びかける」という動詞が、「宣言する」という動詞に置き換えられている。ギリシャ語の「良い知らせを宣べ伝える」（*euangelizesthai*）という動詞は、第二イザヤのヘブライ語イディオムを翻訳したものである。この語が福音を宣べ伝えるという完全にキリスト教的な意味を持つようになるのは、後世になってからでしかない。ルカが提示する重要な点は、イザヤが告げたことをイエスが今まさに行っている、ということなのである（Fitzmyer, *Luke*, vol.1, p.

訳注1　Haftorah/Haftarah とは、安息日や祭日にユダヤ教の会堂でパラシャー（parashah）の直後に読み上げられる預言書の部分のことを指す。パラシャーとは、礼拝で朗読されるモーセ五書の箇所のことである。

532)。

　重要な問いは、ルカによる描写が持つユダヤ・ヘレニズム的形式を伴っ
たこの新約聖書の箇所をいかにして解釈するかということである。J. A. サ
ンダース（Sanders）は、その博学で刺激に満ちたエッセイの中で（"From
Isaiah 61 to Luke 4," *Luke and Scripture*, pp. 46-69）、この箇所を解釈するための
鍵がミドラシュ的釈義の中にあることを見出した。ミドラシュ的釈義とは、
七十人訳、タルグム、クムラン文書、そしてラビ的伝統から、新約聖書に至
るまで発展してきたものである。サンダースはこのミドラシュとの比較研究
は、イエスがナザレにおけるユダヤ人の聴衆との議論をミドラシュ的に展開
したという理解を可能にすると言う。イエスはイザヤ書 61 章の解釈をエリ
ヤとエリシャの箇所を用いて行っているが、この二人の預言者は、神の恩寵
の恵みを「グループの中にいる」人間に向けたのではなく、真の預言者のや
り方で、貧しい人、捕らわれている人、目の見えない人、そして抑圧されて
いる人に向けようとしたのである。聴衆は、イエスの人を惹きつける語り口
から前向きな言葉を望み、彼らにとって都合の良い解釈を期待していたが、
その発言に憤慨した。イエスの言葉は、神の御前で聴衆の特権的な地位を
粉砕したのである。それ故、聴衆は彼を殺そうとした。サンダースによれば、
この箇所の中心的な問題は、イザヤ書のテクストにおいては、一体誰が貧し
き者、捕らわれた者、抑圧された者なのか、ということをめぐる論争にある。
それ故、解釈の鍵はルカのテクストによって提供されたミドラシュ的なしる
し（signals）を解読することにある。

　私見では、幾つかの真正な釈義的洞察にもかかわらず、サンダースのミド
ラシュ的解釈の弁明は説得力がない。その方法論的問題は、ステンダール
がラビ的、およびクムランの資料を用いたのと同じ批判を引き起こす。サン
ダースはラビ的シナゴーグ、あるいは、「クムラン学派」（school of Qumran）
の背景が、初期キリスト者共同体との緊密な類似を与えていると見ており、
それ故に彼は、ミドラシュ的実践が当時一般的なものであったと主張してい
る。とりわけルカによる福音書 4 章において、私はこの問題はミドラシュ的
釈義の論争などではないということを主張したい。そうではなくて問題は、
まさにその現臨によって、神の終末論的救いの預言者的約束の成就をもたら

42

すイエスその人の主張である。かいつまんで言えば、論争の中心点は、イエスによる福音の良い知らせの宣言にあるのである。「今日」神の国は実現した。不信仰なユダヤ人の聴衆に向かっての攻撃は、この彼の言葉から起こった。その時問題とされていたのは、神から聖霊による油注ぎを受けたと言っている、この大工の息子のアイデンティティーに他ならない。それは釈義に関する議論ではなかった。現在における預言の成就を指し示す、イエスの物議を醸すようなメシアとしての宣言は、権威を持った新しい教えだったのである。

クムラン文書の発見以来、ある注解者たちは、いわゆるペシェル釈義（pesher exegesis）を伝統的なラビ的ミドラシュから明確に区別することを主張してきた。確かに、共同体の現在の生活において、預言を字義的に実現されるべき予言（predictions）として捉えるといったペシェル釈義が持つ関心は、ルカにおいて顕著な「今日」という表現に近い釈義的類似を提供した。つまり、「終わりの時はすでに来たのだ！」というわけである。しかしながら、このような類似性も単に表面上説得力を持つように見えるだけである。ペシェル釈義の特徴は、ある確信から生まれてくるものである。つまり、聖書テクストは、それが研究されることを通して、共同体自身の内に生起する出来事を予言することができるという確信である。ルカによる福音書4章において描かれている争いの場面は、そのような釈義との違いを浮き彫りにする。すなわちルカは、イザヤの約束を成就するメシア・イエスの主張を中心に据えているのである。ルカによる福音書のテクストが、ユダヤ・ヘレニズム的環境と多くの形式的特徴を共有していることは確かであるが、イエス・キリストにおいて啓示された全く異なる本質的文脈は、福音書の説教をミドラシュ的釈義と同定することについて、大いなる警告をしているのである。

4　ヨハネによる福音書 12:41

ヨハネによる福音書は二つの主要な部分から成っている。それは、1:19-12:50 と 13:1-20:29 である。第一の箇所においては、証人たちがイエスの真の本質について証言をする。これらの証人たちは単にイエスと同時代の人々

（1:32-34; 1:46-51; 4:27-30; 39-42）というのではなく、旧約聖書の重要な人物たちでもある。すなわち、この証人はアブラハム、モーセ、そしてイザヤでもあるのである。

12章において、二つのイザヤ書引用（53:1; 6:10）が、「それは、預言者イザヤによって語られた言葉が実現するためであった」という定型句を伴って導かれている。どちらの引用も、神の神秘的意志によってもたらされたイスラエルの頑なさについての証明テクストとして機能している（39節）。そして41節において、福音書記者はイザヤの目的を説明する注釈を提供している。「イザヤは、彼（イエス）の栄光を見たのでこのように言い、彼について語ったのである」。テクストがこのように連続しているということは、ヨハネがイエスの栄光について語っていることを明らかにする。

ユダヤ教の解釈においては、神の地上的な幻を神の栄光の幻として理解することが一般的であったため（イザ 6:1; 6:5 についてのタルグム）、それと同じような釈義的伝統が意図されていたのではないか、という推測がなされるかもしれない。しかし、福音書記者がここで先在の御子について語る預言者の幻について発言していることは明らかである。彼のロゴス・キリスト論はすでに 1:1 において「初めに神と共に在った言」という表現を伴って紹介されているが、その言とはすなわち、「肉となった言」（14節）なのである。彼の地上の生涯において、この神的ロゴスは、常に自らのものであったところの栄光を啓示したのである（1:4）。アブラハムは彼の日を見て喜びに溢れ（8:56）、モーセは、ユダヤ人自身が用いている聖書の中で、ユダヤ人を論駁する存在として描かれている（5:45）。キリストの復活の後、弟子たちはイエスの言葉を思い起こし、彼らの信仰は聖書とキリストの言葉の両方に根拠付けられたのである（2:22）。

この箇所において明らかにされたヨハネの釈義的技術は、他の福音書記者たちの中でも独特のものであり、ただパウロ書簡においてのみ、かろうじて並行が見出される（Ⅰコリ 10:4）。このような釈義を伝統的な比喩として片付けるべきではない。なぜなら、このような釈義はその字義的意味と異なった、二次的な霊的意味といったものではないからである。むしろそれは、「内在的三位一体」を語るとき、教会の後の三位一体神学の輪郭を示すアプ

ローチとして存在しているからである。もちろん、ヨハネと並行する要素が、フィロンのロゴスの教理や、多くのヘレニズム的知恵の考察の中に幾つか見出されることは事実である。しかしそれにもかかわらず、ヘレニズム的神秘哲学の広範な領域に内在する一般的概念に証拠を求めても、このヨハネによるキリスト論の内実は十分に解釈され得ないのである。

5　ローマの信徒への手紙 4:24-25

使徒パウロにとってイザヤ書が非常に重要であることは、これまで長い間認識されてきた。しかし最近になって新しく詳細な研究がなされ、それらの研究はその意義を更に深く解明しようと試みている。批判的分析は多くの問題と取り組んできた。たとえば、パウロの用いていたイザヤ書のギリシャ語テクストについて、彼の引用における釈義的技術について、その諸引用の文学的、神学的機能について、そして、イザヤ書引用の用い方から現れてくる主題の広がりについて、などである。このような問題を明らかにするものとして、二つの著作が傑出した位置を占めている。それは、ディートリヒ＝アレックス・コッホ（Dietrich-Alex Koch）の『証としての聖書』（*Die Schrift als Zeuge*, 1986）と、そして、フロリアン・ヴィルク（Florian Wilk）の『パウロにとってのイザヤ書の意味』（*Die Bedeutung des Jesajabuches für Paulus*, 1998 年）である。当然のごとく、彼らの著作の強みは、一世紀にわたる、パウロと旧約聖書に関する批判的研究の取り組みに対して、包括的な注意を払ってきたことにある。

パウロによるイザヤ書引用の正確な数は、重複した引用、あるいは組み合わされた引用をどのように数えるかということと、間接的言及をどのように定義するか、ということを考慮するときに、微妙に異なってくる。コッホは 25 の引用テクストと、28 の間接的言及を挙げており、ヴィルクは 19 の引用テクストと、28 の間接的言及を挙げている。パウロは七十人訳のギリシャ語テクストを用いているが、しかし、ヘブライ語テクストに極力近づけようと努めた後の校訂された形をたびたび用いている。この校訂のために、パウロの引用に見られる七十人訳の変化形は、校訂本から受け継いだものなのか、

それともパウロ自身によるものなのかを決定することが、より困難になるのである（cf. Koch, pp. 48ff.）。更に議論されている問題は、パウロの旧約聖書釈義が、主としてユダヤ教的、ミドラシュ的伝統の延長線上に立っているのか、それともディアスポラのギリシャ・ヘレニズム的なものの内にあるのか、ということである。コッホの分析は（pp. 230ff.）そのような極端な区別に否定的な態度をとるものであった。パウロの釈義は、たとえば寓喩の使用などを見ると、ディアスポラのヘレニズム的シナゴーグのそれと諸特徴を共有しているが、しかし、高度に高められたフィロンと同種のような寓喩ではない。その反面、パウロの釈義はラビ的ミドラシュに特徴的な形が欠如しており、伝統的にヒレルと関連づけられる法の使用もごく限られたものである。クムランのペシェルのアプローチとの並行もまれにしか存在しない（e.g. ロマ 10:6-8）。要するに、パウロは彼のユダヤ・ヘレニズム的環境に由来する諸特徴を至るところで保持しているが、しかし、彼の釈義は単純に一つのパターンに当てはめられるものではない。彼が神学的目標に向かって様々な道具を用いる独特な方法こそが、最も特徴的なのである。

　パウロのイザヤ書の用い方を評価する際に決定的なことは、聖書解釈を駆使してその神学を展開し、説明し、そして弁護しようとする、彼の明確な意図である。しかしながら、現代の批判的感性にとっては異常と思えるかもしれないが、パウロは自分の主張の根拠を示すために、聖書の使用を明らかに意図的に行っている。ここで最大の問題が持ち上がる。それをひと言で言えば、パウロが旧約聖書、とりわけイザヤ書のテクストと向かい合うときに露呈している甚だしい奔放さをどのように解するべきか、ということである。

　コッホは、パウロの旧約聖書引用の特徴的な様式を強調している（pp. 103ff.）。パウロのイザヤ書引用の改変は、以下のようなものを含んでいる。

1. 語順の変更：イザ 52:5 / ロマ 2:24　イザ 45:23 / ロマ 14:11
2. 人称、数、性の変更：イザ 52:7 / ロマ 10:15　イザ 29:10 / ロマ 11:8
3. 削除：イザ 40:13 / Ⅰコリ 2:16　イザ 59:7-8 / ロマ 3:15-17
　　　　　イザ 28:11-12 / Ⅰコリ 14:21
4. 付加：イザ 28:16 / ロマ 10:11　イザ 10:23 / ロマ 9:28

第 1 章　ヘブライ語聖書の初期の受容

5. 単語の変更：イザ 29:14 / Ⅰコリ 1:19
6. テクストの混合：イザ 28:16+8:14 / ロマ 9:33　イザ 10:22+ホセ 2:1 / ロマ
9:27　イザ 45:23+49:18 / ロマ 14:11

　これらの変更の幾つかは単に文体上の変更である。他のものは、旧約聖書
の文脈から新しい適用への橋渡しを容易にするためのパウロの試みに起因す
るものである。しかしながらそこには、旧約聖書の意味を再解釈し、新し
い、そして異なった意味を創出することを目指した意識的な努力がある。ま
とめの段落の中でコッホは（p. 186）、パウロによって 97 箇所の旧約テクス
トが引用され、52 箇所が七十人訳の読みから変更され、一方で 37 箇所がそ
のままであることを記している。更に、そのような変更はしばしば、内容志
向（content-oriented）のものであり、単なる文体的変更によって動機づけら
れたものではない。イザヤ書以外の旧約の箇所を用いた幾つかの古典的なパ
ウロの章句は、ユダヤ教の解釈に気が付いていながら、根本的に異なる読み
方を引き出すためにテクストを変更したことを示している（ロマ 10:6-8 にお
ける申 30:12-14、Ⅱコリ 3:7-18 における出 34:29ff.）。
　パウロによるイザヤ書釈義の最後の例は注目に値する。D. A. サップ（Sapp）
は最近の論文において（*Jesus and the Suffering Servant*, pp. 170ff.）、イザヤ書 53
章の二つの異なったテクスト伝承を指摘している。それはヘブライ語（マソ
ラ）とギリシャ語である（クムランテクストはヘブライ語テクストに近く、
ギリシャ語テクストとは異なっている）。重要な相違はイザヤ書 53:10b に存
在する。マソラテクストはこれを「義しい者、私の僕は、多くの者を義とす
るであろう」と読む。しかし、七十人訳は「主は、多くの者に良く仕える義
しい者を弁護しようと欲する」と読む。また、53:9 にも違いがある。マソラ
テクストは「彼（僕）は何も悪いことをせず、何も偽りを口にしなかったの
に、死に際して、愚か者と金持ちと共に自分の墓を掘るであろう」　と読む
のに対して、七十人訳によればこの節は「私（主）は彼（僕）の墓に代えて
愚かさを与え、彼（僕）の死に代えて豊かさを与える。なぜなら、彼は何も
悪いことをしなかったからである」である。
　サップは、ローマの信徒への手紙 4:25 と 9:15, 19 におけるイザヤ書 53 章

のパウロによる解釈は、イエスの犠牲の死と復活による贖いの教義に正当な根拠を与えていると結論づける。パウロはこの教義をヘブライ語テクストの伝統から導き出したのであって、七十人訳聖書から導き出したのではない。パウロがこのようにしてヘブライ語の伝統を選び取ったということは、彼自身のヘブライ語聖書の釈義によるのか、それとも初期キリスト者の伝承を採用したことによるのか、ということは依然として争われている。しかしながら、ここから引き出される重要な解釈学的示唆がある。それは、贖いという主題にかかわることを議論するときに、ギリシャ語テクストを離れ、ヘブライ語テクストを用いたパウロの自由さである。

　このようなパウロの自由さの結果、多くの現代の聖書学者は、パウロの旧約聖書の用い方について非常に否定的な結論を持つに至った。そのような者たちは、パウロは自分の神学的考察を旧約聖書の中に読み込んでいるだけだと断言する。パウロのアプローチは、「釈義」（exegesis）ではなく、「自己解釈」（eisegesis）である、というわけである。また他の者たちは、パウロの読み方は完全に新約聖書の側に由来するものである故、元々意図された旧約聖書の意味は全くキリスト者の正典（カノン）に存在しない、と指摘する（Haenchen, "Das Alte"）。同じように、エルンスト・ケーゼマン（Ernst Käsemann, *Romans*, pp. 285ff.）も、パウロが自由に「霊の識別」をし、また、旧約聖書において福音でないと認めたものは何でも「死んだ律法の文字（*gramma*）」として拒絶したことの内に、彼の自己解釈の根拠を見る。

　私はこのような性急な結論を下し、パウロの釈義を大きな解釈の枠の中に閉じ込めてしまう見方に警告を発したい。我々は少なくとも、パウロが根本的に新しい場所に立っている、ということに留意すべきである。すなわち、彼にとってはイエス・キリストが中心であり、トーラーが中心ではないのである。パウロのイザヤ書解釈の出発点は、彼のキリスト者としての信念に由来する。その信念とはすなわち、ユダヤ教聖典に記されている神的預言が、イスラエルと諸国民のために、キリストによる神の新しい終末論的救済行為を通して成就し、また成就しつつあるというものであった。現代の聖書批評学においては、正しい釈義はテクストの元々の歴史的文脈を発見することにかかっているという自明の理が存在する。しかし一方で、パウロにとって真

第1章　ヘブライ語聖書の初期の受容

の解釈とは、真に重要な事柄（subject matter）を証言することにかかっているのであって、そのことこそまさにイエス・キリストなのである。今や新しい啓示、新しい文脈、そして新しい神のメッセージがそこにある。パウロは歴史的連続性という観点から、過去を現在に結び付けることはしない。むしろパウロは、聖書は語りかけてくる声を持っていると信じている。それは聖書を聞く者に「今」向かい合っている生ける言葉なのであり、「我々のために」書かれているのである（ロマ 4:24; I コリ 9:10）。

　パウロの手紙の形態は、全く時代状況に制約されたものでありながら——それはユダヤ教的で、ヘレニズム的、更に論争的でさえある——教会はこれらの手紙を使徒的なものとして受容し、かつ、キリスト教の正典の中でも権威ある聖書として特権的地位を与えてきたのである。我々はこの本の最後の章において、キリスト教の信仰理解の神学的、また解釈学的示唆を探究することと取り組みたい。

Ⅳ　新約聖書における旧約聖書使用の解釈学的問題

1　初期の教会におけるヘブライ語テクストと
　ギリシャ語七十人訳聖書の間の緊張

　教会において七十人訳聖書が権威ある聖典としてその役割を与えられていく中で（cf. Hengel, *The Septuagint as Christian Scripture*）、間もなくして人々はヘブライ語テクストとギリシャ語テクストとの食い違いに気が付くようになった。オリゲネスがマソラテクストとギリシャ語訳の間にある不安定さを安定化させようとしたことは、キリスト教徒のユダヤ教徒との釈義的論争は相互のテクストの関係を注意深く批判的に精査することに基礎を置いてなされなければならない、という彼の関心に究極的に起因している。

　しかしながら、教会における実際の解釈学的論争は、ヘブライ語テクストこそが旧約書の真実で権威あるテクストであるというヒエロニムスの主張に対抗するものとして初めて表面化した。対照的に、アウグスティヌスは教

49

会の伝統的テクストである七十人訳の権威を支持しようとした。ヒエロニムスがヘブライ語テクストを復元しようとしたことによって引き起こされたその言語的影響力に触発され、アウグスティヌスはヘブライ語とギリシャ語との相違を解決するための解釈学的な折衷作業を成し遂げようとした。アウグスティヌスによれば、同じ聖霊がヘブライ語聖書において働いたように七十人訳においても働いたことの故に、七十人訳は新しく特別な啓示を提供できた。更に、ギリシャ語の翻訳者はヘブライ語のそれと同じような意味を表現することができたが、それは全く異なった文学的表現を用いることによってなされたというのである。アウグスティヌスはたとえば次のような折衷作業を試みている。ヨナ書 3:4 において、七十人訳によれば、神の裁きが下されるまでの猶予は三日間であるが、しかし、ヘブライ語聖書によればそれは四十日間である。アウグスティヌスは歴史的に可能性の高そうな事柄としてはヘブライ語のテクストを好ましいとしたが、七十人訳がここを三日間としていることにもまた正当な意味があると考えた。それはキリストが墓の中に三日間葬られていたことを暗示しているからである。

　自身の著作である『キリスト教の教え』（*On Christian Doctorine*）において、アウグスティヌスは聖書の中の異なる次元の事柄を扱う際の解釈学的論理について詳細に論及している。それによれば、全ての聖書記事の目的は神への愛と隣人への愛を生じさせることにある（3.10.14 ［加藤訳 162-163 頁］）。それ故、仮にある聖書の箇所がそれを字義通りに解釈したときに、生活の清めと、聖書の教えの健全さについて必ずしも言及していない場合でも、それは比喩的に解釈されるべきなのである。聖書に意味の複数の次元が存在することの妥当性を指示するアウグスティヌスの論理は、テクスト間の不一致を解決するだけでなく、寓喩的解釈の正当な役割を主張する教会のスタンダードな解釈法となったのである。

2　新約聖書による旧約聖書の使用の問題解決のための現代の試み

　啓蒙主義を通して 17 世紀後半において現れてきた歴史的批判的な聖書の研究は、新約聖書による旧約聖書の使用についての解釈の問題をなお一層困

第 1 章　ヘブライ語聖書の初期の受容

難なものとした。教会の教義的伝統に対して最も物議を醸したのはもちろん、
1724 年にアントニー・コリンズ（Anthony Collins）が突きつけた問題である
（*A Discourse on the Grounds and Reasons*）。その第一部は、「新約聖書における
旧約聖書の引用に関する幾つかの考察、特に、旧約聖書から引用され、新約
聖書において成就したと言われている預言について」という副題が付けられ
ている。コリンズはこれによって、新約聖書による旧約聖書の用い方は偏向
的であり、誤解を生むものであり、理性的弁明を欠くものである、というこ
とを論証しようとした。

　コリンズの著作の影響によって、その後の議論は二極化された。二つの、
全く正反対の立場が現れたのである。一方の立場は、新約聖書の旧約聖書の
用い方を旧約の元々の意図と調和させようとする多数の試みであった。基本
的に、新約による旧約の用い方を弁護する人々は次のように主張した。すな
わち、旧約と新約において与えられたテクストの意味は同じままだが、適用
において、あるいは *sensus plenior*^{訳注 2}［より十全な意味］へとその意味を敷衍
するときにおいてのみ、両者は異なると言うのである。今日でもなお、その
ような立場は幾つかの保守的なサークルの中で主張され続けており（cf. W.
C. Kaiser, *The Uses of the Old Testament in the New*）、E. D. ハーシュ（Hirsch, *The
Validity in Interpretation*）の解釈学的論理によってその主張は支えられてきた。
しかしながら、このような立場は福音派（Evangelicals）の中においてさえ少
数派となってきている。

　他方、コリンズによる批判的な指摘は継続的に広がりを見せており、初期
の教会の伝統的神学というカテゴリーを宗教史というカテゴリーで置き換え
る、ということが起こってきている。そのような研究のねらいは権威ある
正典的テクストを比較することではなく、むしろ関連する全てのテクストの
歴史的発展を、古代近東世界やユダヤ・ヘレニズム（Jewish-Hellenism）も

訳注 2　聖書におけるより霊的で、深層の意味のことを言う。歴史的な著者の意図を超え
　　　て、神の意図を含んでいるものであるとされる。詳しくは、Raymond E. Brown, "The
　　　History and Development of the Theory of a Sensus Plenior," *CBQ* 15 (1953): 141-162 を参照せ
　　　よ。

51

含めどの歴史的文脈も特別扱いせず、可能な限り広い文脈において記述的に跡づけるといった趣旨のものである。たとえば、発展してゆくヘブライ語テクストをギリシャ語訳聖書がどう訳したかという観点からの研究に関して言えば、そのような研究を通して、ユダヤ・ヘレニズム的環境における文化的フィルターの大きな影響がようやく明らかになってきた。結果として、多くの現代の聖書学者たちにとって、過去の神学的問題は新しい、批判的指針の光の下では、そのほとんどが見当違いのこととなってしまったのである。

　それにもかかわらず、旧約聖書と新約聖書の関係に対する解釈学的関心が、現代的精神が幅を利かせるに従って完全に消え去ってしまったと考えることは重大な誤りである。むしろ多くの現代の聖書学者たちは、批評的企ての正当性と必要性について確信した後でも、新鮮な視座とより新しい定式化を伴って、教会とシナゴーグが持っていた古くからある神学的関心へと回帰している。そのような新しい提案について素描し、その評価をするといったことはここでの私の関心ではない。むしろ私の意図は、イザヤ書の教会による主要な解釈の歴史を提供することにあり、何よりも解釈の諸段階それぞれにおいて議論されていた解釈学的問題を検討することにある。この歴史の跡づけ作業が終わった時点においてのみ、ヘブライ語聖書の初期における受容という、この章で提起されたより大きな解釈学的問題へと戻ることが可能となるであろう。

ヘブライ語聖書の初期の受容に関する文献表

I 七十人訳聖書の役割に関わるもの

Barrera, J. Trebolle. "The Greek Septuagint Version." In *The Jewish and the Christian Bible*, pp. 301-323. Leiden: Brill, 1998.

Barthélemy, *D. Études d'histoire du text de l'Ancien Testament*. Freiburg and Göttingen: Vandenhoeck & Ruprecht, 1978.

Brooke, A. E., N. McLean, and H. St. J. Thackeray, eds. *The Old Testament in Greek*, vol.1. Cambridge: Cambridge University Press, 1906.

Brooke, G. J., and B. Lindars, eds. *Septuagint, Scrolls and Cognate Writings*. Atlanta: Scholars Press, 1992.

Broyles, C. C., and C. A. Evans, eds. *Writing and Reading the Scroll of Isaiah*, vol.2. Leiden: Brill, 1997.

Chilton, B. D. "Two in One: Renderings of the Book of Isaiah in Targum Jonathan." *Writing and Reading the Scroll of Isaiah*, vol.2, ed. C. C. Broyles and C. A. Evans, pp. 547-62. Leiden: Brill, 1997.

Cross, F. M. "The History of the Biblical Text in the Light of Discoveries in the Judaean Desert." *Harvard Theological Review* 57 (1964): 281-99.

Emerton, J. A. "The Purpose of the Second Column of the Hexapla." *Journal of Theological Studies* 7 (1956): 79-87.

Evans, C. A. "The Dead Sea Scrolls and the Canon of Scripture in the Time of Jesus." In *The Bible at Qumran*, edited by P. W. Flint, pp. 67-79. Grand Rapids: Eerdmans, 2001.

Flint, P. W. "The Septuagint Version of Isaiah 23:1-14 and the Masoretic Text." *Bulletin of the International Organization for Septuagint and Cognate Studies* 21 (1988): 35-57.

―――. "The Isaiah Scrolls from the Judean Desert." In *Writing and Reading the Scroll of Isaiah*, vol.2, edited by C. C. Broyles and C. A. Evans, pp. 481-89. Leiden: Brill, 1997.

Hanhart, R. "Die Bedeutung der Septuaginta in neutestamentlicher Zeit." *Zeitschrift für Theologie und Kirche* 81 (1984): 395-416.

―――. "Die Septuaginta als Interpretation und Actualisierung. Jesaja 9.1(8:23)-7(6)." In *Memorial Volume Isac Leo Seeligmann*, vol.3, pp. 331-46. Jerusalem: Rubinstein Publishing House, 1983.

―――. "Introduction: Problems in the History of the LXX Text from Its Beginnings to Origen." In M. Hengel, *The Septuagint as Christian Scripture*, pp. 1-17. Edinburgh: T. & T. Clark, 2002.

Harl, M., Dorival, G., and O. Munnich. *La Bible Grecque des Septante*. Paris: Editions du Cerf, 1988.

Hengel, M. *The Septuagint as Christian Scripture: The Prehistory and the Problem of Its Canon*. Edinburgh: T. & T. Clark, 2002.

Holmes, R., and J. Parson. *Vetus Testamentum Graecum cum variis lectionibus*. 5 vols. Oxford, 1798-1827.

Jobes, K. H., and M. Silva. *Invitation to the Septuagint*. Grand Rapids: Baker, 2000.

Koenig, J. *L'herméneutique analogique du Judaïsme antique d'après les témoins textuels d'Isaïe*. Leiden: Brill, 1982.

Kooij, A. van der. *Die Alten Textzeugen des Jesajabuches*. Göttingen: Vandenhoeck & Ruprecht, 1981.

———. "The Septuagint of Isaiah: Translation and Interpretation." In *The Book of Isaiah*, edited by J. Vermeylen, pp. 127-33. Leuven: Peeters and Leuven University Press, 1989.

———. "The Old Greek of Isaiah in Relation to the Qumran Texts of Isaiah: Some General Comments." In *Septuagint, Scrolls and Cognate Writings*, edited by G. J. Brooke and B. Lindars, pp. 195-213. Atlanta: Scholars Press, 1992.

———. "Isaiah in the Septuagint." In *Writing and Reading the Scroll of Isaiah*, vol.2, edited by C. C. Broyles and C. A. Evans, pp. 513-29. Leiden: Brill, 1997.

Lagarde, P. *Librorum Veteris Testamenti canonicorum*. Göttingen, 1883.

Lamarche, P. de. "The Septuagint: Bible of the Earliest Christians." In *The Bible in Greek Christian Antiquity*, edited by P. M. Blowers, pp. 15-33. Notre Dame: University of Notre Dame Press, 1997.

Marcos, F. *The Septuagint in Context: An Introduction to the Greek Versions of the Bible*. Leiden: Brill, 2000.

Orlinsky, H. M. "The Septuagint as HolyWrit and the Philosophy of the Translators." *Hebrew Union College Annual* 46 (1975): 89-114.

Ottley, R. R. *The Book of Isaiah According to the Septuagint*. 2 vols. Cambridge: Cambridge University Press, 1904, 1906.

Porter, S. E., and B. W. R. Pearson. "Isaiah through Greek Eyes: The Septuagint of Isaiah." In *Writing and Reading the Scroll of Isaiah*, vol.2, edited by C. C. Broyles and C. A. Evans, pp. 531-46. Leiden: Brill, 1997.

Seeligmann, I. L. *The Septuagint Version of Isaiah*. Leiden: Brill, 1948.

Sundberg, A. C. *The Old Testament in the Early Church*. Cambridge, Mass.: Harvard University Press, 1964.

Swete, H. B. *The Old Testament in Greek According to the Septuagint*. 3 vols. Cambridge: Cambridge University Press, 1887-94.

———. *An Introduction to the Old Testament in Greek*. Cambridge: Cambridge University Press, 1902.

Tov, E. "Die Septuaginta in ihrem theologischen und traditionsgeschichtlichen Verhältnis zur hebräischen Bibel." In *Mitte der Schrift?* edited by M. Klopfenstein, pp. 237-68. Bern: Lang Verlag, 1987.

———. "The Text of Isaiah at Qumran." In *Writing and Reading the Scroll of Isaiah*, vol.2, edited by C. C. Broyles and C. A. Evans, pp. 491-511. Leiden: Brill, 1997.

———. *The Text-Critical Use of the Septuagint in Biblical Research*. 2nd edition. Jerusalem: Sinor, 1997.

Ulrich, E. "An Index to the Contents of the Isaiah Manuscripts from the Judean Desert." In *Writing

第 1 章　ヘブライ語聖書の初期の受容

and Reading the Scroll of Isaiah, vol.2, edited by C. C. Broyles and C. A. Evans, pp. 477-80. Leiden: Brill, 1997.

Wevers, J. W. "The Interpretative Character and Significance of the Septuagint Version." In *Hebrew Bible/Old Testament: The History of Its Interpretation*, vol.1, edited by M. Saebø, pp. 84-107. Göttingen: Vandenhoeck & Ruprecht, 1996.

Ziegler, J. *Untersuchungen zur Septuaginta des Buches Isaias.* Munster: Aschendorf, 1934.

―――. *Septuaginta. Vetus Testamentum Graecum. Isaias.* 2nd edition. Göttingen: Vandenhoeck & Ruprecht, 1967.

II　新約聖書によるイザヤ書の使用

Baker, D. L. "Typology and the Christian Use of the Old Testament." *Scottish Journal of Theology* 29 (1976): 137-57.

Barrett, C. K. "The Interpretation of the Old Testament in the New." In *The Cambridge History of the Bible*, vol.1, edited by P. R. Ackroyd and C. F. Evans, pp. 377-411. Cambridge: Cambridge University Press, 1970.

Beale, G. K., ed. *The Right Doctrine from the Wrong Texts?* Grand Rapids: Baker, 1994.

Carson, D. A., and H. G. M. Williamson. *It Is Written: Scripture Citing Scripture.* Cambridge: Cambridge University Press, 1988.

Casey, M. "Christology and the Legitimating Use of the Old Testament in the New Testament." In *The Old Testament in the New Testament: Essays in Honour of J. L. North*, edited by S. Moyise, pp. 42-64. Sheffield: Sheffield Academic Press, 2000.

Chilton, B. D. *A Galilean Rabbi and His Bible: Jesus' Own Interpretation of Isaiah.* London: SPCK, 1984.

Collins, Anthony. *A Discourse on the Grounds and Reasons of the Christian Religion.* London, 1724.

Dittmar, W. *Vetus Testamentum in Novo.* Göttingen: Vandenhoeck & Ruprecht, 1903.

Dodd, C. H. "The Old Testament in the New." In *The Right Doctrine from the Wrong Texts?* edited by G. K. Beale, pp. 167-87. Grand Rapids: Baker, 1994.

Efird, J. M., ed. *The Use of the Old Testament in the New.* Durham: Duke University Press, 1972.

Evans, C. A. *To See and Not Perceive: Isaiah 6.9-11 in Early Jewish and Christian Interpretation.* Sheffield: Sheffield Academic Press, 1989.

―――. "From Gospel to Gospel: The Function of Isaiah in the New Testament." In *Writing and Reading the Scroll of Isaiah*, vol.2, edited by C. C. Broyles and C. A. Evans, pp. 651-91. Leiden: Brill, 1997.

Evans, C. A., and W. R. Stegner, eds. *The Gospels and the Scriptures of Israel.* Sheffield: Sheffield Academic Press, 1994.

Fishbane, M. *Biblical Interpretation in Ancient Israel.* Oxford: Oxford University Press, 1985.

Fitzmyer, J. A. "The Use of Explicit Old Testament Quotations in Qumran Literature and in the New

Testament." *New Testament Studies* 7 (1961): 297-333.

France, R. T. *Jesus and the Old Testament*. London: Tyndale Press, 1982.

Gnilka, J. *Die Verstockung Israels: Isaias 6,9-10 in der Theologie der Synoptiker*. Munich: Kösel 1961.

Goppelt, L. *Typos: The Typological Interpretation of the Old Testament*. Grand Rapids: Eerdmans, 1982.

Hanson, A. T. *Jesus Christ in the Old Testament*. London: SPCK, 1965.

Harris, J. Rendel. *Testimonies*. 2 vols. Cambridge: Cambridge University Press, 1916, 1920.

Hirsch, E. D. *The Validity of Interpretation*. New Haven: Yale University Press, 1957.

―――. *The Aims of Interpretation*. Chicago: University of Chicago Press, 1976.

Juel, D. *Messianic Exegesis*. Philadelphia: Fortress, 1988.

Kaiser, W. C. *The Uses of the Old Testament in the New*. Chicago: Moody, 1985.

Koch, D.-A. *Die Schrift als Zeugnis des Evangeliums*. Tübingen: Mohr Siebeck, 1986.

Kugel, J. L., and R. A. Greer. *Early Biblical Interpretation*. Philadelphia: Westminster, 1986.

Lindars, B. *New Testament Apologetic*. London: SCM Press, 1961.

Longenecker, R. N. *Biblical Exegesis in the Apostolic Period*. Grand Rapids: Eerdmans, 1975.

Moule, C. F. D. "Fulfilment-Words in the New Testament: Use and Abuse." *New Testament Studies* 14 (1967-8): 293-320.

Moyise, S., ed. *The Old Testament in the New Testament*. Sheffield: Sheffield Academic Press, 2000.

―――. *The Old Testament in the New: An Introduction*. London and New York: Continuum, 2001.

Silva, M. "The New Testament Use of the Old Testament: Text Form and Authority." In *Scripture and Truth*, edited by D. A. Carson and J. D. Woodbridge, pp. 147-65. Grand Rapids: Zondervan, 1983.

Smith, D. M. "The Uses of the Old Testament in the New Testament." In *The Use of the Old Testament in the New and Other Essays: Studies in Honor of Wm. Franklin Stinespring*, edited by J. M. Efird, pp. 3-65. Durham: Duke University Press, 1972.

Snodgrass, K. R. "Streams of Tradition Emerging from Isaiah 40:1-5 and Their Adaptation in the New Testament." *Journal for the Study of the New Testament* 8 (1980): 21-45.

―――. "The Use of the Old Testament in the New." In *The Right Doctrine from the Wrong Texts?* edited by G. K. Beale, pp. 29-51. Grand Rapids: Baker, 1994.

Ⅲ　個々の新約聖書著者の釈義的技術についての文献

マタイ

Childs, B. S. *Isaiah*. Louisville: Westminster John Knox, 2001.

Ellis, E. E. "Midrash, Targum and New Testament Quotations." In *Neotestamentica et Semitica: Studies in Honour of Matthew Black*, edited by E. Earle Ellis and Max Wilcox, pp. 199-219. Edinburgh: T. & T. Clark, 1969.

France, R. T. "The Formula-Quotations of Matthew 2 and the Problem of Communication." *New*

第1章　ヘブライ語聖書の初期の受容

Testament Studies 27 (1981): 233-51.

Gese, H. "Natus ex virgine." In *Probleme biblischer Theologie. Festschrift G. von Rad*, edited by H. W. Wolff, pp. 73-89. Munich: Kaiser Verlag, 1971.

Gundry, R. H. *The Use of the Old Testament in St. Matthew's Gospel*. Leiden: Brill, 1967.

Hartmann, L. "Scriptural Exegesis in the Gospel of Matthew and the Problem of Communication." In *L'évangile selon Matthieu: Rédaction et Théologie*, edited by M. Didier, pp. 132-52. Gembloux: Duculot, 1972.

Kamesar, A. "The Virgin of Isaiah 7:14: The Philological Argument from the Second to the Fifth Century." *Journal of Theological Studies*, n.s., 49 (1990): 51-75.

Leske, A. M. "Isaiah and Matthew: The Prophetic Influence in the First Gospel." In *Jesus and the Suffering Servant*, edited by W. H. Bellinger and W. R. Farmer, pp. 152-69. Harrisburg: Trinity Press, 1998.

Lindars, B. *New Testament Apologetic*. London: SCM, 1961.

Luz, U. "Excursus: The Formula Quotations." In *Matthew 1–7*, pp. 156-64. Minneapolis: Augsburg, 1985.

McCasland, S. V. "Matthew Twists the Scriptures." *Journal of Biblical Literature* 80 (1961): 143-48.

Menken, M. J. J. "The Quotation from Jeremiah 31(38).15 in Matthew 2.18: A Study of Matthew's Scriptural Text." In *The Old Testament in the New Testament: Essays in Honour of J. L. North*, edited by S. Moyise, pp. 106-25. Sheffield: Sheffield Academic Press, 2000.

Moule, C. F. D. *The Origin of Christology*. Cambridge: Cambridge University Press, 1977.

Moyise, S. "The Old Testament inMatthew." In *The Old Testament in the New: An Introduction*, pp. 34-44. London: Continuum, 2001.

Pesch, R. "'He Will Be Called a Nazorean': Messianic Exegesis inMatthew 1–2." In *The Gospels and the Scriptures of Israel*, edited by C. A. Evans and W. R. Stegner, pp. 129-78. Sheffield: Sheffield Academic Press, 1994.

Porter, S. E. "The Use of the Old Testament in the New Testament: A Brief Comment of Method and Terminology." In *Early Christian Interpretation of the Scriptures of Israel*, edited by C. A. Evans and J. A. Sanders, pp. 79-96. Sheffield: Sheffield Academic Press, 1997.

Rothfuchs, W. *Die Erfüllungszitate des Matthäus-Evangeliums*. Stuttgart: Kohlhammer, 1969.

Soares-Prabhu, G. M. *The Formula Quotations in the Infancy Narrative of Matthew*. Rome: Biblical Institute Press, 1976.

Stendahl, K. *The School of St. Matthew and Its Use of the Old Testament*. Lund: C. W. K. Gleerup, 1954.

———. "'Quis et Unde?' An Analysis of Mt. 1–2." In *Judentum, Urchristentum, Kirche. Festschrift J. Jeremias*, pp. 94-105. Berlin: de Gruyter, 1960.

Strecker, G. *Der Weg der Gerechtigkeit. Untersuchung zur Theologie des Matthäus*. Göttingen: Vandenhoeck & Ruprecht, 1962.

マルコ

France, R. T. "The Formula-Quotations of Matthew 2 and the Problem of Communication." *New Testament Studies* 27 (1981): 233-51.

Hooker, M. D. "Mark." In *It Is Written: Scripture Citing Scripture. Essays in Honour of Barnabas Lindars*, edited by D. A. Carson and H. G. M. Williamson, pp. 220-30. Cambridge: Cambridge University Press, 1988.

Marcus, Joel. *The Way of the Lord: Christological Exegesis of the Old Testament in the Gospel of Mark.* Louisville: Westminster/John Knox, 1992.

Moo, D. J. *The Old Testament in the Gospel Passion Narratives.* Sheffield: Almond Press, 1983.

Moyise, S. "The Old Testament in Mark." In *The Old Testament in the New: An Introduction*, pp. 21-33. London and New York: Continuum, 2001.

Schneck, R. *Isaiah in the Gospel of Mark I–VIII.* Berkeley: University of California Press, 1994.

Watts, R. E. "Jesus' Death, Isaiah 53, and Mark 10:45: A Crux Revisited." In *Jesus and the Suffering Servant*, edited by W. H. Bellinger and W. R. Farmer, pp. 125-51. Harrisburg: Trinity Press, 1998.

ルカ

Albertz, R. "Die 'Antrittspredigt' Jesu im Lukasevangelium auf ihrem alttestamentlichen Hintergrund." *Zeitschrift für die neutestamentliche Wissenschaft* 74 (1983): 192-206.

Bock, D. L. *Proclamation from Prophecy and Pattern: Lucan Old Testament Christology.* Sheffield: Sheffield Academic Press, 1987.

Evans, C. A., and J. A. Sanders, eds. *Luke and Scripture: The Function of Sacred Tradition in Luke-Acts.* Philadelphia: Fortress, 1993.

Fitzmyer, J. A. *The Gospel according to Luke.* 2 vols. New York: Doubleday, 1981-85.

Kimball, C. A. *Jesus' Exposition of the Old Testament in Luke's Gospel.* Sheffield: Sheffield Academic Press, 1994.

Sanders, J. A. "FromIsaiah 61 to Luke 4." In *Luke and Scripture*, edited by C. A. Evans and J. A. Sanders, pp. 46-69. Philadelphia: Fortress, 1993.

———. "Isaiah in Luke." In *Luke and Scripture*, edited by C. A. Evans and J. A. Sanders, pp. 14-25. Philadelphia: Fortress, 1993.

Seccombe, D. "Luke and Isaiah." *New Testament Studies* 27 (1981): 252-59.

Strauss, M. L. *The Davidic Messiah in Luke-Acts.* Sheffield: Sheffield Academic Press, 1995.

ヨハネ

Barrett, C. K. "The Old Testament in the Fourth Gospel." *Journal of Theological Studies* 48 (1947): 155-69.

Evans, C. A. "On the Quotation Formulas in the Fourth Gospel." *Biblische Zeitschrift* 26 (1982): 79-83.

Freed, E. D. *Old Testament Quotations in the Gospel of John.* Leiden: Brill, 1965.

Hanson, A. T. *The Prophetic Gospel: A Study of John and the Old Testament*. Edinburgh: T. & T. Clark, 1991.

Hengel, M. "The Old Testament in the Fourth Gospel." In *The Gospels and the Scriptures of Israel*, edited by C. A. Evans and W. R. Stegner, pp. 380-95. Sheffield: Sheffield Academic Press, 1994.

Menken, M. J. J. *Old Testament Quotations in the Fourth Gospel*. Kampen: Kok, 1996.

Painter, J. "The Quotation of Scripture and Unbelief in John 12.36b-43." In *The Gospels and the Scriptures of Israel*, edited by C. A. Evans and W. R. Stegner, pp. 429-58. Sheffield: Sheffield Academic Press, 1994.

Reim, G. *Studien zum alttestamentlichen Hintergrund des Johannesevangeliums*. Cambridge: Cambridge University Press, 1974.

Schuchard, B. G. *Scripture within Scripture: The Interrelationship of Form and Function in the Explicit Old Testament Citations in the Gospel of John*. Atlanta: Scholars Press, 1992.

Westcott, B. F. *The Gospel of St. John*. London: John Murray, 1880.

Young, F. W. "A Study of the Relation of Isaiah to the Fourth Gospel." *Zeitschrift für die neutestamentliche Wissenschaft* 46 (1955): 215-33.

パウロ

Barrett, C. K. "The Allegory of Abraham, Sarah, and Hagar in the Argument of Galatians." In *Rechtfertigung. Festschrift E. Käsemann*, edited by J. Friedrich et al., pp. 1-16. Tubingen: Mohr Siebeck, 1976.

Dahl, N. A. "Contradictions in Scripture." In *Studies in Paul*, pp. 159-77. Minneapolis: Augsburg Press, 1977.

Dietzfelbinger, C. *Paulus und das Alte Testament*. Munich: Kaiser, 1961.

Dittmar, W. *Vetus Testamentum in Novo*. Göttingen: Vandenhoeck & Ruprecht, 1903.

Dodd, C. H. *According to the Scriptures: The Sub-structure of New Testament Theology*. London: Nisbet, 1952.

Ellis, E. E. *Paul's Use of the Old Testament*. Edinburgh: Oliver & Boyd, 1957.

Evans, C. A., and J. A. Sanders, eds. *Paul and the Scriptures of Israel*. Sheffield: Sheffield Academic Press, 1999.

Fitzmyer, J. A. "The Use of Explicit Old Testament Quotations in Qumran Literature and in the New Testament." *New Testament Studies* 7 (1960-61): 297-333.

Goppelt, L. *Typos: The Typological Interpretation of the Old Testament*. Grand Rapids: Eerdmans, 1982.

Haenchen, E. "Das Alte 'Neue Testament' und das Neue 'Alte Testament.'" In *Die Bibel und Wir*, pp. 13-27. Tübingen: Mohr Siebeck, 1968.

Hanson, A. T. *Studies on Paul's Technique and Theology*. Grand Rapids: Eerdmans, 1974.

————. *The Living Utterances of God: The New Testament Exegesis of the Old*. London: Darton, 1983.

Hays, R. B. *Echoes of Scripture in the Letters of Paul*. New Haven: Yale University Press, 1989.

Hübner, H. *Biblische Theologie des Neuen Testaments*, vol.2: *Die Theologie des Paulus und ihre neutestamentliche Wirkungsgeschichte*. Göttingen: Vandenhoeck & Ruprecht, 1993.

Käsemann, E. *Commentary on Romans*. Grand Rapids: Eerdmans, 1980.

Katz, P. *Philo's Bible: The Aberrant Text of Bible Quotations in Some Philonic Writings and Its Place in the Textual History of the Greek Bible*. Cambridge: Cambridge University Press, 1950.

Koch, D.-A. "Beobachtungen zum christologischen Schriftgebrauch in den vorpaulinischen Gemeinden." *Zeitschrift für die neutestamentliche Wissenschaft* 71 (1980): 174-91.

―――. *Das Schrift als Zeuge des Evangeliums. Untersuchungen zur Verwendung und zum Verständnis der Schrift bei Paulus*. Tübingen: Mohr Siebeck, 1986.

Luz, U. *Das Geschichtsverständnis bei Paulus*. Munich: Kaiser, 1968.

Michel, O. *Paulus und seine Bibel*. Gütersloh: Bertelsmann, 1929.

Oss, D. A. "The Interpretation of the 'Stone' Passages by Peter and Paul: A Comparative Study." *Journal of the Evangelical Theological Society* 32 (1989): 181-200.

Sapp, D. A. "The LXX, 1QIsa, and MT Versions of Isaiah 53 and the Christian Doctrine of Atonement." In *Jesus and the Suffering Servant: Isaiah 53 and Christian Origins*, edited by W. H. Bellinger and W. R. Farmer, pp. 170-92. Harrisburg: Trinity Press, 1998.

Schulz, S. "Die Decke des Moses. Untersuchungen zu einer vorpaulinischen Uberlieferung in II Cor 3, 7-18." *Zeitschrift für die neutestamentliche Wissenschaft* 49 (1958): 1-30.

Silva, M. "Old Testament in Paul." In *Dictionary of Paul and His Letters*, edited by G. F. Hawthorne, R. P. Martin, and D. G. Reid, pp. 630-42. Downers Grove, Ill.: InterVarsity, 1993.

Smith, D. M. "The Pauline Literature." *It Is Written: Scripture Citing Scripture. Essays in Honour of Barnabas Lindars*, edited by D. A. Carson and H. G. M. Williamson, pp. 265-91. Cambridge: Cambridge University Press, 1988.

Stanley, C. D. *Paul and the Language of Scripture: Citation Techniques in the Pauline Epistles and Contemporary Literature*. Cambridge: Cambridge University Press, 1993.

Vielhauer, P. "Paulus und das Alte Testament." In *Oikodome. Aufsätze zum Neuen Testament*, vol.2, pp. 196-228. Munich: Kaiser, 1979.

Vollmer, H. *Die alttestamentlichen Citate bei Paulus textkritisch und biblischtheologisch gewürdigt neben einem Anhang über das Verhältnis des Apostels zu Philo*. Freiburg/Leipzig: Mohr, 1895.

Wagner, J. R. "The Herald of Isaiah and the Mission of Paul: An Investigation of Paul's Use of Isaiah 51-55 in Romans." In *Jesus and the Suffering Servant*, edited by W. H. Bellinger and W. R. Farmer, pp. 193-222. Harrisburg: Trinity, 1998.

Wilk, F. *Die Bedeutung des Jesajabuches für Paulus*. Göttingen: Vandenhoeck & Ruprecht, 1998.

Ⅳ　新約聖書による旧約聖書の使用に関する解釈学的問題についての文献

Barrera, J. T. *The Jewish Bible and the Christian Bible*. Grand Rapids: Eerdmans, 1998.

Beale, G. K., ed. *The Right Doctrine from the Wrong Texts? Essays on the Use of the Old Testament in the New*. Grand Rapids: Baker, 1994.

Bellinger, W. H., and W. R. Farmer, eds. *Jesus and the Suffering Servant*. Harrisburg: Trinity, 1998.

Collins, Anthony. *A Discourse on the Grounds and Reasons of the Christian Religion*. London, 1724.

Goppelt, L. *Typos: The Typological Interpretation of the Old Testament*. Grand Rapids: Eerdmans, 1982.

Hengel, M. *The Septuagint as Christian Scripture*. Edinburgh: T. & T. Clark, 2002.

Hirsch, E. D. *The Validity in Interpretation*. New Haven: Yale University Press, 1957.

————. *The Aims of Interpretation*. Chicago: University of Chicago Press, 1976.

Kaiser, W. C. *The Uses of the Old Testament in the New*. Chicago: Moody, 1985.

Longenecker, R. N. "Can We Reproduce the Exegesis of the New Testament?" *Tyndale Bulletin* 21 (1970): 3-38.

Nineham, D. *The Use and Abuse of the Bible: A Study of the Bible in an Age of Rapid Cultural Change*. London: SPCK, 1957.

Stuhlmacher, P. *Biblische Theologie des Neuen Testaments*, vol.2. Göttingen: Vandenhoeck & Ruprecht, 1999.

日本語文献

加藤武訳『アウグスティヌス著作集6　キリスト教の教え』教文館、1988年。

モール『キリスト神学の起因なるもの』和田光正訳、晴心会、1979年。

ケーゼマン『ローマ人への手紙』岩本修一訳、日本基督教団出版局、1980年。

ルツ『マタイによる福音書（1-7章）』（EKK新約聖書註解）小河陽訳、教文館、1990年。

ヘンゲル『キリスト教聖書としての七十人訳——その前史と正典としての問題』土岐健治／湯川郁子訳、教文館、2005年。

第2章

殉教者ユスティノス

Justin Martyr

　殉教者ユスティノスの重要性は、次のことを考慮するときにたちどころに明らかになる。すなわち彼が著した『ユダヤ人トリュフォンとの対話』が、二、三のグノーシス文書の断片や定められた日に語られた説教（サルディスのメリトンによるもの）、散在する使徒教父による言及（バルナバなど）を除けば、新約聖書以来、キリスト者による初めての長大な旧約聖書釈義であったという事実である。ユスティノスの『対話』は、キリスト者による聖書解釈の全歴史を貫いて現れてくる、多様な神学的主題について論及している。彼がイザヤ書を集中的に用いたことにより、その著作は私のこの研究においても重要な位置を占め続けている。

I　生涯と著作

　ユスティノスは 2 世紀における最も重要なギリシャ人の弁証家である。彼

は紀元100年頃、パレスティナにおいて異教徒の両親の間に生まれ、165年に死去した。彼は『対話』の中で自身のキリスト教への回心について記しているが、それ以前はギリシャ哲学に取り組んでいた。それはストア学派、ペリパトス学派、また、ピタゴラス学派といったものであった。その後、彼はキリスト者として巡回教師となり、旅をし続けてキリスト教の弁明に尽力した。彼は最終的にローマにたどりつき、そこで学校を開いた。しかし、そこで敵たちによって告発され、六人の従者たちと共に、165年に殉教の死を遂げた。

　ユスティノスは多作の人であったが、しかし現存しているのはたった三つの著作である。異教徒に対する二つの『弁明』（Apologies）と、ユダヤ人であるトリュフォンとの間になされた『対話』の三つである。特に後者はユダヤ人に対してなされた最も古い弁証であり、先に挙げた二つの『弁明』よりも後に書かれた。残念ながら、この書物に付されていたはずの序文は失われてしまっている。

II　最近のユスティノスの釈義に関する研究

　現代のユスティノス研究はまず、ユスティノスの著作のギリシャ語テクストを、教会において用いられた七十人訳聖書の初期の歴史的発展に関する証拠としてとりあげるところから始まった。より最近の関心は、彼の著作の中にユダヤ教とキリスト教の背景を読み取ろうとすることや、彼の神学に対する種々の影響を同定することに注がれている。しかしながらユスティノスによる聖書釈義の重要性は、一般に原初的な釈義として低く見られ、かつ、エイレナイオスやテルトゥリアヌスといった後の著作家たちによって完全に影が薄くなってしまっている。

　幸運にも、オスカー・スカルサウネ（Oscar Skarsaune, 1987）の研究によってユスティノスによる証明テクスト（prooftext）の伝承が明らかにされ、複雑なテクスト上の問題や、彼の著作の由来、その神学的な側面についてより多くの光が当てられている。しかしながら、スカルサウネの研究においてと

りわけ重要だったことは、ユスティノスの釈義は先達から受け継いできた使徒的伝承を伝達していこうとする信念によって形作られてきた、という証拠を明らかにしたことであった。

　スカルサウネの注意深いテクスト批評分析は、ユスティノスが用いている聖書テクストが二つの版において伝承されてきたことを明らかにしている。一方においては、ユスティノスによる聖書テクストの引用は、ギリシャ語七十人訳のテクスト伝承を示している。このテクスト伝承は、標準テクストであったヘブライ語テクストが発展していく中で、それに沿う形でのギリシャ語訳を試みた、初期ユダヤ教的校訂を反映している。他方においては七十人訳ではないテクストも存在する。これは恐らく初期キリスト教サークルに由来するテクスト伝承であり、幾つかの書き下された集成、あるいは証言を反映している。後にキリスト者によって『対話』の一部分が改訂された諸痕跡の存在にもかかわらず、次のことはとりわけ重要である。すなわちユスティノスの釈義は、伝道の雰囲気に満ちた状況の中に存在していたより初期のキリスト教伝承の潮流との強い継続性を反映しており、従ってそれは単なる後の教会的創作物ではないということである。ユスティノス以前と以後の発展の次元を探究することはこの研究の目的を越え出てしまっている。しかしそれにもかかわらず、ユスティノスの旧約聖書解釈の全体像を2世紀中葉の重要な証言として得ようと努める場合にはとりわけ、スカルサウネによって提供された証拠の重大性は見過ごされるべきではない。

　この研究の目的のために、私は現代のユスティノス研究から現れてきた他の二つの問題について論考することを避けたいと思う。まず私は、『対話』という著作そのものの構造的統一性を見極めようとする議論について詳しく論じない。このような議論は、多々主張されているユスティノスの著作に存する逸脱や拡張部分を再構成する試みを含んでいる。ブセット（Bousset, 1891）、フォン・ウンゲルン＝シュテルンベルク（von Ungern-Sternberg, 1919）、そしてスカルサウネらの試みは、ユスティノスの著作の構造理解に関して共通するところが多いが、しかし完全なコンセンサスに到達しているわけではない。私はまた、ユスティノスが持っていた聖書以後のユダヤ教に関する知識について詳らかにするつもりもない。なぜなら、このことに関す

る証拠は大方間接的なものに留まっており、この分野の専門家の意見も依然として一致を見ないからである。ユスティノスはヘブライ語を知らなかった。それ故彼は、代表的なユダヤ教ラビたちの間に起こっていた専門的な議論に入り込むことができなかった。A. ルキン・ウィリアムス（Lukyn Williams, *Justin Martyr*, p. xxxiii）は寛大にも次のように結論づけている。「我々は、ユスティノスが少なくとも聖書以後のユダヤ教に関する有用な知識を持っていた、ということを認めるべきである。彼の知識は、ユダヤ人に対する論争的な著作家のほとんどが持っていたそれに勝るものである」。

　私のこの研究にとって重要なものとして残るのは、スカルサウネによるユスティノスの釈義に関する要約的記述である。すなわち彼は、ユスティノスの釈義を二つの異なった声が反映されたものとして見ている（pp. 371ff.）。一つは、ユダヤ人キリスト者としての声である。この声はバル・コクバの乱を経験した直後の同胞のユダヤ人に対して呼びかけており、そこにおいては、ユダヤ人たちを悔い改めに導くために、様々な伝統的キリスト教の主題が展開されている。もう一つは、勝利した異邦人キリスト者による声である。彼らは依然としてラビ的釈義と接触していたが、しかし彼らの聖書釈義は今やユダヤ教とキリスト教両方の伝統を吸収しており、そうすることによって神の民の概念を劇的に変化させていた。このような聖書釈義は、教会に対して与えられた選びの特権を基礎づけ、とりわけそのことのためにイザヤ書を用いることによって、反ユダヤ的適用の流れを育てていった。このことは結果として後に、悲劇的な「交換主義」（supersessionism）の歴史を生み出すことになってしまった（後述の議論を参照）。

　要するに、私のユスティノスに対する関心は極めて選択的であり、この研究の中心的な目的によって規定されている。その目的とはすなわち、イザヤ書という書物の解釈のレンズを通して垣間見える、教会による旧約聖書受容の歴史を調べることである。

III　ユスティノスのイザヤ書釈義

　『対話』におけるイザヤ書の明確な引用、および間接的な言及は、他の旧約聖書の文書に比べると、群を抜いて多い。スカルサウネはこの点を、ユスティノスの旧約聖書引用を示した付録の第二表で明らかにしている（pp. 45ff.）。スカルサウネはその特別の関心から、直接的な引用と、間接的言及を一つにまとめ、また同時に七十人訳テクストからの引用と、非七十人訳テクストからの引用を区別している。間接的言及を決定する際には、そこに主観が入り込むため往々にして難しさが伴う。よって私はまず、直接的な引用について扱いたいと思う。私は 76 箇所の直接的引用を見出したが、その内 39 箇所は、「イザヤは言う」とか「イザヤは叫ぶ」あるいは「イザヤを通して聖霊が叫ぶ」といった導入句によって導かれている。

　旧約聖書引用の頻度に関してイザヤ書は、詩編と創世記を抜いて最も多い。しかし、ユスティノスはただ単に新約聖書と同じ証明テクストを選択しているわけではない。彼の引用は独立したキリスト教の伝承に由来し、かつ、彼自身の独創的な旧約聖書の適用にも起因していると思われる。興味深いのは相当数の旧約聖書引用が、ローマの信徒への手紙と同じような引用のされ方をしていることである（スカルサウネの表を参照せよ、pp. 93ff.）。ユスティノスのパウロ書簡からの引用は、大方ローマの信徒への手紙 2-4 章と 10:6-11:4 に集中しており、しかもこれらの引用は、『対話』の二つの部分内で、互いに組み合わされて提示されているのである。同程度に重要なことは、ユスティノスが自身の神学と合致しない主題について言及するときには、パウロの引用を省略して用いていることである（たとえばロマ 9:6-24）。

IV　『ユダヤ人トリュフォンとの対話』

　この『対話』という書物は、ユスティノスのトリュフォンという歴史上の人物との出会いを通して展開していく。トリュフォンはユダヤ人であるが、

第2章　殉教者ユスティノス

その素性は、いまだに摑みきれない。この著作において、実際はどの程度まがでキリスト教の弁証のための文学上の創作に過ぎないのかについては、今なお議論されている。現代の多くのユダヤ人学者は、これを単なるキリスト者の独白であるとさえ見なしている。しかし、この著作にキリスト者の再加筆があったことは確かとしても、幾つかの要素は2世紀中葉に実際にあった議論に起因していると見なすことが理に適っていないわけではない。この著作の中で言及されている問題は、後の「神学的な時代」（theological age）に書かれた抽象的な事柄ではなく、むしろ、ユダヤ人とキリスト者の宗教的緊張が高まりつつあった時代に根を下ろしていた極めて実存的な問いに焦点を合わせているのである。

『対話』の読者は、ユダヤ教聖典が二人の論者によって真剣に受け取られているという事実に感銘を覚えるだろう。ユスティノスとトリュフォンは、聖書テクストへの忠実さを常に示しており、しかも、聖書の神的権威が当然のこととされている。ユスティノスはテクストに「強いられる」（compelled）ことについて語っており、また聖書を用いて自身の証明を明らかにするために、一連の合理的な議論を展開している。そしてユスティノスの全ての釈義の根底にある基本的な前提というものがある。それは、彼がキリストに直接由来する使徒的解釈に従っているということである（『対話』76.6［久松訳95頁］）。ユスティノスは「理解する恵み」に与ってきた（100.2-3）。スカルサウネが提示する、このユスティノスの言い回しの解釈は納得できるものである。すなわち、「理解する恵み」とはキリストが使徒たちに教えた、聖書に書かれている使徒的証明のことであり、それは全てのキリスト者に対して伝承されている、という解釈である（p. 12）。それ故、キリストが預言の意味を開示することなしには、誰も聖書の意味を理解することはできないのである。

ユスティノスは、ユダヤ教聖典と使徒的伝承が一緒になって、神の権威ある啓示を形作っていることを当然のことと見なしている。しかしながら、ユスティノスが使徒的伝承を新約聖書であると見なしていたと考えるのは、エイレナイオス以前においては時代錯誤的である。ユスティノスにとってユダヤ教聖典（すなわち旧約聖書）は、まさにイエス・キリストの啓示であった。

67

そしてイザヤ書は第五の福音書として解釈されたのである。旧約聖書における敬虔はキリスト教における敬虔であり、その神秘性が適切に理解されるときには、いかなるキリスト教的訂正といったものも必要ではないのである。当然予想されるように、イザヤ書の幾つもの箇所が、初期のキリスト者の証言から、しかもほぼ確実に書き下された状態のそれから引用されている。イザヤ書7章、9章、そして11章は、メシアとしてのイエスを証する証明テクストと見なされており、また、53章はキリストの受難、死、そして復活について証言しているものと見なされている。また、イザヤ書7:14は、処女からの誕生を予告する直接的な証言である。

　ユスティノスの釈義的アプローチの特徴は、その証明テクストの議論を成り立たせるために、イザヤ書のテクストを長めに用いていることである。自明のことではあるが、ユスティノスは現代の批評的な釈義のルールに則って歴史的な文脈を明らかにしようとしたわけではない。そうではなくて、彼は自身の釈義的根拠を提示するために、長めの物語の文脈を用いたのである。それ故、セクション13においてユスティノスがキリスト者の洗礼を、ユダヤ教の割礼の儀式に代わる、異邦人にとっての「救いの洗盤」（laver of salvation）であると言うとき、彼はその証明テクストをイザヤ書52:10から始めて、53章全体に言及し、更に、54:6で締めくくらずにはいられないのである。

　同様に、諸国民に対する聖書の約束を引用するときも、彼は54章と55章全体をその証明テクストとして引用する（『対話』11-12）。また、新しい契約について議論するときも、新約聖書でたびたびその根拠として引用されるエレミヤ書31:31-34を引用することなく、イザヤ書55章のかなりの部分を引用する（『対話』12:1）。あるいはまた彼は、マタイに従って、キリストの処女からの誕生を証明するテクストとしてイザヤ書7:14のシンプルなテクストを引用するだけでは満足せず、繰り返しこの主題に立ち戻り、『対話』76［久松訳93-95頁］の中でイザヤ書8章全体に言及する。彼はそうすることで、ヒゼキヤがイザヤ書7:14において約束されている人物であると考えるユダヤ教の解釈を論破しようとするのである。

　旧約聖書、特にイザヤ書に証拠を求める中でユスティノスが扱っている神

学的トピックの視野の広さには驚かされる。まるでイザヤ書が、どの関連した引用群にとっても不可欠な役割を果たしているかのようである。たとえば、以下の通りである。

1. キリストはイスラエルにとって永遠の王である、85.1（イザ 43:15）。
2. 創造者である神は子に栄誉を授ける、65.3［久松訳 80 頁］（イザ 42:5-13）。
3. ユダヤ人の不従順、16.5（イザ 57:1-4）、17.2（イザ 5:2-5）。
4. 神によるイスラエルの拒絶、135.6（イザ 2:5-6）。
5. モーセの律法の時代の終焉、11.2（イザ 51:4-5）。
6. イスラエルの罪故に献げられるユダヤ人の犠牲、20.11（イザ 66:1）。
7. 諸国に対する救いの約束、13.8（イザ 52:10-54:17）、14.7（イザ 55:3-13）。
8. 神に由来するメシアの到来、76.2［同 94 頁］（イザ 53:8）。
9. 預言において宣言されたキリストの誕生の神秘、43.3（イザ 53:8）、63.1-5［同 76-77 頁］（イザ 7:14）。
10. キリストの死と葬りの予言、97.2（イザ 65:2、53:9）。
11. 神の聖なる民としての教会（イスラエルではない）、26.3（イザ 62:10-63:6）。
12. 新しい契約の約束、11.3（イザ 51:4-5）、122.5（イザ 49:8）。
13. キリストにおける新たなる誕生、85.7（イザ 65:5-11）。
14. キリストの新しいエルサレムにおける千年にわたる支配、81.1-4（イザ 65:17-25）。

V ユスティノスの釈義的方法

ユスティノスの聖書に対する釈義的アプローチを性格づけている顕著な特徴は、その不注意な議論である。彼の釈義においては解釈学的ルールとか、自説の理論的な弁護といった点が一切見出されない。このような特徴は、現代の読者にとって興味深く感じられるであろう。というのは、トリュフォンが自身にとって曖昧、不自然、選択が偏っていると見える証拠の更なる説明を繰り返し求めているからである（cf. 51.1; 27.1; 35.1; 48.1; 79.1）。もちろんユ

スティノスが、後に新約聖書となる使徒的伝承に見出される釈義的アプローチの妥当性を当然のことと見なしているのは明らかである。更には、彼は自分の別のキリスト教的資料の釈義的伝統を何の但し書きもなしに用い続けており、自身の釈義を新しい独創的な視点から発展させるときにおいてすらそのようにしている。

　ユスティノスにおいて広範にわたって見出される一つの釈義的アプローチは、預言から事柄を証拠立てる「預言からの証明」（proof-from-prophecy）という釈義である。その議論においては、以前に語られた旧約聖書の預言が、それに続いて現れたキリスト教的成就と合致しているという論証が展開されている。このようなアプローチは四つの福音書全てにおいて一般的なものであるが、しかし、個々の福音書記者によって異なった方法で展開されている。マタイによる成就定式は単純に、いかなる論理的な説明もなしに旧約聖書を引用することによって、新約聖書における成就を語る（cf. 2:15; 2:17 他）。対照的に、ルカによる福音書と使徒言行録の著者は、論理的な二段階の発展に基づいた一致を打ち立てており、これはユスティノスの釈義の方法に近似している（cf. N. Dahl, "The Purpose," pp. 87-97）。最近の注解者たちがユスティノスの釈義における真理の特別啓示への言及と、論理性の行使との間に内在的な矛盾を見ているのに対して、スカルサウネはそのような区別はユスティノスにとって不可解なものであるとして退けている（pp. 12-13）。我々は、本章の後の方でこの議題に戻ることにする。

　「預言からの証明」は時折、聖書テクストの逐語的な読みに起因する。ユスティノスは、自身の議論に関する証拠を「聖書と諸事実」から引き出している（28.2）。イザヤ書 7:14 の成就としてのイエスの処女からの誕生は確実な証拠として提出される。なぜなら、処女から生まれた者は他に誰もいないからである（66.4［久松訳 81 頁］）。同様に、洗礼者ヨハネの風貌はエリヤ再来の預言の成就と見なされ、かつ、預言の完成と見なされる。なぜなら預言が止んだ後に、彼だけが現れたからである（51.1-3［同 57-58 頁］）。ダマスコとシリアの力がアッシリアの王の力によって粉砕されるというイザヤ書 8:4 の預言は、マタイによる福音書 2:1 において字義的に成就している。なぜなら賢者たちが、アッシリアの王と呼ばれたヘロデに謁見した後で、アラビア

第2章　殉教者ユスティノス

から——すなわちダマスコから——やって来たからである（ホセ 10:6）。このような場合、文字の上での一致は単純に論理的な説明を必要とする（77.2-4）。

しかし、「預言からの証明」はその根拠となる説明を、しばしば予型論的（タイポロジカル）解釈において見出している。ユスティノスが字義的解釈と比喩的解釈を厳格に区別していたという証拠はどこにも見当たらない。なぜなら彼は特別な解釈学的熟考なしに、両方のアプローチを組み合わせて用いているからである。預言からの証明は時に、字義的な次元（66.1-2［久松訳 81 頁］）と予型論的（タイポロジカル）な次元（68.6［久松訳 85 頁］）の両方において機能することがある。イザヤ書 53 章はキリストの受難と死に関する字義的な予言として、しかしまた同時に、過ぎ越しの羊の型（タイプ）としても解釈され得る（111.2）。

40-42 など、『対話』の幾つかのセクションはたびたび、文学的挿話（literary parenthesis）として見なされており、伝統的な予型論的（タイポロジカル）解釈に満ちている。キリストは過ぎ越しの型（タイプ）であり（40.1-3）、また大贖罪日の型（タイプ）である。皮膚病の人が献げる犠牲は聖餐を表している（42.1）。またユスティノスは、十字架をユニコーンの角の形において見出したり（109.2）、ヨシュア記の緋色の紐のシンボルにおいてキリストの流された血を見出したりと奇抜な見解も披瀝している（111.4）。

また、『対話』全体を通して見出され、かつ非常に論争的な文脈においてたびたび用いられる別の釈義的アプローチもある。ユスティノスは神が自らをイスラエルに適応させた（accommodating）と語る（19.6）。神はイスラエルに祭儀を与え（27.2ff.）、割礼のような儀式を与え、また、安息日遵守をしるしとして与えた（21.1）。しかし、このような神の譲歩は、たとえばより十全な神の目的のための最初のステップといったような積極的な神学的側面を全く持たなかった。ユスティノスには、「救済史」（Heilsgeschichte）という概念は全く見出されない。むしろ神の譲歩は、イスラエルの罪深さと不従順の故に起こったのである（22.1; 19.2）。これらの命令は神の救いを得るためには少しも必要でなく、割礼の儀式は神の定めた古い制度のように、イエス・キリストの光の下においては無用のこととして変えられたのである。アダムが割礼を施されることなく創造されたということは、神が割礼を望んで

いなかったということの証拠として提出される（19.2）。ユスティノスは確かに二つの区別されるキリストの到来の概念を展開させてはいるが（111.6; 49.7［久松訳56頁］）、しかし、この図式はメシアの受難と屈辱、そして最後的勝利を説明する特別な文脈において機能している。

　最後にユスティノスは、キリストの受肉以前の存在（pre-existence）についての証拠を示すため、旧約聖書の神顕現の解釈を行っている。このユスティノスの釈義は、後の全てのキリスト教的解釈の基本的な構成要素となった。新約聖書におけるイスラエルの歴史の中でのイエスの現臨への言及はまれであり、ヨハネの諸々の証言の部分を構成しているだけであるが（8:56; 12:41）、ユスティノスにおいてはそのような解釈が敷衍され、単純な予型論的解釈とは一線を画すアプローチを形成している。従ってキリストはマムレにおいてアブラハムと出会い（56［久松訳62-68頁］）、ヤボクでヤコブと格闘し（58.6［同70頁］）、そして燃える柴の中からモーセに語りかけたのである（59.1ff.［同72頁以下］）。「別の神」（50.1［同56頁］）についての議論は、主に『対話』の56-60［同62-73頁］、75［同93頁］、そして126-129の各章において扱われている（cf. Skarsaune, pp. 409ff.）。後の解釈の歴史において初めて、このようなアプローチの問題性が、キリスト論と三位一体神学への脅威として現れてくることになる。

　スカルサウネ（pp. 380ff.）がユスティノスにおける「再統合理論」（recapitulation idea）について言及するとき、彼は新しいアダムとして悪魔を征服し、第一のアダムの敗北を逆転させる先在のメシア、というユスティノスの解釈について説明している。しかしこのような旧約聖書と新約聖書を繋ぐ類比の用い方は、ユスティノスにおいては神話的な趣が強く示されており、神的経綸の中で営まれる真正の歴史の継続という後の時代の思索とは異なる予型論的解釈なのである。

第 2 章　殉教者ユスティノス

Ⅵ ユスティノスの釈義の評価

1　長所

　ユスティノスは聖書解釈の歴史の中で、教会に対する負の遺産として残り続けてきた初歩的な釈義的誤りとして批判される傾向にあった（cf. F. W. Farrar and R. P. C. Hanson）。しかし私は、そのような評価はユスティノスの肯定的な貢献を見誤るものであると主張したい。ユスティノスがいかに釈義的伝統を受け取り、それを彼の時代において（良かれ悪しかれ）適用したかということについての理解が、我々にとっては必須のことである。

　1．第一に、新約聖書の著者たちと同じように、ユスティノスもユダヤ教聖典を教会の聖なる書物として認識していた、ということへの理解が重要である。このことは、ユスティノスが後の時代とは対照的に、旧約聖書を神学的に問題のあるものとして見なすのではなく、むしろ単純に神的啓示として受け取っていたことを意味する。困難な点はその解釈である。ユスティノスにとって教会の理解に対する最も重要な挑戦は、ユダヤ人たちによる聖なる書物の、キリスト教とは全く異なる解釈によって提起された。ユスティノスは『対話』において、聖書釈義に関するキリスト教信仰の真実について争う目的で、一連の激しい議論を展開している。彼は決して自身をユダヤ教聖典から切り離したり、意図的にそれらを聖書外のグノーシス的見解という色眼鏡によって見ようとしたりはしない。むしろ彼は、トリュフォンと共有しているユダヤ教聖典から、自身の信仰に関する証拠を見つけることにその焦点を合わせるのである。聖書全体からの広範な引用もまた、彼のアプローチの特色である。

　ユスティノスはそれ故、後に新約聖書となり、彼が使徒的伝承として受け継いだものとの緊密な連続性の内に自身を置いている。彼は、今やギリシャ語訳を用いて、福音という視座から解釈している。しかし逆に、彼は自身の福音の解釈をユダヤ教聖典の注意深い研究から導き出している。後の多くのキリスト教解釈者とは対照的に、彼は単純に旧約聖書の声を新約聖書のそれ

73

によって置き換える、ということはしない。むしろ、福音的証言の真実な媒体としての旧約聖書テクストと真剣に格闘しているのである。

　2．キリスト教信仰を擁護するためのユスティノスのユダヤ教聖典に対するアプローチは、信仰を告白する教会の枠組みの内側からそれについて語ろうとしている。この文脈において、彼は自身の信仰の神学的首尾一貫性について表明し、力説しようとしている。彼の基本的な考えは、自身が復活のキリストから直接流れ出た使徒的伝承の上に立っているというものである。もちろんユスティノスの神学には、後の古代教父たちやスコラ哲学者たちが、教会の正統信仰にとって特異かつ不適切としか見なしようのない諸要素があるにはある。しかし多くの現代の読者たちは、幾つかの明らかな間違いにもかかわらず、ユスティノスがいかによく信仰の中心的な要素を摑んでいたかということについて好意的な印象を持つであろう。ユスティノスはユダヤ人の神理解について、約束のメシアを通した神の憐れみにおいて、その民の救いを望み、かつ、選ばれた者たちに義と従順の生き方を要求する慈悲深い世界の創造者であるという、完全な認識を持っているのである。

　ユスティノスによる貢献は、ユダヤ教聖典がメシアとしてのイエスの神的永遠性への証言を提示していることを見出すために、多大な努力を傾けたことにある。イエスの驚くべき誕生の神秘、そして信仰に満ちた新しい民に対する救いを完成するための苦難と死についての預言を聖書から証明するために、莫大なエネルギーが費やされている。彼は至るところで、古い定めと新しい定め、罪と赦し、信仰に満ちた応答と応答の拒絶、といったパターンが旧約聖書全体に浸透したものであることを示そうと試みている。更に、多くの初期の教父たちとは対照的に、ユスティノスはパウロ神学の幾つかの要素に関する深い認識を持っていた。すなわち、神の義とアブラハムの信仰のキリスト論的基盤についてである。ユスティノスが来るべきメシアに関する旧約聖書の多様性を扱うために、キリストの二つの到来（two advents）の神学的解釈をその独創的な方法においていかに発展させたか、という点も興味深い（14.8; 110.1-6）。

　3．ユスティノスはまた、その明確な告白的なスタンスに沿って、トリュフォンを説得する試みの中で自身の立場の正しさを論理的に擁護することに

精力を傾けている。彼はトリュフォンに尊敬の念と真剣さ両方をもって相対している。彼は自身の主張を、論理的な証拠を用い、その論争相手であるユダヤ人と共通の地平を模索しながら議論しようと試みている。ヒゼキヤもしくはソロモンを、イザヤ書において約束されている人物として理解する伝統的なユダヤ教的釈義が、なぜ釈義上ありえそうにないのかを示すことにおいて、彼の議論は所々、幾分成功しているようにも見受けられる（43.5; 33.1-2; 35.3-6）。ユスティノスはヘブライ語を知らなかったが、彼はイザヤ書 7:14 の解釈に関わる言語的な問題には気が付いている（67.1）。時折、彼はいかにして過去時制の動詞が、文法的に未来時制として機能し得るかということについて説明し、聖書テクストに関する重要な文体的考察を施している（114:1）。更に彼は、神話的な並行例の影響について、それをキリスト教信仰の独自性への脅威として認識したときには、それを弱めようと努めてもいる（69-70［久松訳 86-89 頁］）。

2 短所

1．ユスティノスの釈義において最も問題を孕んだ側面は、もちろん彼のユダヤ教に対する深刻な誤解から生じている。歪曲された議論は多くの次元に及んでおり、後のユダヤ人とキリスト者の間の敵意と疎外という負の遺産を生み出すことになってしまった。

ユスティノスは『対話』全体にわたって、神への不従順の故に預言者が古代イスラエルを攻撃したという事実を、過去と現在の全てのユダヤ人に対して適用する。従って、イザヤ書 3:9-11 と 5:18-20 において、イザヤが 8 世紀のイスラエルにおける支配者たちをその背きの故に攻撃した時、ユスティノスはそれらの批判を直接に自分の時代のユダヤ人たちに対して向けるのである（17.1）。彼は全てのユダヤ人を、神の義なる独り子、イエスを十字架につけたということで非難する。更に彼は、ヘブライ人の預言者による民への叱責という文脈を、ユダヤ人と異邦人（キリスト者）とを対立させる文脈へと移し変えることによって問題を根本的に政治化している。

そして彼はキリスト者の「交換主義」（supersessionism）の最も過激な型を

展開する。すなわち、神は選びの民としてのイスラエルを拒絶し、その選び
をキリスト教会によって置き換えた、という考え方である（119.1-5）。神は
今やその民を「捨て去られた」ので、ユダヤ人とキリスト者は「二つのユダ
の種子、二つの民族、二つのヤコブの家」に分かれ、「一方は血と肉におい
て生まれ、他方は信仰と霊によって生まれた」というのである（135.6）。神
学的問題をこのように政治化する悲劇的な見解は、キリスト教の権威者たち
が、ローマ帝国においてユダヤ人を神の敵として迫害するために自分たちの
政治的覇権を行使したとき、間もなく鮮明になった。

　2．第二に、ユスティノスのユダヤ教に対するアプローチの神学的帰結は、
彼の旧約聖書の広範なキリスト教化（Christianizing）となって現れた。彼
は、イスラエルの宗教的生活、法、儀礼、そして敬虔について、それらが新
しい契約の約束を指し示すものとしてキリスト論的に解釈されることなしに
は、そこに何らの価値も見出すことができなかった。彼によれば、割礼、安
息日、そして祭りといったものは、イスラエルの「心の頑なさ」から起こっ
てきたものである（18.2）。言うまでもなく、ユスティノスの旧約聖書の解
釈は、彼の新約聖書の解釈に強く影響しており、それはイエスを敬虔なユダ
ヤ人として理解することを見落としてしまったことにおいて見出されるに留
まらず、神の終末論的目的のクライマックスとしてのイスラエルの回復につ
いてパウロが抱いていた希望を捉え損ねていることにおいても見出されるの
である（ロマ 9-11）。

　3．第三に、預言と成就の関係についての誤解――ユスティノスは古代
の予言（prediction）を、客観的で実際の出来事と短絡的に結び付けた――
は、聖書のこのカテゴリーを著しく歪める結果となってしまった。新約聖書
における約束とキリスト論的成就との非常に漠然とした神秘的な関係は、ユ
スティノスの過度な合理主義的記述に対しての警告として機能すべきである。
スカルサウネは（pp. 12f.）、ユスティノスにおいては、自身の正しい解釈の
鍵としての特別啓示についての議論と、人間に共通な理性による合理的証明
に根拠を求めようとすることとの間には何らの矛盾も見出されない、と論じ
た。ユスティノスが矛盾を感じていなかったと結論づけたスカルサウネは確
かに正しい。しかし、問題になっている「啓示と理性」、あるいは、「基礎づ

け主義（foundationalism）と信仰主義」といった事柄は、キリスト教神学を悩ませ続けており、簡単には片付けられない問題である。

　4．最後に、ユスティノスは新約聖書に遡る釈義の教会的伝統を受け入れており、更には、異なった多様な次元の聖書解釈においても、それを受け入れることに真の困難さを見ていない。ユスティノスの釈義の強みの一部分は、不注意で自由気ままな形であるにもかかわらず、聖書の比喩的意味に着目することによって自身の解釈を豊かにしたその力量である。しかし、聖書のメッセージが明確な輪郭を欠いた支離滅裂な断片へと分解されることがないように、キリスト教神学者たちがその後間もなく、テクストの複合的な意味についての釈義的問題に真剣に取り組まざるを得なくなったことは明らかである。

　要約すると、研究者たちはたびたびユスティノスの貢献を、神、キリスト、そして教会といった、彼の教理に見出される様々な神学的概念を素描することによって評価してきた（cf. Quasten, *Patrology*, pp. 196ff.）。その結果、ユスティノスの世に資する貢献が極小化されてしまい、その欠点ばかりが強調されてしまった。

　そのようなアプローチとは対照的に、キリスト教聖典解釈の歴史の役割を理解しようとする中で、時代に制約された個人として解釈者を見る研究に焦点を合わせるだけでなく、その著作をより大きな継続するプロセス――歴史的、また神学的意味で――の中に置くことも私にとってはまた重要であると思われる。このプロセスの内に、釈義的伝統はテクスト自体が強いる途切れることのない応答作業の光の中で受け取られ、伝達され、訂正されてきたのである。そのように考えると、ユスティノスの役割はその脆さと不完全さを包含しつつ、神についての知識に関する更なる信仰的成長に向かう教会による、聖書との格闘の重要な一つの段階を形作っているのである。

ユスティノスに関する文献表

一次文献

Justini philosophi et martyris opera, edited by J. C. T. Otto. Vols. 1-3. Jena, 1857, reprinted 1968.

Justin Martyr: The Dialogue with Trypho, edited by A. Lukyn Williams. London: SPCK, 1930.

Justin Martyr. Ante-Nicene Christian Library, vol.2, edited by A. Roberts and J. Donaldson. Edinburgh: T. & T. Clark, 1887; reprint, Grand Rapids: Eerdmans, 1976.

The First Apology of Justin, the Martyr, edited by E. R. Hardy, pp. 242-89. Philadelphia: Westminster, 1953.

Justin, edited by T. B. Falls. Fathers of the Church, 6. Washington: Catholic University of America, 1948.

二次文献

Aune, D. E. "Justin Martyr's Use of the Old Testament." *Bulletin of the Evangelical Theological Society* 9 (1966): 179-97.

Bardy, G. "Justin." In *Dictionnaire de Théologie Catholique*, 8 (1925): 2228-77.

Barnard, L. W. "The Old Testament and Judaism in the Writings of Justin Martyr." *Vetus Testamentum* 14 (1964): 395-406.

————. *Justin Martyr, His Life and Thought*. Cambridge: Cambridge University Press, 1967.

Bokser, B. Z. "Justin Martyr and the Jews." *Jewish Quarterly Review*, n.s., 64 (1973/74): 97-122; 204-11.

Brox, N. "Zum literarischen Verhältnis zwischen Justin und Irenaeus." *Zeitschrift für die neutestamentliche Wissenschaft* 58 (1967): 121-28.

Chadwick, H. "Justin Martyr's Defense of Christianity." *Bulletin of the John Rylands University Library* 47 (1965): 275-97.

Cosgrove, C. H. "Justin Martyr and the Emerging Christian Canon: Observations on the Purpose and Destination of the Dialogue with Trypho." *Vigiliae Christianae* 36 (1982): 209-32.

Dahl, N. A. "The Purpose of Luke-Acts." In *Jesus in the Memory of the Early Church*, pp. 87-98. Minneapolis: Augsburg Press, 1976.

Farrar, F. W. *The History of Interpretation*. London: Dutton, 1886; reprint, Grand Rapids: Baker, 1961.

Frend, W. H. C. "The Old Testament in the Age of the Greek Apologists." *Scottish Journal of Theology* 26 (1973): 129-50.

Goodenough, E. R. *The Theology of Justin Martyr*. Jena: Frommanische Buchhandlung, 1923; reprinted 1968.

Greer, R. A., with J. L. Kugel. *Early Biblical Interpretation*, pp. 146-57. Philadelphia: Westminster, 1986.

第2章　殉教者ユスティノス

Hanson, R. P. C. "Biblical Exegesis in the Early Church." In *Cambridge History of the Bible*, vol.1, edited by P. R. Ackroyd, pp. 412-54. Cambridge: Cambridge University Press, 1970.

Hengel, M. "Die Septuaginta als von den Christen beanspruchte Schriftsammlung bei Justin und den Vätern vor Origenes." In *Jews and Christians: The Parting of the Ways A.D. 70 to 135*, edited by J. D. G. Dunn, pp. 39-84. Tübingen: Mohr Siebeck, 1992.

Higgins, A. J. B. "Jewish Messianic Belief in Justin Martyr's Dialogue with Trypho." *Novum Testamentum* 9 (1969): 298-305.

Horbury, W. "Jewish-Christian Relations in Barnabas and Justin Martyr." In *Jews and Christians*, edited by J. D. G. Dunn, pp. 315-45. Tübingen: Mohr Siebeck, 1992.

Kurz, W. S. "The Function of Christological Proof from Prophecy for Luke and Justin." Yale University dissertation, 1976.

Osborn, E. F. *Justin Martyr*. Tübingen: Mohr Siebeck, 1973.

Prigent, P. *Justin et l'Ancien Testament*. Paris: J. Gabalda, 1964.

Quasten, J. *Patrology*, vol.1, pp. 196-219. Westminster, Md.: Newman Press, 1950.

Sawyer, J. F. A. "Combating Prejudices about the Bible and Judaism." *Theology* 94 (1991): 269-78.

Shotwell, W. H. *The Biblical Exegesis of Justin Martyr*. London: SPCK, 1965.

Skarsaune, O. *The Proof from Prophecy. A Study in Justin Martyr's Proof-Text Tradition: Text-Type, Provenance, Theological Profile*. Leiden: Brill, 1987.

Watson, F. *Text and Truth*, pp. 317-29. Edinburgh: T. & T. Clark, 1997.

日本語文献

三小田敏雄訳『ユダヤ人トリュフォンとの対話』（抄訳）キリスト教教父著作集1　ユスティノス、教文館、1992年。（第9章までの邦訳）

久松英二訳『ユダヤ人トリュフォンとの対話』（抄訳）中世思想原典集成1、平凡社、1995年。（第48〜76章の邦訳）

第**3**章

エイレナイオス

Irenaeus（c.130 - 200）

　教会の聖書を解釈することにおける闘いは、ユスティノスからエイレナイオスへと視点を移すときに最も顕著に現れてくる。ユスティノスの著作はエイレナイオスに知られており、引用されている。つまり、ユスティノスにおいて見出される受け継がれてきた釈義的伝統は、エイレナイオスにおいて継続している。このことは、『使徒たちの使信の説明』（*Demonstratio praedicationis apostolicae*）における彼の聖書引用と『対話』を比較すると一目瞭然である。しかし、ユスティノスの上に打ち立てられたエイレナイオスによる解釈的方法の発展は、決定的な重要性を保持している。結果として、カステンと共に（*Patrology, vol.1, p. 207*）次のように言うことは決して誇張ではない。「リヨンのエイレナイオスは2世紀の神学者たちの中で、傑出して重要な人物である」。

I 生涯と著作

エイレナイオスの生涯について分かっていることはわずかである。彼はスミルナ出身であると考えられるが、なぜ小アジアを去ってガリアに行ったのかは定かではない。彼はローマで学び、後にリヨンの司教となった。彼が子供の頃、ポリュカルポスから使徒たちの活躍についての話を聞いていたという伝承[訳注1]はかなり蓋然性が高い。このことは、彼が最も初期の使徒的伝承との繋がりを持っていた可能性を支持し、また彼の東方と西方の教会の間の繋ぎ目としての役割をも高めることになる。彼が殉教者として死んだかどうかについては良く分かっていない。

彼のグノーシス主義に対抗する著作である『異端反論』（*Adversus Haereses*）はギリシャ語のテクストが部分的にのみ現存しているが、幸いにもラテン語のテクストは全てが保存されている。現代になって初めて、その第二の著作である『使徒たち』がアルメニア語訳で発見された。この著作は弁証的な著作であるが、旧約聖書の広範な用い方において並々ならぬ重要性が見出される。

II 聖書神学者としてのエイレナイオス

この章におけるねらいはエイレナイオスの思索全てを網羅するということではなく、むしろ、彼の巨大な聖書解釈へと分け入っていく一つの手段として、彼のイザヤ書の用い方に焦点を当てることである。1940 年代後半に、ジョン・ローソン（John Lawson）は英語圏に多大な影響を与えた書物を著した。そのタイトルである『聖エイレナイオスの聖書神学』（*The Biblical*

訳注1　エイレナイオスの証言によれば、彼はたびたびポリュカルポスを訪ね、ポリュカルポスから使徒たちの活躍について直接伝え聞いていた。詳しくは、エウセビオス『教会史』5.20.5-7（秦剛平訳、山本書店、1986-88 年）参照。

Theology of Saint Irenaeus）から、それが第二次世界大戦直後の聖書神学における新しい関心の中から生まれたことを認めることができるであろう。ローソンは聖書神学という表題の下に、その当時扱われていた多様な解釈学的問題に言及するため、自身のエイレナイオス研究を用いたのである。

　ローソンの著作に関する私の当初の関心は、イザヤ書がエイレナイオスの神学において中心的な役割を果たしており、それ故にイザヤ書はエイレナイオスの聖書釈義の中心へと至る良い入り口となる、という彼の全く的確な見通しによって喚起された。ローソンはエイレナイオスによるイザヤ書からの主要な引用リストと、資料を整理するための様々なカテゴリーを提供してくれている。しかし残念なことに、ローソンのイザヤ書解釈に関する議論には欠点があり、その議論が批評的に聖書を読む訓練を積んできた聖書学者たちに対し、いかにエイレナイオスのように聖書を読む̇べ̇き̇で̇な̇い̇か̇、という警告となったこともやがて明らかになる。

　ローソンの主要な誤りは、エイレナイオスの貢献を常に19世紀後半における聖書学の批評的基準によって判断していることに見出される。それ故彼ははじめから、エイレナイオスの解釈が全く科学的でも歴史的でもないと述べている。ローソンによれば、エイレナイオスは聖書著者の元来の意図を見出すことに何の関心も持っていなかった。むしろエイレナイオスは、自分自身の神学的課題を持っており、それを旧約聖書の預言者に無理やり背負わせていた。ローソンは、エイレナイオスの第二イザヤにおける諸国民に関する普遍的視点を賞賛し、またエイレナイオスの段階的啓示についての考え方に対し肯定的に論評しているが、しかし他方で、旧約聖書の全ての記述がキリストを指し示しているというエイレナイオスの寓喩的な方法には嫌悪感を示している。最終的にローソンは、エイレナイオスの釈義を「奇抜な」、そして元来の著者たちの関心からは遠くかけ離れたものである、と評価している（p. 62）。

　残念ながらローソンは、エイレナイオスを評価することにおいて失敗していると結論せざるを得ない。19世紀の歴史的批判的アプローチが正しい聖書釈義への唯一の基準を提供できるという彼の認識は、エイレナイオスを聖書解釈者として真剣に理解しようとするいかなる試みをも拒絶することに

第 3 章　エイレナイオス

なってしまった。ここでは明らかに、批評的熟考と共感両方を伴った別の方法が必要である。

Ⅲ エイレナイオスによる枠組みとしての「信仰の基準」（*regula fidei*）の用い方

　2世紀中葉の教会の歴史的文脈の変化はエイレナイオスの著作に直接反映されており、そのような変化が彼に与えた影響は決して過小評価されるべきではない。エイレナイオスにとってその主要な焦点は、ユダヤ教との論争から、様々な形で現れてきたグノーシス主義との激しい論争へと移っていった。ここでもまたユスティノスとの関係から見ると、ユスティノスが福音的伝承に依存し、その伝承を手がかりにユダヤ教聖典を解釈しようとしたこととは対照的に、エイレナイオスはすでに書き下された新約聖書のまとまりについて初めて言及している。そのまとまりには、少なくとも四つの福音書、使徒言行録、そしてエイレナイオスが旧約聖書と並んで権威ある聖書として書き下された形で引用している使徒的書簡、特にパウロ書簡が含まれている。最後に、エイレナイオスの時代においては初期の教会の組織的性格が継続して発展してきており、エイレナイオスは司祭（presbyters）たちの絶えざる継承を伴った大教会（Great Church）を拠り所にしようとすることによって、大教会に純粋な使徒的教理の唯一正当な源としての形を与えている（『異端反論』1.3.4）訳注2。

　R. A. グリーア（Greer）によるエイレナイオスの解釈学的貢献についての優れた著作は（*Early Biblical Interpretation*, pp. 155-213）、正当にも、キリストが誰であるかということを明らかにした点と、キリスト教聖典全体の解釈のための枠組みを公式化した点両方における、エイレナイオスの主要な貢献に焦点を合わせている。エイレナイオスはユスティノスをはるかに超える形で

訳注2　チャイルズがここで引用している『異端反論』の箇所には、恐らく何らかの誤りがある。

その解釈学的問題を展開し、その後のキリスト教神学全体に影響を及ぼす解釈学的立場を確立したのである。

エイレナイオスのアプローチを最も簡潔に言い当てている表現は、彼の「信仰の基準」（regula fidei）への言及に見出される。19世紀においてこの定式は、一般に、初期の洗礼定式（baptismal creed）と同一視されていたが、より最近では、この用語がより明確な輪郭を帯びてきている（cf. Hägglund, "Die Bedeutung," pp. 1ff.）。エイレナイオスにおいて信仰の基準とは、教会の告白の中心として受け取られた使徒的信仰の要約を意味した。「基準」とは聖書と同義ではなく、教会の物語を内包した口頭、かつ、書かれた形両方における聖なる使徒的伝承のことであった。『異端反論』1.8.1［大貫訳『異端Ⅰ』33-34頁］においてエイレナイオスは、グノーシス主義者たちが犬や狐のようなみすぼらしい形に変えてしまった高価な宝石から作られた美しい王のモザイク画について描写している。そのような歪曲とは対照的に、信仰の基準とは、正しい順序に従った使徒的信仰の包括的解釈のことであった（『使徒たち』52［小林訳238頁］；『異端反論』1.9.4［大貫訳『異端Ⅰ』43-46頁］；2.27.1［同『異端Ⅱ』121-22頁］）。エイレナイオスの著作における他の箇所において、それらの箇所が使徒信条の片鱗を見せていることは明らかである。ある有名な箇所において（『異端反論』1.10.1［同『異端Ⅰ』46頁］）、エイレナイオスは教会が何を信じているのかについて説明している。

> 教会は、一人の神、全能の父、天と地、そして海の創り主を信ずる……そして我らの救いのために受肉した神の子、一人のイエス・キリストを信じ、聖霊を信ずる。

このような、信仰の内容を全て含む枠組みに対する注意深い考察は、エイレナイオスの解釈学的貢献を理解するための手がかりを提供する。もちろん、エイレナイオスによるこの定式が、どの程度先駆者たちから受け継がれたものであるかということを正確に見定めることは依然として困難であるが、エイレナイオス自身の神学の痕跡を過小評価してしまうことは全くの誤謬となってしまうであろう。彼の議論の個々の部分は、バルナバ、ユスティノス、

第3章　エイレナイオス

そしてクレメンスにおいても共有されたものであるが、しかし解釈学的一貫性と神学的考察の深みは、エイレナイオスにおいて格段上の次元へと高められている。

IV 『使徒たちの使信の説明』におけるイザヤ書

『使徒たち』は、『異端反論』よりも後に著された著作である。しかしまず、前者と取り組むことによってエイレナイオスのイザヤ書の用い方の分析を始めることは、便宜上有益であると思われる（『使徒たち』における結論部の章の年代についての最近の議論は、本研究にとってはあまり重要ではない。J. ベーア（Behr）訳における文献表を参照せよ。pp. 119-21）。原則として、エイレナイオスの二つの著作は同じ解釈的アプローチを共有しているが、彼のより大きい方の著作［すなわち『異端反論』］においては、グノーシス主義者に関する記述や論駁に関する関心が、たびたび彼の聖書釈義の明瞭さと一貫性に影を投げかけている。

『使徒たち』の構造は使徒的説教の注解を提供していることにおいて十分に明瞭である。始めの幾つかのパラグラフにおいてエイレナイオスは、信仰を固く保つためには信仰の基準（kanōn）を守らねばならないと述べている。そして 3b-16 ［小林訳 206-14 頁］では、信仰の三つの箇条——すなわち、創造者なる父なる神、神の言・神の子なるイエス・キリスト、そして預言者たちの導き手と世界の刷新者なる聖霊——を要約した後で、彼は神と創造についての真理を説明する。続く 17-30 ［同 214-23 頁］において彼は、堕罪後のアダムからモーセまでの旧約聖書の物語をたどることによって、神が世界を御子による救いのために整えてきた歴史について説明する。パラグラフ 31-40a ［同 223-29 頁］は、最初のアダムと第二のアダム、エバとマリア、そして、不従順の木［エデンの園の木］とキリストの十字架との間の予型論を設定することで、御子によって成し遂げられた救いを扱う。彼は、アブラハムとダビデへの約束と、異邦人の召命について詳しく説明することで、結びに代えている。

85

『使徒たち』の第二の主要部分は、キリスト教信仰の真実に関する、聖書を用いた証明である。「このことが将来起こるということが、神の霊により、預言者たちを通してあらかじめ言われていた」（42b［同 231 頁］）。この構造の繰り返しは、彼の著作に浸透する信仰の基準の枠組みの内で用いられる様々な釈義的テクニックを示している点で有益である。イザヤ書の重要な機能もまた、ここで明瞭になっている。

すでに見てきたように、『使徒たち』の導入（1-3a［同 203-6 頁］）では、信仰の基準によって使徒的信仰を真実に伝承しようというエイレナイオスの意図が説明されている。同様の関心は『異端反論』においてより詳細に提示されている（3.4.2［同『異端Ⅲ』13 頁］）。すなわち、「神は一人である。それは、御子、すなわち言によって天を据え、霊によってそれを整え、形作った父である」。エイレナイオスが『使徒たち』の 3b-16［同 206-14 頁］において、神と神の人性との関係について論じているとき、彼が言及する聖書箇所は主として創世記である。しかし、種々の重要な箇所に散りばめられて説明の枠組みとなっているのは、新約聖書の次の定式である。「一人の神、父なる神、全ての物の上にあり、全てを通し、我々全ての内に在る方」（エフェ 1:10、『使徒たち』5［小林訳 207 頁］）。

エイレナイオスが話題を移し、アダムとエバから始めて、族長物語、モーセ、出エジプト、そして土地取得というように、旧約聖書の歴史をたどることによって救いのための準備について述べるとき、幾つかの重要な主題が現れる（『異端反論』3.23.1-7［小林訳『異端Ⅲ』117-23 頁］、『使徒たち』17-30［小林訳 214-23 頁］）。第一に、旧約聖書の物語は、ほぼ全体を通して聖書の流れに沿った字義的な読みに従って解釈されている。彼の説明が預言者にさしかかる時においてのみ、神の永遠の目的に関するキリスト教神学が明確に述べられる（『使徒たち』30［同 223 頁］）。第二に、彼の叙述の性格は「救済史」（Heilsgeschichte）的である。すなわち、時代の終焉へと向けられた継続的啓示において、神の創造の目的が解き明かされていく。イスラエルの歴史は、教会の歴史から切り離すことのできない神学的統一を形作っており、キリストの受肉の真の出来事に対する単なる背景として見られてはいない。

『使徒たち』の 31-40 章［同 223-29 頁］において、著者は御子によって

第 3 章　エイレナイオス

成し遂げられた救いについて説明する。ここでのアプローチは大まかには予型論的に形成されている（『異端反論』3.21.10［小林訳『異端Ⅲ』113-14 頁］、5.19.1［大貫訳『異端Ⅴ』64-65 頁］他）。聖書への言及は、旧約聖書、また新約聖書から用いられて散在している。第一のアダムは第二のアダムと対比され、エバはマリアと、そして不従順の木は十字架と、それぞれ対比されている。予型論は、罪と不従順の故に失われていたものを、キリストにおいて神が再び確立するという視点から展開されている。その神学は更に、「朽ちないもの（incorruptibility）への我々の参与」を確立することとして展開される（『使徒たち』31［小林訳 223-24 頁］）。すなわち、「朽ちるものは、朽ちないものによって呑み込まれてしまうであろう」。それからキリストの死に至る従順の説明として、イザヤ書 50:5-6（「私は私の背中を鞭で打たれるに任せた」）が引用される。『使徒たち』34［同 225-26 頁］は、イザヤ書 11:12 および、ヨハネによる福音書 11:52 への間接的な言及を用いながら、散らされた者への招きとともに終わる。

　失われた者を取り戻すことの目的は、直接にアブラハムとダビデに対する旧約聖書の約束へと結び付く（『使徒たち』35ff.［同 226 頁以下］）。「預言からの証明」の議論は、ほぼ専ら新約聖書からの引用によってなされている。そのアプローチは、基本的にはほぼ型通りのものを踏襲しながらも、幾分ユスティノスのものとは異なっている。預言の成就は、単純に新約聖書の引用を用いて真実と見なされ、宣言される。実際の歴史の中で、何がその成就に相当するのかを見定めようという努力は全く払われていない。しかしそれでも、合理的な証明を目指そうという要素が全く欠けているわけではない。一連の修辞的疑問文において、彼は次のように問う。一体処女からのキリストの誕生を受け入れることなしに、死者からのキリストの復活を受け入れることなどできるだろうか。生まれない者の復活を語ることなど、そもそもできるだろうか（『使徒たち』37［同 227 頁］）。宣言の要素は、聖書釈義とキリスト者の聞き手を結び付けようとする試みにおいてどこでも、顕著に見出される。「神とのこの交わりによって、我々は朽ちないものへの参与に与るのである」（『使徒たち』40［同 229 頁］）。

　エイレナイオスがパラグラフ 43-52［同 231-38 頁］においてキリストの永

遠の存在について述べるとき、彼は、バルナバ、クレメンス、そしてユスティノスによって用いられたより初期の釈義的伝統へと戻っている。従来用いられてきたテクストを用いながら、エイレナイオスは旧約聖書の神顕現の記事に基づいて、神の御子は確かにイスラエルの歴史において現臨し、働いており、それ故に、彼は受肉以前に存在していたと説明しようと骨折っている。用いられているテクストは、『異端反論』においてもお馴染みのものである（4.10.1-2［小林訳『異端Ⅳ』33-34 頁］）。すなわち、アブラハムは三人の男たちの訪問を受けた（創 18:1-3）、ヤコブははしご（木）の上に立っている方を見た（創 28:10-15）、その方はモーセに燃える柴から話しかけられた（出 3:4）。

　この受け継がれてきた釈義的アプローチは、後の中世の寓喩（アレゴリー）の理解からすれば、ただちに寓喩（アレゴリー）として同定することができないものである。このアプローチにおいては普通、より大きな旧約聖書の物語が吟味され、証明が釈義的に捜し求められる。従って神顕現は、キリスト論的に解釈された場合にのみ理解可能となる。このアプローチはいかなる特定の新約聖書引用にも依拠しておらず、明らかに福音的伝承が書き下された形の新約聖書となる以前に練り上げられたものである。大体において旧約聖書の神顕現を扱うこのセクションが、二つのイザヤ書からの引用によって閉じられていることは、注目に値する事実である（イザ 45:1; 49:5ff.）。両方の箇所において一人称での発言がキリストの声として解釈されており、その事実は更に、キリストの先在を確証することとして用いられている。イザヤ書 45:1 の場合、エイレナイオスは「キュロス」（kyro）の代わりに「主」（kyrio）と読むことにおいて、ユスティノスに従っている。研究者たちはこの変更が偶発的なテクストの誤りによるものなのか、それともユダヤ教のミドラシュやパウロにおいて見られるようなヘブライ語の意図的な補修に起因するものなのかということについて、依然として意見が一致していない。

　パラグラフ 53-66［小林訳 238-47 頁］はイエスの人間としての誕生について言及し、パラグラフ 67-85［同 247-57 頁］は彼の奇跡、受難、そして栄化についての記述へと続いていく。これらのセクションの始まりにおいては、幾つかの点が興味深い。ここにおいては、大体が物語の文脈で見出される旧

約聖書の神顕現に焦点を合わせることはなく、主要な証明テクストは預言書となっている。詩編からの引用もまた見出されるが、しかしこれらもまた明白に預言として解釈されている（『使徒たち』72［小林訳251-52頁］）。このような「預言からの証明」への移行は、すでに以前のセクションの結論部において見出される（『使徒たち』48-52［同235-38頁］）。キリストの人間としての誕生はとりわけ、パラグラフ53-57［同238-42頁］、59-61［同243-45頁］、そして65［同246-47頁］においてイザヤ書を用いて説明されている。もちろん新約聖書の箇所への言及も散在してはいるが、主要な関心は預言書のテクストに向けられており、それらはユスティノスのようにより長いセクションとして引用されている。

　しかし、「預言からの証明」に関するエイレナイオスの関心は幾つかの点でユスティノスのそれとは異なっている。エイレナイオスにおいては、ひとまとまりの物語を順序正しく結び付けようという試みがより顕著であり、それはより明確に彼の信仰の基準の枠組みを反映している。また、証明の主要な要素として明白な歴史的一致を根拠としようとする関心も、幾分変更されてきている。今や、問題となっている神学的議題が中心を成しており、その議題をめぐって様々なテクストが解釈される。より大きな主題、たとえば受肉の本質、文字と霊、そして新しい契約といった主題は、引用されている預言的テクストの一群との驚くべき首尾一貫性を保持している。最後にエイレナイオスは、聖書的証言の神学的実質の上に使徒的信仰の真理を確立するため、旧約聖書の預言の注意深い釈義を提供している。

　イザヤ書7:14-16における処女からの誕生が取り扱われるとき（『使徒たち』53［小林訳238-39頁］）、エイレナイオスは奇跡的要素のみを探究するだけではなく、同時に、食べ物を食し、子供として呼ばれ、名づけられるという、まさに人間としてのキリストの存在に関する神学的含蓄についても考えている。イザヤ書9:5-6を解釈する際、彼は神の子が「生まれ」、「永遠の王」として君臨すると、テクストから引用している。この主題は『異端反論』においても大きくとりあげられ、詳しく論じられている（3.16.1ff.［小林訳『異端Ⅲ』76頁以下］; 3.19.1ff.［同99頁以下］）。彼はまた、イザヤ書9章のギリシャ語のテクストから、キリストの誕生以前に生きる信仰深いイスラエル人

たちには救いの希望が用意されている、ということについて説明しようと試みている。いつも十分に展開されているというわけではないが、救済史の枠組みが顕著であるにもかかわらず、旧約聖書との関連におけるキリストの業の存在論的（ontological）次元がすでに現れている。

「預言からの証明」の大きな枠組みにおいてそれほど重要な役割を果たしているわけではないが、明白に寓喩的な要素が『異端反論』と『使徒たち』両方において現れる。『使徒たち』のパラグラフ 56 ［小林訳 241 頁］においてエイレナイオスは、「その支配は彼の両肩の上にある」［イザ 9:5］というフレーズが「寓喩的に」象徴として十字架を指し示していると解釈する。あるいは、『使徒たち』57 ［同 241-242 頁］において彼は、創世記 49:11 における「葡萄の血」［新共同訳では「ぶどうの汁」］とはキリストの血である、という伝統的な寓喩を用いている。最後に、『使徒たち』61 ［同 244-45 頁］において、イザヤ書 11:6-7 における動物たちの平和的共存は、「キリストの名によって平和的に集められた異なる民族」についての言及として比喩的に解釈される。現代の読者がどのように寓喩の役割を理解していようとも、このアプローチは初代教会の全ての釈義において常に見られる本質的要素であり、真剣に検討されるべきである。

期待される通り、パラグラフ 67-85 ［同 247-57 頁］の主要な事柄であるキリストの受難と栄化の取り扱いは、イザヤ書 52:13-53:12 の注意深い解釈によって特徴づけられている。そこにおける釈義は、繰り返しキリストの卑下（abasement）の神学的重要性を探っている。エイレナイオスはここに、ある者たちにとっては救いとして働き、また別の者たちには破滅として働く審判を見ている。彼は自身のイザヤ書 53 章の解釈を、他の良く知られた幾つかの預言への言及によって更に豊かにしているが（ゼカ 13:7; ホセ 10:6）、それは特に詩編 2 編、22 編、そして 118 編からの引用である（cf.『異端反論』4.33.12 ［小林訳『異端Ⅳ』125 頁］）。受難に関するマタイによる福音書の記事が、ユダによる裏切りと埋葬の描写を満たしている。そして、使徒言行録 1 章の引用が、キリストの昇天と、詩編 110 編に従った父の右に座るイエスの記述を締めくくる。

『使徒たち』の最後の主要なセクションは（86-97 ［小林訳 257-65 頁］）、異

第 3 章　エイレナイオス

邦人の召集と新しい神の民の形成に焦点を合わせている。ここではエイレナイオスの釈義的アプローチにおいて、幾つかの点が重要である。第一に、ここまでのパラグラフとは対照的に、聖書からの引用は新約聖書と旧約聖書両方からの箇所の密接な組み合わせを反映している。更にここにおいては、より長い聖書箇所の引用が全く見られない。例外はエレミヤ書 31:31-34 であり、この箇所はもちろんヘブライ人への手紙 8:8-12 と並行している。その上、聞き手は今やキリスト者たちであり、彼らはモーセの律法の古き道へと戻らないようにと教えられ（『使徒たち』89［同 259 頁］）、霊の新しさにおいて生きるよう促される。新しい人々はシナゴーグとの対比によって、教会として定義される（『使徒たち』94［同 261 頁］）。重要なこととして、新しい時代の終末論的描写が、イザヤ書への継続的な言及によってなされている。特に、イザヤ書 2、43、50、63、65、66 の各章が引用されている。古いことどもはもはや思い出されることはなく、異邦人たちが古い契約の約束を引き継ぐべきなのである。

　この最後のセクションで最も特徴的なのは、新しい民の神による召し出しから引き出される生の意味が、キリスト教聖典のあらゆる箇所に書かれた命令によって描写されていることである。神がキリストにおいて成し遂げたことの故に、キリスト者は神に喜びを与えることを行うようにと召し出されている（『使徒たち』86［同 257 頁］）。神の戒めは依然として力強く働いている。「あなたはあなたの神である主をあなたの全ての心と力とをもって愛さなければならない」。それからエイレナイオスは、パウロが「愛は律法の成就である」（ロマ 13:10）と書いていることを指摘している。預言者の宣言は、福音の良い知らせを告げる使徒的信仰において継続している。古い文字は霊の新しさによって取って代わられたのである（『使徒たち』90［同 259-60 頁］）。

V　エイレナイオスの解釈学的貢献

　エイレナイオスは、自身の著作である『使徒たち』を使徒的信仰の要約としての、また聖書解釈の確かな手引きとしての信仰の基準に根拠を求める

91

ことによって始めている。彼の著作に浸透するこの枠組みの中で、彼は様々な釈義的手法を用いている。その多くは実に多様ではあるが、その効果は非常に似通っており、かつ、相互に影響し合っている。あるアプローチは、世に対するキリストの救いへの導きという神の一つの目的の啓示としてのイスラエルの歴史に焦点を合わせており、また別のアプローチは旧約聖書のある局面と新約聖書のある局面とを対応させた予型論的パターンを提供している。それからエイレナイオスは、それ以前の弁証家たちから受け継がれてきたキリスト教的寓喩を用いている。この弁証家たちにおいては、父と聖霊と共に世において働いていた御子の先在について、更なる証明を提供するためのいかなる根拠も新約聖書に求めることのないままに、旧約聖書の箇所からキリストの真実な現臨が引き出されるのである。使徒的信仰の真理の証拠がほぼ旧約聖書にばかり集中する傾向は、ユスティノスから受け継がれてきた「預言からの証明」において継続している。しかし、エイレナイオスにあっては旧約聖書のキリスト論的読みは、そこにおいて聖書の物語全体の統一性と一貫性両方が力を伴って現れてくるところの、信仰の神学的実質の釈義的確立作業に焦点を合わせている。最後に、旧約、新約両聖書の一つのヴィジョンからキリスト者の証言を形成しようというエイレナイオスの関心は、伝統と聖書を一つの統合された啓示の源——この啓示は全世界のあらゆる時代の神の民の教化と全ての被造物のために啓き示された——へと結び合わせることに成功したのである。

　明らかに、エイレナイオスによる貢献は計り知れないものがある。しかし、やがて噴出してくる主要な解釈学的、神学的諸問題が残されている。エイレナイオスの聖書へのアプローチに関する本書の分析はこれまで、彼が旧新約聖書両方を救済史という枠組みの中において結び付けるような聖書の全体的な読み方を取り戻そうと試みたことを示そうとしてきた。彼は、救済の出来事とは徐々に明らかになっていくものであることを認識していた。彼の全ての思考において旧約聖書が重要な位置を占め続けていたのは確かだが、現代の研究者たちはしばしば、エイレナイオスは旧約聖書を単純にキリスト教化しただけだと言って批判した。彼らは次のように論じてきた。すなわち、エイレナイオスは聖書解釈のための文脈として、聖書の物語の元来の

第 3 章　エイレナイオス

歴史的な文脈ではなく、神の永遠の言であるキリストにおける神の統一された救済の目的という彼の理解によって特徴づけられた神学的文脈を用いたのだと。このような批判は確かに一理ある。しかし私はここで、「旧約聖書の変容（transforming）」（R. A. グリーアによる表現）という概念の方が、旧約のキリスト教化という概念よりも正確な説明であると論じたい。エイレナイオスは旧約聖書の証言を軽視することなく、福音の新しさの圧倒的意味を包摂するために、旧約聖書のメッセージを拡張しようと努力したのである。

　エイレナイオスが持っていた預言と成就についての前提理解は、次のことを意味する。すなわち、最後の完成へ向けて終末論的道筋に沿って展開した旧約聖書と新約聖書の間に予型論的関係を見出すという形で、彼が新約聖書の導きに従っていたということである。しかしエイレナイオスもまた、テクストの字義的次元と比喩的次元との、また地上的次元と天的次元との象徴的関係を説明するにあたって寓喩を採用したという事実は、テクストの多義的な性格という解釈学的問題が、注意深い吟味と批判的熟考なしに現れたことを示している。発展するキリスト教的釈義の伝統の全次元が非常に大きな課題として現れてくるのは、エイレナイオスの次の世代であるクレメンス、そして特にオリゲネスの聖書解釈においてなのであった。

エイレナイオスに関する文献表

一次文献

Patrologia Graeco-Latina, edited by J.-P. Migne, 7-7, 2 vols.

Sancti Irenaei Episcopi Lugdunensis. Libros quinque adversus haereses, vols. 1-2, edited by W. W. Harvey. Cambridge: Cambridge University Press, 1857.

Contre les Hérésies, edited by A. Rousseau et al., 5 vols. Sources Chrétiennes. Paris: Editions du Cerf, 1969-82.

Irenaeus, St. Ante-Nicene Christian Library, vols. 5 and 9, edited by A. Roberts and J. Donaldson. Edinburgh: T. & T. Clark, 1868-69; reprint, Grand Rapids: Eerdmans, 1976.

The Demonstration of Apostolic Preaching, edited by J. A. Robinson. London: SPCK, 1920.

St. Irenaeus: Proof of the Apostolic Preaching, edited by J. P. Smith. New York: Newman Press, 1952.

St. Irenaeus of Lyon. On the Apostolic Preaching, edited by J. Behr. Crestwood, N.Y.: St. Vladimir's Seminary Press, 1997.

二次文献

Benoit, A. *Saint Irénée: Introduction à l'étude de sa théologie*. Paris: Presses Universitaires, 1960.

Blanchard, Y.-M. *Aux sources du canon: Le témoignage d'Irénée*. Paris: Editions du Cerf, 1993.

Daniélou, J. "Saint Irénée et les origines de la théologie de l'histoire." *Recherches de science religieuse* 34 (1947): 227-31.

Farkasfaly, D. "Theology of Scripture in St. Irenaeus." *Revue Bénédictine* 78 (1968): 319-33.

Grant, R. M. "The Apologists and Irenaeus." In *The Letter and the Spirit*, pp. 75-84. New York: Macmillan Co., 1957.

Greer, R. A. (with J. Kugel). *Early Biblical Interpretation*, pp. 107-213. Philadelphia: Westminster, 1986.

Hägglund, B. "Die Bedeutung der 'regula fidei' als Grundlage theologischer Aussagen." *Studia Theologica* 12 (1958): 1-44.

Hanson, R. P. C. "Biblical Exegesis in the Early Church." In *Cambridge History of the Bible*, vol.1, edited by P. R. Ackroyd, pp. 412-54. Cambridge: Cambridge University Press, 1970.

Hefner, P. "Theological Methodology in St. Irenaeus." *Journal of Religion* 44 (1964): 249-309.

Herrera, S. *Saint Irénée de Lyon exégète*. Paris, 1920.

Jourjon, M. "Irenaeus's Reading of the Bible." In *The Bible in Greek Christian Antiquity*, edited by P. M. Blowers, pp. 105-41. Notre Dame: University of Notre Dame Press, 1997.

Lawson, J. *The Biblical Theology of Saint Irenaeus*. London: Epworth, 1948.

Margerie, B. de. *An Introduction to the History of Exegesis*, vol.1, pp. 64-94. Petersham, Mass.: St.

Bede's Publications, 1993.

Quasten, J. *Patrology*, vol.1, pp. 287-313. Westminster, Md.: Newman Press, 1950.

Reventlow, Henning. "Harmonie der Testamente: Irenäus von Lyon." In *Epochen der Bibelauslegung*, vol.1, pp. 150-70. Munich: Beck, 1990.

Skarsaune, O. "Irenaeus." In *Hebrew Bible/Old Testament: The History of Its Interpretation*, vol.1, edited by M. Saebø, pp. 422-29. Gottingen: Vandenhoeck & Ruprecht, 1996.

Torrance, T. F. "Kerygmatic Proclamation of the Gospel: Irenaeus, *The Demonstration of Apostolic Preaching*." In *Divine Meaning: Studies in Patristic Hermeneutics*, pp. 56-74. Edinburgh: T. & T. Clark, 1995.

Vogt, J. "Die Geltung des Alten Testament bei Irenäus." *Theologische Quartalschrift* 60 (1980): 17-28.

Wingren, G. *Man and the Incarnation: A Study in the Biblical Theology of Irenaeus*. Philadelphia: Fortress, 1959.

Young, F. *The Art of Performance*, pp. 45-65. London: Darton, Longman and Todd, 1990.

日本語文献

小林稔 他訳『使徒たちの使信の説明』中世思想原典集成1、平凡社、1995年。

大貫隆訳『異端反駁Ⅰ』キリスト教教父著作集2/Ⅰ　エイレナイオス1、教文館、2017年。

大貫隆訳『異端反駁Ⅱ』キリスト教教父著作集2/Ⅱ　エイレナイオス2、教文館、2017年。

小林稔訳『異端反駁Ⅲ』キリスト教教父著作集3/Ⅰ　エイレナイオス3、教文館、1999年。

小林稔訳『異端反駁Ⅳ』キリスト教教父著作集3/Ⅱ　エイレナイオス4、教文館、2000年。

大貫隆訳『異端反駁Ⅴ』キリスト教教父著作集3/Ⅲ　エイレナイオス5、教文館、2017年。

第4章

アレクサンドリアのクレメンス

Clement of Alexandria

　序文において述べたように、この研究の目的は教会の歴史におけるイザヤ書の理解と用い方を、歴史的、解釈学的視座から跡づけるというものである。しかしエイレナイオス以後の時代、すなわち2世紀後半と特に3世紀において、私のこの試みを脅かす主要な困難が立ち現れてくることになる。第一に、ユスティノスとエイレナイオスの聖書解釈に代表されるようなものとは明らかに全く異なった何かが現れてきた。それははじめ、アレクサンドリアという町と密接に結び付いていた。第一の困難は、アレクサンドリアにおける初期キリスト教の歴史がよく分かっておらず、歴史家が後の資料からその発展を推測することを余儀なくされているという点である。

　克服されるべき第二の困難は、アレクサンドリアのクレメンスという人物が、ヘレニズム的ユダヤ教をキリスト教的伝統の潮流の中に完全に流れ込ませた重要な人物でありながら、イザヤ書についてほんの少ししか書き残していないという事実である。それにもかかわらず、ギリシャの異教的伝統である倫理的象徴と聖書のそれとを関連づけようと試みたことにおける彼の哲学

的貢献は、初期キリスト教神学に重大な影響をもたらしたし、必然的にその
ことについて少なくとも短く言及されるべきであろう。

Ⅰ 生涯と著作

クレメンスの生涯については確かなことは少ししか分かっていない。彼は
約 150 年頃に生まれ、215 年以前に没したと考えられる。彼は異教の両親の
子として生まれ、恐らく最初の学問的訓練をアテネで受けた。彼は学生から
助手となり、そして最終的には、アレクサンドリアに開設された学校[訳注1] の
最初の院長であったパンタイノス（Pantaenus）の後継者となった。彼はまた、
他のキリスト者の指導者たちから学ぶために広く旅をしたことでも知られる
が、詳しいことを知る手がかりは残されていない。

クレメンスの最も有名な現存する著作は、言わば三部作を成している。そ
れらは、『ギリシア人への勧め』（Protrepticus）、『教師』（Paedagogus）、そし
て『ストロマテイス』（『じゅうたん』〔Stromateis〕あるいは『雑録』）の三
つである。はじめの二つの著作は主として、異教的ヘレニズム的世界に対し
てキリスト教信仰を知的で論理的なものとして正当化するための弁証的試
みである。『教師』において彼の関心は圧倒的に牧会的であり、また教会に
向けて、食べること、飲むこと、浴場の利用、といった具体的な場面にお
けるふさわしい行いを列挙することによって、ヘレニズム的世界におけるキ
リスト者のあるべき振る舞いの詳細な叙述を展開している。最も重要なこと
は、クレメンスが異教的象徴を聖書的イメージを通して再解釈し、しかし一
方で同時に、洗練されたギリシャ文化の世界についても考察している、その
方法である。彼の主要なねらいは、信仰と哲学は互いに相反するものではな
く、世俗の知識である哲学が神学に真に仕えるという形で、互いにあるべき
ところにあるものとして存在している、ということを示すことであった。

訳注 1　いわゆる「アレクサンドリア教校」（Catechetical School of Alexandria）のこと。
　　　2-4 世紀のアレクサンドリアにおいて、キリスト教の教育機関として存在した。

97

クレメンスによる実際の聖書解釈は、ごくわずかしか現存していない。『概説』（*Hypotyposeis*）と題された旧新約両聖書の注解書はすでに失われてしまっている。二つの現存する断片、すなわち、『テオドトスからの抜粋』（*Excerpta ex Theodoto*）と『預言書精選』（*Eclogae Propheticae*）は聖書に常に言及しているものの、クレメンスの釈義の明快な実例を提供するためには限られた助けにしかならない。『抜粋』は主に、クレメンスのウァレンティノス派グノーシス主義との議論を扱っている。この書物はクレメンスのグノーシス主義に対する批判を示す上で重要なものであるが、しかしまた彼のグノーシス的、ストア派的要素の適用をも露呈している。『精選』には、彼のユダヤ・キリスト教的な黙示的主題の使用が表れている。イザヤ書からのまれに見られる引用は、ほとんどの場合、それ以前のキリスト教的伝統の型通りの引用である（cf.『精選』25-26 におけるイザ 40:6 の引用、16.2 におけるイザ 19:20 の引用、38.1 におけるイザ 44:6; 45:5-6 の引用、そして 58 におけるイザ 2:3 の引用）。

II クレメンスの聖書解釈の解釈学的アプローチ

クレメンスの聖書解釈についての啓発的な小論において T. F. トーランス（Torrance）は、クレメンスが繰り返しイザヤ書からの箇所に根拠を求めているという興味深い考察をしている。「信じなければ、あなたがたが理解することはない」（イザ 7:9）という表現によってクレメンスは、自身の信仰についての理解を展開する（『ストロマテイス』1.1.8.2［秋山訳『ストロマテイス』9 頁］; 2.2.8.2［同 144 頁］; 4.17.4[訳注2]; 4.21.134.4［同 406 頁］）。信仰とは権威に対するやみくもな服従ではなく、理解することの基本的な形態である。信仰においてキリスト者は理性的判断力を得、その判断力は理解する明快さへと至るために研かれる必要がある。それは神的啓示を調べることにおいて、

訳注 2　チャイルズがここで引用している『ストロマテイス』の箇所には、恐らく何らかの誤りがある。

また、真理と事柄の本質についての科学的知識を得ることにおいて必要不可欠である。クレメンスが「グノーシス」と呼んでいるものは、リアリティーについての科学的知識それ自体である。つまり、信仰はこの目的地へと至るための手段である。また信仰とは、客観的リアリティーから突きつけられた真理の認識であり、これはアリストテレスの立場に似通っている。

　トーランスは、クレメンスがギリシャ哲学からその方法を引き継いだのであって、その内容については引き継いでいないということを示そうと骨折っている。トーランスによれば、クレメンスは神的リアリティーの中へ深く入っていくというねらいを持って、科学的方法の要素を聖書に適用させている。信仰とは、合理的アプローチを通し、精神をして現実が示す自明の証拠に対する応答をなさしめる不可欠な方法のことである。彼がイザヤ書 7:9 から手がかりを摑んだのはこの点においてなのである。

　しかし、結局クレメンスによる哲学的方法の採用と、その内容の拒絶との間でなされている区別は非常に流動的なものに留まっており、いつも容易にできるわけではない。受け継がれてきたキリスト教の伝統の中に留まるという彼のスタンスにもかかわらず、聖書テクストの歴史的意味はしばしば、時間を超越した世界のリアリティーの象徴的反映として解釈される。このようにフィロン的な解釈の伝統への傾倒は、彼の釈義的ヴィジョンをますます不鮮明なものとしている。

　それ故クレメンスが彼の倫理的、また哲学的象徴を、ほとんどの場合フィロンから導き出していることは十分に明白である。ジャン・ダニエルー（Jean Daniélou, *Theology of Jewish Christianity*, pp. 240ff.）は幾つかの驚くべき例を示してくれている。リベカと「戯れる」イサクを目撃するアビメレクについて語っている創世記の物語において（創 26:8）フィロンは、クレメンスが適用し、しかしキリスト論的解釈へと改鋳したところの寓喩的解釈を提供している。クレメンスによれば、イサクはキリストにある幼子たちであり、リベカは教会の型、アビメレクは窓越しに覗き込んでいる言を象徴しているというのである。この窓とはキリストの肉体のこと、すなわちキリストが受肉の際に取った肉のことを意味している（『教師』1.5.22-23;『ストロマテイス』

1.5.31.3［秋山訳『ストロマテイス I』27 頁］^{訳注3)}）。クレメンスは族長たちを徳の象徴として見なすことにおいて、フィロンの倫理的な寓喩主義（アレゴリズム）に従っている。彼はまた黄金の燭台、大祭司の衣に付けられた鈴、そして金の頭飾りといったものの釈義的説明を追求することにおいてもユダヤ的ヘレニズムを受け入れている。これらの場合において、クレメンスもまたグノーシス主義的伝統からの要素を取り入れていることは明白である（Daniélou, pp. 245ff.）。

　クレメンスの有名な説教が一つ現存しており、その真正性はある程度認められてきている。それは『救われる富者は誰か』という題名のもとに、マルコによる福音書 10:17-31 のよく知られた解釈を提供している。そこでは、キリスト者の聞き手に向けて、説教の関心が始めの部分で述べられている。すなわち、キリスト者の共同体から聖書テクストから引き出されるあらゆる落胆を取り除くことであり、また「肉の意味」によらない、隠された意味に基づいた神的、神秘的知恵を示すことである。実際には、説教は型通りのキリスト教的説教を提示しており、多様な並行箇所を挙げて、マルコによる福音書において意味されていることが神の完全な愛についてであり、また富への全ての執着をキリスト者の魂から消し去るようにとの呼びかけであることを示そうとしている。信仰者が聖書を理解する特別な能力を賜っているということが強調されていることは確かだが、説教自体は特別な寓喩的（アレゴリカル）解釈に基づいているわけでは全くない。読者は、キリスト者の教育のために聖書を用いることについてのクレメンスの圧倒的な牧会的関心を感じ取ることができる。

　クレメンスは自身のキリスト教信仰の内容について、その多くの部分でユスティノスとエイレナイオスとの共通点があるにもかかわらず、彼の聖書へのアプローチは実際全く違った方向へと向かっている。このことで、彼が聖書に対してあまり敬意を払わなかった、と言おうとしているのではない。クレメンスにとって聖書とは彼の神学的考察の主要な焦点であり、彼は聖書をたびたび引用している。しかし、彼は決して聖書学者ではない。彼はテクストそれ自体に関する関心を全く保持していない。確かにそれは神の言葉であ

訳注3　ただしクレメンスはここで、イサクにおいてキリストの型が見出されると述べている。

第4章　アレクサンドリアのクレメンス

る。しかし、神からは何も直接には語られることはない。それ故、聖書の言葉は必然的に象徴的になる。その内容は隠されており、象徴的意味を理解できる者だけがその意味に到達できる。彼の聖書解釈のほとんどは哲学的思考に基づいているにもかかわらず、時折、キリスト教の主張を展開したり、倫理的教えを引き出す際に、字義的意味を用いている。また別のところでは、彼の比喩的言語はユスティノスのそれに似ていることもあるが、しかしそれはまた、グノーシス主義的思考やフィロン的釈義のような他の要素——それらはクレメンスの先駆者たちにとっては基本的なことであったはずのキリスト教教理の制約を欠いていた——に対しては無防備なものであった。

III　クレメンスによる釈義的貢献

　クレメンスは寓喩的^{アレゴリカル}聖書解釈を用いることにおいて、ユスティノスやエイレナイオスから遠く離れたユダヤ・ヘレニズム的環境の中へと入り込んでいったにもかかわらず、依然として多くの釈義的予型論^{タイポロジー}をこれらの先駆者たちと分かち合っていることを示す多くの例が存在している。彼は二つの契約について、また次第に明瞭になっていく神の計画について語っている。旧約聖書は新約聖書への準備段階として機能し、また、旧約と新約は所定の順序^{シークエンス}において組み合わされている（『ストロマテイス』6.18.166.4-167.1［秋山訳『ストロマテイスII』286頁］）。ダニエルー（p. 252）はクレメンスの比喩的言語の用い方についての主要な特徴をよく要約している。第一に、比喩的言語は、理解されることが不可能なこれらのこと［真理］を未熟な者たちから隠す。第二に、比喩的言語は、理解力のある者たちによって覆いの下に隠された真理を探究するようにと刺激を与える。

　要するに、クレメンスの釈義的貢献は次のような彼の努力において見出される。すなわち、キリスト教的啓示の神秘を明らかにするために、ギリシャ的寓喩^{アレゴリー}に内在するグノーシス主義的解釈からの要素を聖書解釈に適用しようとしたこと、そしてまた、歴史的受肉と固く結び合わされていた哲学的基盤を用いて、宇宙的、倫理的解釈を展開しようとしたことである。

101

アレクサンドリアのクレメンスに関する文献表

一次文献

Clemens Alexandrinus. edited by O. Stählin. Die Griechischen Christlichen Schriftsteller. Leipzig: 12, 1905; 15, 1906; 17, 1909; 39, 1936.

Sources Chrétiennes. Paris: 2, 1949; 30, 1951; 38, 1954; 70, 1960; 108, 1965; 158, 1970; 278-79, 1981.

Clement of Alexandria, Ante-Nicene Christian Library, vol.2, edited by A. Roberts and J. Donaldson. Edinburgh: T. & T. Clark, 1869; reprint, Grand Rapids: Eerdmans, 1976.

Who Is the Rich Man That Is Being Saved? edited by P. Mordaunt Barnard. London: SPCK, 1901.

The Excerpta ex Theodoto of Clement of Alexandria, edited by R. P. Casey. London: Christophers, 1934.

Eclogue Propheticae, edited by O. Stählin. Die Griechischen Christlichen Schriftsteller, 17. Lepizig, 1909.

二次文献

Chadwick, H. *Early Christian Thought and the Classical Tradition,* pp. 31-65. Oxford: Clarendon, 1966.

Chadwick, H., and J. E. L. Oulton, eds. *Alexandrian Christianity.* London and Philadelphia: SCM and Westminster, 1954.

Daniélou, J. "Typologie et allégorie chez Clément d'Alexandrie." *Studia Patristica,* vol.4, pp. 50-57. Berlin: Akademie Verlag, 1961.

————. *Theology of Jewish Christianity,* vol.2, pp. 237-53. London and Philadelphia: SCM and Westminster, 1973.

Dawson, D. *Allegorical Readers and Cultural Revision in Ancient Alexandria.* Berkeley: University of California Press, 1992.

Ferguson, J. *Clement of Alexandria.* New York: Twayne, 1974.

Horn, H. J. "Zur Motivation der allegorischen Schriftexegese bei Clemens Alexandrinus." *Hermes* 97 (1969): 436-96.

Lilla, R. R. C. *Clement of Alexandria: A Study in Christian Platonism and Gnosticism.* London: Oxford University Press, 1971.

Margerie, B. de. *An Introduction to the History of Exegesis,* vol.1, pp. 79-94. Petersham, Mass.: Saint Bede's Publications, 1993.

Méhat, A. "Clément d'Alexandrie et les sens de l'Ecriture" In *Epektasis. Mélanges J. Daniélou,* pp. 355-65. Paris: Beauchesne, 1972.

Mondésert, C. *Clement d'Alexandrie. Introduction à l'étude de sa pensée religieuses à partir de l'Ecriture.* Paris: Aubier, 1944.

第 4 章　アレクサンドリアのクレメンス

Mortley, R. *Connaissance religieuse et herméneutique chez Clément d'Alexandrie*. Leiden: Brill, 1973.

Osborn, E. "The Bible and Christian Morality in Clement of Alexandria." In *The Bible in Greek Christian Antiquity*, edited by P. M. Blowers, pp. 112-30. Notre Dame: University of Notre Dame Press, 1997.

Paget, J. N. B. Carleton. "The Christian Exegesis of the Old Testament in the Alexandrian Tradition." In *The Hebrew Bible/Old Testament: The History of Its Interpretation*, vol.1, edited by M. Saebø, pp. 478-99. Göttingen: Vandenhoeck & Ruprecht, 1996.

Quasten, J. *Patrology*, vol.2, pp. 5-36. Westminster, Md.: Newman Press, 1960.

Simonetti, M. *Biblical Interpretation in the Early Church*, pp. 130-78. Edinburgh: T. & T. Clark, 1994.

Torrance, T. F. *Divine Meaning: Studies in Patristic Hermeneutics*, pp. 130-78. Edinburgh: T. & T. Clark, 1995.

日本語文献

秋山学訳『ストロマテイス』（抄訳）『救われる富者は誰か』中世思想原典集成１、平凡社、1995年。（第5巻の邦訳）

秋山学訳『ストロマテイス（綴織）Ⅰ』キリスト教教父著作集４／Ⅰ　アレクサンドリアのクレメンス１、教文館、2018年。

秋山学訳『ストロマテイス（綴織）Ⅱ』キリスト教教父著作集４／Ⅱ　アレクサンドリアのクレメンス２、教文館、2018年。

チャドウィック『初期キリスト教とギリシア思想　ユスティノス、クレーメンス、オーリゲネース研究』中村垣／井谷嘉男訳、日本基督教団出版局、1983年。

第5章

オリゲネス

Origen (c.185 - 254)

聖書学者としてのオリゲネスの重要性は、どれほど高く見積もっても高過ぎることはほぼありえない。彼は聖書を全体として解釈しようと試みた最初の主要なキリスト教釈義家であった。クレメンスとは対照的に、オリゲネスは何よりもまず聖書学者であった。彼の天分、努力、そして学識は右に並ぶものが無く、多くの教父学者たちの意見によれば、その学問的業績はヒエロニムスのそれを凌駕するとも言われる。しかし彼は非常に物議を醸した人物でもあり、6世紀には異端として非難された。このような影の部分にもかかわらず、彼の影響は甚大であり、その著作はその論敵によってさえ広範に用いられている。

I　生涯と著作

輝かしい業績を残したということ以外のオリゲネスの生涯については、そ

のほとんどがあまりよく分かっていない。彼はキリスト者の両親のもとに、恐らくはアレクサンドリアで生まれ、ギリシャ文学と哲学の教育を受けた。彼は指導的なプラトン主義者であったアンモニオス・サッカス（Ammonius Saccas）のもとで学んだ。彼の初期の歩みは、ローマ帝国による迫害によってほどなくして影を帯び、彼の父親はその迫害下で殉教を遂げた。オリゲネスは文法の教師として生き残り、後にキリスト教教理問答を教える教師として任命された。この時期に、彼はパレスティナに幾度か旅している。按手を受けた後、教会内で摩擦が起こり、彼はカイサリアに居を求めてアレクサンドリアを去った。彼はその地に学校を設立し、自身の聖書的著作、特に注解書を執筆し続けた。その類まれなる博識と説教によって、彼の名声は広まっていった。250 年のデキウス帝による教会迫害の最中、彼は投獄され、拷問を受け、それをかろうじて潜り抜けたものの健康を損ない、その後二年間しか生き延びることができなかった。

　オリゲネスの著作の数は圧倒的である。ヒエロニムスがすでに、オリゲネスの著作の目録を編纂する必要を感じていたほどである。彼の最も有名な著作は『六欄聖書』（Hexapla）であり、彼が幾多の注解書を執筆する以前においてすでに、その執筆が開始されていた。その生涯を通じて、彼はほぼ全ての聖書の書物に関して注解書と説教とを著した。残念ながらその大半は失われてしまっているか、もしくは散在する断片としてしか残っていない。幸運にもマタイとヨハネによる福音書の注解書の大部分が現存しており、また、ローマの信徒への手紙と出エジプト記の注解がギリシャ語で相当程度残存している。更に彼は多様な神学的著作を著しており、最も重要なものとして『諸原理について』（De principiis）、と『フィロカリア』（Philocalia）^{訳注 1} を挙げることができる。

　本章における私のオリゲネスの著作の取り扱いの焦点は、イザヤ書の注解書が失われていることにより必然的に限定的なものとなる。第一に私は、現存するより大きなテクストの集積から引き出される彼の解釈学的アプローチ

訳注 1　これは厳密にはオリゲネスの著作ではなく、バシレイオスとナジアンゾスのグレゴリオスによって編纂されたと言われるオリゲネスの著作からの選文集である。

の幾つかの主要な特徴の概要を述べたいと思う。幸運にも、教会における多くの偉大な学者たちが、この主題についての広範にわたる研究を残している。第二に私は、オリゲネスに最も多くを負ったキリスト教神学者たちの世代に対してオリゲネスが与えた影響をたどってみたい。エウセビオス、ヒエロニムス、そしてキュリロスがイザヤ書の注解書を著しており、特にオリゲネスの失われた注解書から引用をしている。従って私の関心は、オリゲネスの著作がどのようにして受け入れられ、修正され、キリスト教釈義の伝統の発展において展開されていったかという解釈学的問題に焦点を合わせることになる。

II オリゲネスとアレクサンドリア学派

オリゲネスは、いわゆるアレクサンドリア学派の創始者ではなく、また釈義的ツールとして寓喩（アレゴリー）を採用した最初の学者というわけでもないにもかかわらず、常に最も注目されるべき聖書解釈の専門家として認識されてきた。最近のアレクサンドリア的伝統に関する研究は、その多くのルーツが、フィロンの死まで遡る時代のユダヤ教文献にあることを明らかにしてきた。2世紀後期におけるアレクサンドリアのユダヤ人共同体に関する情報の欠如にもかかわらず、キリスト教聖典解釈がより初期の時代のユダヤ教的解釈にかなりの部分を負っていたことは確かであるように思われる。この洞察は、オリゲネスが受けた主要な影響がグノーシス的思考であったという初期の仮説に疑問を投げかけるものである。

アレクサンドリアのキリスト者共同体の始まりについては、具体的なことはわずかしか分かっていない。パンタイノス（Pantaenus）という人物の名は架空の人物として留まっており、せいぜいクレメンスがアレクサンドリアにやって来る以前に影響力があった人物、ということしか分からない。J. N. B. カールトン・パジェット（Carleton Paget）は、キリスト者たちが間もなく加わることになったユダヤ人共同体の持つ幾つかの特徴について列挙している（"The Christian Exegesis of the Old Testament in the Alexandrian Tradition," pp.

第5章　オリゲネス

482ff.)。まず、それはどちらかというと学派というよりは、学者たちの緩やかな集まりといったものとして存在しており、後の時代においてのみ、オリゲネスのもとで公式の地位を得た。その釈義は、聖書の啓示をギリシャ哲学と結び付けようという試みであった。寓喩〔アレゴリー〕は両者を結び付けるためのツールだったのである。最後に、アレクサンドリア的釈義はフィロンのように、ほとんどの釈義が個々の言葉に焦点を合わせ、それらを聖書の並行箇所に絶えず参照させることによって解釈されているのである。

　アレクサンドリアのキリスト者共同体においては、旧約聖書を解釈する際の多種多様なアプローチが存在した。クレメンスとオリゲネスはアレクサンドリアの伝統の原点と今や第一に結び付く学者ではあるが、このユダヤ・ヘレニズム的環境の中において、他の聖書解釈理論もまた存在していた可能性が高い。そのような別の解釈理論は、後のグノーシス主義の書物から推測されよう。しかし最終的に、律法によらない、聖書的啓示の中心としてのキリストというキリスト教的理解こそが、寓喩的〔アレゴリカル〕な方法のキリスト教的適用を独自な仕方で生み出したのである。

Ⅲ　オリゲネスによる寓喩〔アレゴリー〕の使用によって引き起こされた論争

　オリゲネスの重要性に関する広範な意見の一致にもかかわらず、最初の何世紀かの時代から、彼のアプローチに関しては論争が絶えなかった（cf. Paget, "The Christian Exegesis," pp. 534ff. オリゲネス主義に関する項目）。K. J. トージェセン（Torjesen）は宗教改革以来のオリゲネスに対する批判の歴史を簡潔にまとめている（*Hermeneutical Procedure*, pp. 1ff.）。ルターによるオリゲネスの寓喩〔アレゴリー〕の用い方に関する攻撃（『奴隷意思論』 *de Servo Arbitrio*）は宗教改革者一般にとってのみならず、それ以降のほとんどのプロテスタンティズムにとって決定的なものとなった。ルターは、聖書テクストの単純で自然な意味がその神的意味を包含していると主張した。言〔ロゴス〕の力は、寓喩〔アレゴリー〕の助けなしにその文法的な意味から引き出される。もちろん実際の釈義作業においては、宗教改革者たちが字義的意味の優越性を強調したときにさえ、多様

107

な形態の比喩的解釈が彼らによって継続して用いられた（たとえば、説教的、典礼的、そして予型論的解釈として）。

　宗教改革に続く時代においては、すでに 17 世紀の初期に、また特に啓蒙主義の衝撃を通して、寓喩的な方法の拒絶が一段と顕著になった。寓喩は歴史を軽視し、比喩的意味は、著者の元来の意図としてますます認識されるようになってきた聖書テクストの実際の意味を犠牲にする、という非難が沸き起こってきた。更に後には、寓喩は、科学的であることのいかなる合理的体裁をも伴わない完全に恣意的な方法であるとして非難された。ある者たちは、寓喩とはキリスト教の外から誤って導入されてしまった哲学的輸入品であったと論じ始めた。

　しかし第二次世界大戦直後の時代が始まるとともに、オリゲネスと寓喩に対する全く異なったアプローチが展開され、半世紀にわたって現代の議論を席巻した。ジャン・ダニエルー（Jean Daniélou）は、予型論と寓喩の間に明確な区別を設けることを提案し、彼の後に他の多くの学者たちも続いた。予型論とは、キリスト教の伝統において生じた正統的な解釈的テクニックであり、そこにおいてはより以前の出来事や人物が、後の出来事、多くは新約聖書の出来事を預言的に暗示するものとして理解される。対照的に寓喩は、その根をキリスト教的伝統の外に持つ野放図な思考のことであり、ユダヤ教、フィロン的釈義、そしてグノーシス主義的なサークルに起因するものである。ダニエルーの分析は、特に 1950 年代において神学者たちに好意的に受け入れられたが、その理由は、寓喩を非正統的として拒絶する一方で、聖書の歴史の重要性に関する近代における批判的評価に耐え得るものとして、予型論を保持する道を提示したからである（cf. Lampe and Woollcombe, *Essays on Typology* でいう古典的定式化）。

　R. P. C. ハンソン（Hanson）は、この両者の区別を自身の著作『寓喩と出来事』（*Allegory and Event*）においてなお一層推し進め、これが数十年にわたってオリゲネスに関するスタンダードな研究となった。ハンソンによれば、オリゲネスは教会を道に迷わせた主要な原因である。なぜなら、彼は歴史的な感覚が全く欠如していたからである。彼はむしろ、聖書の純粋に歴史的な性格を、ヘレニズムという全く聖書釈義にとってふさわしくないものから引

き出される無時間的、恣意的思索の中に雲散霧消させることを許してしまったのである。

　カトリックにおける聖書解釈サークルにおいては、特に1943年の教皇回勅以後、釈義的な強調点が聖書の字義的意味の回復に置かれたが、これはトマスの聖書解釈原理においてその根拠を見出していた。しかし同時に、比喩的意味を用いた様々な根拠づけも途切れずに残った。1950年代前半におけるレイモンド・ブラウン（Raymond Brown）の「より十全な意味」（*sensus plenior*）に関する論文は、カトリックの側からの北アメリカにおける比喩的意味の弁護を意図した最後の真剣な取り組みと言える。現代のプロテスタンティズムにおいて、「寓喩」という言葉は大体においてネガティヴな印象をかきたて続けていたが、予型論を用いた根拠づけ、たとえばパトリック・フェアベーン（Patrick Fairbairn）の2巻本から成る大著に見出されるようなものは、説教学（homiletics）の一形式として存続し続けた。しかし、20世紀初頭の歴史的批判的方法論の勢力拡大に伴って、予型論や寓喩、その他の比喩的解釈論は一段と疑いの目で見られるようになった。アングリカンのサークルにおいてすら、大主教トレンチ（Trench）の譬えに関する有名な著作は批判のための「身代わり」にされ、いかににそのように聖書を解釈すべきでないかを示すために用いられた。

IV 寓喩を再評価する最近の試み

　以上において述べたような聖書の比喩的意味の拒絶の歴史を考慮すると、次の点は多くの現代人にとっては驚くべきことであろう。すなわち、最近になって文学的、神学的機能両方から寓喩の本質についての重要な再評価が起こるに伴って、オリゲネスに対する新しい評価が起こってきているのである。最初の真の進展の一つとしては、寓喩と予型論との明確な区別は維持できない、という認識が挙げられるだろう。ジェームズ・バー（James Barr）は、誤った現代の歴史の構造概念に由来した護教的動向として現れてくる両者の区別に異を唱えている。彼の見解は重要な洞察ではあるが、しかし、

109

寓喩理解に向けての積極的な進展は教父研究者たちによって成し遂げられている（アンリ・ド・リュバック〔Henri de Lubac〕、アンドリュー・ロウス〔Andrew Louth〕、フランシス・ヤング〔Frances Young〕）。そのような研究者たちは、両者の区別が古代においては何らの深い根を持っていたわけではなく、また、古代教会による比喩的解釈の広範な使用は、寓喩と予型論両方の側面を包含している、という見解を提示した。

　現代におけるほとんどの文学的な関心は、寓喩の様々な機能の分析に注目することから始まった。第一に、allegoria と typologia を含む、ギリシャ的な釈義の専門用語に関する非常に詳細な言語学的研究が、R. M. グラント（Grant）によって提供された（The Letter and the Spirit, 1957）。この研究はジョン・ウィットマン（John Whitman）による、「寓喩」という言葉の歴史に関する研究を非常に発展させた著作によって引き継がれた（Allegory: The Dynamics of an Ancient and Medieval Technique）。ウィットマンは古代における間接的な著作方法としての修辞（trope）の様々な文学的機能について明らかにしている。伝統的な定式では、次のように言われる。「寓喩はあることについて語り、そして別のことを意味している」（p. 2）。

　しかし、聖書解釈に対して直接影響を及ぼすような寓喩に関する新しい洞察を追求したのは教父研究に関わる神学者たちであった。アンドリュー・ロウス（Discerning the Mystery, 1983）は、寓喩の主題に関わるより広範な解釈学的問題について言及した。彼はダニエルーとハンソンによる寓喩と予型論の厳密な区別に反対し、むしろド・リュバックによる二種類の異なった型（あるいは様式）のより厳密な区別に注目するようにと促している。すなわち、allegoria facti（行為の寓喩）と allegoria verbi（言葉の寓喩）という区別である（Louth, p. 119）。ロウスは、寓喩はテクストの釈義的困難を解決するためのテクニックである、という広く受け入れられた批判的見解に反論した。そうではなく、次のようなものだと言うのである。「寓喩はキリストの神秘と密接に結び付いている。それは聖書全体をこの神秘へと結び付け、かつ、聖書の語り手が紡ぎ出す表象と出来事から統合的なヴィジョンを作り出す方法である」（p. 121）。要するに寓喩とは、テクストの字義的意味を信仰の外側にある世俗的感性にふさわしい形へと捻じ曲げてしまうような恣意的なテ

第5章　オリゲネス

クニックではない、ということである。

　このような文脈において、我々の関心は変わることなくオリゲネスに向けられる。彼は聖書の複合的な意味をめぐる解釈学的主題に言及しようと試みた最初の神学者であった。以前の研究においては、その論文『諸原理について』（『諸原理について』4.1-3［小高訳 277-311 頁］）におけるオリゲネスの記述がただちに注目の的となった。これらのパラグラフにおいて彼は、自身の釈義に関するアプローチを人間心理（human psychology）との類比を用いて説明している。ちょうど人間が、体（body）、魂（soul）、そして霊（spirit）から成っているように、聖書においても三重の意味が存在する。すなわち、字義的、倫理的、そして霊的意味である。しかしながら困難なことは、この区分がオリゲネスによって示唆された幾つもの釈義的方法の内のただ一つに過ぎないと思われることであり、彼の実際の釈義の中でこの方法が現れることは極めてまれであるという事実である。大抵の場合、彼の強調点は聖書の二重の意味を探究することに置かれている。それはすなわち、字義的意味と霊的意味である。加えて、オリゲネスによっては他の図式も用いられるし、また神秘的（anagogic）、道徳的（tropologic）、そして秘儀的（mystic）意味の違いはしばしば流動的である。ド・リュバックは（*Historie et Espirit*, pp. 178ff.）、後の中世における四重の区分が（字義的、寓喩的、倫理的、神秘的）究極的にはオリゲネスに遡るものである、とまで言っている。

　より重要な問題は、オリゲネスが設けた字義的意味と霊的意味との区別をどのように理解するかという問題である。問題は普通考えられている以上に複雑である（cf. Paget, "The Christian Exegesis," pp. 521ff.）。これまで研究者たちは、「身体的」（字義的）意味が皆無であり、解釈者が霊的意味のみを探究しなければならないような聖書箇所が存在する、という『諸原理について』4.2［小高訳 288-295 頁］におけるオリゲネスの記述に飛びついてしまい、誤った方向へと導かれてきた。そしてそのことから、オリゲネスは原則的に、字義的、あるいは歴史的意味を軽視し、せいぜい彼の釈義にとっては不必要で瑣末的なことと認識していたという見解がこれまで引き出されてきた。しかし、ド・リュバック（*Historie*, pp. 92ff.）とアンリ・クルーゼル（Henri Crouzel, *Origen*, pp. 61ff.）の両者は、オリゲネスの字義的意味の理解の微妙な

111

部分を捉えようと多大な努力を払ってきた。そもそもの困難は、字義的、あるいは身体的意味といったものは、オリゲネスと現代の研究者との間で決して同じように定義されるわけではない、という事実から起こってくる。オリゲネスは「字義的意味」という言葉によって、いかなる解釈をも施される以前のテクストの「生の内容」（raw material）のことを意味している。つまり結果として、現代の人間にとっての字義的意味とは、オリゲネスにとっては、しばしば霊的意味になり得る、ということである。

　更にド・リュバックが懸命に示そうとしているように、字義的意味の拒絶はテクストの歴史性の否定には全くならない。あるいはまた、字義的意味とはいわゆる人間である著者の元来の意図、というわけでもない。もしオリゲネスにおいて、テクストの字義的意味が取るに足らないこととして意図的に軽視されているとするならば、R. P. C. ハンソンや他の研究者の著作において起こってくる矛盾の内の一つは、テクストの物語的な詳細——テクスト的、地理的、歴史的——について説明しようというオリゲネスの尋常ならないエネルギーをどう説明するか、という問題になる。むしろド・リュバックは、オリゲネスの釈義における字義的意味と霊的意味の有機的な調和について、また、霊的意味が字義的意味との不可分な関係を抜きにしては実体のないものになると考えられてきた点について、十分な説明を展開してきている。オリゲネスが字義的意味について否定的に語るのはしばしば、テクストの意味を一般に考えられているような単純な意味に限定し、その霊的意味を明らかに拒絶しているユダヤ教の解釈との論争、という文脈においてなのである（cf. de Lubac, *Historie*, p. 119）。

　ハンソンによれば、オリゲネスによる寓嘘の探究は誤りである。なぜなら、オリゲネスはテクストの歴史的意味に対する関心を全く払わず、異質なグノーシス主義に似通った体系を聖書テクストに押し付けているからである。もしオリゲネスが生きていたならば、彼はこの根拠のない主張を激しく否定したであろう。なぜならオリゲネスは自身の方法を、使徒パウロもそれを用いていたことに根拠を求めながら弁明しているからである。彼はパウロによる幾つかの箇所に言及しているが、それはローマの信徒への手紙 7:14、コリントの信徒への手紙一 2:2, 10, 12, 16、9:9-10、10:11、コリントの信徒へ

第5章　オリゲネス

の手紙二 3:6, 15-16、ガラテヤの信徒への手紙 4:24 といったテクストである。オリゲネスはパウロにおいて、文字を超えて、それの指し示す霊的リアリティーの次元へと進むための正当な根拠を見出している。事実、聖書テクストにおける解釈の困難さは、まさに読者に対してテクストをより深く研究する必要性を喚起することとして機能している。フランシス・ヤング（*Biblical Exegesis*, p. 3）はより広い解釈学的要点を引き出している。「少なくとも類比^{アナロジー}を許容するような寓喩^{アレゴリー}の形式なしには、聖書テクストは単なる考古学的興味の対象にしかなりえない」。

　ヤングは、往々にして行われている批判的な視点からの聖書の字義的な読みと寓喩的^{アレゴリカル}なそれとの区別は、問題となっている基本的な解釈の課題についての洞察を提供するには非常に単純すぎる図式である、と熱心に主張した（*Biblical Exegesis*, pp. 119ff.）。現代的な思考においては言語とリアリティーが分離されて考えられてしまっているため、テクストの意味がそれが指し示すところの内に存する、と理解することが難しくなってしまった。従ってオリゲネスにおいては、字義的なものと寓喩的^{アレゴリカル}なものとの違いは絶対的なものではなく、むしろその違いはスペクトル（spectrum）の内に存している。つまり、寓喩^{アレゴリー}は他の幾つもの方法の内にある一つの語りの形態であり、本質的に象徴的なものである。ここでの重要な問いは、両者の区別ではなくて、指示されていることの本質とは何かということなのである。

　オリゲネスは、新約聖書や古代教父、そして彼に先立つ教会の伝統と共有された理解、すなわち、聖書テクストは神の継続的な啓示のための媒体である、という認識に自らを委ねた。聖書テクストはその字義的、霊的なあらゆる多次元的形態において、それ自身を超え、その本質、すなわち霊的なリアリティーを指し示した。ヤングは、オリゲネスにおける複数の意味とは実は複数の指示対象を意味する、と強調する（*Biblical Exegesis*, p. 137）。結果としてオリゲネスの釈義的実践は、字義的意味と比喩的意味とを対比することによってではなく、彼の聖書における相互参照（cross-referencing）の適用において理解されるのである。

　オリゲネスの釈義に関する研究に対する最近の貢献の内の一つは、K. J. トージェセンによってもたらされた（*Hermeneutical Procedure and Theological*

Method)。彼女はオリゲネスの実際の釈義的実践を、彼の解釈を特徴づけている神学的基盤に結び付けることに関心がある。トージェセンは、オリゲネスによる字義的解釈から始めて、続いてその寓喩的な解釈へと至る、という通常行われるオリゲネスの釈義の分析に満足できない。そのような手続きに存する問題は、オリゲネスの釈義的方法の神学的ダイナミズムが欠如していることである。むしろトージェセンは、オリゲネスが扱った最も重要なテクストの幾つか（詩編、エレミヤ書、雅歌、ルカによる福音書）の神学的理解に注目することによって、それらの注釈（scholia）、説教、そして注解といった異なるジャンルに研究の領域を広げていくときにおいてすら、オリゲネスのアプローチにおける基本的な一貫性を示すことを可能にした。

　オリゲネスは、聞き手の状況に従って詩編 37 編の文脈が理解され得る、と述べて釈義を始めているが、しかし実際の釈義が聞き手の状況を明らかにし始めると、この方向性がすぐに逆転する。換言すれば、オリゲネスにおいてはテクストの字義的意味の文脈すら、「魂の癒し」に関係したものとして神学的に理解されている。この神学的解釈はそれ故、その比喩的拡張（figurative extention）を用いて主題となっている事柄をより十分に展開することとの直接的な連続の内に存在している。オリゲネスは、聖書全体がその内容を規定しているロゴスの現臨について語っていると考えている。この現されたロゴスの形態は、全ての釈義の到達点としての神的現臨の教育的機能（pedagogical function）を規定するのである。

　オリゲネスはロゴスの教育的な動きを追いかけるにあたり、一貫した順序に従っている。彼はまず、神の民にとっての字義的、歴史的リアリティーについて注目しながら、テクストの文法的意味について考えることから始める。その後彼は、より十全な霊的次元におけるロゴスの具体的教えを吟味する作業へと移り、そして目の前にいる聞き手に対して、このようなより大きな霊性を適用することで結論へと至る。

　字義的意味がすでにロゴスの教育的目標の不可欠な歴史的側面として理解されていることから、その歴史的物語のまさに具体的な本質は、その霊的解釈を要求することになる。この両方［すなわち字義的、霊的意味］は異なった形態を反映しているが、しかし、実質的な次元では全く同じ霊的リアリ

ティーを共有している。明白なように、オリゲネスが「歴史的」という言葉で理解している事柄は、その現代的な意味と同じではない。なぜなら、彼にとって歴史とは、ロゴスとの具体的な邂逅を意味するからである。それは受肉において普遍的に存在する真理の象徴的形態である。統合された教育的活動に関与するロゴスを反映しているのは、聖書テクストの背後にある神学的リアリティーなのであって、裸のテクストではない。字義的な事柄から霊的な事柄へという移行は、両方の意味を橋渡しするための変質ではなく、むしろ字義的意味がすでに一つの霊的リアリティーを開いたことの故に、それは歴史的特殊性が普遍的視野を持つようになるという普遍化（generalization）なのである。

　字義的意味からその真実な霊的意味へと移動した後のオリゲネスによる最後の釈義的ステップは、霊的な事柄を聞き手のために「有益なこと」へと適用することである。釈義とは従って、読み手の救済に関わる神の絶えざる働きの中で、聖霊の霊感によってロゴスによる人間の教育へと方向づけられた運動の輪郭を描くことを意味する。読み手はそれ故、魂が神的真理へと進歩していく中で、絶えず教えを受けるのである。

Ⅴ　オリゲネスのイザヤ書釈義

　オリゲネスによるイザヤ書の注解書、そしてイザヤ書に関する説教の大部分が失われているにもかかわらず、ヒエロニムスがラテン語へと翻訳した九つの説教から、少なくとも彼のイザヤ書解釈の何らかの痕跡を見出すことができる（Migne, *PL* 24, pp. 901-36）。これらの説教は、一義的にはイザヤ書6-11章に焦点を合わせているにもかかわらず、オリゲネスの釈義のある程度の特徴的な要素が明確に表れている。

　第一に、オリゲネスは普通、自身の説教を字義的意味を探究するために、一つの文脈を確定することによって始めているが、そこにおいて採用されるパターンは、トージェセンによって説明された事柄に明確に従っている。すなわちオリゲネスが明らかにする解釈の文脈とは、読者に由来しているもの

か、さもなければ読者に密接に関連しているものである。従ってオリゲネスによる説教1は、ウジヤ王の死の正確な年代を定めることに焦点を合わせてはおらず、むしろ罪深いウジヤの死後、イザヤだけが主を仰ぎ見たということに着目している。それからすぐに、義しい者だけが神の栄光を見ることができるという神学的要点が語られる。説教はその後、神の偉大さを知ることができるように聖なる生活を追い求めよ、と聴衆であるキリスト者に向かって語りかけることに集中する。同様に、説教8においてオリゲネスは、エルサレムとサマリアにおいて偶像を建てた者たちに対する神の審判について語ることから始めて、しかしそれからすぐに突然、心の偶像の解釈へと移る。彼はエルサレムの高慢な者の尊大な物言いについてのイメージを、偉大なことを成し遂げるのだと言ってはばからない自分の聴衆の大いなる思い上がりへと適用している。オリゲネスは聖書テクストの歴史的文脈を明確にするため、しばしば元々の読者の文脈をとりあげている。

　第二に、オリゲネスは注意深い間テクスト的言及を用いて自身の神学的文脈の重要性を確立することにおいて、卓越した技術を示している。ウジヤの罪深さは歴代誌によって報告されている歴史に基づいているが（代下26:16-21）、それはウジヤの死をイザヤに対する神の顕現と結び合わせるための鍵を提供する。期待されるように、テクストの相互参照は旧約聖書全体を網羅しており、またすぐに新約聖書にも言及してもいる。テクストの異読の詳細に関するオリゲネスの関心は、説教における豊かな解釈のための手段となっている。それ故、説教2において彼は、イザヤ書の旧約聖書テクストが "vocabis"（あなたは呼ぶだろう）と読み、一方で新約聖書テクストが "vocabitur"（それは呼ばれる）としていることに気が付いている。オリゲネスはテクストの改悪（textual corruption）の可能性を排除しないが、しかしこの場合、そこにおいては明確に意図的なものを見出している。彼はここではアハズ王が呼びかけられているのではなく、むしろ新約聖書の文脈から、教会を意味するダビデの家が意図されているのだということに注目している。それ故彼は、新約聖書が将来においてインマヌエルを「神我らと共にいます」と告白する信仰に根ざした共同体が現れることを預言している、と結論づける。

第5章　オリゲネス

　第三に、テクストの聖書的イメージを追究する際のオリゲネスの配慮に目
を向けることは重要である。説教1において彼は、高いところに座している
神の表象を用いた聖書テクストと、座しているのではなく、行動の表象にお
いてその支配を示しているテクストとを比較することによって、自身の神
の支配の神学を展開している。説教6において彼は、「彼らは聞きはするが、
理解することはない」という不可解なフレーズを解釈するに際し、霊的次元
へと移っている。イスラエルは理解することができなかったが、それは彼ら
が肉の意味に捉われていたからであり、また、字面を追っただけだったため
に、その高次の意味を理解し損ねたからである。イエス・キリストは、約束
に対する応答を拒否したことによってものが見えなくなったアハズに示され
たしるしだったのである。

　要するに、イザヤ書におけるこれら全ての現存する説教においては、オリ
ゲネスの支配的な関心は、預言的テクストを彼の現在の聞き手に適用するこ
とにある。字義的意味から霊的意味へと移るに際して様々な手法を用いてい
るにもかかわらず、その全ての場合において彼は、字義的意味をより高次の
霊的次元へと至らせようと努力している。しかし、彼のアプローチは字義的
意味を無化してしまうようなものではなく、むしろ字義的意味はいつも最初
からその神学的主題へ向かって形成されている。従ってそのことは、聖書の
言葉の真の実質についてのオリゲネスによる説明に、基本的な一貫性を与え
ているのである。オリゲネスの説教は聖書テクストの詳細に関する注意深い
関心によって特徴づけられるが、しかし彼のこのような特徴は自己目的とし
てあるのではなく、むしろロゴスにおいて明らかにされた神の生きた顕現と
直面するための柔軟な伝達手段なのである。

Ⅵ　オリゲネスによる不朽の釈義的貢献

　オリゲネスによる聖書解釈の神学的貢献について、以上のように予備的
評価をしてきたが、ここで最後に言及しなければならないことがある。最
近の学的研究は、オリゲネスのアプローチに関する我々の理解を非常に鋭

敏にさせ、彼の著作に関するお粗末な特徴づけを一掃してきている。しかし結局、アンドリュー・ロウスによる「寓喩への回帰」と題された珠玉の章（*Discerning the Mystery*, pp. 96-131）を受け入れる準備ができている現代人は、少数に過ぎないように思われる。

　そのような躊躇の理由はただちに明らかになる。啓蒙主義の継承者たちにとって、オリゲネスの寓喩的なアプローチは、元来の聖書著者の意図を扱うに際し、恣意的、主観的、そして基本的に不十分であるとして拒絶される。また、宗教改革の継承者たちにとって、オリゲネスのアプローチは神の言葉のそのままの意味を曖昧にするという理由で、神学的に意味を曲解していると判断される。これら両方の立場における批判は真の重要性を保持しているし、厳しく、絶え間なく申し立てられ続ける必要がある。しかし私は本書の最後の章まで、この議論に関する結論を保留したいと思う。それは最終章までの間に、キリスト教釈義がこのような批判にどのように応答してきたかを確認し、そしてまた、重要な解釈学的問題への応答を支援する中で歴史的視座からどのような洞察が獲得され得るかを見極めるためである。

　しかし私はロウスに従って、教会に与えられた聖書の研究における幾つかの重要な論点をここで強調したい。それはオリゲネスと共に現れ、アレクサンドリア的伝統へと流れ込んだものである。第一にオリゲネスは、聖書の機能とは教会への神的啓示のために与えられた、生ける、絶えざる聖霊の媒体である、という基本的神学的論点を提起した。オリゲネスにとって聖書は、聖霊によって確かに霊感を受けたものであるが故に、救いに必要な全ての真実を含んでいる。啓蒙主義とは対照的に、オリゲネスは聖書テクストを次のようなものとして理解している。すなわち、聖書テクストはその単一の歴史的文脈を超越し、また絶えざる神的行為を通して、その聞き手に対し、神の現臨について今聞こえてくる言葉を語っている、というのである。

　第二にオリゲネスは、教会と世界に対するイエス・キリストの救済の業について証を立てる中で、テクストの字義的な、単純な意味（plain sense）の詳細と、同時にそのことの、神的教育（divine pedagogy）としてのより十全な神学的機能との両方を公平に取り扱おうと努力している。彼は結果として、聖書の真理の受容と、信仰共同体への伝達において、解釈者が独創的な想像

第5章　オリゲネス

力を駆使するという役割を誠実に果たすことができるかという問題を提起したのである（cf. Young, *The Art of Performance*, pp. 160-86）。

　第三に、寓喩（アレゴリー）の問題を力を込めて主張することによって、オリゲネスは比喩的意味の広がりが、単純に水平的（horizontal）な予型論（タイポロジー）としてあるのではなく、垂直（vertical）なそれとしても存在しているということを示そうと骨折っている。聖書は、キリストにおける神の一つの物語についての新しいヴァリエーションを新しい聞き手各々が奏で、また受領するための鍵盤（keyboard）を提供する。そしてその物語は今や、典礼、音楽、そして芸術という形で表現されている。真実な意味でアフリカ系アメリカ人の霊歌は、何世紀にもわたって苦闘してきたある神の民の欠乏、希望、そして信仰を、深い嘆きと絶望の只中での信仰深い讃美の中で表現した、キリスト者の生の寓喩なのではないだろうか。

　以上において述べたこれら全ての基本的な解釈的問いが依然として我々に突きつけられているという事実は、教会の形成に良くも悪くも影響力のあった釈義的モデルを提供するものとしてオリゲネスを真剣に扱うことの更なる理由を提供するのである。

オリゲネスに関する文献表

一次文献

オリゲネスによる現存する諸々の著作は、それらがどのようなシリーズに収録されている
かも含めて、次の文献表に詳細が記されている。

J. Quasten, *Patrology*, vol.2, pp. 37-100.

H. Crouzel, *Origen*, "Bibliographical Note," pp. xiii-xvi.

以下はオリゲネスの著作のテクスト。

Opera, Patrologia Latina (PL), edited by J. Migne. Parisiis, 1844-64.

Commentary on John and Matthew, Ante-Nicene Christian Library, edited by A. Roberts and J.
　　　Donaldson, additional volume. Edinburgh: T. & T. Clark,1897.

On First Principles, edited by G. W. Butterworth. London: SPCK, 1936.

オリゲネスによる注解や説教のフランス語訳は、Sources Chrétiennesにおいて参照できる
(創世記、出エジプト記、レビ記、ヨシュア記、雅歌、エレミヤ書、ルカ福音書について
の著作)。

[訳注:チャイルズが言及しているオリゲネスによる説教の、ヒエロニムスによるラテ
ン語訳が、英訳で出版されている。St. Jerome, *Commentary on Isaiah including St. Jerome's
Translation of Origen's Homilies 1-9 on Isaiah* (Ancient Christian Writers No.68), translated by
Thomas P. Scheck. New York: The Newman Press, 2015.]

二次文献

Baker, J. A. "The Permanent Significance of the Fathers of the Second and Third Centuries." In J.
　　　Daniélou, *A History of Early Christian Doctrine Before the Council of Nicaea*, vol.2, pp. 501-6.
　　　Philadelphia: Westminster, 1973.

Bammel, C. P. H. "Die Hexapla des Origenes: Die *hebraica veritas* im Streit der Meinungen."
　　　Augustinianum 28 (1988): 125-49.

Bardy, G. "Aux Origenes de l'Ecole d'Alexandrie." *Recherches de Science Religieuse* 27 (1937): 65-90.

―――. "Les Traditions juives dans l'oeuvre d'Origène." *Revue Biblique* 24 (1925): 217-52.

Barr, James. "Typology and Allegory." In *Old and New in Interpretation*, pp. 103-48. London: SCM,
　　　1966.

Bigg, C. *The Christian Platonists of Alexandria*. Oxford: Clarendon, 1886.

Brown, R. E. *The Sensus Plenior of Sacred Scripture*. Baltimore: St. Mary's University, 1955.

Chadwick, H. *Origen: Contra Celsum*. 2nd edition. Cambridge: Cambridge University Press, 1965.

Crouzel, H. *Origen*. Edinburgh: T. & T. Clark, 1989.

第5章　オリゲネス

Dale, A. W. W. "Origenistic Controversy." In *Dictionary of Christian Biography*, edited by H. Wace, pp. 142-56. London: John Murray, 1886.

Daniélou, J. "L'unité des deux Testaments dans l'oeuvre d'Origène." *Revue de sciences religieuses* 22 (1948): 27-56.

―――. *Origen*. New York: Sheed and Ward, 1955.

―――. *From Shadows to Reality: Studies in the Biblical Typology of the Fathers*. Westminster, Md.: Newman Press, 1961.

―――. "Origen's ExegeticalMethod." In *A History of Early Christian Doctrine Before the Council of Nicaea*, vol.2, pp. 273-88. Philadelphia: Westminster, 1973.

Fairbairn, P. *The Typology of Scripture*. 2 vols. Edinburgh: T. & T. Clark, 1847.

Grant, R. M. *The Letter and the Spirit*. New York: Macmillan, 1957.

Grant, R. M., and D. Tracy. *A Short History of the Interpretation of the Bible*. 2nd edition. Philadelphia: Fortress Press, 1983.

Greer, R. A. (with J. L. Kugel). *Early Biblical Interpretation*. Philadelphia: Westminster, 1986.

Hanson, R. P. C. *Allegory and Event: A Study of the Sources and Significance of Origen's Interpretation of Scripture*. London: SCM; Richmond: John Knox, 1959.

Harl, M. *Origène et la function révélatrice du verbe incarné*. Paris: Editions du Seuil, 1958.

Heine, R. "Reading the Bible with Origen." In *The Bible in Greek Christian Antiquity*, edited by Paul M. Blowers, pp. 131-48. Notre Dame: University of Notre Dame Press, 1997.

Lampe, G. W. H., and K. J.Woollcombe. *Essays on Typology*. London: SCM, 1957.

Lange, N. R. M. de. *Origen and the Jews*. Cambridge: Cambridge University Press, 1976.

Louth, A. *Discerning the Mystery*. Oxford: Clarendon, 1983.

Lubac, H. de. *Histoire et Esprit. L'Intelligence de l'Écriture d'après d'Origène*. Paris: Aubier, 1950.

―――. "'Typologie' et 'Allégorisme.'" *Recherches de science religieuse* 34 (1947): 180-226.

―――. "Sens Spirituel." *Recherches de science religieuse* 36 (1949): 542-76.

Margerie, B. de. "Origen: His Greatness―Typology, His Weakness―Allegorizing." In *An Introduction to the History of Exegesis*, vol.1, pp. 95-116. Petersham, Mass.: Saint Bede's Publications, 1993.

Paget, J. N. B. Carleton. "The Christian Exegesis of the Old Testament in the Alexandrian Tradition." In *Hebrew Bible/Old Testament: The History of Its Interpretation*, vol.1, edited by M. Saebø, pp. 478-542. Göttingen: Vandenhoeck & Ruprecht, 1996.

Procopé, J. F. "Greek Philosophy, Hermeneutics and Alexandrian Understanding of the Old Testament." In *Hebrew Bible/Old Testament*, vol.1, edited by M. Saebø, pp. 451-77. Leiden: Brill, 1996.

Quasten, J. "Origen." *Patrology*, Vol.2, pp. 37-101. Westminster, Md.: Newman Press, 1960.

Torjesen, K. J. *Hermeneutical Procedure and Theological Method in Origen's Exegesis*. Berlin: de Gruyter, 1986.

Trench, R. C. *Notes on the Parables of our Lord*. London: Macmillan, 1841.

Trigg, J. W. *Origen: The Bible and Philosophy in the Third Century*. London: SCM, 1985.

Westcott, B. F. "Origenes." In *Dictionary of Christian Biography*, vol.4, edited by H. Wace, pp. 96-142. London: John Murray, 1887.

Whitman, J. *Allegory: The Dynamics of an Ancient and Medieval Technique*. Oxford: Clarendon, 1987.

Wilde, R. *The Treatment of the Jews in the Greek Christian Fathers of the First Three Centuries*. Washington: Catholic University of America, 1949.

Wiles, M. "Origen as Biblical Scholar." In *Cambridge History of the Bible*, vol.1, edited by P. R. Ackroyd, pp. 454-89. Cambridge: Cambridge University Press, 1970.

Wood, S. K. *Spiritual Exegesis and the Church in the Theology of Henri de Lubac*. Edinburgh: T. & T. Clark, 1998.

Young, Frances. "The Rhetorical Schools and Their Influence on Patristic Exegesis." In *The Making of Orthodoxy: Essays in Honour of Henry Chadwick*, pp. 182-99. Cambridge: Cambridge University Press, 1989.

————. *The Art of Performance*. London: Darton, Longman and Todd, 1990.

————. "Allegory and the Ethics of Reading." In T*he Open Text*, edited by F. Watson, pp. 103-20. London: SCM, 1993.

————. "Typology." In *Crossing the Boundaries: Essays in Biblical Interpretation in Honour of M. D. Goulder*, pp. 29-48. Leiden: Brill, 1994.

————. *Biblical Exegesis and the Formation of Christian Culture*. Cambridge: Cambridge University Press, 1997.

————. "Alexandrian School." In *Dictionary of Biblical Interpretation*, vol.1, edited by J. H. Hayes, pp. 25-26. Nashville: Abingdon, 1999.

日本語文献

小高毅訳『諸原理について』上智大学神学部編、P. ネメシェギ責任編集、キリスト教古典叢書9、創文社、1978年。

堀江知己訳・解説、関川泰寛監修『オリゲネス　イザヤ書説教』日本キリスト教団出版局、2018年。

ツレンチ『比喩釋義』ゼームス・ハイント訳、基督教書類会社、1925年。

第**6**章

カイサリアのエウセビオス

Eusebius of Caesarea（c.260 – 340）

　伝統的にカイサリアのエウセビオスに関する研究のほとんどが、初期キリスト教の最初の真の歴史家としてのその重要な役割に集中してきた。その圧倒的な関心は、彼の『教会史』（*Historia ecclesiastica*）、また他の歴史的著作に注がれてきた（例、『年代記』〔*Chronicon*〕、『パレスティナ殉教者列伝』〔*De martyribus Palaestinae*〕、『コンスタンティヌスの生涯』〔*Vita Constantini*〕）。もちろん、彼のキリスト教に関する弁証的弁明についても詳細に研究されてきたが（『キリストに関する預言者的詞華集』〔*Eclogae Propheticae*〕、『福音の準備』〔*Praeparatio Evengelica*〕、『福音の論証』〔*Demonstratio Evangelica*〕）、しかし、それらは主に哲学的、宗教史的視座からの研究であった。同様に、彼の『地名表』（*Onomasticon*）はたびたび、地理的、歴史的情報の重要な宝庫として利用されてきた。エウセビオスに関する神学的関心は、ニカイア会議の前後における彼の役割と、コンスタンティヌス帝の比類なき支配確立後の時代における彼の政治的活動を探究する傾向にあった。

　ごく最近までエウセビオスに関する研究に欠けていたのは、聖書学者と

してのエウセビオスに対する十分な学問的関心である。幸運にも、ここ何十年かの間にこの主題に関する新しい関心が現れてきている。そのような関心はまずはじめに、聖書テクストの伝承の伝達と編集に関して引き起こされた（cf. J. ツィーグラー〔Ziegler〕による *Isaias Septuaginta* の序文）。このような関心は、長い間失われたと思われていたイザヤ書に関するほぼ完全な注解書の驚くべき発見に繋がり（cf. R. Devresse, *Revue biblique*, 1933; A. Möhle, *Zeitschrift für die neutestamentliche Wissenschaft*, 1934）、そして 1975 年において、ツィーグラーによる素晴らしいイザヤ書注解の校訂版の出版へとこぎつけた。聖書学者としてのエウセビオスに関して、幾つかの優れた歴史的、神学的研究がこれまで発表されてきたが（cf. Wallace-Hadrill, des Places, and T. D. Barnes）、エウセビオスによる『イザヤ書注解』（*Commentarii in Isaiam*）という特定の主題については、M. J. ホラリッヒ（Hollerich）によって包括的に研究されてきている（1999）。ホラリッヒは、キリスト教聖典解釈の歴史における広範な関心を保持しつつ、聖書学者としてのエウセビオスに関する透徹した分析を初めて提供することを可能にした。

I エウセビオスの生涯と背景

　エウセビオスは紀元 260 年頃に生まれた。彼の家柄と出生地については明らかではない。彼は学者、また殉教者であり、カイサリアに巨大な図書館を設立したパンフィロス（Pamphilus）の弟子であった。エウセビオスの初期の生涯とその教会的立場についてはあまりよく分かっていない。彼は 309 年の迫害の際に投獄され、後の 315 年にカイサリアの司教として任職されている。彼は 325 年のニカイア会議に出席し、アレイオス論争における穏健派のリーダーとして活躍した。コンスタンティヌス帝の時代における教会的、世俗的政治両面に関わりながらも、エウセビオスの偉大な貢献はその研究者としての役割にある。彼はその著作を通して、その時代にとってのキリスト教の歴史と伝統の主要な「管理人」としての役割を担った。もちろん、エウセビオスの最も知られた貢献が彼の『教会史』であることは間違いないが、彼

第6章　カイサリアのエウセビオス

の聖書的著作は、並外れたオリゲネスの貢献には劣るものの、教会の釈義的伝統を保存することにおいて欠くことのできない働きを成し遂げたのである。

　最近では、聖書解釈の歴史におけるエウセビオスの役割を定義することにその関心が集まっている。すでに本書でなされたユスティノスとエイレナイオスとの比較から引き出された相似性は、エウセビオスが受け継がれてきた解釈の核心部分にどれだけ依存しているかを示している。彼は、預言と成就に関する伝統的なキリスト教の理解を共有しており、また、反ユダヤ教的な弁証において、ユスティノスやエイレナイオスと類似した証明テクストや議論を用いている。しかしホラリッヒ（*Eusebius of Caesarea's Commentary*, pp. 42ff.）は、たとえばユスティノスと、その著作活動中の時代の変化する歴史的文脈を反映したエウセビオスとの間には、幾つかの重要な差異があるという重要な指摘をしている。ユスティノスにとって、旧約聖書の預言者たちは単純明快に語っている。対照的にエウセビオスは、聖書的隠喩をより深く掘り下げることによる真剣な解釈の必要性に、ユスティノスよりはるかに気が付いている。もちろん、それは何よりもオリゲネスの影響であり、それはエウセビオスの学問的能力の水準を引き上げ、かつテクストの異読と複数のギリシャ語訳の諸問題とに注意を払わせることになった。同様に重要なことは、一つの聖書箇所における異なった次元の意味を探究することにおける、エウセビオスの豊かな解釈学的素養である。しかしエウセビオスによる解釈の研究がこれから示すように、彼はアレクサンドリア学派の伝統に根強く留まりつつも、オリゲネスのそれとは非常に異なった歴史の役割についての理解を展開しているのである。

II　エウセビオスの釈義的目標と解釈学的アプローチ

　エウセビオスの解釈の様式、特に旧約預言書についてのそれを理解するために、まずはじめに彼の最も重要な弁証的関心を理解することは重要である。二つの主題が、特に彼のイザヤ書解釈において途切れることなく現れている。第一に彼は、預言と成就の様々な形態に根拠を求めることにより、教会こそ

125

がユダヤ人の聖なる書物の正統な相続者である、という教会の主張を提示しようと骨折っている。第二に彼は、旧約聖書のメッセージが、神の新しい民を神によって統治される組織（godly polity）へと形成する国々に対して与えられる神の祝福の約束ということにおいて首尾一貫している、ということを示すことに自らの焦点を特別に合わせている。エウセビオスはユダヤ教に関して、初期キリスト者の継承主義者的な立場（successionist position）を表明しているにもかかわらず、一つの神の民の一部を形作っていた、キリスト教以前の時代におけるユダヤ人の信心深い生き残りについて認識していたという点で、確実にそのような継承主義者的視点に変更を加えている。

　ヒエロニムスは、エウセビオスをオリゲネス主義者の寓喩へと陥っていると厳しく非難しているが（*Commentary on Isaiah* の序文）、エウセビオスによって用いられている実際の解釈学的用語は、オリゲネスが用いたそれとは明らかに異なっている。ホラリッヒが説明しているように（*Eusebius*, p. 68）、エウセビオスは型通りの寓喩的な用語のほとんどを無視しており、彼の解釈学的語彙は、厳密に定義された用語というよりは、そのほとんどがありふれた表現やフレーズから成っている。たとえば、*allegoria*、*tropos*、*theoria*、そして *anagoge* といった専門用語は、たとえあったとしてもまれにしか現れない。むしろ、最も一般的な対比として現れているのは、字義的意味（*lexis*, *historia*）と霊的意味（*dianoia*）の間のそれである。

　ツィーグラーのテクストによるエウセビオスのイザヤ書注解の序文において、モンフォーコン（Montfaucon）によって編集されたミーニュ版のテクストにおいては欠損しているセクションのところで、エウセビオスは自身の立場を明確に説明している。すなわち、預言者は普通分かりやすい言葉で語ったというのである。従って、寓喩のテクニックを用いる必要はどこにもない。しかし、預言者は時に別の意味（*dianoian*）を示唆する他のリアリティーの表象を用いているという。エウセビオスによる続く説明は、字義的意味と霊的意味との関係は統合されたものであり、しばしば組み合わされたものである、という見解を示唆する。それが流動的な関係であるために、一つのテクストの意味へと至る二つの道はしばしば互いに絡み合っているという。更に、ポイントを明確にするためにエウセビオスによって用いられる幾つかの類例

第6章　カイサリアのエウセビオス

から考えて、エウセビオスにとっては霊的意味がしばしば字義的意味の隠喩的拡張（metaphorical extension）として理解されているように思われるのである。

エウセビオスが「字義的」、あるいは「歴史的」と言うとき、それは言葉の明快で、標準的、慣例的意味を意図している。それは歴史的出来事と預言の歴史的成就の両方に言及している。字義的意味を確立するために、エウセビオスは自身が受けた古典文法における訓練と、年代学、民族誌学、そして地理学に関する鍛錬を生かしている。とりわけしばしば見出されることは、ある言葉の元々の意味を見分ける努力において、エウセビオスが語源に注意を払っていることである。しかしホラリッヒ（pp. 71-72）は、エウセビオスは語源に関する説明を、隠された、霊的意味を発見する目的で用いているのではなく、むしろ字義的意味を理解するために用いているのだと言い添えている。彼は中心的に用いている七十人訳聖書を補うために他のギリシャ語訳に細心の注意を払っているが、それは字義的意味を見出そうとするためでもあった。彼は事実上、アクィラ訳を元来のヘブライ語聖書と同じと見なしているが、しかし、シュンマコス訳やテオドシオン訳を用いる自由さも見出される。彼の訳の選択は大抵、教義を第一に考えることによってなされているのではなく、むしろ圧倒的に、どの訳が最も首尾一貫した、明瞭な意味を提示していると思われるか、という視点によってなされている。

エウセビオスが霊的意味（*kata dianoian*）について語るとき、彼は無時間的な、独立した意味の層を思い描いているのではなく、むしろ「諸々の歴史的出来事の内的、宗教的、そして超越的次元を明らかにするためになされる」（Hollerich, p. 87）テクストの拡張（extension）について考えている。預言的テクストの霊的な解釈は、神の救済計画の全体的構想におけるある歴史的出来事の意味を啓示する。このような理解においては、聖書的出来事を「世俗的な」歴史的出来事との関係において、別々でありながら不可分、しかしまた同一ではないものとして見る、「救済史」（Heilsgeschichte）という現代的概念の側面とのある程度の系統的類似が見出され得る。

出来事の字義的意味と霊的意味の関係は、明瞭に、エウセビオスによる出来事の預言と成就のパターンの用い方において現れている。エウセビオスは

127

まず、全ての者にとって理解可能な歴史的事実、という点からの預言の字義的な成就について説明することに関心がある。この視点は彼の弁証的論文全てにおいて浸透しており、特にユダヤ人に向けた議論の中で見出される。また、霊的意味での預言の成就は出来事の宗教的な意味を指し示している。それ故キュロスによるバビロニア人の征服は、議論の余地なく歴史的な事実として起こったことであるが、しかしその霊的な成就は偶像礼拝の打倒と悪の力に対する勝利において存しているのである。

　字義的な次元と霊的な次元両方に応じた「預言と成就」というこの連続は、旧約聖書内部の出来事、あるいは新約聖書と初期の教会の出来事を包含することができた。コンスタンティヌス帝による支配以後のローマの平和において聖書の預言の字義的成就を見ることは、エウセビオスの重要な主題であった。同様にエウセビオスは、彼の時代の教会的職務と社会的構造が聖書においてまさしく予め告げられていたことを見出しているのである。

　もちろん、明白にアレクサンドリア学派的な釈義の伝統を反映したエウセビオスの釈義においては、それとの継続する要素が存在している。エウセビオスは時折、純粋に寓喩的解釈を用いることがある。エウセビオスは、動物についての言及があるときはいつでも（例、イザ 11:6-7）、反射的にそれらについて寓喩的意味を付与している。同様に水についても、聖霊や洗礼との関係において、例外なく象徴的に解釈される。しかし、オリゲネスが寓喩的解釈を施したテクストを、エウセビオスが歴史的に解釈している明確な実例も幾つか散見される（Hollerich, p. 54）。要するに、オリゲネスの寓喩の形式はエウセビオスにおいて確かに残存している一方、それはしばしば解釈の際の「装飾」の類として機能する周辺的な事柄へと移っていると、十分な理由をもって結論づけることができる。

　エウセビオスが旧約聖書の預言を一貫してキリスト論的な視座から読んでいたことは確かである。彼の解釈のほとんどは、聖書テクストにおける特定の特徴を寓喩的に解釈するという方法ではなく、むしろ問題となる箇所全体にキリスト教的視座をもたらすというやり方である。エウセビオスは間テクスト的な参照を用いることによって、旧約聖書を、キリスト教的主題を奏でるための共鳴板（sounding board）として用いている。もし現代的な

解釈学的語彙を用いるとすれば、エウセビオスは、全ての聖書的書物における福音的証言の統一性に十分に着目するために新約聖書と旧約聖書とに何らの厳格な区別も設けず、包括的でキリスト教的な聖書の読み方を提供していると言えるだろう。結果的に、彼がしばしば行っている文学的考察の洗練された使用にもかかわらず、最終的には中心的な釈義的影響力を発揮しているのはその聖書の中心主題なのである。

　エウセビオスはアレイオス論争に関しては何らの明確な言及をしておらず、ニカイアにおけるキリスト論的な問題もエウセビオスに影響を及ぼしてはいない、ということがたびたび言われてきた。しかし、受肉の神学に関わる言及は常に強調されており（cf. イザ 61:1-2）、それがたとえばキュロスのテオドレトスのような人物と比べたときには控え目な場合でさえも、至るところで断固とした教義学的関心を示している。ホラリッヒによるエウセビオス神学に関する最近の研究の中で、依然として重要な意味を持っている貢献のうちの一つは、彼がイザヤ書注解を執筆していたコンスタンティヌス帝以後の時代における、その立場の変化を指摘したことである。エウセビオスは、神によって統治される組織としての教会についての説明により焦点を合わせるため、以前の終末論的視座から距離をとっている。キリストの再臨についての言及は依然としてまれに現れているが、それはほとんど、新しい政治的時代の勢いが彼の思考を、多少時代錯誤的な表現で言えば、「実現した終末」（realized eschatology）という観念へと急き立てたかのように見受けられる。「ユダヤ人の間で確立された古いもの（すなわち、*politeuma*）は衰退したが、一方でそれは今や……神の教会によって世界中至るところで覚醒してきている」（Hollerich, p. 165）。

　最後に、最近の研究は、教会の釈義的伝統の中での聖書学者としてのエウセビオスの位置づけを確立しようとする試みに焦点を合わせてきている。恐らく、アレクサンドリア学派とアンティオキア学派の対比というものが、長らく誇張された形で語られてきた。しかしそれにもかかわらず、エウセビオスは、すでに4世紀の初期において両者の伝統がどの程度互いに結び合わされていたかを示している点において重要である。エウセビオスはオリゲネスにとって未知であった歴史的意味について展開したが、しかし彼は、テ

クストの全く霊的で神学的次元を掘り下げるアレクサンドリア学派の関心をも十分に共有している。字義的意味と比喩的意味がキリスト教聖典の統一性において不可分な関係の中に存しているというまさにその事実が、モプスエスティアのテオドロス（Theodore）のような批判的還元主義（critical reductionism）へと陥ることなく、オリゲネスの行き過ぎを抑制するために働いているのである。

Ⅲ　エウセビオスによるイザヤ書の解釈

　エウセビオスのイザヤ書解釈のほとんどを占める三つの主要な著作がある。それらは、『預言者的詞華集』、『福音の論証』、そして『イザヤ書注解』（ed. J. Ziegler）である。『預言者的詞華集』は大迫害の最中に執筆された（303-306/7 年）。『福音の論証』はミラノの勅令の後に編纂されたが、それはコンスタンティヌスが単独の支配者になる以前のことであった（318-323 年）。最後に、『イザヤ書注解』はリキニウス帝の敗北からそう遠くない時期に執筆された。ホラリッヒは、この注解書の編纂時期を、第一回と第二回目のニカイア会議の間に設定している（325-327 年）。

　これら三つの著作は異なった文学ジャンルを示している。『預言者的詞華集』は、キリスト教教理を紹介する教理問答形式の著作である。『福音の論証』は、旧約聖書の預言からキリスト教の真実を論証するために編まれた弁証的論文であるが、他方『イザヤ書注解』は、オリゲネスによってなされたような一行ごとの注解に倣った、釈義の専門書である。これらの著作においては、エウセビオスが至るところで受け継がれてきた釈義的伝統へと依存しているため、そのアプローチと内容において、そのような伝統と多分に共通する部分がしばしば見出される。それにもかかわらず、注解のスタイルと目的が伝統的なものと異なるという事実は、エウセビオスの釈義において、教会の釈義的伝統についての単純な発展的体系を描こうとする試みに対し、警鐘を鳴らしている。

第6章　カイサリアのエウセビオス

1　『預言者的詞華集』（*Eclogae*）

　その全体を通してイザヤ書から論証を行っている第四巻（Book Four）の序文において、エウセビオスはこの論文を書くにあたっての理由を説明している。彼はユダヤ教聖典の預言が聖なるもの、また真の知恵の源泉としてまさに崇められるに値する、ということを示したいと考えている。彼はユダヤ人に対し、彼らが未熟で無知であると攻撃しているにもかかわらず、彼らが神的出自を持つ者たちであることを示そうとしている。更に彼は、古代においてずっと以前に語られた聖書の預言が、その成就によって、イエス・キリストの語ったことがイスラエルの過去と現在の歴史の目的であることを確証している、という点を示そうと意図している。

　この初期の著作において、エウセビオスが真の意味でオリゲネスの弟子であることは明らかである。彼はオリゲネスを説明して、「素晴らしい聖なる人」（4.4-5）、「最も勤勉な聖書解釈者」（3.6）と言っている。エウセビオスが、モーセと預言者たちはイエスの生涯のあらゆる詳細を予め伝えていたと言うとき（1.15）、彼は全くアレクサンドリアの伝統の内に立っている。それにもかかわらず、ウォレス＝ハドリル（Wallace-Hadrill, *Eusebius of Caesarea*, p. 81）が、エウセビオスの聖書解釈はキリスト論的カテゴリーの中に包摂されるが故に、彼はただ聖書の霊的意味にのみ関心があったと提案するとき、彼は直前に挙げたエウセビオスの発言から誤った結論を引き出してしまっている。更にすでに指摘されたように、エウセビオスの字義的意味と霊的意味の関係についての理解は、オリゲネスのそれと同一ではない。事実、『預言者的詞華集』においてエウセビオスは、イザヤの預言の歴史的妥当性を弁護することに関心を寄せている。テクストの歴史的妥当性の弁護は、エウセビオスにとって、より広範な霊的解釈に欠くことのできない本質的な部分として認識されている試みなのである。

　エウセビオスによるイザヤ書からの章句の選択は極めて重要である。もちろん、多くの箇所は伝統的な証明テクスト（prooftexts）であり、ユスティノスによるイエスのメシア性の典型的弁護の中で用いられている。しかし、エウセビオスが自身の主張を述べるそのやり方は、単なる伝統の繰り返しで

はない。テクストの異読（textual variants）、文法また文体の研究、そして歴史的限定性といったことに関する注意深い考慮を通してユダヤ人と異教徒両方に対して応答しようとする彼の試みの中に、新しい洗練された考えが認められる。

選ばれた章句は、第四巻において以下のような順番で並べられている。

2:1-4	9:5-7	28:14-17a	41:2-7	50:1-11	61:1-3
3:1-10	10:33-11:10	30:27	42:1-7	52:5-7	61:10-11
3:12	16:5	31:9b	43:10	52:10-53:12	62:10-63:3a
7:10-16	19:1-4	35:1-7	45:12-16	55:2-5	63:11
8:1-4	19:19-21	40:3-5	48:12-16	57:1-4	64:10-65:2
8:18-20	26:16-19	40:9-11	49:1-11	59:19-21	

イザヤの預言が明白にその成就をイエス・キリストにおいて見出していることを確証する、という自身の目的を述べた第四巻への序文に続いて、エウセビオスは、シオンの新しい法を求めて諸国民が集ってくる様子を叙述しているイザヤ書 2:1-4 へとただちに議論を移している。キリスト者にとってこの箇所の説明は明らかである。すなわち、この預言の出来事は、キリストの受肉と神の言葉［であるキリスト］の啓示とを指し示しており、異邦人はこのお方を通して召し出されるのである。この箇所が字義的に解釈される場合（kata lexin）、それは好戦的な性質から改心させられて救い主の新しい法を探し求める諸国民の姿を指し示している。その成就とは、霊的に言って、高さの極みにまで引き上げられた神の教会のことを意味している。それから、イザヤ書 1 章においてエルサレムに対して預言された神の審判はユダヤ人たちの破滅へと適用され、そしてイザヤ書 3 章においては、悪魔的な無分別によって引き起こされたユダヤ人によるキリストの否定と結び付けられている。

幾分驚くべきことであるが、エウセビオスは続いて、アハズにもたらされたインマヌエルのしるしへと集中するために、イザヤ書 4、5、そして 6 章を割愛している。エウセビオスが意識的にインマヌエル預言の解釈に関する歴史上の長い闘いへと参加していることはすぐに明らかとなる。彼はユダヤ

人たちがヘブライ語に基づいて、ギリシャ語の *parthenos* が処女を意味することを否定していることに気が付いている。エウセビオスはそれ故、七十人訳の翻訳を弁護するために、伝統的なキリスト教の議論を繰り返して述べることになる。彼は七十人訳の翻訳者たちが第一であり、それ故にまた最も信頼できると保証することから議論を始めている。彼はまた、通常の出生というものが、しるしとして機能することはほとんどありえないと論ずる。そして申命記 22:27 を引きながら、*neanis*（若い女性）という訳語もまた、その文脈においては処女という意味で使えたと主張している。最後に、彼はインマヌエルのしるしをヒゼキヤへの言及と見るユダヤ教の解釈を、年代上の理由から退けている。なぜならヒゼキヤは、アハズが統治を始めた時にはすでに 16 歳になっていたはずであるからである。これらの議論はおおむね、キリスト者が積み重ねてきた回答である。しかし、後の方のイザヤ書 7:14 へのエウセビオスによる言及は、彼が自身の護教的努力を継続して強固なものにしていることを示している。

　エウセビオスのイザヤ書 8 章の解釈は伝統的ではあるが、しかし非常に不自然な寓喩的読みである。「私は女預言者の中に入った、すると彼女は身ごもった……」という一節は、もし字義的に解釈されたならば、預言者の行いとしては恥ずべきものとして見なされる。従ってこの箇所は、マリアとの関連で新約聖書において記された神の行為としてのみ理解可能である。この箇所全体は、従って 7 章のインマヌエルの誕生との並行を提供するものとして、寓喩的に読まれる。イザヤ書 9、10、そして 11 章もまた、同じようにメシア的に解釈される。これらの箇所はユダヤ人によってもそのように解釈されるくらいなので、そのようなメシア的解釈は自明のことである。しかし、イエス・キリストにおいてのみ、全ての国々を含む全人類を変革するために、エッサイの根が奇跡的に育つのである。

　エジプトに対する託宣が語られているイザヤ書 19 章は、相当な分量を割いて扱われている。「速い雲に乗っておられる主」という表現と、主がエジプトに来られるという表現は、エジプトの偶像が倒され、神に真実な礼拝を捧げる勝利の教会が確立されることの力強い証拠として取り扱われる。エウセビオスは「試みを経た石」に関する箇所を（イザ 28:16）その新約聖書に

おける適用との関わりで用いているが（ロマ 9:33; 10:11）、それは教会がその上に建てられ、そしてそれを通して神の祝福を受け取っている基礎としてのイエス・キリストを確立するためにそうするのであり、このことは驚くには当たらない。

　イザヤ書 40:3 は、異邦人に対してキリストの道を整えることの内に喜ぶようにと呼びかけている。イザヤ書 42 章の僕に関する一節は、預言的に「諸国の光」として来られる救い主を指し示している。また、天のエルサレムについて説明され、それは新約聖書における連鎖的引用（カテーナ）と共に解釈される。そしてまた、キリストの受難はイザヤ書 50:1-11 が指し示しているものと同一視され、そしてイザヤ書 52:13-53:12 における苦難の僕の全ペリコーペが引用される。この箇所は、キリストが世界の罪をその身に引き受けることの預言としてのみ理解可能であると見なされる。そして最後に、イザヤ書 62-66 章からテクストが選ばれ、激しい終末論的な強調が起こる。この終末論的な強調はキリストの再臨と、詩編 2 編によって確証されているような、キリストの支配に反対する者たちへの最後の審判を見据えている。

2　『福音の論証』（*Demonstratio Evangelica*）

　『福音の論証』におけるエウセビオスによるイザヤ書の使用について吟味する際、この著作の非常に異なった構造にまず驚かされる。多くの同じような護教的関心はそこここに見出されるにもかかわらず、イザヤ書からの引用は、聖書の順番通りにはなってはいない。むしろ非常に拡張された形での諸々の議論が、様々な教義的諸点の表題の下に主題的に発展させられている。小さな神学的注釈を伴った伝統的預言テクストの連鎖（カテーナ）の代わりに教理がまずもって述べられ、それから旧約聖書、新約聖書両方のテクストを伴ってその教理が確証される。これらの作業は内的な一貫性を提供するために、論理的で神学的な思索と結び合わされている。現代の用語で言い換えれば、証明テクストを挙げること（prooftexting）が、教義的カテゴリーとの結び付きによって、ある種の「聖書神学」へとかなりの程度相対化されているということである。

第 6 章　カイサリアのエウセビオス

　たとえば、『福音の論証』の第 5 章（巻）においては、そこにおける議論が、五書、詩編、そして預言書からの幅広いテクストを用いることによって、父と子の教理を確立しようとしている。次に、これらのテクストが、他のテクストとの関連によって意味を見出すために、幅広い新約聖書のテクストと結び付けられている。過去における学問的な関心は通常、エウセビオスが一人の全能の神とその後に来る「第二の存在」（Second Being）を区別する際の、ニカイア以前の神学の兆候の有無に向けられていた（6.257）。『福音の論証』第 6 章（巻）においては、この著作の主題は神の高挙と地上への下降を叙述する預言へとシフトする。詩編のテクストから始めて、エウセビオスは、ベツレヘムで生まれることになっている救い主の先在と起源について示そうと試みている。特に、ゼカリヤ書 14 章の釈義においてエウセビオスは、イエスの到来は、ネロ（Nero）、ティトゥス（Titus）、そしてウェスパシアヌス（Vespasian）によるユダヤ人への裁きが成就される 500 年以上前に、字義的、かつ霊的に予め見通されていた、と主張している。第 6 章（巻）の終わりに至って初めて、エウセビオスはイザヤ書 19:1-4、35:1-7、48:12, 16、16:14, 19 といったお馴染みのテクストを参照するのである。

　『福音の論証』第 7 章（巻）でエウセビオスは、神が人間の間で生きるためにいかにして地上へ来られたかという問いへとその関心を向けている。その序文においてエウセビオスは、キリストの現臨の二つのしるしについて述べている。それらはすなわち、諸国の召集とユダヤ人の破滅である。それから、どのようにしてこの人間に対する神的介入が起こったかを論証するために、エウセビオスはほぼイザヤ書のテクストのみから自身の議論を発展させる。しかし『預言者的詞華集』の連鎖的選択とは異なって、エウセビオスはイザヤ書 6、7、8、そして 9 章に集中することを選ぶ。これら全てのテクストを、彼はただちにヨハネによる福音書冒頭の文脈に置く。その後エウセビオスは、受肉の「聖書神学」のようなものを生み出すために、自身が選んだイザヤ書のテクストを更に新約聖書の引用と結び合わせていく。

　エウセビオスは自身のイザヤ書 6 章における神の幻の解釈をヨハネによる福音書 12:41 に言及することから始めている。「イザヤは彼の栄光を見、そして彼について証をした」。聖霊に導かれて、イザヤは処女からの救い主の

誕生について語ることができ、またセラフィムの歌の内に、神の王的支配への讃美を認めることができた。エウセビオスは、民を頑なにするという預言者の任務をキリストに対するユダヤ人の執拗な反対への直接的言及として理解することで、自身の議論を結んでいる。

　次に、アハズに与えられたインマヌエルに関するしるしが、ローマの信徒への手紙5章に従って、死がこの世へと侵入したとする長大な解釈によって紹介されている。このローマ書の箇所によれば、しかし、受肉した救い主は聖であり、また不死の存在、罪によって汚されていない存在のままである。エウセビオスによるイザヤ書7章の解釈は、『預言者的詞華集』における場合とほぼ同じ内容を扱っているが、しかし今や、それはより詳細、かつ神学的な思索となっている。彼は自身の「頑な」に関するテーゼを、預言を理解するためには信仰と知性が必要であるという結論を引き出すことによって発展させている。ユダヤ人の不信仰に関する議論にとって新しいことは、エウセビオスが歴史からの主張に訴えていることである。ダマスコやユダヤ（Judea）といった王国がもはや存在しないので、インマヌエル預言のこの部分は、すでに字義的に成就したものとして提示されている可能性がある。従って、もしこの部分が証明されたのであれば、論理的帰結として、処女懐胎の預言もまたマタイによる福音書1:18-23において物語られているように、実際に起こったはずである。従ってエウセビオスは次のような結論を引き出す。すなわち、インマヌエル預言は、キリストの誕生の後においてのみ、ローマ帝国という歴史的状況を通して完全な成就を見るということである。またエウセビオスは、預言書がローマ人という名を出すのを控えたのは、帝国の統治者たちからのいかなる妨害をも避けるためであったと考える。「若い雌牛と二匹の羊を育てる、地に残された者たち」に関する言及［イザ7:21］を説明する際、彼はこのテクストを自身の解釈の周辺的な事柄としてのみ扱った上で、これを個々の教会における三つの職制の象徴として同定する。エウセビオスの釈義において更に特徴的なことは、彼が旧約聖書預言とイエスの実際の伝道活動の間に有無を言わさぬ形態的一致があることを、自説の根拠にしようとしていることである。そのような形態的一致は、たとえばイザヤ書35章とイエスの癒しの業との間に見られる。

第6章　カイサリアのエウセビオス

『福音の論証』の第8章（巻）においてエウセビオスは、『預言者的詞華集』においてなされたのと同じ寓喩的解釈を継続している。そして彼は、女預言者が息子を身ごもるという箇所を、ルカによる福音書の最初の章において描かれているように、聖霊によるイエスの神的誕生として理解している。残りの他の解釈のほとんどは、この預言の霊的成就を示すものとして述べられており、たとえばシロアムの水が比喩的に解釈されている。最後に、イザヤ書9章と11章は伝統的な方法に基づいて、メシアとしてのキリストの到来と、ベツレヘムにおける彼の誕生を字義的に指し示すものとして解釈されている。エウセビオスはこれらのことを、ミカ書5章と詩編132編に支持を求めることで論証している。

3　エウセビオスの『イザヤ書注解』

本章においてすでに指摘した通り、エウセビオスによる自身のイザヤ書注解への序文の復元——その序文は長らく古代教父の聖書解釈集の断片から欠けたままであった——は、エウセビオスの釈義的アプローチを理解する上で、重要な溝を埋めることとなった。この序文の復元はまた、最も成熟した聖書解釈を示している、序文に続く実際の注解の基調を定めることとなった。オリゲネスがイザヤ書についての最初のキリスト教的注解書を著した人物であるが、それにもかかわらず、最も初期の現存するイザヤ書の注解はエウセビオスによるものであり、そしてそれ故にこそ、エウセビオスの注解は非常に重要なのである。一行ずつ聖書テクストを解釈するというやり方は、この時代以降の釈義モデルを支配するようになった。こうしてそのようなやり方は、今日に至るキリスト教の釈義的伝統を伝承する主要な媒体として、『預言者的詞華集』や『福音の論証』の属するジャンルに取って代わっていったのである。我々の作業は、この長大な注解書からエウセビオスの代表的な解釈を抽出することにある。

神がユダとエルサレムと争うイザヤ書1章について振り返った後、エウセビオスはイザヤ書2:2-4を解釈する中で、自身の最も特徴的な主題の一つを打ち出す。キリストの律法を求めてシオン山へと諸国民が流れ込んでくる場

面は、イザヤ書における極めて顕著な調べを奏でている。その調べとはすなわち、全諸国民が集められることでクライマックスへと達する全世界的救済の啓示である（cf. イザ 66:18-23）。ユダヤ人がキリストの名を呼ばなかった時、預言者が新たなる神によって統治される組織を形成するための異邦人の召命をはっきりと見通していたことが明らかにされた。キリストの律法は今やモーセの律法に取って代わった。そしてこの預言の字義通りの成就は、かつては相争っていた諸国民の間に平和が訪れるということの内に示されたのである。最後の審判の描写は、キリストが御自身の栄光の玉座につかれる時（マタ 25:31）、［預言の］最終的な完成をイザヤ的語彙によって表現するのである。

　エウセビオスの注解におけるイザヤ書 7 章の解説の中では、エウセビオスが自身の以前の釈義を超えて、インマヌエルのしるしに関する自身の解釈を更に優れたものにしようと努力し続けていることが分かる。彼はより一層の詳細さを伴って、いかにして救い主としてのインマヌエルの約束が紀元前 8 世紀のアハズと新約聖書にとって、そしてまた同時に彼自身の時代の読者にとって関係のあることであるか、という点について言及しようとしている。エウセビオスは次のような問題を提起している。すなわち、どうしてイザヤによって預言された子供はインマヌエルと名づけられ、イエスと名づけられなかったのか、という問題である。彼はこの問題を、ある区別をするために、そしてそれ故に、微妙な神学的思索を提供するために用いている。インマヌエルという名前は救済の証（pledge）、すなわち「神共にいます」ことである。そしてこの名が呼び起こされる時はいつでも、神は真に現臨しているのである。神は信仰深いイスラエルをその歴史的瞬間に救うであろう。従って、この名がイザヤ書 7 章において呼ばれた時、シリアとエフライムの王二人からの解放の約束は、その瞬間に成就したのである。あたかも存在論的な関係を構築しているかのように、エウセビオスはインマヌエルの内にイエスの予表を見ているかのごとくである。彼はこの主張を、テクストの異読を観察することで擁護している。旧約聖書の預言に従えば、イザヤは単数形で語っている（「あなたは彼の名をインマヌエルと呼ぶだろう」〔kalesouseis〕）一方で、マタイによる福音書 2:23 はこの預言を複数形で読んでいる（「彼らは彼の名

第6章　カイサリアのエウセビオス

を呼ぶだろう」〔*kalesousin*〕）。エウセビオスはこのような旧新約聖書の間の違いを次のように解釈する。すなわち旧約聖書の預言は、それが単数形であるということを考慮すると、ダビデの家にのみ向けられているが、一方で複数形で書かれているマタイ（東方教会のテクストの型による）は、イエスが全ての人間の救い主となるであろう、ということを意味しているのである。エウセビオスはまたこの部分の釈義において、オリゲネスの解釈にも精通しているようであるが、残念ながらこれはオリゲネスのラテン語版の説教においてのみ知られている内容である。

　イザヤ書9章と11章においては、伝統的なメシア的解釈がなされている。しかしここにおいては、エウセビオスのアプローチに特有なものとして現れている付随する幾つかの特徴が存在している。彼は新約聖書におけるナフタリとガリラヤとの間の地理的繋がりを注意深く探究している。それから彼は、イエス・キリストの良い知らせに関する説教の喜びに参加する最初の地域として預言されているガリラヤの重要性を詳しく説明する。収穫の時の喜び、戦利品の分配、そして苦役からの解放といったイメージは、キリストによる五千人の給食、彼による悪の力の打破、そして彼による世界に派遣されるための教会の指導者たちの確立に関連づけられて解釈されている。もう一度言うが、これは単純な寓喩的な読みではなく、むしろ内容の類比を発展させたものである。

　エウセビオスは、イザヤ書11章の「切り株」を肉によるダビデの子孫の行き着く先であると解釈し、また「エッサイの根」を義の新しい支配の約束として解釈している。「若枝」がエッサイの根から生え出ると言われるが、この人物は貧しく、またへりくだった人物として描かれている。こういった資質に関する描写は、その後主の霊に満たされ、知恵と理解、そして力をもって治めるメシアに関する記述へと導かれていく。回復された楽園における動物たちは、釈義の歴史の中で蓄積されてきた典型的表現を伴って、寓喩的に解釈されている。

　イザヤ書における諸国民に対する託宣の箇所（13-23章）は、大体において率直な歴史的読みに従って解釈されている。バビロンの王に対する審判（14:3-21）の場面は、バビロンの支配者に対する審判と同定され、そしてそ

139

の後においてのみ、比喩的意味において、高慢と尊大さに対する高次元における闘いとして用いられている。この預言の成就は、字義的、霊的両方の意味において起こり、また教会の現在の状況にも関連するのである。

イザヤ書 19:1-4 におけるエジプトに関する預言はエウセビオスのお気に入りであった。彼はこの預言を一度、『預言者的詞華集』（4.10）の中で扱っており、そして『福音の論証』（6.29,2ff.; 8.5,1ff.; 9.2,1ff.）の中でも三度扱っているが、しかしこの注解書の中でもう一度、ある程度長い紙幅を割いて扱っているのである。今挙げたこれらの箇所におけるエウセビオスによるこの預言の解釈は皆、キリストの偶像崇拝に対する勝利を中心に据えた、強力なキリスト論的文脈を共通して保持している。しかしこの注解書においては、細部に関してより一層の注意が向けられている。エウセビオスは次のように記している。すなわちこの預言の表題は、「エジプトに対して」ではなく、「エジプトに関して」である。そしてそのような表題は、救い主の賜物において、肯定的な要素をも含んでいるのである。「速い雲に乗って、主はエジプトに来られる」という文は、エウセビオスによって、その「歴史的意味」（pros Estorian）に従って次のように解釈される。すなわちこの文は、祝福された処女によりキリストが聖霊を通して形作られた時に受けたその体を示しているのである。神の言は、全てのものを包含する霊的で神的な力により、あまねく現臨していた。キリストが雲に乗って来るということは、その到来が個人的かつ共同的であり、またエジプトにとっての益となることでもある、ということを示している。しかしキリストの到来は、そのより深い意味において、エジプトを蝕んでいた迷信や偶像崇拝を打ち破ることも意味している。「厳しい主人」の手に落ちたエジプトについて語る 4 節の預言は、プトレマイオス朝が終焉を迎え、エジプトがローマ帝国に占領された時、政権の交代に伴って字義的に成就したのである。

『福音の論証』（9.13）においてエウセビオスは、イザヤ書 35:1-7 を解釈して次のように考える。すなわちこの箇所は、イエスが、耳が聞こえず、目が見えず、また歩くことができない者たちを癒したことについてそれぞれの福音書が語っていることの予型論である、と。しかし、イザヤ書注解においては、その強調点が教会の行為と、地を新しくすることにおける新生の洗いと

第6章　カイサリアのエウセビオス

しての洗礼の役割とに置かれている。諸国によって成っている教会は、今日に至るまで、その典礼的生においてイエスの贖いの業を継続し、また栄光をその救い主に帰しているのである。

ホラリッヒ（pp. 137-38）は次のような重要な見方を示している。すなわちエウセビオスは、（オリゲネスにおいて時折見られる二、三の言及を除けば）、キュロスに関する箇所（イザ 44:21-45:23）を大方歴史的な仕方で扱った初めてのキリスト教著作家である。初期キリスト教の伝統（例、バルナバ、エイレナイオス、テルトゥリアヌス他）は、「主なる神は、我が油注がれたキュロスに言う」（*toi christoi mou kyroi*）という七十人訳のイザヤ書 45:1 の読みに従わず、「キリスト、我が主に」（*toi christoi mou kyrioi*）と読む。エウセビオスは、それもまたヘブライ語の正確な翻訳であるところの七十人訳に従うことに固執するが、しかしまた同時に、ヘブライ人たちが王のことを「油注がれた者」と呼んだことに言及している。従って、キュロスは神の油注がれた王であった。神の僕としてのキュロスの召命は、預言者がキュロスを励ますことの一つの例であった。更にエウセビオスは次のように論じる。すなわちこのヘブライ人預言者は、キュロスの業績を予め見極めており、そしてまた川を干上がらせることによってバビロンを攻略するというキュロスの戦略をさえ予言していた、と。エウセビオスはまた、キュロスはイザヤの預言をユダヤ人たちによって示された時に、自らについてのイザヤの残した預言について知った、というヨセフスの言い伝えすら繰り返している（『ユダヤ古代史』11.1-7）。

最後に、エウセビオスの注解においては、彼が絶えずキリストの受肉に神学的関心を寄せていることを繰り返し見て取ることができる。たとえば彼の注解におけるイザヤ書 61:1-4 の読みは、『預言者的詞華集』（4.31）と『福音の論証』（9.10,1; 4.17,13）とは異なった方向の解釈になっている。イザヤ書 61:1 を、直前のイザヤ書 60:22b と一緒にすることで、エウセビオスは二つの異なる声を認識することができた。すなわち主の声と、聖霊を授けられた者の声である。そして彼はまた、キリストは神と人両方であるというキリスト論的示唆をも引き出すことができた（Ziegler, pp. 378-79）。エウセビオスはそれから、「今日」における、聖霊によるイエスの神的油注ぎにおけるイザ

ヤの預言の字義的成就を見出すために、ルカによる福音書 4:16 以下におけるイザヤ書 61 章の引用に従うのである。

　聖書学者、そして釈義家として、エウセビオスはコンスタンティヌス帝以後の時代におけるオリゲネスの遺産の管理人として現れた。彼はテクスト批評や、歴史的詳細の記述といった自身の釈義的技術を発展させ続けた。しかし彼は、自身の関心を組織としての教会に向ける中で、そしてまた神の統治組織としての教会という主題を発展させる中で、一人の政治的神学者として新たな道を切り拓いた。彼は教会の組織が、すでにイザヤの預言においてその輪郭を見せていたことを見出したのである。彼はイスラエルにおける聖なる種子について語っているにもかかわらず、彼の解釈は、キリスト教が全ての人間の宗教――その普遍的特質はコンスタンティヌス帝によって作られた社会において現れていたと考えられた――となったことによってユダヤ教に取って代わったという、一つの古典的表現として現れてきたものであったのである。

第 6 章　カイサリアのエウセビオス

カイサリアのエウセビオスに関する文献表

一次文献

Eclogae propheticae, edited by T. Gaisford. Patrologia Graeca, edited by J.-P. Migne, 22:1021-62. Oxford, 1842.

The Ecclesiastical History, edited by K. Lake and J. E. L. Oulton. 2 vols. Cambridge, Mass.: Harvard University Press, 1972.

Die Demonstratio Evangelica, edited by I. A. Heikel, vol.6 of *Eusebius' Werke*. Griechischen Christlichen Schriftsteller. Leipzig: J. C. Hinrichs, 1913.

The Proof of the Gospel, edited and translated by W. J. Ferrar. 2 vols. London, 1920; reprint, Grand Rapids: Baker, 1981.

Preparation for the Gospel, edited and translated by E. H. Gifford. Oxford: Clarendon Press, 1903; reprinted Grand Rapids: Baker, 1981.

Der Jesajakommentar, edited by J. Ziegler, vol.9 of *Eusebius' Werke*. Griechischen Christlichen Schriftsteller. Berlin: Akademie, 1975.

［イザヤ書注解の英訳　*Commentary on Isaiah* (Ancient Christian Texts), translated by Jonathan J. Armstrong, edited by Joel C. Elowsky. Downers Grove, IL.: InterVarsity Press, 2013.］

二次文献

Attridge, H., and Gohei Hata, eds. *Eusebius, Christianity, and Judaism*. Detroit: Wayne State University Press, 1992.

Barnes, T. D. *Constantine and Eusebius*. Cambridge, Mass.: Harvard University Press, 1981.

Crouzel, H. "La distinction de la 'typologie' et 'd'allégorie.'" *Bulletin de la littérature ecclésiastique* 65 (1964): 161-74.

Devreesse, R. "L'Édition du commentaire d'Eusèbe de Césarée sur Isaïe: Interpolations et omissions." *Revue Biblique* 42 (1933): 540-55.

Grant, R. M. *Eusebius as Church Historian*. Oxford: Clarendon, 1980.

Hollerich, M. J. *Eusebius of Caesarea's Commentary on Isaiah*. Oxford: Clarendon, 1999.

Lightfoot, J. B."Eusebius of Caesarea."In *Dictionary of Christian Biography*, vol.2, pp. 308-48. London: John Murray, 1880.

Lubac, H. de. "'Typologie' et 'Allegorisme." *Recherches de science religieuse* 34 (1947): 180-226.

————. "Sens spirituel." *Recherches de science religieuse* 36 (1949): 542-76.

Möhle, A. "Der Jesaia-kommentar des Eusebius von Kaisareia fast vollständig wieder aufgefunden." *Zeitschrift für die neutestamentliche Wissenschaft* 33 (1934): 87-89.

Opitz, H.-G. "Euseb von Caesarea als Theolog." *Zeitschrift für die neutestamentliche Wissenschaft* 34 (1935): 1-19.

143

Places, E. des. *Eusèbe de Césarée commentateur: Platonisme et écriture sainte*. Paris: Editions Beauchesne, 1982.

Quasten, J."Eusebiusof Caesarea." *Patrology*, vol.2, pp. 309-46. Westminster, Md.: Newman Press, 1960.

Simonetti, M. *Biblical Interpretation in the Early Church*, pp. 55ff. Edinburgh: T. & T. Clark, 1994.

Ungern-Sternberg, A. von. *Der traditionelle alttestamentlichen Schriftbeweis*. Halle: M. Niemeyer, 1913.

Wallace-Hadrill, D. S. *Eusebius of Caesarea*. London: A. R. Mowbray, 1960.

Williams, A. L. *Adversus Judaeos*. Cambridge: Cambridge University Press, 1935.

Young, F. "Eusebius of Caesarea." In *From Nicaea to Chalcedon*, pp. 1-23. London: SCM Press, 1983.

日本語文献

久松英二訳『福音の論証』中世思想原典集成１、平凡社、1995年。（第3巻の邦訳）

第7章

ヒエロニムス

Jerome (c.345 – 420)

　ヒエロニムスによる聖書学への貢献の大きさは他の追随を許さない。彼は初期の教会において最も博学な学者であり、幅広い学識を身に着けた「聖書学の父」であった。彼のヘブライ語とギリシャ語の知識は西方教会においては並ぶ者がなく、強いて言えば、オリゲネスだけが唯一彼に匹敵する存在であった。ヒエロニムスによる不朽の貢献は、旧約聖書をヘブライ語からラテン語に翻訳したことであったが、この訳は一般に「ウルガタ訳」（Vulgate）と言われており、その影響の大きさは西方において誇張してもし過ぎるということがないほどである。この訳は西方教会にとっての聖書の言葉を、続く千年間にわたって、またそれ以降も提供し続けたのである。

　私のこの章における関心は、彼の多くの業績を振り返ることでも、多くの側面を持つ彼の遺産を探究することでもない（グリュッツマッハー〔Grützmacher〕、カヴァレラ〔Cavallera〕そしてケリー〔Kelly〕らによるスタンダードな著作を参照）。むしろここでの私の問題の論じ方は、特に解釈学的視座から見たヒエロニムスのイザヤ書釈義に焦点を合わせるという形を再

びとることになる。ヒエロニムスの注解書における釈義に関する個々の解釈は、すでに定義されたキリスト教的伝統の枠組みにおいて、一体どのようにして聖書テクストの権威という問題と関係しているのだろうか。

Ⅰ 導入的事柄

1 イザヤ書に関するヒエロニムスの著作の年表

ヒエロニムスによる旧約聖書に関する最も初期の釈義的著作（もっとも、これはもはや現存していない）は、ハバクク書に関する初期の寓喩的解釈である。これに関してヒエロニムスは 395 年の手紙の中で、この著作は 30 年前に書かれたもので、その当時自分がハバクク書の歴史的由来について理解していなかったことを説明している（Patrologia Latina 25, p. 1097）。ヒエロニムスはコンスタンティノープルに滞在していた間（380-381 年）、オリゲネスによる九つのイザヤ書の説教を訳した（Patrologia Latina 24, pp. 901-36）。その後間もなくヒエロニムスは、オリゲネスによるイザヤ書 6 章のイザヤの幻に関する説明に満足できず、自分自身の論考を出版した。399-400 年の間に書かれた『書簡 84』の中でヒエロニムスは、この著作が 20 年前に書かれたと言及している。これは、彼による諸翻訳を除けば、イザヤ書に関する最も初期の聖書学的著作ということになる。この著作は、彼がオリゲネスに依拠しており、また七十人訳を基にしていることを示している。彼のウルガタ訳の翻訳は 391-404 年の間になされ、主としてヘブライ語に基づいている。晩年になり、十二小預言書に関する注解書を書き終えると、彼は四つの主要な預言書へとその関心を向けた。彼はイザヤ書の注解を 408-410 年の間に書き、エレミヤ書の注解を書き終えることなく、420 年に死去した。

2 ヒエロニムスによる釈義的方法の発展

ヒエロニムスの聖書解釈における成長と発展はこれまで十分に研究され

第7章　ヒエロニムス

てきており、彼の聖書解釈のアプローチが古くから、その最も良い意味において、「折衷的」（eclectic）であると特徴づけられ得るとされてきたことは明らかである。このような観察は、彼の受けてきた訓練において様々な影響が働いていることを考慮すると、全く驚くにはあたらない（cf. 特に、L. N. Hartmann, "St. Jerome as an Exegete," pp. 47ff.）。ヒエロニムスは若かりし頃、ラテン語学、またその文体、修辞について、最高のローマ古典学者たち（ドナトゥス〔Donatus〕を含む）による鍛錬を受けただけでなく、アレクサンドリア学派（ディデュモス〔Didymus〕）とアンティオキア学派（アポリナリオス〔Apollinaris〕とカパドキアの教父たち）両方を代表する、最も傑出した人物たちと共に学んだ。ヒエロニムスはまた、ラビ的伝統にも通じており、特にウルガタ訳を作成していたときに、博学なユダヤ人学者たちから教えを受け続けた。

　しかし、ヒエロニムスが受けた主要な影響はオリゲネスからのものであった。ヒエロニムスのオリゲネスによる著作との関わりについては、非常に議論の余地のあるところである。ヒエロニムスはオリゲネスの忠実な弟子として歩みを始めたが、次第にオリゲネスの釈義を非常な敵意を持って見るようになった。明らかにヒエロニムスの釈義は、彼がヘブライ語と *Hebraica veritas*［ヘブライ語テクストの真実な意味］の探究に没頭する中で発展したものである。しかしまた、様々な重要な解釈学的論点を曖昧にしてしまったオリゲネス主義者たちとの教理的、政治的論争も存在した。ほとんどの現代の研究者たちは、このことについて次の点で一致している。すなわち、ヒエロニムスがオリゲネスを激しく攻撃する一方で、オリゲネスの著作を使い続け、たびたび自身のオリゲネスとその学派への多大な依存に気が付かないままであったことについて、ヒエロニムスを賞賛するわけにはいかない、ということである。

　ヒエロニムスによる釈義の発展の諸段階は、彼がなした聖書の諸翻訳を見るときに最もよくその経過を追うことができる。ローマ滞在中（382-385年）、教皇ダマススはヒエロニムスに新約聖書の古いラテン語版を改訂するよう要請し、ヒエロニムスはその改訂作業を、当時入手可能だった最良のギリシャ語写本を用いて行った。これと同じような方法で行われた古いラテン

語詩編に関するヒエロニムスの最初の試みは、普通「ローマ詩編」（Roman Psalter）と呼ばれているが、ローマ以外で幅広い支持を受けることはなかった。ヒエロニムスによる詩編に関する二回目の試み、すなわち「ガリア詩編」（Gallican Psalter）もまたギリシャ語テクストを用いていた。それからヒエロニムスは 389 年に、コヘレトの言葉の注解において、古いラテン語をヘブライ語テクストに従って修正し始めた。その直後、彼は『創世記におけるヘブライ語の諸問題』（*Liber Hebraicorum Quaestionum in Genesim*）を出版したが、これはヘブライ語から直接聖書の翻訳をするための準備としての役割を果たした。391-406 年にかけてヒエロニムスは、ヘブライ語テクストから訳した旧約聖書の新しい翻訳を完成させたが、このようなヘブライ語に遡って翻訳をするというアプローチは、彼の比較的短い論考に加えて、彼がその後に著した預言書の注解書においても踏襲されていったのである。

3　イザヤ書注解の目的、アプローチ、そして構造について

その翻訳の序文の中で、ヒエロニムスは預言者イザヤを *non tam propheta, quam evangelista*［預言者という以上に、福音書記者］と特徴づけている。それからヒエロニムスは自身の注解の序言の中で、なぜ自分がイザヤ書に特別の関心を払っているかという理由を説明しているが、このイザヤ書こそは、彼が書いた注解の中で最も長い注解となったのである。ヒエロニムスはイザヤ書における諸々の預言を、信仰の「全ての神秘」を含んでいるものとして説明することで、広く受け入れられていたキリスト教の伝統を踏襲している。すなわち、インマヌエルの約束、処女降誕、奇跡、受難、死、そして復活といった事柄が、その神秘の内容である。ヒエロニムスはまたエウストキウム（Eustochium）に対し、聖書を知ることなしにイエス・キリストを知ることはできないと強調している。ヒエロニムスは自身の注解を学問的訓練の書物としてではなく、むしろ読者たちを信仰において教えるという実践的な目的を持つものとして構想している。ヒエロニムスは次のように論じている。すなわち、預言者たちは霊感を受けた神の知恵の運び手であって、また同時にキリスト教信仰の礎を据えた者たちである。彼はまた、主としてヘブライ語

148

テクストに基づいた上で、聖書の歴史的、霊的意味両方の必要性について言及している。

　ヒエロニムスは自身の注解を18巻（eighteen books）に分けている。第1巻を除いて、彼はそれぞれの巻に短い序文を設けている。彼はその序文の中で、多くの場合はエウストキウムに向けて、前の巻を簡潔に要約し、それから新しい巻の内容を前もって伝える。ヒエロニムスは時折、聖書を解釈する自身の務めについて、海に潜む多くの危険を潜り抜けようと努める壊れやすい船のメタファーを用いて説明したり（第3、13巻）、あるいはまた、聖書を解釈するにあたって読者の祈りを要望したりしている。彼は時々、自身の説明が長くなってしまうことを詫びているが、同時にまたそれを縮めることに対するためらいも吐露している（第10巻）。それからまた彼は、特殊な問題についても注目しており、たとえばヘブライ語テクストのギリシャ語テクストに対する関係（第15巻）、あるいは、なぜ彼が自身のダニエル書の注解においてはより初期の著述家の言葉を引用し、イザヤ書の注解ではそうしないか（第11巻）、といったことについて論じている。

　注解の第5巻に付された序文の中で、ヒエロニムスは次のことに言及している。すなわち、イザヤ書13章から23章の注解は、実は司教アマビルス（Amabilus）の求めに応じて何年も前にすでに書かれていたものであった、と。ヒエロニムスは、このずっと以前に書かれていた自身の注解を用いることにしたが、この注解は大体においてテクストの歴史的意味を探究したものである。しかし、彼は続く第6、7巻においては、同じイザヤ書の箇所［すなわち13-23章］の霊的意味について考察するつもりである、とも言う。ヒエロニムスのイザヤ書注解におけるこういった短い序文は、聖書テクストと格闘したヒエロニムスの献身と努力、また、注解を完成させようというひたむきな姿を示している点で興味深いものである。もちろん、彼はその注解の不十分さと、それが直面する批判に気が付いていたのではあるが。

4　ヒエロニムスによるイザヤ書解釈への解釈学的アプローチ

　イザヤ書注解におけるヒエロニムスによる解釈学的アプローチの特定の事

例を扱う前に、聖書解釈の釈義的作業に関するヒエロニムスの解釈学的理解の特徴的な事柄の幾つかを一般的に叙述することが、まずもって理に適っていると思われる。

　ヒエロニムスは、解釈の中心的な務めがテクストの歴史的理解（*juxta historiam*）を提供することにある、と繰り返し強調した。このことによって彼は、テクストが何を意味するかを決定するために、解釈者は歴史研究、地理的知識、文学的分析、そしてとりわけ哲学的吟味といったツールを用いる、と言おうとしている。預言者は神的神秘を運ぶ、神の霊感を受けた運び手（vehicle）なのであるからして、その言葉は全て歴史的特殊性の内に聞き取られねばならない。諸国民への託宣（13-23 章）の解釈において、そのテクストの歴史的背景——それがアッシリアの歴史なのか、バビロニア、あるいはペルシャの歴史なのか——を確定しようという彼の多大な関心は明らかである。

　しかし、このように大方歴史的関心によって占められたヒエロニムスのイザヤ書注解においてすら、キリスト教への強い志向性が見出される。すなわち、彼はテクストの歴史的意味をキリスト教的に解釈するのである。旧約聖書の預言は、その字義的意味において、新約聖書の意味を前もって語っているように見られている。旧約聖書の部分が直接に新約聖書における並行箇所と直接に繋がれるとき、ほとんどいつも決まって、そこにはある有機的な連関が存在する。しかしヒエロニムスは、テクストの歴史的側面を無視して、たとえばイザヤ書 1 章にあるような終わりの日における天的情景を投影するようなキリスト教注解者たち（たとえばクレメンス）や千年王国説の信奉者たちに対して、非常に批判的である。

　ヒエロニムスの釈義的方法にとって同様に重要であったことは、歴史的解釈の後には、その霊的意味が続かなければならないという彼の主張である（*Unde post historiae veritatem, spiritualiter accipienda sunt omnia* ［歴史の真実が明らかになった後、全てのことが霊的に理解されるべきである］、イザヤ書注解の序文より）。ヒエロニムスは様々な霊的意味の間に厳密な区別を設けることをしなかったが、それでも非常に多様な語彙を用いてそのような霊的意味の多様性を表現した。それらはすなわち、秘儀的（mystical）、神秘的

第 7 章　ヒエロニムス

(anagogic)、道徳的（tropological）、寓喩的（allegorical）言語で表現される。
通常、彼は字義的意味と比喩的意味の間にある種の有機的繋がりを構築しよ
うと試みるのであるが、しかし、そのような繋がりが何も見つからない時も
あることを時折認めている。現代の解釈者にとってみると、ヒエロニムスの
霊的意味への飛躍は往々にして恣意的であり、典型的なキリスト教的釈義の
反映と映る。しかしヒエロニムスは、そういった釈義的諸問題に全く気付か
なかったわけではなく、むしろそれらの問題と取り組み続けた。彼は何より
もまず聖書学者としてあろうとし続けたのであり、洗練された解釈学的考察
を提供するための、オリゲネスやアウグスティヌスが持ち合わせていたよう
な哲学的能力や哲学的関心を持たなかった。ガラテヤの信徒への手紙 2 章の
解釈に関するヒエロニムスとアウグスティヌスの有名な往復書簡は、二人の
偉大な教父の異なった長所を非常によく明らかにしている（cf. J. シュミット
による、この論争に関する簡便な版。*SS. Eusebii Hieronymi et Aurelii Augustini
epistulae mutuae*）。

II　ヒエロニムスによるイザヤ書注解

　ここで我々は、ヒエロニムスの釈義的アプローチを素描するために、彼の
イザヤ書注解における幾つかの具体的な例を瞥見してみたい。

1　テクストに関する諸問題

　ヒエロニムスのイザヤ書注解においてある聖書箇所が釈義される場合、通
常はまずヘブライ語テクストの訳が読者に提示される。そしてその後、彼自
身による七十人訳の訳がそれに続くが、しばしばアクィラ訳、シュンマコス
訳、そしてテオドシオン訳まで引用されることもある。彼は時折、ヘブラ
イ語テクストの異読について論じる（たとえば、イザ 15:9 における Dibon/
Dimon の問題）。しかしテクストに関する考察が最も頻繁に行われるのは、
ヘブライ語テクストとギリシャ語テクストの間の翻訳における違いが存在す

る場合である（たとえばイザ 7:11）。ヒエロニムスは、自身が原則としてギリシャ語テクストよりもヘブライ語テクストを優先している、と繰り返し述べている。しかしそれにもかかわらず、彼は常にギリシャ語テクストを尊重しており、多様なギリシャ語訳における様々な意味のニュアンスに対する彼の非常に注意深い姿勢は、実に興味深く、また意義深いものである。ヒエロニムスが呼ぶところの「二つの版」［ヘブライ語テクストとギリシャ語訳テクスト］についての注意深い分析によって、彼はそこでたびたびテクストの構造的な考察をも行っている。イザヤ書 32:1 において、七十人訳は 32 章を 31 章と接続させている一方で、他方、マソラテクストはこの二つの章を分離している。民を頑なにすることについて語った預言者イザヤの語りの定式（イザ 6:9）に関する議論においてヒエロニムスは、ギリシャ語テクストが、神の招きを人々が将来拒絶することを予言する形で直説法（indicative mood）を用いていることに言及している。すなわち、「あなたは聞くには聞くであろうが、しかし決して理解しないであろう」。その一方でヘブライ語テクストにおいては、民を頑なにするという内容が、不従順な反応の原因が神の命令であることを指し示すために、命令法（imperative mood）によって語られている。ここでヒエロニムスが提示する解決は興味深い。なぜなら、彼はこれら二つの意味を単純に調和させることをしないからである。むしろ彼は、両方の解釈の正しさを神学的に考察し、福音書がイザヤ書から引用をする時に同じような緊張を共有している点を指摘する。ヒエロニムスはたびたび、ユダヤ教の諸解釈を否定する厳しい態度をとっているにもかかわらず、キリスト教的な預言と成就に関する議論を否定するためにユダヤ人たちが意図的にヘブライ語テクストを曲解した、という広範に行き渡ったキリスト教の側の陳述を受け入れることはしていない。

2　文法的、言語学問題

　ヒエロニムスは聖書釈義の言語学的側面への注意深い観察を通して、旧約聖書注解の分野に新たな正確さを持ち込んだ。ヒエロニムスの持つヘブライ語の厳密な文法的意味への関心は、彼がユダヤ教釈義に精通していたことを

第 7 章　ヒエロニムス

示しており、実際彼はあるユダヤ人教師のテクストの読み方についてたびたび言及している（*Hebraeus*, cf. chapter 22）。ヒエロニムスはこのユダヤ人教師を、ウルガタ訳を訳し終えたずっと後にも雇い続けている。ヒエロニムスによる *Hebraica veritas* の探究はますます、霊感を受けた預言者による元来の文書を回復しようという関心を反映するようになった。その元来の文書とは神の言葉そのものを含んでいるものと考えられ、また七十人訳に付されていた権威についてある変化をもたらしたのであった。ヒエロニムスはあるヘブライ語のフレーズの幾つかの異なった訳を提供することについて躊躇しなかった。従って彼は、イザヤ書 6:6 においてセラフィムが神の顔と足を覆っていたのか、それとも彼ら自身の顔と足をその翼で覆っていたのかという曖昧さは、ヘブライ語文法それ自体に起因しているとしている。イザヤ書 16:1 において彼は、そこにおけるフレーズが「支配する小羊」（ruling lamb）と訳されるのか、それとも「支配者の小羊」（lamb of the ruler）と訳されるのか、ということに関して曖昧さを残したままにしている。

　しかし、ヒエロニムスのヘブライ語学の使用に関する古典的な例は、彼のイザヤ書 7:14 に関する長大な議論において反映されている。彼はそれまでのキリスト教解釈者たちが現在に至るまで、キリスト論的解釈に対するユダヤ教的な反論を論駁できないでいることに当惑を隠せないでおり、それ故に彼はこの状況を打開しようとする。彼はまず旧約聖書における *almah* という言葉の並行箇所を列挙している。彼はユダヤ教注解者たち、およびギリシャ語諸訳が皆――七十人訳は例外として――この言葉を「若い女性」と訳していると記している。ユダヤ人は、ヘブライ語においては *betulah* という言葉だけが処女を意味するのであって、この言葉は当該の箇所においては用いられていないと主張している。ヒエロニムスはポエニ語の同語源の語にすら言及しながら、次のようにして議論を進めている。すなわち、ヘブライ語において *almah* は単に若い女性、あるいは単に処女を意味せず、むしろ結婚適齢期に達した、「［人の目に触れないように］隠された処女」（*virgin abscondida*）のことを意味している。ヒエロニムスがここで、この語が「結婚適齢期にある」（*nubilis*）という意味と、「隠された」という二重の意味を持っているという点をはっきりと認識しているということは興味深い。彼はどちらかとい

153

うと後者の「隠された」という意味の方に傾斜し、並行箇所を挙げることで、自身の選択を擁護しようとしている（現代の学者たちは比較セム語学を用いて、同音異義語との関連からこの二重の意味について説明しているが、ヒエロニムスはこのような洞察を用いることはできなかった）。

3 歴史的実在物（*Historical Realia*）

　ヒエロニムスの注解者としての最も大きな強みは、彼が保持していた聖書テクストの歴史的、文化的、そして物理的な詳細についての多大な関心であった。歴史的個別性に対して払われたこのような生来の関心はもちろん、彼の人生の初期における旅の中で強められたが、特に彼の中東における経験の中で強められた。たとえば彼の注解は、途方もない古代史の知識において他の追随を許さないが、彼はその知識を諸国民への託宣（イザ 13-23 章）の部分においてしばしば現れる曖昧な記述を解釈する際に用いている。彼はアッシリア人、バビロニア人、ペルシャ人、そしてギリシャ人たちに関係する様々な歴史的出来事を見分けることに非常に熱心に取り組み、そして出来事を年代順に再構成する企てにおいては、列王記と歴代誌における全ての並行箇所を参照している。歴史的現実に関する同じような関心は、彼による幾つかの別の有名な書物において十分に示されており（『地名表』〔*Onomastica*〕[訳注1]、『著名人列伝』〔*De viris illustribus*〕他）、そのような歴史に関する彼の細心の注意はまた、彼の注解全体における、聖書に登場する地名や地理的特徴に関する彼の興味を説明し得るものである。

　ヒエロニムスはパレスティナの農業の諸側面を素描することに非常な関心を示しており（イザ 1; 5; 28 章）、穀物の植え付け、種まき、そして収穫といったことに関する、あるいはまたいかにしてぶどう畑が手入れされるべきか、あるいは果実のなる木が手入れされるべきかということに関する自身の観察に基づく所見を提示している（cf. Abel, "Le Commentaire," pp. 220-25 にお

訳注 1　この書物は、カイサリアのエウセビオスによるギリシャ語の原著を、ヒエロニムスがラテン語に訳したものである。

ける、ヒエロニムスの地方色の扱い方についての論述）。セラフィムが燃え
る炭火を祭壇から持ってくるために使ったに違いない特殊な火鋏についての
彼のコメントにおいては、彼がユダヤ教的な資料を用いたことが見て取れる
（イザ 6:6）。ヒエロニムスはそこにおいて、それが木炭あるいは石炭であっ
たという一般的な見方を退け、むしろそれは、それが生み出した炎のことを
考慮に入れると、火成岩（*carbunculium lapidem*）であったと述べている。

4　歴史的文脈の確定

　上においてすでに示したように、ヒエロニムスはある聖書箇所を解釈する
ために、具体的な歴史的文脈を確定することに大きな関心を示していた。彼
は、寓喩的解釈を通して歴史的真実を発見しようとするあまり真の歴史と
いう視点を時に失ってしまった（と彼が主張する）何人かの初期の教父た
ち（クレメンス、オリゲネス）の解釈に対して異を唱えている。しかし同時
に、「適切な文脈」に関するヒエロニムスの理解が、彼のキリスト教的前提
によって強力に形作られていたと認識することもまた重要である。

　ヒエロニムスははじめから、自身の釈義の神学的文脈が旧新約聖書から成
るキリスト教聖典であることを当然のことと見なしている。もちろん彼は、
預言書のテクストを扱う際、まずはじめに旧約聖書の歴史的背景について注
目することにこだわるのであるが、しかし彼はまた、まるで反射的にとでも
言うべきか、解釈の十全な文脈は新約聖書がそこに含まれたときにおいての
み認識されると考えている。ヘブライ的預言は常に何らかの形で——直接的
に、あるいは間接的に——新約聖書における成就へと流れ込む。従って、イ
ザヤ書 3 章は明らかに神のエルサレムに対する審判を示し、そのことは将来、
エルサレムの束縛状態において実現したのである。ヒエロニムスはこの箇所
について、審判の執行者をバビロニア人と考える注解者もいれば、ローマ人
であると見なす注解者もいることについて言及する。ヒエロニムスは間髪を
入れずに、裁きの執行者はローマ人であると結論づける。なぜなら、イエ
ス・キリストの受難の後においてのみ、神の審判の満ち満ちた怒りがユダヤ
人に降りかかるからである。イザヤ書 3 章の成就はまた、新約聖書からの対

応する記述を引用することによって更に証拠立てられる。イザヤ書6章において、「汚れた唇」を持つイザヤの民は今や、「十字架につけろ！　十字架につけろ！」と叫ぶ者たちへと敷衍されて同定される。イザヤ書40章はただちに洗礼者ヨハネと同定され、そして「僕テクスト」(49:1ff.; 53:1ff.) はキリストの受難であると見なされる。

　ヒエロニムスが旧約聖書、とりわけイザヤ書の預言的記述を扱うときには、そこに歴史的合理主義の影響があるということに誰もがいよいよ気が付くことになる。従って、黙示的な部分を伴ったイザヤに対する恐るべきメッセージは（イザ6:11-13)、ヒエロニムスによって、ウェスパシアヌス、あるいはティトゥスによる破壊の予告として解釈され、そのような破壊はまた、50年後にハドリアヌスによって繰り返されたのである。要するに、ヒエロニムスはその広範な歴史的知識にもかかわらず、聖書的歴史に関しては非常に矮小化された見識しか持っていなかったようであり、従って実際の聖書的歴史そのものが、預言と成就という単純な対応の論理の中に解消されてしまったのである。

5　ヒエロニムスの解釈学的アプローチ

　ヒエロニムスは自身のイザヤ書注解の冒頭部分において、歴史的なもの (*juxta historiam*) と霊的なものという、二つの異なった解釈学的次元を含むキリスト教的伝統への自身の釈義的アプローチについて説明している。しかしすでに上で述べたように、彼がこの霊的なものについて、実に多様で異なった語彙を用いて表現していることがすぐに明らかとなる。それはたとえば、秘儀的 (mystical)、神秘的 (anagogic)、道徳的 (tropological)、寓喩的 (allegorical) といった言語で表現されている。ヒエロニムスはたびたび、アレクサンドリア学派とアンティオキア学派両方から影響を受けた折衷的な解釈者として説明されてきたが、このような説明は形式的な意味では疑いようもなく正しいであろう。しかしそれでも、このような説明は依然としてヒエロニムスの釈義的方法の核心には至っていない。一方では、解釈学的見地からすると、彼は上に挙げた二つの学派の最良の人々に見られるような論理の

第 7 章　ヒエロニムス

洗練を持ち合わせていない。また他方で彼は、ヘブライ語とギリシャ語から
起こってくる実際的、専門的な諸問題の全ての領域を見通していたという意
味で、稀有な存在であった。

　「霊的意味」という括りの下では、ヒエロニムスのアプローチは実に多様
な異なった方向性を示している。ヒエロニムスは往々にして深い考察をする
ことなく、イザヤの預言と新約聖書の間の単純な類比を引き出している。イ
スラエルの敵は異端者たちとして同定される。イザヤ書 11:1 の新しい芽とは、
神の民、つまり教会を意味していたと考えられる。そしてここではまた、霊
的意味というものが、説教的、また倫理的促しの一形態となっている。実に、
彼は霊的意味を、道徳的（tropological）意味の探究のために最も頻繁に用い
たのである。たとえばヒエロニムスによれば、罪深い王ウジヤの死の後にお
いてのみ（イザ 6:1）、イスラエルは神の救いの啓示を受け取ることができた。
また、非常にしばしば、預言 − 成就のパターンが用いられる時には、新約聖
書の成就が旧約聖書の歴史的意味に対して霊的意味を提供している。ユダヤ
人たちがこの対応関係を認識し損なっている場合、彼らの解釈は霊的意味を
欠いた「肉的」なものと見なされた。事実、「イスラエルの民の頑迷」（イ
ザ 6:9-10）は、イスラエルがテクストの歴史的意味を超越して解釈すること
ができないことを論証するための神学的根拠として引用されている。最後に、
ヒエロニムスにとって非常に一般的であったこととして、予型論的思考を用
いることが挙げられる。この思考においては、ある出来事や事柄が、ある共
通のパターンに納まるということが起こる。ヒエロニムスによれば、しるし
の求め（イザ 7 章）はただちに、ある共通の観念的特徴を伴った新約聖書に
おける多くの別のしるしを連想させるのである。

　注解の大部分においてヒエロニムスは、ある聖書箇所を釈義する場合、そ
こにおける歴史的意味と比喩的意味の間に存する、ある程度の有機的統一を
保とうと努めている。しかしそのような殊勝な努力にもかかわらず、互いの
繋がりは往々にして恣意的なものに留まっている。注解の第 5 巻においてイ
ザヤ書 13-23 章を扱っているところで、彼は読者に対し、イザヤの預言のこ
の箇所の歴史的意味を見分けることのみに限定して以前に行った自身の釈義
を使い回していることを伝えている。このため、続く二つの巻において彼は、

157

この自分の以前の釈義を再び用いて、自身の霊的解釈を提供している。しかしその影響は、歴史的意味が前提されているような場合ですら、往々にして非常に異なったものとなっている。たとえばヒエロニムスがイザヤ書15章、すなわちモアブに対する託宣を扱う場合、彼の第5巻における解釈は大まかには歴史的なものである。しかし、彼が第6巻において同じ箇所に戻って解説をする時には、霊的な解釈が純粋な寓喩（アレゴリー）に変化している（彼はここで *secundum anagogen*〔神秘的意味に従って〕と言っている）。鍵となる幾つかの言葉が、字義的な文脈からは完全に切り離された形で、寓喩的な（アレゴリカル）意味を与えられている。従って、イザヤ書15章におけるネボは「預言」を意味し、メデバは「森」、ヘシュボンは「知識」、エルアレは「昇天」、ルヒトは「頬」をそれぞれ意味している。ヒエロニムスはここで、この聖書箇所の意味が断片的になってしまっていると見なしている。彼はそのため、テクストの統一的な意味を表現するために、比喩的意味を歴史的意味と全く繋げようとしないままに、寓喩（アレゴリー）の非常に極端な形態に頼るのである。

　これらの巻（第5-8巻）においてすら、ヒエロニムスは完全に一貫しているというわけではない。彼がイザヤ書16章におけるモアブの問題を扱うとき、彼は第6巻において見られるような同じ寓喩的な（アレゴリカル）解釈を、第5巻においてすでにしている。第5巻においては、モアブの慰めは、世の罪を取り除く、汚れなき小羊の到来であるとされていた。「砂漠の岩」（*de petra deserti*）はルツであると解釈されており、このルツがボアズと結婚してオベドを産み、ダビデとイエスの祖先となった。ヒエロニムスは時折、字義的意味と比喩的意味の間の緊張に気が付いているようである。イザヤ書19章を扱う中では（第7巻）、ヒエロニムスはこの章においては、歴史的意味を比喩的意味と調和させることは不可能であり、理解のためのより高い次元が探し求められなければならないとしている。

6　ヒエロニムスの神学的考察

　ヒエロニムスの哲学的な賜物とアウグスティヌスのそれとは対比されることがあるが、そのような対比にもかかわらず、ヒエロニムスは聖書テクスト

を聖なる書物として神学的に扱う責任が自らに課せられていることについて疑うことがなかった。ヒエロニムスの読者は、彼が特に誤りで異端的と見なした諸見解に対して、真剣な神学的考察を提供しようという関心を持っていることを認識するであろう。

イザヤ書6章においてヒエロニムスは、イザヤにとって主を見ることがどうして可能だったのかという問いを立てているが、このような問いが立てられる特別の理由は、旧新約聖書両方において、誰も主を見て生きることはできないとはっきりと述べられているためである（出 33:20; ヨハ 1:18）。ヒエロニムスはこの問いに答えて、肉なる者は父、子、聖霊の神性を見ることができない、なぜなら三位一体の神においては、ただ一つの同じ本質のみが見出されるのではないからである、と言っている。むしろこれは、魂の眼（oculos mentes）についての問題である。このことについてイエスは「心の清い者は幸いである、なぜなら彼らは神を見るからだ」（マタ 5:8）と言っている。それからヒエロニムスは旧約聖書の中で、族長たちが神を見たと報告している神顕現の聖書箇所（創 32:31）を引用して次のように結論づける。すなわち、肉に過ぎない者が神を見ることはできないが、神は御自身が望まれる仕方で御自身を示されるのである。

先に我々は、ヒエロニムスがイザヤ書6章においてイスラエルの頑迷を表現しているヘブライ語とギリシャ語のテクストの間に、はっきりとした違いがあることに気が付いていたと記した。七十人訳は動詞の未来直説法を用い、他方、ヘブライ語テクストは、頑迷の原因を直接に神の意図的な意志と結び付けるために命令法を用いている。ヒエロニムスはこの違いを曖昧にするようなことはせずに、問題を神学的に扱おうと試みている。彼は新約聖書におけるイザヤ書の箇所の引用は、ヘブライ語テクストに依拠した表現とギリシャ語のテクストに依拠した表現両方を使っていることから、依然として同じ緊張を反映していると述べる（cf. マタ 13:14; ヨハ 12:40; 使徒 28:26-27）。ヒエロニムスは従って次のように結論づける。すなわち、これは神学的神秘であって、審判を与える同じ主が、雌鳥がその雛を集めるがごとくに民を救うと宣言するお方でもあられるということなのである。

最後にヒエロニムスは、インマヌエル「神我らと共にいます」（イザ 7:14）

のしるしに関連した神学的問題について言及している。その問題とは、救い主の到来の約束が、一体どのようにして、シリアと北イスラエルによる侵攻という今にも起こる破滅に直面しているアハズに対するしるしとして働くのか、ということである。ヒエロニムスにとってインマヌエルのしるしは、処女から奇跡的に生まれた神の子イエス・キリストの到来としてのみ解釈されるものである。しかしインマヌエルという名前の啓示は、その名と共に力を運び、その力がもたらされる時には、それによって遠い将来におけるイスラエルを救うだけでなく、現在におけるイスラエルをも救うのである。その約束されている子供が凝乳と蜂蜜を食するということは、この約束が単なる空虚な空想などではなく、人間の営みの中に起こってくる真に歴史的な現実の出来事であるということのさらなる証拠と見なすことができる。ヒエロニムスはインマヌエルの約束を、アブラハム、モーセ、そして占星術の学者たちが出会った同じ救い主に関する約束であると見なし、そのことによって存在論的な議論を継続している。ヒエロニムスはこの問題についてこれ以上深くは扱わず、むしろ預言を神秘というカテゴリーの下に包摂されるものとして扱うのである。

Ⅲ ヒエロニムスの解釈学の評価

まず、ヒエロニムスの時代と我々の時代の違いについて十分に認識しておくことは重要である。聖書を研究する際の現代的な指標として、次のようなことが言い得るであろう。すなわち、歴史的な事柄が優先であり、その後においてのみ——それが積極的にであれ、恐る恐るであれ——霊的な、あるいは非字義的な側面を見出そうとすることを当然のごとく見なすという態度である。ヒエロニムスの時代において、キリスト教的伝統は、ほとんど普遍的に、霊的な、あるいは比喩的な次元について優先権を付与していた。ヒエロニムスの不朽の貢献は、この流れを逆にしたということにある。ヒエロニムスは、解釈者が霊的意味について語る以前に、歴史的、また文法的意味について優先的な意義を与えたのである (*sed quod spiritualis interpretatio sequi*

debeat ordinem historiae ［霊的な解釈は歴史的意味の後に続かねばならない］
イザ 13:19 の注解）。

　ヒエロニムスは聖書の書き下されたテクストの内に神の言葉そのものを見
ていた。著者の意図を熱心に探究することによってのみ、神的啓示へと至る
ことができるのである。彼がいよいよ強調していることは、*Hebraica veritas*
は直接的に神的語りへと至る道を提供するということであり、それ故に彼は
はっきりと、聖書テクストの言語学的な研究の不動の役割を確立するのであ
る。彼が歴史と言語を重視したことは明らかに彼自身の個人的な賜物と合致
したものであったが、しかしまた同時に、彼の熱意はいつも自身の神学的確
信に基づいたものであった。

　その幅広い学識にもかかわらず、ヒエロニムスの釈義は、とりわけ実践的
なものとして特徴づけられる。イザヤ書におけるテクストの意味の多様性に
ついてのヒエロニムスの短い解説は、彼の深い実践的、神学的な動機を常に
裏付けるものである。彼は自身の解釈において、揺らぐことなくキリスト論
的な視座に常に留まり続け、また初期キリスト教の正統的伝統の広い流れの
内に意図的に立ち続けた。ヒエロニムスが異端的と見なした者たちに対する
攻撃の激しさは、彼自身の確固たるキリスト教信仰から起こってきたもので
ある。彼が二、三の解釈を可能なものとして許容したような場合においては、
そこで問題となっている事柄は決して、本質的に教理の事柄に触れているよ
うな類のものではなかった。

　ヒエロニムスはたびたび、ユダヤ人たちの助けを借りていることについて
言及しており、実際彼のイザヤ書の釈義はユダヤ教的釈義の伝統について幅
広い見識を持っていることを示している。彼は旧約聖書における解釈の諸問
題と取り組む際、ユダヤ人たちと議論する際の教会の知識の著しい欠如に関
して、たびたび弁解している。しかし彼がユダヤ教学者たちと明らかに近し
くしていたにもかかわらず、彼自身の釈義はというと、それは一般的に言っ
てラビ的解釈に関しては大方否定的なものであった。彼はたびたびラビ的解
釈を「肉的」なもの、字義的意味を超えて霊的な次元へと至ることができな
いものとして退けたのである。イスラエルは頑迷にされ、もはや真実を理解
することができない。これ以上に厄介なことは、ヒエロニムスが旧約聖書の

161

中に登場するユダヤ人たちにおいて真実な信仰の兆しを見出すことがかなりまれであるということである（"raritatem credentium significat ex Judaeis"［ユダヤ人からは信仰者はほとんど現れない］イザ53:1-2の注解）。

　大抵の場合、イスラエルによる信仰的な応答についての証拠は、新しいことに関する前兆として解釈されるか（例：エッサイの根）、あるいは教会を暗示する残りの者たちとして解釈されるか、あるいはまた、その成就を未だ見ていない将来の約束として解釈される。このために、ヒエロニムスはヘブライ語聖書を教会にとって理解可能なものとしたにもかかわらず、このような彼の偉大な貢献は、それ自体神についての信仰深い証であるところの「古い契約」の神学的リアリティーを回復するところまでは至らずに、むしろその「古い契約」を単に新約聖書におけるイエス・キリストによる救いを予め示すものとして解釈することに留まってしまったのである。

　これまで私は、ヒエロニムスが聖書テクストの歴史的意味と、その霊的意味を組み合わせようという深い関心を抱いていたことを強調してきた。私はすでに、ヒエロニムスが様々な伝統的カテゴリーを限定することにあまり注意を払わず、多様な比喩的意味についての言及を混合させていたと述べた。しかし、歴史的意味と霊的意味両方を相互補完的に扱おうとした彼のこのような多大な努力にもかかわらず、ヒエロニムスは決して十分にこの二つの解釈上の次元の問題を解決できなかったのである。彼の霊的な系統的論述はたびたび恣意的で、型通りのものである。我々は、ヒエロニムスによる記述のどこにおいても、オリゲネスや（『諸原理について』De Principiis, 第4巻）アウグスティヌス（『キリスト教の教え』De doctrina chrstiana）などにおいて見出されるような、論理的な解釈学的論考を見出すことはない。アウグスティヌスの著作が最も素晴らしい形で提供したような、真に有機的で、解釈学的な歴史的意味と霊的意味の間の連関を見出そうという関心は、ヒエロニムスの著作においては全く欠如しているのである。

　最後に私は、次のような仮説をあえて提示してみたい。すなわち、ヒエロニムスの聖書釈義における解釈学的諸欠陥は、その大分部において、聖書的歴史の唯一無比性についての神学的理解が欠如していたことに起因しているということである。ヒエロニムスは、人間の営みの世界を形作る諸々の出来

第7章　ヒエロニムス

事と、創造と贖いにおける救済の目的を達成するための神の独自の、神秘的
な諸方法との間の弁証法として歴史観を系統的に論じることに関して、洗練
された議論を示すことができていない。ユスティノス、エイレナイオス、そ
してアウグスティヌスと比較すると、ヒエロニムスは聖書的終末論について
ほとんど理解していなかったように思える。彼はもちろん、初期の教会にお
いて蔓延していたような、未熟な千年王国説から起こってくる神学的問題に
ついて理解していた。しかし、開示されていく神的ドラマの内に存している、
神的なものと人間的なものの交わりについて多面的な理解を持つことなしに、
彼は年代記の一形態としての平板で経験的な歴史と、この世の「現実の」歴
史の上に浮かぶ霊的な真実としての非歴史的次元両方を抱え込むことになっ
てしまったのである。たとえば、イザヤ書 11:6-9 において記された楽園の回
復に関する終末論的描写を扱う際に、ヒエロニムスは、平和の証拠を字義通
り動物たちの間に見るよう求めるユダヤ人たちの「肉的な」字義的解釈主義
(literalism) を拒否するところから議論を始めている。彼はそれから、この
預言者の終末論的記述を、倫理的、霊的な言葉で次のように解釈する。すな
わちこの動物の平和の描写は、富者と貧者、力ある者と謙遜な者が共に調和
して住まうキリストの教会の生を描写したものなのである、と。同様に、新
しい世の始まりに関する記述において最高潮に達する、壮大な終末論的描写
（イザ 35; 65; 66 章）を解釈するにあたって、ヒエロニムスは、そこにおいて
記されている「新しいもの」を徳と倫理の改善と回復として構想し、このこ
とを神の敵に対する正義の審判と対比している。

　しかしまた、以上のような私の批評は、ここである変更を余儀なくされる。
なぜなら、ヒエロニムスがイザヤ書 65 章（新しい天と地）を解釈する際、
彼は以前よりもずっと力強い終末論的幻について考察しているからである。
ここにおいては、そのことに関する二つの理由が挙げられるだろう。一つに
は、楽園のイメージを扱う際、ヒエロニムスはユダヤ教注解者たちの字義的
解釈主義と闘うためにそうしなければならない必然性を感じたのである。ヒ
エロニムスは、このユダヤ教解釈者たちが来るべき生は地上で経験されるよ
うな形の栄光化と見なしていたので、彼らを「肉的」であると言って退けた
のである。二つ目には次のことが言い得るであろう。すなわち、ヒエロニム

スによる使徒パウロとヨハネの黙示録の非常に説得力を持った間テクスト的^(インターテクスチュアル)
使用は、楽園のイメージを単なる古いものの刷新としてではなく、むしろ新
しいものによる真の意味での変質として、よりラディカルな仕方で解釈させ
ずにはいられなかった、ということである。

　結論を記そう。ヒエロニムスを聖書の霊的意味の探究を続けたからといっ
て非難することはできない。しかし彼は、歴史的意味と比喩的意味がますま
す断片化される方法でそれを行い、その結果、旧約聖書と新約聖書両方を包
含する聖書的証言全体の統一性を弱めることとなってしまったのである。

第7章　ヒエロニムス

ヒエロニムスに関する文献表

一次文献

Opera, Patrologia Latina, edited by J.-P. Migne, pp. 22-30. Parisiis, 1844-64.

Commentarium in Esaiam, books 1-18, edited by M. Adriaen. Vols. 73, 73A, Corpus Christianorum, Series Latina. Turnhout, 1963.

Commentaires du Jérôme sur le prophète Isaïe, edited by R. Gryson et al. 5 vols. Freiburg: Herder, 1993-99.

St. Jerome: Letters and Selected Works, edited by W. H. Freemantle. Nicene and Post-Nicene Fathers, second series, vol.7. Edinburgh: T. & T. Clark, 1893.

［イザヤ書注解の英訳　St. Jerome, *Commentary on Isaiah including St. Jerome's Translation of Origen's Homilies 1-9 on Isaiah* (Ancient Christian Writers No.68), translated by Thomas P. Scheck. New York: The Newman Press, 2015.］

二次文献

Abel, F. M. "Le Commentaire de Saint Jérôme sur Isaïe." *Revue Biblique* 25 (1916): 200-225.

Antin, P. "Introduction," *Saint Jérôme. Sur Jonas*. Sources Chrétiennes, 43. Paris: Éditions du Cerf, 1956.

Auvray, P. "Saint Jérôme et Saint Augustin: La controverse au sujet de l'incident d'Antioch." *Recherches de science religieuse* 29 (1939): 594-610.

Bardy, G. "S. Jérôme et ses mâitres hébreux." *Revue bénedictine* 46 (1934): 145-61.

Braverman, J. *Jerome's Commentary on Daniel: A Study of Comparative Jewish and Christian Interpretation of the Hebrew Bible*. Washington: Catholic Biblical Association, 1978.

Brown, D. *Vir trilinguis: A Study of the Biblical Exegesis of Saint Jerome*. Kampen: Kok, 1992.

Cavallera, F. *Saint Jérôme. Sa vie et son oeuvre*. 2 vols. Louvain, Paris: Bureaux, Champion, 1922.

Clark, E. A. *The Origenist Controversy: The Cultural Construction of an Early Christian Debate*. Princeton: Princeton University Press, 1992.

Ginzberg. L. "Der Kommentar des Hieronymus zu Jesaja." In *Jewish Studies in Memory of G. A. Kohut*, edited by S. W. Baron and A. Marx, pp. 279-314. New York: Jewish Theological Seminary, 1935.

Gozza, S. "De S. Hieronyme commentario in Isaiae librum." *Antonianum* 35 (1960): 49-80, 169-214.

Grützmacher, G. *Hieronymus: Eine biographische Studie zur alten Kirchengeschichte*. 3 vols. Leipzig/ Berlin: Dietrich's Verlag, 1901-1908.

Hartmann, L. N. "St. Jerome as an Exegete." In *A Monument to St. Jerome*, edited by F. X. Murphy, pp. 37-81. New York: Sheed and Ward, 1952.

Jay, P. *L'Exégèse de saint Jérôme d'après son Commentaire sur Isaïe*. Paris: Études Augustiniennes,

165

1985.

Kamesar, A. *Jerome, the Hebrew Bible, and Greek Scholarship*. Oxford: Clarendon, 1993.

Kelly, J. N. D. *Jerome: His Life, Writings, and Controversies*. London: Duckworth, 1976.

Loewe, R. "The Medieval History of the Latin Vulgate." In *The Cambridge History of the Bible*, vol.2, pp. 102-54. Cambridge: Cambridge University Press, 1969.

Murphy, F. X., ed. *A Monument to Saint Jerome*. New York: Sheed and Ward, 1952.

Quasten, J. *Patrology*, vol.4, pp. 212-46. Westminster, Md.: Newman, 1991.

Schmid, J. "Prolegomena." In *S. S. Eusebii Hieronymi et Aurelii Augustini epistulae mutuae*, pp. 1-24. Bonn: Peter Hanstein, 1930.

Sparks,W. F. D. "Jerome as a Biblical Scholar." In *The Cambridge History of the Bible*, vol.2, pp. 510-41. Cambridge: Cambridge University Press, 1969.

Vessey, M. "Jerome's Origen: The Making of a Christian Literary Persona." *Studia Patristica* 28 (1993a): 135-45.

第8章

ヨアンネス・クリュソストモス

John Chrysostom（c.349 – 407）

I 生涯と著作

　読者は最初の考察から、ヨアンネス・クリュソストモスの諸々の著作の中に、旧約聖書の聖書解釈のための豊かな源を見出すことに期待するだろう。彼は東方教会の四大教父の一人である。彼は注解書と説教を、聖書のほとんど全ての書物について記しており、また教会の形成において、他のアンティオキア学派の教父、たとえばテオドロス（Theodore）やテオドレトス（Theodoret）らよりも大きな影響を残した。しかし残念なことに、彼のイザヤ書の解釈の手がかりとしては、非常に少ない資料しか現存していない。

　しかしそれでも、イザヤ書6章の六つの説教がギリシャ語で現存している（Patrologia Graeco-Latina 56, pp. 97-142）。これらの説教はクリュソストモスの修辞の能力、また高い技術と深みを伴って、キリスト教的生活の実践的、倫理的課題について語りかける能力を示している。しかしこれらの六つの説教

167

は——説教 4 は恐らくクリュソストモスが記したものではないであろう（cf. *Homélies sur Ozias*, pp. 13ff.）——クリュソストモスのイザヤ書理解について我々が理解するために、それほど手がかりとなるわけではない。これらの説教は主題に沿って組み立てられ、一般的な主題——たとえば神的へりくだり（divine condescension, homily 2）といった——に注目し、また罪の悪魔的な本質に注目するものである（homily 3）。結果的にこれらの説教は、非常に緩やかにイザヤ書のテクストと関わっている。これらの説教の執筆年代に関しては、これらはクリュソストモスのより初期の注解の後に書かれたものであり、大方、イザヤ書の内容に関する彼のより初期の釈義に依拠している。

　ギリシャ語で書かれたクリュソストモスのより大きな注解のごく一部として、イザヤ書 1:1-8:10 についての注解が残っている（Patrologia Graeco-Latina 56, pp. 11-94）。クリュソストモスが記したこれらの聖書箇所の注解に関する研究は、預言者についての彼の解釈学的、そしてまた神学的理解に関して、幾つかの興味深い洞察を明らかにする。我々の主要な関心は、これらのイザヤ書の章について分析することで、彼がいかにして旧約聖書テクストからキリスト教的説教へと移行したのかを理解することであろう。というのも、この注解書は説教に用いることを前提として書かれているからである。しかしここにおいてもまた、現代の解釈者にとっての方法論的困難さがある。カステン（*Patrology*, vol.3, pp. 435f.）は、現存するクリュソストモスの注解は編集者が手を加えたものだという大方の研究者の見解を共有している。すなわち、現存するクリュソストモスの注解テクストは「恐らく、編集者がクリュソストモスの説教から演説調の装飾を取り去った後、それを抜粋したもの以外の何ものでもない」（p. 436）ということである。しかしながら、このような問題にもかかわらず、この保存されているテクストは、クリュソストモスの解釈法を探究しようとする際には依然として有用である。

　最後に、12 世紀の写本に遡るクリュソストモスのイザヤ書注解の完全な複写のアルメニア語版が、メキタリスツ（Mechitarists）によって 1880 年に出版された。この写本はその後 1887 年に、ラテン語訳を伴って出版されている。この注解が真正なものか否かという議論は今も続いているが、それはとりもなおさず、どの教会教父たちの場合よりも多く、クリュソストモスの

名が彼が書いていない書物にさえも、数世紀にわたって冠せられ続けてきたからである。従って、この注解の真正性に関する意見はいまだに割れている。何人かのフランス人研究者たちはその真正性を弁護しており、カステンもまた彼らの判断を恐らくは正しいであろうと見なし、受け入れた。これとは対照的に、ツィーグラー（*Isaias*, vol.4, Septuaginta, p. 13）はその真正性を疑っている。従ってこの問題は決着がついておらず、この分野での専門家たちによる更なる研究を刺激するためにも、アルメニア語版のテクストの校訂版が必要となるであろう（私はアメリカ、イギリスで、ラテン語訳版を入手することさえできずにいる）。

　クリュソストモスの生涯は、伝統的に五つの時代に分けられてきた。それはすなわち、1）初期の教育の時代、2）隠修士時代、3）助祭（deacon）、司祭（priest）そして、アンティオキアでの主教（presbyter）の時代（381-398年）、4）コンスタンティノープルでの大主教（bishop）の時代（398-404年）、そして5）国外追放の時代（404-407年）の五つである。彼の最も有名な説教の数々は、アンティオキアの時代において書かれたものであるが（『彫像について』）、しかしまたこれらはコンスタンティノープルでの混乱した時代においても書き続けられた。クリュソストモスの説教は、旧約聖書からは、創世記のある部分、そして幾つかの詩編に関するものが残存している。新約聖書に関して彼の最も影響力のある説教は、マタイによる福音書、ヨハネによる福音書、ローマの信徒への手紙、コリントの信徒への手紙（Ⅰ、Ⅱ）からのものである。これらのものの内のあるものは、非常に注意深く作成されたものである一方、他のものは急いで作成されたような痕跡をも示している。

Ⅱ　クリュソストモスによるイザヤ書1-8章に関する注解

　クリュソストモスの注解の二、三の様式的な特徴がここで記されるべきである。彼の文学的スタイルは、直接的で、大体においてあまり装飾に凝っていない。このような彼の注解の特徴は、全般的に気高く、また非常に修辞的なイザヤ書6章の説教スタイルといささか対照的である。このような違い

から、カステンをはじめとした研究者たちは、この注解が元来の注解のテクストを単純化することによって編集されてきたのではないかと推測している。しかし、この注解のスタイルは決して平坦でも平凡でもない。むしろそれは、明瞭簡潔な表現に満ちている。たとえば、「善行という徳に勝るものはない」（Garrett, p. 50）などといった具合である。彼はまた聴衆の理解を助けるために、別の言い方を提供することに非常に長けている。更に彼は、預言者のテクストの隠喩を正しく解釈するこの重要性に鋭敏に気が付いていた。全てのフレーズを字義的に解することは、テクストの意味を解釈することを不可能にしてしまうのである。

　クリュソストモスによるイザヤ書注解は七十人訳に基づいているが、それは往々にしてルキアノスの校訂に従ったものである。クリュソストモスはテクストの問題についてはほとんど関心を払っていない。また彼のイザヤ書注解は、異なったギリシャ語の諸翻訳を引用するということもない（彼の詩編注解においては、「他の」諸翻訳についての二、三の言及が存在する）。クリュソストモスは、実際に名前を挙げる形で以前の注解者たちに言及することもない。無論、時折現れる他の注解者たちとの並行は、彼が広範なキリスト教釈義の伝統に幾らか精通していたことを示しているのだが（cf. イザ6章とウジヤ王の罪）。ごくまれに、彼は現代の学者たちを悩ませ続けてきたような種類の文献批評的諸問題に言及している。しかし彼ははっきりと、イザヤの託宣は異なった時代に異なった聴衆に対して語られたのであり、後の時代においてようやくまとめられて、一冊の完全な書物となったと述べている。クリュソストモスはヘブライ語についての直接的な知識は持ち合わせていなかった。彼がヘブライ語について言及する時は、そのような言及は恐らく間接的な資料に由来しており、またたびたび混乱した様子を示している。古典ギリシャ文学についての言及もまれにしか見られず、またそれは彼のスタイルにとっては異質なものである。

　クリュソストモスの釈義を形作った解釈学的ガイドラインに目を転じるとき、大なり小なり、教父たち皆が持っていた聖書に関する伝統的な見解が見出される。それはすなわち、聖書に収められた各書物は神的託宣であって、そこにおいては各々の言葉が聖なる意味を保持している、という見解である。

第8章　ヨアンネス・クリュソストモス

イザヤが幻を見たと語る際、クリュソストモスは、どんな預言者や使徒も、そこで個人的な意見を述べているのではない、とはっきりと述べている。しかし彼は、聖書の人間的な諸要素を無視しているのではない。人間が生まれつき持っている力は神的霊感によって呼び覚まされ、強められている。しかしそれでも、クリュソストモスは神的恵みと人間的知恵の間に違いを設けている。神的恵みはエリシャによって代表され、人間的知恵はソロモンによって代表される。しかし両方共が、神に仕えるために用いられているのである。

　クリュソストモスのイザヤ書注解を全体として見るとき、彼が釈義の上でアンティオキア学派に属しており、また彼がタルソスのディオドロスに従っていることに明白に気が付かされる。解釈は曲解されるべきではなく、また過度に厳密な区別に基づいてなされるべきでもない（イザ2章）。ぶどう畑の歌（イザ5章）を解釈する際、クリュソストモスは聖書テクストの寓喩化（allegorization）の問題に言及しつつ、自身の釈義を展開している。彼のこの点に関する考察は単純であるが、しかし洗練されたものである。彼はよく言われているように、頭ごなしに寓喩（アレゴリー）を排除することはしない。むしろ彼は、寓喩（アレゴリー）を用いる上での適切な抑制のための規則を提供している。彼は次のように言う。「我々自身は解釈の規則に対する主人ではないが、しかし我々は聖書の理解それ自体を追い求めるべきであり、そしてそのことの故に、我々は寓喩的（アレゴリカル）な方法も利用してよいのである」。また、こうも言っている。「次のことが聖書のどこにおいても適用される規則である。すなわち、聖書が寓喩化（allegorize）することを欲するときには、聖書自体が寓喩（アレゴリー）の解釈について教える。そのことによって聖書の箇所は、表面的な、上っ面を走った解釈になりはしないのである」（Garrett, p. 110）。つまりクリュソストモスにとって寓喩（アレゴリー）の適切な使用とは、テクスト自身によって意図された、比喩的な次元を認識することなのである。

　クリュソストモスはイザヤ書注解において、通常アンティオキア学派と関係しているような専門的な解釈学的語彙を頻繁に用いてはいない。しかし彼のアプローチは、専門用語を使わない形での釈義的技術を反映している。彼

がたびたび用いているところの一つの専門用語は、*sunkatabasis*[訳注1]（へりくだり〔condescension〕）である。この語の使用は、彼のイザヤ書6章の解釈において支配的である。そこにおいては、預言者が玉座に座しておられる神の幻を見たという場面が全く神的へりくだりの行為であると考えられているが、そのへりくだりにおいて、神は恵み深く、自身の啓示を人間の理解能力に適合させておられるのである。

クリュソストモスはまた、アンティオキア学派の者たちと自身の歴史に関する理解を共有している。聖書的預言とは、より一層明らかになってゆく神的開示に遡る。その意味は、歴史の特殊性において豊かになる。そしてまた、預言と成就の関係は機械的なプロセスではない。イザヤ書2章において彼は、ある一つの筋道の中で預言され語られているが、しかし別の仕方で実現した多くの事柄について語っている。イザヤ書6章において彼は、「二重の意味」について説明している。預言者的託宣は現在に対して個別的な意味を持つが、しかし同時にまたそれは後の時代に関する、終末論的な意味をも保持している。この伝統的な方法、一般的に「予型論（タイポロジー）」と現代の解釈者たちによって呼ばれているものによって、クリュソストモスは他のアンティオキア学派の解釈者たちと同じように、預言的な箇所の歴史的意味を保持しながら、同時に新約聖書における将来の終末論的指示対象との継続性をも見ることができるのである。クリュソストモスはまた、預言についてのこのような理解を、次のようなことがいかにして起こったかを神学的に説明するために用いている。すなわち、上記の予型論的（タイポロジカル）理解は、旧約聖書の諸々の法が、後のキリストの到来によって新約聖書において無効にされたことを説明できる。旧約聖書において言われている御子に関することは、ごく普通のありふれた言葉の仮面の背後で、その方について語っているのである（Garrett, p. 62）。

最後に、クリュソストモスの独特な説教の技術について言及しないような彼の注解に対する評価は、どんなものであれ不十分である。彼が「黄金の

訳注1　原著におけるチャイルズのギリシャ語引用には誤りがあったので、Joachim Becker に指摘に基づいて訂正を施したことを明記しておく（cf. Joachim Becker による書評、*Biblica* 87〔2006〕: 434）。

第8章 ヨアンネス・クリュソストモス

口」（Golden Mouth）と呼ばれたのは偶然ではない。イザヤ書注解が、その元来の修辞的装飾を編集プロセスを通じて失ってしまったということはありえることかもしれない。しかし、その現在の形において、彼の文学的力量と説教の技術は、その注解のどの箇所においても明らかなのである。

クリュソストモスの説教者としての大きな強みは、部分的には、彼が聖書解釈において倫理的に真剣であったことと、聖書テクストを自身の教会の会衆の日常の問題に適用していたことに起因している。クリュソストモスが情け容赦なく、人々と支配者たちの腐敗と浅はかさを明らかにしたとき、彼の説教は非常に大きな反対を引き起こした（cf. Kelly, pp. 83ff.）。彼はたびたび富裕な人々の豪奢な生活をさげすみ、貧しく、寄る辺ない者たちに熱く心を寄せるのである。自身のイザヤ書注解においてクリュソストモスの説教は、一般的な人間の本質について多大な鋭敏さを示している。彼は全ての人に共通する経験とたちまち共鳴するような絵を、言葉によって描くことができた。エルサレムの金持ちの女たちに対する預言者の攻撃について更に説明しようとする時、彼は平板な倫理主義には陥らず、人々に軽薄な行動を起こさせるその心を探っている。「なぜなら、女がなす一切のこと——彼女の目、服、足、足取り——それらはしとやかさを示すか、あるいは不貞を示すか、そのどちらかである。芸術家たちが、彼らが望む絵画を描くために色を混ぜるのと同じように、体の手足の動きは、その魂の有り様を投影しているのである」（chapter 3, Garrett, p. 94）。

イザヤのメッセージは、そのほとんどがイスラエルの契約の責任に対する非難であったために、クリュソストモスはそのような文脈において、自身の民の間にはびこる同じ悪について議論を展開することを相応しいと見なした。その悪とは、贈賄行為、無知、そして非道な支配といったものであった。彼の説教は、聴衆を駆り立てることによって終わる。「あなた方は油断してはならない！」。あるいはまた、こう書いている。「やもめとして暮らすこと、また孤児の境遇といったものはそれ自体耐えられないようなものである。しかしもしそのような被害者たちが他の人々によって危害を受けた場合、その不幸は二倍となる」（Garrett, p. 52）。

要するに、クリュソストモスは聖書の権威についての冗長な神学議論と取

173

り組むことはせず、また自身の釈義において、新しい解釈学的地平を切り開くこともしなかった。しかし彼は、他の教父の中ではアウグスティヌスによってのみ比肩され得るような説教の秀逸さをもって、偉大なことを成し遂げたのである。彼は、それが直接の神の言葉であるという聖書自体の主張に相応しく、聴衆を聖書から聴こえてくる力と明瞭さに差し向かわせるような仕方で聖書を用いた。そのようなものとして、彼の福音の説教者としての働きは、聖書を誠実に、そして霊感を受けた想像力を携えて伝えるという意味において、全ての続く世代にとっての模範であり続けているのである。

第8章　ヨアンネス・クリュソストモス

ヨアンネス・クリュソストモスに関する文献表

一次文献

Patrologia Graeco-Latina (MPG), edited by J.-P. Migne, 47-63.

St. John Chrysostom, Nicene and Post-Nicene Fathers, first series, vols. 10-14, edited by P. Schaff. Edinburgh: T. & T. Clark, 1886-1888.

Homélies sur Ozias, edited by J. Dumortier. Sources Chrétiennes, 277. Paris: Éditions du Cerf, 1981. (Migne, Patrologia Graeco-Latina 56, pp. 97-142.)

Commentaire sur Isaïe, edited by J. Dumortier. Sources Chrétiennes, 304. Paris: Éditions du Cerf, 1983. (Migne, Patrologia Graeco-Latina 56, pp. 11-94.)

Commentarius ad Isaiam. 12世紀の写本に基づいて、アルメニア語版がメキタリスツ (Mechitarists) によって出版された: Venice, 1880; Latin translation, 1887.

二次文献

Bardy, G. "Interpretation chez les pères." *Dictionnaire Biblique*, Suppl. 4, pp. 569-91. Paris, 1949.

Baur, C. *John Chrysostom and His Time*. 2 vols. Westminster, Md.: Newman Press, 1959.

―――. "Der Kanon des Johannes Chrysostomus." *Theologische Quartalschrift* 105 (1924): 258-71.

Chase, F. H. *Chrysostom: A Study in the History of Biblical Interpretation*. Cambridge: Deighton Bell, 1887.

Dieu, L. "Le commentaire arménien de S. Jean Chrysostome sur Isaïe ch. VIII– LXIV: est-il authentique?" *Revue d'Histoire Ecclésiastique* 17 (1921): 7-30.

Dumortier, J. "La version arménienne du commentaire sur Isaïe de Jean Chrysostome." In *Studia Patristica*, vol.17, pp. 1158-62. Oxford, 1982.

Garrett, D. A. *An Analysis of the Hermeneutics of John Chrysostom's Commentary on Isaiah 1–8 with an English Translation*. Studies in Bible and Early Christianity, vol.12. Lewiston, N.Y.: Edwin Mellen, 1992.

Hill, Robert. "John Chrysostom's Teaching on Inspiration in 'Six Homilies on Isaiah.'" *Vigiliae Christianae* 22 (1968): 19-37.

―――. "Akribeia: A Principle of Chrysostom's Exegesis." *Colloquium* 14 (1981): 32-36.

Kelly, J. N. D. *Golden Mouth: The Story of John Chrysostom*. Ithaca: Cornell University Press, 1995.

Krupp, R. A. *Saint John Chrysostom: A Scripture Index*. New York: University Press of America, 1984.

Margerie, B. de. "Saint John Chrysostom, Doctor of Biblical 'Condescension.'" In *An Introduction to the History of Exegesis*, vol.1, pp. 189-212. Petersham, Mass.: St. Bede's Publication, 1993.

Old, H. O. *The Reading and Preaching of the Scriptures*, vol.2, pp. 171-222. Grand Rapids: Eerdmans, 1998.

Quasten, J. *Patrology*, vol.3, pp. 424-82. Westminster, Md.: Newman Press, 1960.

Nassif, B. "Antiochene Theōria in John Chrysostom's Exegesis." Ph.D. dissertation, Fordham University, 1991.

Venables, E. "Chrysostom, John." In *Dictionary of Christian Biography*, edited by W. Smith and H. Wace, vol.1, pp. 517-35. London: John Murray, 1877.

Wilken, R. L. *John Chrysostom and the Jews*. Berkeley: University of California Press, 1983.

Woollcombe, K. J. "The Biblical Origins and Patristic Development of Typology." In *Essays on Typology*, edited by G. W. H. Lampe and K. J. Woollcombe, pp. 39-75. London: SCM, 1957.

Young, F. "John Chrysostom." In *From Nicaea to Chalcedon*, pp. 143-59. London: SCM, 1983.

第**9**章

アレクサンドリアのキュリロス

Cyril of Alexandria

I　その生涯と背景

　キュリロスの出生年は知られていない。しかし彼の生涯を再構成しようという現代の試みによれば、彼は 378 年に生まれ、444 年に没した。彼の初期の時代については、彼がどのような教育を受けたかということも含めて、わずかなことしか知られていない。エジプトの諸伝承によれば、彼はアレクサンドリアに生まれ、そこで良い教育を受けたと言われている。彼の著作は、彼が古典の知識を得ていたこと（ただし、恐らく彼はそれらを二次文献から引用したのであろう）を証言している。彼の受けた教育は、疑いなく彼のおじであったテオフィロスによって指導されたものであった。このテオフィロスなる人物は、385 年に総主教（Patriarch）に選出された人物で、キュリロスはその後を 412 年に継ぐことになる。キュリロスの生涯の中での決定的な転換点は、430 年頃に訪れることになったが、その時彼はネストリオス派と

177

の激しい争いへと突入していった。

　キュリロスは教会史において、主として反ネストリオス派の指導者としての役割の故に、そしてテオドレトス（Theodoret）を含む、アンティオキア学派の者たちとの長年にわたる教理論争を闘ったことの故に記憶されている人物である。アレクサンドリアの伝統の優秀な、そして非常に攻撃的な代表者として、彼は三位一体とキリスト論に関する古典的なギリシャ的教理を形成する上で、とてつもなく大きな影響を及ぼした。彼はたびたびその論争の熱心さ、また時にその辛辣さによって、その評判を落としてきた。しかし、教会の教理的発展に対してなした彼の貢献は誰もが認めるところである。

Ⅱ 著　作

　普通キュリロスの著作は、彼の生涯の内の二つの主要な時代に従って区分される。すなわち、423 年以前と以後である。人生の初期の時代において彼は、神学と聖書釈義両方に関わる多岐にわたる書物を記したが、それらは『霊と真理において神を崇め礼拝すること』（*De adoratione et cultu in spiritu et veritate*）、『聖なる同一本質の三位一体に関する宝庫』（*Thesaurus de sancta consubstantiali trinitate*）、そして諸々の復活祭書簡（Easter encyclicals）を含んでいる。彼が聖書に関する主要な著作を著したのはちょうどこの初期の時代であった。彼は十二小預言書、イザヤ書、そしてヨハネによる福音書に関する注解を記した。彼がイザヤ書の注解を書いた正確な年代は不明であり、ただ『霊と真理』の後、そして 423 年以前と推定され得るのみである。この初期の時代の後、彼は人生の残りの時期を論争的な論文の執筆に全く費やすこととなった。はじめはアレイオス主義者たちに対抗する著作、そして続いて後には、ネストリオスとその擁護者たちに対抗する著作が著された。

Ⅲ 聖書学者としてのキュリロス

この章では、釈義の歴史におけるキュリロスの聖書学者としての役割に注目したい。彼の聖書解釈は、彼の著作群の中で最も大きい部分を占めているにもかかわらず、彼の著作におけるこのような部分に真剣な関心が払われるようになったのは、かなり最近になってからのことである。むしろ 19 世紀全般と 20 世紀の前半においては、研究者たちはキュリロスをギリシャ教父たちの中の最も傑出した人物の内の一人として、そしてまた正統的信仰の偉大な擁護者として扱ってきたが、一方で彼の釈義は、そういったことよりも低い価値を持つものとしてないがしろにされてきた（例外は、P. E. ピュージー〔Pusey〕による、キュリロスの注解書の何冊かの校訂版）。

このような状況を正すこととなった最も重要な試みが、アレクサンダー・ケリガン（Alexander Kerrigan）による博士論文である。その論文は「アレクサンドリアの聖キュリロス、旧約聖書の解釈者」と題されて、1952 年に出版された。何年にもわたる非常に精緻な研究に裏打ちされたケリガンの論文は、その後のキュリロスの釈義研究に決定的な影響を与えた。大きな関心をそそるのは、ケリガンが自身の分析の中心に、キュリロスの釈義における聖書の字義的意味と霊的意味の解釈学的問題を据えたことである。彼の徹底的な語彙の研究は、全ての後の時代の研究のために揺るがぬ基礎を提供している。加えて彼は、一般的な専門的問題をも扱っている。それらはたとえば、キュリロスによって用いられたテクストの形式、彼が用いた史料、地理的知識、といったことである。論文の結論において彼は、教会の釈義的伝統におけるキュリロスの神学的、歴史的重要性という、より幅広い神学的な問題を提起している。しかし私は、特にこの章の最後のセクションとの関係で、最近の 50 年間に現代の解釈学的議論に関しては多くのことが変化し、それ故に別の視点が考慮される必要があることを示したいと思う。

IV キュリロスによる聖書の字義的・霊的意味

1 字義的意味

　キュリロスは彼以前の全ての古代教父たちによって共有されていたのと同じような形で、字義的意味と霊的意味との区別を設ける。しかし、彼が「字義的意味」と言うことで意味している内容とその霊的意味との関わりについては、たちどころに明らかになるというわけではない。キュリロスが、字義的意味についての彼自身の理解に基づいた、単純で十分に一貫した解釈をどこにおいても提供していないために、このような問題が起こっている。この問題はまた、字義的意味を説明するためにキュリロスが用いている非常に豊富で多様な語彙の存在によって更に複雑なものとなる。ケリガン（pp. 35ff.）は、キュリロスが用いた「字義的意味」を示す言葉として、ざっと20ほどの異なる表現を紹介しているが、それらはたとえば、*to gramma*〔書かれたもの〕、*ho nous tōn eirēmenōn*（語られたことの意味）、*ho procheiros logos*（明白な言葉）といったものである。最も頻繁に用いられる語は *historia*（物語、証言）である。ケリガンはまた、この問題についてより明瞭に論じるために、更なる細かい区分を幾つも設けて、あるものは純粋に釈義的な語彙、そしてまたあるものは単に間接的に釈義に関わる表現であるとする。ケリガンは、キュリロスにとって聖書テクストの字義的意味、霊的意味を決定するのは指し示されている対象であって、その意味の表現のされ方ではない、と主張している。もちろん、指し示されている対象と、その対象の意味の表現のされ方との関係は厳密に固定されているわけではない。時にキュリロスはこの二つを融合させ、従ってその区別を曖昧にしている。それでもケリガンは、キュリロスにおいてはどのような対象を指し示すかによって、その意味の次元が違ってくる、と主張している。

　それでは一体、字義的意味が指し示す対象とは何なのであろうか。一般的に言って、字義的意味が示す対象とは、感覚によって認知され、そして人間の知覚にさらされている物や出来事のことである。従ってそれらは *ta*

第9章　アレクサンドリアのキュリロス

aisthēta（感覚によって捉えられたもの）、あるいは *ta en aisthēsei keimena*（感覚による認知を引き起こすもの）などと同定されている。それらはまた、過去の出来事、律法の条項（申 23:1ff. のような）、あるいは預言者によって約束されている物質的な繁栄といったものである。字義的意味が示す対象は、地上における普通のもの——動物、植物、食物——であり、たびたび「下等な（coarse）もの」と称される。これらのものは、感覚によって得られる知識の源であり、従って、それより優れたものである *nous*［より高次の知性］とは区別されるものである。

　ベルトラン・ド・マルジェリー（Betrand de Margerie, "Introduction," pp. 244-45）は、次のような所見を述べている。すなわち、キュリロスは旧約聖書のある箇所の幾つかに関しては、霊的意味抜きで、字義的意味だけを示しているとしており、従ってオリゲネスによる解釈学的確信として大切にされてきたものの内の一つを捨て去ってしまっている、と。ド・マルジェリーによれば、このような立場によって、キュリロスは結果的に、旧約聖書のある部分、特に律法的な側面を、神秘的意味表現を完全に欠いた字義的意味へと格下げすることになった。従ってキュリロスにとって、キリストの神秘と何の関連も持たない聖書箇所は霊的ではありえず、むしろただ単に字義的だというのである。

　キュリロスはまた、様々な言葉の「あや」や比喩的イメージを包含した、広範な含蓄を持った字義的意味を表現するための語彙も使用している。表現されている対象の背後に、曖昧で、はっきりしない意味が存していることの故に、謎めいた言葉、寓話、そして範例（パラダイム）が必要となる。そしてキュリロスはこのことを、エゼキエル書 17:3-4 における鷲に関する複合的なイメージを指摘することによって描写している。字義的意味というカテゴリーの中に、隠喩（メタフォリカル）的意味を含めることによって、キュリロスもまたアンティオキア学派の系譜に立つ。キュリロスは明らかに古典ギリシャの修辞学の影響を受けており、また直喩（シミリー）と隠喩（メタファー）の区別にも気が付いているように思われる。しかしそれにもかかわらず、彼は古典的な規則によってきつく縛られているというわけではない。

　アンティオキアの釈義的伝統において重要な役割を演じた *skopus*（スコポ

ス＝視座／目的）についての問題は、キュリロスの解釈学的アプローチに影響を及ぼしている。キュリロスにとって *skopus*（scope）とは、聖なる著者たちによる記述の目的と到達点を言い表したもので、著者が物事を見る際の、視界の角度（angle of vision）のことである。テクストの視野（scope）への注目は、字義的意味だけではなくて、霊的意味へも適用される。ケリガンは（pp. 95ff.）、キュリロスが、背教者ユリアヌス帝の攻撃に対してモーセ五書的な宇宙論を擁護した際のスコポスの使用が解釈学的に重要であったと指摘している。創世記の記述は、それが多くのことを説明しないままにしていることの故に、ギリシャ神話の創造論よりも劣っている、というユリアヌスの攻撃に対して、キュリロスは次のように反論する。すなわち、モーセは自分が「人生を方向づけるのに有用だ」と見なした詳細についてのみ記したのであり、つまりモーセには意図的な目的があったと言うのである。ケリガンは（pp. 108-9）、キュリロスがテクストのスコポスに注目していたことを説明するために、イザヤ書 14:29 と 58:1 から二つの例を引用している。そしてまた次の点を認識することも重要である。すなわちキュリロスにとっては、霊的意味の表現とはまさに、聖書の視座そのものの内に含まれているということである。つまり、霊的意味の表現は聖書の客観的な構成要素なのであって、単なる聖書注解者の主観的解釈ではないのである。

　最後にケリガンは（pp. 40ff.）、キュリロスが字義的意味を尊重していたかどうかを判断しようとする。彼の分析の結果は幾分不確かなものである。一方でキュリロスは、特にイザヤ書注解の序文において（Patrologia Graeco-Latina 70, 9A）、そしてイザヤ書 7 章の解釈において、聖書の字義的意味を解釈することがいかに重要なことかという点を明確にしている。「霊感を受けた聖書の字義的意味をつまらないものであるとして拒否する者たちは、そこに記されている事柄を理解する可能性を、ある程度自ら奪い去ってしまうことになる」。彼はまた続けてこう論じている。すなわち、解釈者は字義的な、歴史的意味を適切に扱うことによってのみ、霊的意味へと至ることができるのだ、と。他方でキュリロスの実際のイザヤ書の解釈に関して言えば、字義的意味についての解説は霊的意味のそれと比べて、非常に少ない分量しか与えられていない。キュリロスが地理的な事柄に関する相当な知識を有し、頻

第9章　アレクサンドリアのキュリロス

繁に聖書の歴史をたどっていることは明らかであるが、しかしそれが生み出す結果は極めて小さく、たとえば、ヒエロニムスによって展開された字義的解釈などとは比較のしようがない。キュリロスは字義的意味を真剣に扱わねばならないと感じているように見えるが、彼の大きな関心と真実の才能は、テクストの神学的な内容、主に霊的意味に関して詳説することの内に存している。アンティオキア学派とヒエロニムスによる影響から益となるものを受けつつも、しかしキュリロスは基本的に、自身の解釈論においては、アレクサンドリアの伝統の内に留まっているのである。

2　霊的意味

　キュリロスの著した諸々の注解書は、聖書の字義的意味の先へ進むようにという奨励の言葉で満ちている。彼はたびたび、「我々の救い主の神秘」を証明する要素の詳説という目的のために、「字義的意味の冗長さ」を短く切り詰めようという自身の関心を繰り返し示している。彼は霊的意味を、字義的意味の余分な部分の内に隠されているものであると認識しており、それは「まるで余分な葉の内に、どの方向からも覆われている、香り高い庭の花のようである」としている（Kerrigan, p. 111）。キュリロスの注解書のどこを読んでも、次のような印象がもたらされるだろう。すなわち、キュリロスは注解者として、そのなすべき任務の中心的事柄にたどり着くこと——テクストの霊的意味を探究すること——を常に心から求めているということである。実にこのことの故に、彼の神学的考察においては、テオドレトスやエウセビオスに見出されるどのようなものをもはるかに凌ぐような秀逸さと豊かさがあるのである。

a.　キュリロスの用いた用語

　我々はここで、キュリロスが霊的意味を説明しようとした際に用いた用語に注目したい。まず、次のことを確認することは重要である。すなわち彼の語彙は、「より高次の意味」（higher sense）を意味することにおいて、非常に幅広い多様性を反映している。驚くべきこととして、「寓喩」という言葉の

183

伝統的な使用——これは特にフィロンとオリゲネスにおいて見出されるものであるが——は、恐らくごくまれにしか現れていない。その代わり、ケリガン（pp. 109ff.）はキュリロスの語彙の使用の中でも特徴的な、20ほどの異なる表現を挙げているが、それは次のようなものを含んでいる。

1. *theoria*［見ること、観想］という語。これは多様な修飾的付加語、たとえば *en pneumata*［霊において］といった語を伴って現れる。この頻繁に用いられる語は、霊的意味とは、聖霊によって与えられる助けであるところの幻の内に獲得されるものである、という点を強調している。
2. *noēma*（考え、理解）という語の使用を含んだ表現。
3. 名詞 *nous*（理性とその働き）という語との様々な組み合わせ。
4. *mystikos*（神秘的な、霊的な）やその変化形を用いた表現。

theoria という語はもちろん、アンティオキア学派に属する者たちによって好んで、そして広く用いられる表現である。キュリロスによるこの語の使用が、どのような意味でアンティオキア学派と関係しているかという問題は、ギリシャにおけるこの語の元来の起源を遡ろうとする努力よりもなお一層重要な事柄である。アンティオキア学派に属する者たちにとってこの *theoria* という語は、メシア的と考えられる幻の形態——すなわち、預言の約束の成就のために未来へと向かっている諸々の出来事——を意味するものであった（cf. テオドレトス）。しかし、キュリロスにとって強調すべき大事な点は終末論的な時の流れの中で存在している一連の出来事の内には存しておらず、むしろそれは、超自然的な［聖霊による］照明（illumination）の助けによって、テクストの隠された意味を発見することの内に存しているのである。キュリロスは、キリストの神秘が将来聖霊によって啓示されることへの自身の期待を支持するために、新約聖書の諸テクストを引き合いに出した（たとえばヨハ 14:25-26）。旧約聖書の影を新約聖書の霊的知識へと移行させるそのプロセスは、キリスト御自身の栄光を映し出す内面的変革をもたらすのである。

第9章　アレクサンドリアのキュリロス

b. 霊的意味とそれが指し示す対象

　字義的意味は、それが指し示している対象によって決定されるとキュリロスは論じたが、それと同じように、霊的意味は *ta aiosthēta*（感覚による認識）から区別された。霊的意味は次のようなカテゴリーによって表された。すなわち、*to alēthes*（真実）、*ta anankaia*（必要な、価値あること）、*ta kekrummena*（隠された）、そして *ta pneumatika*（霊的な）。これらの用語の多くはプラトンにおいて現れており、イデアの世界に属している、変化することのない現実を意味している。しかしキュリロスのこれらの用語の用い方は、古代ギリシャ哲学と全く同じものであると言うには、その形成にキリスト教神学から受けた影響があまりに大きい。むしろ、次の点がたちどころに明らかになる。すなわちキュリロスにとっては、霊的意味が指し示す対象は、キリストの神秘に属している様々のリアリティーと同一視されるということである（cf. Kerrigan, p. 131）。これらのリアリティーははじめ、旧約聖書の中で来るべきものを示すものとして、また覆いをかけられたものとして知られており（創造、律法、救済）、より高い次元へと至る霊的意味での変革を待っていた。このため霊的意味に関するキュリロスの理解は、旧約聖書と新約聖書との調和と密接不可分に結び付いているのである。

c. 旧約聖書と新約聖書の関係

　キュリロスは、旧約聖書と新約聖書の調和を強調しているという点で、クレメンスとオリゲネス両方の伝統に立っている。旧約聖書と新約聖書は共に、救済に関わる一つのメッセージを形作る。特に、自身のヨハネによる福音書の注解においてオリゲネスは、キリストの到来に先立つ時代において「完全な」者によって保持された知識は、キリスト御自身によって教えを受けた使徒たちのそれに劣ることはなかった、と論じている（ヨハ 6:4, 24、ケリガンによる引用、Kerrigan, p. 133）。しかしキュリロスは、旧約聖書と新約聖書の同一性について論じる際、クレメンス、あるいはオリゲネスよりもずっと抑制的である。その理由は、キュリロスが、旧約聖書と新約聖書のいかなる単純な同一性をも制限するという仕方で、霊的意味の中心性を高めたためである。旧約聖書は確かに神的照明の源であるが、しかしそれはまた同時に影を

185

伴ったものである。従って旧約聖書は、キリストによって発された一点の曇りもない光とは比べようもない。旧約の発する光が、月の光になぞらえられる一方で、他方、福音の光は昼間の太陽が発する明るさになぞらえられる（Margerie, p. 246）。

　もちろん、キュリロスの旧約聖書と新約聖書に関する立場を「弁証法的」（dialectical）と呼ぶことは、まさに時代錯誤的であろう。しかしそれにもかかわらず、キュリロスはこう書いている。「律法は、一つの同じものでありながら、完全であり、また不完全である。それは、もし霊的に理解されるのであれば完全である（なぜならそれはキリストの神秘について我々に語るからである）。しかしまた同時にそれは、もし教えを受けている者たちの意識が文字を超えていかないのであれば不完全である」（ホセア書注解、ケリガンによる引用、Kerrigan, p. 131）。旧約聖書はキリスト者にとって、キリストの神秘に関する神的啓示の真実の源であり続けているにもかかわらず、その真実な意味を表現するためには、霊的意味を必要とするのである。変えられた（transformed）旧約聖書だけが、キリストの予表（prefiguration）を、その霊的なリアリティーへと翻訳できる。聖霊の照明を帯びた、神秘的な *theoria* は、歴史の中の行為と語りの内に長い間埋もれてきたのである。もちろんキュリロスは、このことに関する自身の明確な根拠を、パウロの言葉に見出している。「文字は殺すが、しかし霊は生かすのである」（Ⅱコリ 3:6）。

d. キュリロスの教理的、倫理的規範

　キュリロスがクレメンスとオリゲネスの伝統に立脚していることを考えれば、キュリロスが権威的諸規範について時折言及しているのが見出されることは、驚くには当たらない。これらの規範は直接的に聖書と同一視されてはおらず、あるいはまた、エイレナイオスやテルトゥリアヌスに見出されるような「信仰の基準」（rule of faith）という範疇での働きを担っているわけでもない。しかし、ある二つの語彙が用いられて、それらと類似する主題に言及している。それはすなわち、*kērygma*（ケリュグマ）と *paideusis*（訓練）という語彙である。これら二つが用いられる文脈には重なり合うところがある。まず、*kērygma* という語が用いられることにより、正統的教理の教示と

異端への反駁が説明される。その一方で、*paideusis* という語は、クレメンスの教育的目的とより近い形で、行為の理想的形態に関わりがある。これらの語彙、特に後者は通常、霊的意味の文脈において登場する。従って、モーセの律法は邪悪な罪について指摘する役割を果たしているが、しかしそれはキリスト者に、キリストにおける徳の知識と行いの栄光を手ほどきする霊的なものである。聖書読解の目的は霊的な礼拝によって形作られるべきである。汚れなき生活を支配する倫理的、教理的諸規範があることの故に、醜い、見苦しい物語の数々（たとえば、五書にあるような）は、霊的な読み方に従った場合のみ、徳を生み出すことができるのである。

e.　霊的意味において神と人間が演じる役割

　キュリロスは、預言者たち自身の意識の中に霊的対象が存在していたと確信しており、多くの旧約聖書の箇所はそのことを示しているとする。少なくとも幾つかの場合において、預言者たちは自身の託宣の霊的意味を自覚していた。キュリロスは、霊的意味を預言者の視座（スコポス）に含めることによって、霊的意味が人間の著者の意識の一部分として存在していることをほのめかしている。しかしその強調点が、そのような神からの賜物である霊的照明に相変わらず置かれているために、キュリロスは明らかに霊的意味を聖書の客観的意味としても見なしている。旧約聖書の霊的解釈は神に由来する。神は前もって、古い配剤（dispensation）の出来事に謎めいた性質を付与し、未来の世代が霊的な知識を受けることができるようにしておられる。人間の著者は、上記のプロセスが、その存在自身を通して、聖霊の助けによって促進されたり、あるいは見抜く力の欠如によって阻止されたりする（ユダヤ人の場合に見られるように）媒体なのであった。キュリロスは、モーセがキリストの救い主としての力を知っていたこと、そしてまた、律法はキリストの罪と裁きに対する勝利を離れては何者をも義とすることはできないと知っていたと考える。イザヤ書 11:12 の場合（「主は……イスラエルの追放されていた者を引き寄せ、ユダの散らされていた者を集められる」）、その霊的意味は明らかに「イザヤ自身の意識的な意図」に帰されている（Patrologia Graeco-Latina 70, 332B, ケリガンによる引用）。

f. 霊的意味に対するユダヤ人の態度

キュリロスが繰り返し言及しているユダヤ人に対する批判のほとんどは、聖書の霊的意味に関する彼自身の理解に由来している。上述したようにキュリロスは、永続する神の啓示を含むものとしてのユダヤ教聖典を評価することにおいて、全く揺るぎない。旧約聖書の啓示的役割を否定することは、それがどのような形であれ——キリスト者であっても、異教徒であっても——すぐさま異端であると見なされ、信仰に対する脅威であるとされる。むしろキュリロスにおけるユダヤ人との論争は、聖書の解釈という問題に集中していった。モーセの律法は、霊的意味によって理解される故に、神によって与えられたものなのである。もし単に文字に従って読まれるとすれば、それは無益であり、またその意味は死んだ、命のないものとなってしまう。キュリロスは、自身のキリスト者の先達の伝統に従って、モーセの顔にかけられた覆い（出 34:33）を、ユダヤ人が律法の真の本質を理解できないこと、またキリストの神秘を指し示す神の光を見ることができないことの象徴であると解釈する（Patrologia Graeco-Latina 69, 536f.）。新約聖書を引用しながら、キュリロスは次のように論じる。すなわち、ユダヤ人の頑迷な不従順は、キリストが彼らの間にやって来られた時にその頂点に達したと。特にヨハネによる福音書 5:39-40 は、キュリロスのこの理解を裏付けるために用いられた。イエスはこう言われた。「あなたたちは聖書の中に永遠の命があると考えて、聖書を研究している。ところが、聖書はわたしについて証をするものだ」。結果として、聖書全体がユダヤ人にとっては封印されたものとなってしまい、その秘密は彼らにとって明かされないものとなってしまったのである（キュリロスにとってのユダヤ教という課題についての詳しい研究については、特に R. Wilken のものを参照せよ）。

g. キュリロスと霊的意味についての要約

ケリガン（pp. 165ff.）は、キュリロスにおいて見出される霊的意味の多様性について説明するために、ダニエルーによるカテゴリーを用いている。それによると、

1. キュリロスは終末論的視座を持つ霊的釈義にはほとんど興味を示して

いない。例外的に、キリストが終わりの日に審判者として再び戻って来られるという伝統的な主題がまれに現れるのみである。

2．倫理的な意味を探究した解釈、つまり、時に「内面的な意味」（interior sense）と称されているものについては十分に説明されており、たびたび *paideusis*（教え、指示）という見出しの下で登場している。

3．教会論的な視座を持つ霊的釈義も同様に顕著である。これは教会の中心的役割について焦点を合わせるものであるが、しかしたとえばエウセビオスによるものとは対照的である。キュリロスは、全体を通してキリストの神秘を強調し、非常に強調されたキリスト論的視座を保っている。

4．キュリロスは歴史的な視座を持つ霊的釈義（すなわち、歴史的物語がキリストの神秘へと至る道を提示する、といったような）については、これをほとんど用いない。キュリロスは、旧約聖書をキリストの生涯と使命と結び付いた歴史的出来事の表象とは見なさない、という形でオリゲネスに従ったのである。

キュリロスによる旧約聖書の霊的解釈に関するこの説明は時に便利ではあるが、しかしながらこれに更に吟味を加えることで、我々は、以上の説明がキュリロスの聖書解釈に対する重要な貢献の核心部分にまでは到達していないことを理解するであろう。

V キュリロスによるイザヤ書の解釈

キュリロスによる注解の破格の長さは驚くべきものである。それは、ギリシャ教父を見渡しても、エウセビオスやテオドレトスといった人々の注解を凌ぐほどのものである。キュリロスによる著作（*opera*）の唯一全巻が揃った版はオベール（Aubert）によるものであり、これは Patrologia Graeco-Latina, vols. 68-77 において再刊されている。イザヤ書の注解は、Patrologia Graeco-Latina 70, pp. 9-1450 に収録されている。残念ながら、P. E. ピュージーによる、キュリロスの注解の幾つかを収めた新しい版には、イザヤ書は含まれていない。

キュリロスは自身の注解を5巻に分けており、個々の巻には五ないし六つの小項目が設けられている。

第1巻、イザ 1:1-10:32
第2巻、イザ 10:33-24:33
第3巻、イザ 25:1-42:9
第4巻、イザ 42:10-51:23
第5巻、イザ 52:1-66:24

上のキュリロスによる構成と、テオドレトスやヒエロニムスなどの注解の構成とに顕著な相違は、次のことを意味する。すなわち、東方教会においても西方教会においても、イザヤ書の釈義的取り組みのための定まった共通の伝統のようなものは存在していなかった、ということである。

第1巻は、短い *Prooemium*［序文］によって始められている。そこにおいてキュリロスは、自身の解釈のねらい（scope）と彼自身の目的を設定している。彼はまずはじめに、明白に次のように告白している。「キリストが律法と預言者の目的である」。しかし一方で、それでも彼は、イザヤ書を字義的、霊的意味両方に従って解釈しようと考えている。彼はまた、自身の注解がイザヤ書を正しく扱うこと、そしてその注解を読者に対して有益なものとすることに気を配っている。彼はまた、自分よりも以前に、すでに幾人かの注解者たちがいたこと——ここでそれが誰とは言っていない——に気が付いているが、しかし彼は、勤勉に注解と取り組むことによって、何か新しいことが見出され、また古い真実が確証されると感じている。

キュリロスが時に、聖書テクストの字義的、歴史的意味を探究することに大きな関心を寄せていることを示す多くの例が、その注解全体を通して存在している。彼はまた、そのような次元において聖書を解釈するための文学的な、また修辞的な技術を有していることを明確に示している。たとえば彼は、イザヤ書5章を解釈する際に、最初の節が *stichos*、すなわちまえがきのように機能するものであることに気が付いている。「わたしは歌おう、わたしの愛する者のために、そのぶどう畑の歌を」。この歌の確かな意味を同定しよ

第9章　アレクサンドリアのキュリロス

うとする様々な異なった解釈の存在に、彼ははじめから気が付いている。彼はそれから、*di'emou* という表現は、「私に属する」という意味ではなく、むしろ「愛する者のために」という意味であると述べている。その上で、預言者は「わたしのぶどう畑」について語り得るわけであるが、しかしここで言われていることは、ぶどう畑が預言者のものであるということではなく、むしろ彼がぶどう畑の中に含まれている者たちの内の一人であるということである。そしてキュリロスはエレミヤ書 9:2 を引いて、イザヤ書のこの箇所と同じように、ぶどう畑がイスラエルを意味するものとして集団的に捉えられていることを示す並行記事としてそれを提示している。

　また、イザヤ書 7 章の解釈の初めの部分においてキュリロスは、聖書がある出来事について言及するために歴史的な視点から語っている場合には、聖書の歴史的意味が真剣に扱われるべきであると強調している。彼は、イスラエルの部族がユダとエフライムに分かれていることを確認した上で、ヨタムの子アハズの治世へと話題を移し、シリアの王とエフライムの同盟によるイスラエルへの攻撃について語っている。無論、彼の史料の出所は、旧約聖書の様々な部分、特に列王記下の記述に限定されている。「ウジヤ王が死んだ年のことである」（イザ 6:1）を解釈する際に、キュリロスは伝統的解釈に従う。それはすなわち、ウジヤの罪とそれに引き続いて起こった重い皮膚病——その結果、ウジヤが死ぬ時まで、神が預言者たちに向けての御自身の啓示を控えることになった——について記した、歴代誌下 26 章の記述に依拠する解釈である。

　イザヤ書 7:14-16 を解釈する際、キュリロスは、まず彼のキリスト論的解釈に対するユダヤ人たちの反論について短く言及しているという点において、これまでのキリスト教の釈義的伝統（たとえばエウセビオスやヒエロニムス）の線に沿って解釈をしている。しかし、アタナシオスがアレイオス派の立場を攻撃した際の影響もまた、ここで顕著に見られる。「彼は本質的に神であり、また神によって生まれた言であった故に、この世界に生まれた時から、そしてそれ以前から、あるいはむしろ全ての時代に先立って、神と同じように聖であった。そのことは、彼がその人性の故に、自身の神としての特権を決して失わなかったことを見るときに分かるのである」（N. Russell, p.

50 による訳）。その晩年において、キュリロスはネストリオス派の異端との闘いによって、キリストの二つの本質とそれらの関係についてのキリスト論的定義を、より明確にしていくように迫られることになる。

　キュリロスの注解においては、特定のテクストの意味を説明するために、聖書に記された歴史を用いている他の例も見られる。イザヤ書 9:8-10 の注解において彼は、ヤロブアム二世の治世からヒゼキヤの時代までの間の北王国と南王国両方の出来事を要約し、サマリアの滅亡が、エルサレムに行軍する途上であったセンナケリブによるものであったと述べている（もっとも、この出来事は実際にはアハズの治世においてサルゴンによってもたらされたのだが）。イザヤ書 23:1 においてキュリロスは、カルタゴ［タルシシュ］の船がティルスの陥落を嘆くよう促されている記述を解釈するに際して、エゼキエル書 29:18-19 に記されている歴史的事件に言及している。あるいはまた、イザヤ書 30:6ff. においてヨヤキムの時代とエレミヤの預言を振り返り、エルサレムの包囲と破壊、そして残された者たちのエジプトへの逃亡について、主として列王記とエレミヤ書の記述を取り入れながら説明している。

　キュリロスの地理的情報の用い方においては、彼の歴史的視点の場合よりも、事柄に対するより批判的な興味関心の存在が明らかである。この点に関して、ケリガンの論文における記述（pp. 322ff.）は、主として F. M. アベル（Abel）による「アレクサンドリアの聖キュリロスにおける聖なる地理学」（"La Géographie sacrée chez S. Cyrille d'Alexandri"）に依拠している。ケリガンも、またアベルも、キュリロスは地理的な情報を説明するために努力しており、その点において彼はヒエロニムスよりも優れていると結論づけている。キュリロスがヒエロニムスの注解に依拠していたということはありそうなことである。しかし、キュリロスが直接にヒエロニムスに依拠しているような例はまれにしか見られない。キュリロスのエジプトの地理に関する知識はヒエロニムスのそれを凌駕し、同時に彼よりもより広範なものであるということは、驚くべきことではない。しかしケリガンは（p. 332）、キュリロスの批評的な歴史的視座が欠如している部分についても言及している。キュリロスはイザヤの時代のアレクサンドリアを重要な町と考えているが、しかしアレクサンドリアがその重要性を獲得したのは、アレクサンドロス大王が、当初

第9章　アレクサンドリアのキュリロス

小さな村々に過ぎなかったその場所に偉大な海運都市を建設した後のことである。

　キュリロスによる本文批評への貢献はごく限られたものである。彼はそもそもヘブライ語には精通していなかった。彼がまれにヘブライ語に根拠を求める時、その典拠については曖昧にしか示されていない。アベルは、キュリロスがヘブライ語に言及する時には、彼がヒエロニムスに依拠していると強く主張している。キュリロスは時折、ギリシャ語の様々な異読について言及しているが、しかしキュリロスにおいては、ヒエロニムスとテオドレトスが後のユダヤ教の諸翻訳との調和について払っていたような関心は欠如している。

　キュリロスの物語を解釈する技術を示す最も良い例は、彼のイザヤ書36-39章の扱い方において見出される。ラブ・シャケとの遭遇の話は、高次の意味（higher sense）を求めることなしに分析されており、むしろキュリロスはここで幾つかの重要な字義的意味の観察を行っている。彼はラブ・シャケがヒゼキヤを呼ぶ時に「王」という称号を用いていないことに気が付いている（これはヒゼキヤへの不敬の明確なしるしである）。一方で、アッシリアの王に関しては「偉大な王」と呼びかけることで、惜しみない賛辞を贈っている。キュリロスはまた、神への信頼を呼びかける一方で、エジプトに助けを求めるヒゼキヤの矛盾を突いたラブ・シャケの演説の鋭さを指摘している。キュリロスはラブ・シャケの皮肉の用い方をよく認識している。「もしお前たちの神がそれほどに慈悲深いと言うのならば、我々がその同じ神によってお前たちを倒すために遣わされているというのは一体どういうわけなのだ？」とラブ・シャケは言う。キュリロスは、敵が用いる偽りの約束の巧妙さについて言及している。

　もちろん、キュリロスは、テクストの意味をいつまでも純粋に客観的な形で説明することはしない。ラブ・シャケの演説の下品さを指摘する際、キュリロスは彼から発せられているその言葉が、汚れた心から出ているものであると述べている。あるいはまたラブ・シャケの、他のどんな国々の神も自分の国を救うことができなかったという傲慢な発言を伝える時も、キュリロスはそれに対する自身の神学的見解を表明する。キュリロスによれば、それら

193

の国々は、一人の真の生ける神、世界の創造者について無知であったのである。更に、神はサマリアを見捨てられたが、それは人々が金の子牛を礼拝した故に神の手によって打ち倒されたのである。このラブ・シャケの演説のシーンの最後においてようやく、キュリロスは説教的な適用を引き出している。すなわちエルサレムは、真理の敵によって包囲されているキリストの教会の型（タイプ）として説明されるのである。

　バビロンの使者が、病気から回復したヒゼキヤのところにやって来る場面を描いたイザヤ書39章を扱う時、キュリロスは、一体なぜこの使者たちがやって来たのかを推測している（無論、聖書の記述はこの点に関して沈黙しているので、実際の歴史的理由の探究は現在に至るまで続けられている）。キュリロスは、直前の数章を含めたより大きな文学的文脈において、この問題を考察しようとしている。バビロンの占い師たちは、太陽の影の方向を逆戻りさせたヒゼキヤの能力（イザ38章）に驚嘆していた。彼らはまた、アッシリアによるエルサレムに対する攻撃がいかにして撃退されたのかについて、詳しく知りたいと思っていた。最後に、キュリロスはまた、いずれバビロンによって囚われの身となるであろうことをイザヤが預言したことに対するヒゼキヤの返答に関して論評している。キュリロスは、ヒゼキヤがもし、自分の在世中の平和に満足することよりも自らの後世のための神の恵みを願い求めていたならば、事態はより良い方向に向かったであろうと考えている。キュリロスは更に、人間の心の異常な弱さについて、より広範な道徳的教訓へと考察の視野を広げている。

　イザヤ書13章、すなわち、メディアとペルシャによるバビロンの滅亡について扱う時、キュリロスはその序言において、まずこの時代についての歴史的概観を述べている。バビロンに対抗するために神がキュロスを助けたことは、聖書の預言の成就であり、バビロンの傲慢と偶像礼拝に対して神の怒りが注がれたことの当然の結果である。キュリロスは、ここにおける比喩的表現を、女性と子供たちを苦しめる悲惨さを描写する預言者的誇張（prophetic hyperbole）として説明する。キュリロスは、最終的には聖書の荒削りな表象を貫いて、真の霊的意味（*eis pneumatikēn theōrian*, Patrologia Graeco-Latina 70, 345C）へと至ることが重要であると説明する。しかし彼は、聖書の本質的

第9章　アレクサンドリアのキュリロス

な意味へと至る前に、まず最初に歴史的出来事を詳述するのである。

以前の章において私は、エウセビオスによるイザヤ書解釈（特に彼のイザヤ書注解）の特徴の一つは、ローマ帝国への無数の言及を見出している点であることを指摘した。キュリロスも同じようなことをしているが、しかし彼の場合はより抑制された方法でそれを行っている。新約聖書の文脈は通常、旧約預言の暗黙の成就として背後に留まっているにもかかわらず、それでもやはりローマ帝国の支配に関する言及は、キュリロスの字義的意味の中に含まれている。従ってキュリロスは、教会の伝統に従って、イザヤ書 2:1-5 を諸国民の回心と教会の勝利を描いているものとして解釈する。キュリロスはこの聖書箇所を、ローマ帝国の支配が提供した全世界の平和——このことはまた、福音の告知をより容易にした——を告げるものであると理解している。あるいはまた、イザヤ書 11:15-16 においてキュリロスは、この託宣を、どのようにしてカエサル・アウグストゥス（Caesar Augustus）がエジプトを占領したかを予言したものとして解釈している。「なぜなら、エジプトをローマの皇帝の支配に手渡すことは神を喜ばせたので、激しい嵐が吹き荒れ、……川の水は海へと押し込められた。それから、神はローマの軍隊のために、平らかな道を準備された」（Patrologia Graeco-Latina 70, 337B）。そして更に、イザヤ書 19:1-5 のエジプトに対する脅威について記した箇所においてキュリロスは、この託宣がローマ帝国によるエジプトの征服を暗示していると断言し、また征服者はローマ皇帝ウェスパシアヌスであるとまで明言している。

聖書テクストの字義的、歴史的意味の様々な側面についてキュリロスが真剣に論じている証拠はあるにもかかわらず、私はキュリロスの主要な関心は聖書の霊的意味にあると信じている。もし「寓喩的」という言葉が、異質な教理の体系を聖書に読み込むことを意味しているならば、キュリロスの釈義を十把一絡げにして「寓喩的」と呼ぶのは全く役に立たない。そのような聖書の読み方は、全く目新しさのないものとして、そして「誠実な」聖書解釈には相応しくないものとして、基本的に退けられてしまう。むしろ現代の解釈者がキュリロスに対する十分な共感をもってキュリロスの聖書解釈の方法論と関心を探究する時においてだけ、キュリロスの真実な釈義的貢献が明らかになり始める、と私は思うのである。

195

イザヤ書 11:1-3 に関するキュリロスの注解（Patrologia Graeco-Latina 70, 309ff.）は、彼の霊的釈義を探究する上で格好の素材である。「エッサイの株から一つの杖が育ち……」。彼は即座にこの「杖」（rhabdos）という言葉について思い巡らす。まずはじめに彼は、アロンの杖、あるいは王笏をキリストの型（タイプ）（eis typon Christou）として説明する。しかしこの予型論（タイポロジー）の援用は、どちらかというと思いつきのようなものである。それは、さほど重要ではない、言ってみればささやかな伝統的な装飾として、またこの章における彼の主要な関心からは離れた事柄としてしか機能していない。むしろ、彼は次のような神学的前提から出発する。すなわちこのテクストは、未来を全てご存知であられる神が、御自身を預言者に開示し始められるところの預言的啓示であるという前提である。聖書において相互に絡み合い、関連し合った（インターテクスチュアル）記述の数々を追い求めることによってのみ、神が啓き示してくださる事柄の神秘全体が明らかになるのである。

　キュリロスは「杖」に関する研究を、その並行する聖書箇所をたどることから始めている。人間としてのキリストは、エッサイの根から杖として現れると説明される。キュリロスはこのことをキリストが真に地上的な性質を持っていたことのしるし、証言であると見なしている。次にキュリロスは、間テクスト的な（インターテクスチュアル）関連を拡張することによって、この杖に関わる主題を展開し始める。詩編 132:11 は、やがて王座につくことになるダビデの子孫から出る者について語る。そして、詩編 45:6 の直後に加えられた預言は次のように語る。「あなたの王座は世々限りなく、あなたの王権の笏（杖）は公平の笏」（詩編 45:7）。この杖から、花が咲くのである。

　「杖」に関係する様々な異なる種類のイメージを明らかにした後、キュリロスはそれらを繋ぎ合わせ始める。杖は、詩編 23:4 においては、慰めを得る手段である。またエレミヤ書 48:17 においては、それは良い羊飼いの杖であり、究極的には良い羊飼いキリストの杖である。しかし人間の罪のために、神は裁き主として、キリストにおいて正義と公正をもたらすために杖を振るわれる。キュリロスはそれから、民をエジプトから救出する際のモーセの杖という主題へと進む。最後に彼は、雅歌 2:1 の考察で締めくくる。その考察の中では、杖は一房の花、野に咲くゆりの花となる。また彼は、その花

第 9 章 アレクサンドリアのキュリロス

の香りについて考察し、その香りを嗅ぐことによって人は神の知識を吹き込まれる、としている。彼はコリントの信徒への手紙一 2:14, 16 に関する短い説教——彼はこの聖書の箇所の記述を聖霊の働きと結び付けている——を用いてこの考察を終える。「神に感謝します。神はキリストにおいて、キリストを知るという知識の香りを、私たちを通して漂わせて下さいます。私たちはキリストの良い香りです。ある人にとっては死から死に至らせる香りであり、またある人にとっては命から命に至らせる香りです」。

　この解釈において、幾つかのことが考察されるべきである。

　まず第一に、キュリロスは、聖書テクストの「元来の意味」について説明しようとする意図を全く持っていない。問題をそのように表現することすら、彼にとっては理解不能なことであっただろう。彼はまた字義的意味にとらわれてもいない。なぜなら、彼が表象を関連づけているところの対象は、感覚による認識——すなわち、字義的意味の特質そのもの——が捉えることのできるものだけではないからである。

　第二に、キュリロスは、その表象の持つ多様性にもかかわらず、聖書の神学的首尾一貫性を前提として議論している。一つの語に対する間テクスト的関連を追い求めることによって、彼は霊的な神学的本質へと至る異なる道を獲得しているのである。

　第三に、キュリロスのアプローチを寓喩として特徴づけること——これはある意味ではその通りなのだが——は、彼がこの聖書箇所を通して何をしているのかということの全てを説明してはいない。キュリロスは、キリスト教聖典全体から得たその事物についての知識を携えつつ釈義を行う。彼はそれから旧約聖書へと視点を戻すが、旧約聖書はあたかもひとそろいの音符のように扱われる。彼はそれらの音符を用い、キリスト教の真実という新鮮な和声づけをもって、新しい、これまでとは違った曲を奏でようとするのである。そしてこれこそが、彼が聖書のより高次の、霊的意味の探究として特徴づけるところのプロセスに他ならない。このプロセスの目的は、たびたび主張されるように、聖書の記述にある神学的体系を押し付けることではない。むしろその目的は、生ける聴き手（読み手）に対する新鮮な宣言の形へと移行し、神の偉大な恵みの光の下での信仰深い生活を呼びかけることなのである。

197

最後に、キュリロスの釈義が人間の創造的想像力による野放図な営みではない、ということを指摘しておくことは重要である。キュリロスは明らかに釈義における創造的な要素を認識している。しかし彼は、常にその要素を聖霊による賜物として認識している。キュリロスは、題材的には、*kērygma*（ケリュグマ）と *paideusis*（訓練）が提供する解釈の神学的規範の枠組みの中で思考している。また彼は、形式的には、教会に受け継がれてきた聖書の枠組みの中で、彼自身の疑問と答え両方を形作るところの一つの視座（スコポス）によって常に導かれながら思考している。ここでのポイントは、彼の注解における自発性と新鮮な想像力の要素を否定することではない。キュリロスにとってはこのような属性はむしろ、教会の伝統と礼拝の営みという文脈から遊離して働いている独立した力ではないということである。

　キュリロスの霊的解釈の別の特徴的例は、エジプトについての幻が記されたイザヤ書 19 章において見出される。このテクストの最初の節は、キュリロスがその釈義の出発点となる文脈を提供している。「主は雲に乗ってエジプトに来られる」。この記述を基礎として、彼はこの章全体の意図を確定する。すなわちこの章の目的は、いかにしてキリストへの信仰がエジプトを変化させるようになったかを説明することである。しかし彼はまず第一に、いかにしてエジプトが他の全ての国々の中で最も偶像礼拝に耽溺し、強情な国であったかということ——つまり、最も回心を必要としていたこと——を詳細に述べている。

　大きな変化はイザヤ書 19 章の最初の節において描かれ、キリストが雲に乗ってエジプトにやって来ると記されている。もちろん、この表象によって厳密に何が意味されているかは議論のあるところであるが、しかしキュリロスはここで、幾つかの解釈の選択肢を簡単に列挙している。ある者たちは、ここで言われていることはキリストの聖なる肉体、つまり聖なるおとめから受けた神殿のことであると言っている。また他の者たちは、聖なるおとめ本人であると理解している。キュリロスはこれらの解釈を評価してはいるが、預言者的な神の幻の多面性（*polytropos,* ヘブ 1:1）を強調し、別の方向性を考えている。そのことによって彼は、これを単純にキリストのイメージと見なすことに反対している。

198

第9章　アレクサンドリアのキュリロス

　むしろ彼は、イザヤ書6章やダニエル書7章、またエゼキエル書1章に注目し、神の臨在の神秘について考察している。次に彼は、コリントの信徒への手紙一 10:1 に注目し、新約聖書から共鳴する主題を取り出している。「我々の父祖たちは皆雲の下におり、彼らは皆海を通り抜け、そして皆その雲と海の中で洗礼を受けたのです」。最後にキュリロスは、コリントの信徒への手紙のこの箇所における食べることと飲むことに関する主題に導かれて、洗礼と聖霊へと注意を促しつつ、キリストにおける神の神秘についての考察を終える。実にキュリロスは、テクストの内容や本質に従って、聖書の霊的意味を神学的にコントロールしているのである。彼は、キリストの到来を聖なるおとめとの関わりで理解するような寓喩的な理解を決して頭ごなしに否定するわけではないが、しかし旧約聖書と新約聖書からの他の多数の表象を援用しながら、聖書の比喩的表現をより豊かにしようと努めているのである。

　最後に、キュリロスによるイザヤ書 52:13-53:12 の解釈は、彼の霊的解釈における別の秀逸な例を提供するが、その解釈はただ単に彼の解釈学的な専門用語を機械的に追い求めるだけでは理解できない。彼はこの箇所全体において、ほとんど反射的に、キリストの受難について思い巡らせている。まず 52:13-15 において、読者はキュリロスの全くの修辞的なエレガントさに驚かされる。そこにおいては、キリストが人となるために己を全く無にしたことと、そのようなキリストの貧しさの結果として人間にもたらされた豊かさとの間の鮮やかな対照が描かれている。キュリロスは同じような対照として更に、キリストが襲いかかってくる死の恐怖を押し止めて、むしろそれを永遠の命へと移しかえたこと、また、暗黒の中で囚われの身となっていた者たちを解放し、目の見えない者が真実を見ることができるようになったこと、等について言及している。

　それからキュリロスは、並外れた技術と想像力を駆使しつつ、福音書とパウロ書簡からの連鎖的引用を思い巡らすことによって、預言者的テクストと新約聖書の間の緊密な形態的適合を構築するという自身の目指すところへと至ろうとする。もちろん、このアプローチ自体は伝統的なものである。しかし、キュリロスが、新約聖書と密接に響き合いながら、いかに深い神学的思索と共にイザヤ書を語り直すことができたかを目の当たりにして、驚かずに

はいられない。苦難の僕は、その謙遜という視点から説明されている。僕は見るべき好ましい風貌があるわけでもなく、むしろ我々のために想像を絶する貧しさへと貶められている。キュリロスは、アレクサンドリア的な視点を反映し、神の苦しみについては語らないが、しかしキリストが受肉した人として、自らを神の堕落した被造物と同化させることの一部として、人間の苦しみに完全に与ると語るのである。イザヤ書53章に描かれた罪なき僕が不当に糾弾されたように、キリストもまた、ピラトが彼に何の悪も見出すことができなかったにもかかわらず、全く不当な形で非難されたのである。無論キュリロスは、信じる者たちのために、キリストの贖いの死と復活が神学的に示唆することを描写する時には、旧約聖書テクストの枠内に留まらず、その先へ進む。更に、彼の修辞的説教は、ヒエロニムスやテオドレトスと比べ、イザヤ書をずば抜けて多く用い、細部に至るまで使いこなしている。

　最後に、ここで強調するに価する、もう一つのキュリロスの釈義における側面が存在する。霊的意味を表すためにキュリロスが用いたお気に入りの言葉の一つは *theoria* という言葉であり、これは霊的なヴィジョン（vision）を含意している。なぜなら人の知性は聖霊の助けを受けて、聖書を読む際に文字（letter）を超越するからである。これは信仰者にのみ与えられた賜物であり、従ってキュリロスは、神に向かってこのような預言者的賜物を自身に、そして自身の注解の読者に与えてくれるようにと倦むことなく願い求めるのである。預言とはキュリロスにとって、神によって与えられた旧約聖書を解釈するための力である。実にキリスト者の預言者とは、新約聖書において旧約聖書の預言が成就したことを見抜くカリスマを受け取った人のことなのである（Margerie, pp. 245-46）。恐らくマルジェリーの中で深い畏敬の念を引き起こしたのは、キュリロスの解釈のカリスマ的な側面である。「キュリロスが見出しているものは、その霊感において、往々にして非常に美しく、また非常に聖書的であるため、彼の議論についていくことは、聖書そのものを恋い慕うことがなければ、困難であろう」（p. 265）。

　要約すると、キュリロスは単純に聖書テクストを寓喩化（allegorizing）している（もしそれが旧約聖書テクストを、恣意的にそこに押し付けられた全く異質な体系と取り替えることを意味しているとすれば）のではない。むし

ろキュリロスは、キリスト者にとっての聖書の神学的本質に関する包括的理解という方向から聖書テクストに接近し、その上で、旧約聖書と新約聖書のテクストを絡み合わせた新しい形態（configuration）の中で、問題となっている主題を再考することによって、神の啓示の更なる照明を見出そうとするのである。この釈義的手続きの根幹にあるものは、聖書が、忠実な教会におけるそれぞれの世代に語りかけるために、聖霊によって絶えず活性化される生ける言葉（living Word）であるという確信である。

　私は、キュリロスが言うところの霊的意味の背後にある原理的説明に関するこのような解釈が終末論的理想に留まり、教会の歴史の内にはほとんど実現されないようなものであることを十分認識している。恐らく最もやっかいな失敗は、何世紀にもわたるユダヤ教への執拗な攻撃にあり、そのことはキュリロスを見れば、特別に痛々しい形で例証されている。上に挙げた解釈的分析において重要なことは次の点である。すなわち、教会が、その存在論的全体性に従って聖書を霊的に考察することは、神を称え、礼拝し、自己批評することに他ならないのであって、護教的になったり、論争的になったりすることではないということである。聖書において啓き示された神の意思の本質により深く没頭した視点から見る時のみ、悔い改める教会はユダヤ教と分かち合っている信仰について意義深く語れるようになるのである。

VI　要約と評価

　キュリロスの旧約聖書解釈に関する造詣の深さを示しているその著作における結論部分で、ケリガン（pp. 435ff.）はキュリロスの釈義的貢献について注意深く微妙な評価を下している。彼はまずキュリロスをキリスト教聖典解釈の歴史の中に位置づけようとし、その上で、キュリロスが用いた資料について、キュリロスがオリゲネスを凌駕していることについて、そしてキュリロス自身において見られる解釈の発展について論じている。ここで特別な関心を惹くのは、キュリロスがヒエロニムスから受けた影響について、そしてまた、アレクサンドリアの伝統とアンティオキアの伝統両方からの要素を

併せ持つヒエロニムスから、キュリロスが絶えず受けていた影響についてケリガンが分析していることである。旧約聖書の字義的意味のキュリロスによる解釈が永続的価値を持つかどうかを評価する段になると、ケリガンはその価値を、彼の字義的解釈そのものの中にではなく（実際、その価値はごく限られている）、その重要性に関わるキュリロスの個人的証言に見出している（キュリロスのそのような関心が不十分な形でしか表れていないにもかかわらず）。

キュリロスの霊的解釈の永続的価値を評価する段になると、問題は更に複雑になる。ケリガンは、聖書の解釈をめぐって、第二次世界大戦直後のローマ・カトリック教会において勃発した議論の要約を提供している。この議論は、*Divino Afflante Spiritu*（[神の霊の息吹] 1943）、そして *Humani generis*（[人類について] 1950）と呼ばれる二つの教皇回勅がきっかけとなって起こった。これら二つの教会の見解は、しかし、問題を解決するというよりはむしろ、議論をいっそう白熱させた。なぜなら、この二つの回勅の解釈自体が、その厳密な意味と意図をめぐって、見解の相違を生み出してしまったからである。ケリガンは比喩的解釈、あるいは霊的解釈の永続的価値に関する意見の多様性について、極めて客観的見地から素描している。一方では、大方がフランス人の学者たち（ド・リュバック、ダニエルーなど）で占められた重要なグループが存在した。彼らは寓喩あるいは予型論と呼ばれる解釈を何らかの形で復興させようと試みた。他方で、二つの回勅の内に現代的な聖書の歴史的批判的アプローチを適用することへの支持を見出した多くの学者たちが存在した。そして恐らく、この二つの立場の中道を行ったのが、教会における大多数の人々であった。彼らは、両者の特徴を保つために妥協の道を選ぶことにしたのである。

ケリガン自身は、この問題に関して実に両義的な立場をとっているように見える。彼は「現代において聖書学の分野において成し遂げられてきた多大な進歩」（p. 445）について非常に感嘆している。明らかに、彼は現代的な歴史的批判的研究を追究する人々に深い共感を寄せている。しかしながら彼はまた、純粋に歴史的な、あるいは好古趣味的な関心とは別に、キュリロスが行っているような霊的釈義のために何らかの場所を確保しようと骨折ってい

第9章 アレクサンドリアのキュリロス

る。結局のところ、ケリガンにおいては、解釈学的、そして神学的問題の基本的な部分が未解決のまま残されてしまっているのである。

　ケリガンの 1950 年における立場を、2000 年の現在における視座から批判することはひどく不当であろう。というのも、この判断に影響を及ぼすような多くのことが、この 50 年の間に起こったからである。ローマ・カトリック教会においても、そしてカトリック教会以外のキリスト教会のほとんどにおいても、様々な形の歴史的批判的スタンスを承認する人々が今や圧倒的に多数を占めている。その周縁においては、ド・リュバックやダニエルーなどによってかつて展開されたような寓喩的、あるいは予型論的解釈へのいくらかの神学的関心が残存していることは確かである。ただ、これらの偉大なフランス人解釈者たちに比肩するような新しい強力な存在はまだ現れてはいない。しかし同時にまた、1950 年当時の、現代の批評的方法は聖書解釈の難問を解決するだろうという自信に満ちた声が、時の経つ内に沈黙してしまったことも言い添えておくべきであろう。

　キュリロスの旧約聖書釈義の研究におけるケリガンの業績を私は心から評価するが、それにもかかわらず、私の彼の著作に対する主要な神学的批評は次のような点に向けられる。すなわち、ケリガンが（普通は無意識的に）キュリロスの釈義の価値を現代の歴史的批判的基準――それはちょうどローマ・カトリック教会において主流となりつつあった――に基づいて測ろうとしている点である。その学識の高さにもかかわらず、私は、ケリガンが教会の釈義的伝統におけるキュリロスの霊的解釈を十分に把握していたかどうかに関しては深刻な疑念を抱いている。むしろ、私は次のように提案したい。ベルトラン・ド・マルジェリーによる、キュリロスの釈義的貢献に関する感動的な要約こそ、真実に近いと。

　　キュリロスは、古代教父たちに権威を与える象徴である……それは、古代教父たちの教えに栄誉を授け、またそれを完成させる象徴であり、彼らの未来への新しい地平を切り開くものである……キュリロスは現在も、そして未来においても、その人性を通して輝く、栄光に満ちたキリストの神性を、誰にもまして明らかにした釈義家としてあり続けるのである。

(*Introduction*, p. 270)

　結論を記そう。聖書の霊的意味に関連して議論される主題の神学的次元は、普通の道理とは全く根本的に異なる道理なのであり、それはまた、意味を獲得し、またそこにおける真理を測るために一般的に用いられている基準を拒絶するようなものである。従って私は、本書において引き続き、教会が絶えず行ってきた聖書の考察の中心に横たわる、聖書解釈の問題に関する別な側面を提示しようと努めていきたい。

アレクサンドリアのキュリロスに関する文献表

一次文献

Opera, Patrologia Graeco-Latina, edited by J.-P. Migne, 68-77.

Commentarius in Isaiam, Patrologia Graeco-Latina 70, pp. 9-1450.

Sancti patris nostri Cyrilli archiepiscopi Alexandrini in XII prophetas post Pontanum et Aubertum edidit, edited by P. E. Pusey. 2 vols. Oxford: Clarendon, 1868.

Deux dialogues christologiques, edited by G. M. de Durand. Sources Chrétiennes, 97. Paris: Éditions du Cerf, 1964.

Cyril of Alexandria: Selected Letters, edited by L. R. Wickham. Oxford: Clarendon, 1983.

"Commentary on Isaiah." In *Cyril of Alexandria*, edited by N. Russell, pp. 70-95. London and New York: Routledge, 2000.

二次文献

Abel, F. M. "La Géographic sacrée chez S. Cyrille d'Alexandri." *Revue Biblique* 31 (1922): 407-27.

————. "Parallélisme exégétique entre S. Jérôme et S. Cyrille d'Alexandrie." *Vivre et Penser*, 1st series (1941): 94-119, 212-30.

Bardenhewer, O. *Geschichte der altkirchlichen Literatur*, 5th ed., vol.4, pp. 23-77. Freiburg: Herder, 1924.

Bardy, G. "Cyrille d'Alexandrie." In *Dictionnaire d'Histoire et de Géographie Ecclésiastiques*, edited by A. Baudrillart et al., vol.13 (1956), pp. 1169-77.

————. "Interprétation (histoire de l'), II: Exégèse patristique." *Dictionnaire de la Bible, Supplément*, 1928, pp. 569-91.

Dubarle, A. M. "Les conditions du salut avant la venue du Sauveur chez Saint Cyrille d'Alexandrie." *Revue des sciences philosophiques et théologiques* 32 (1948): 358-62.

Frend, W. H. C. *The Rise of the Monophysite Movement: Chapters in the History of the Church in the Fifth and Sixth Centuries*. Cambridge: Cambridge University Press, 1972.

Guillet, J. "Les exégèses d'Alexandrie et d'Antioche. Conflict ou malentendu?" *Recherches de science religieuse* 34 (1947): 257-302.

Hardy, E. R. "Cyrillus von Alexandrien." In *Theologische Realenzyklopädie* 8, pp. 254-60.

Jouassard, G. "Cyrill von Alexandrien." In *Reallexikon für Antike und Christentum*, vol.3, pp. 499-516. Stuttgart: T. Klauser, 1957.

Kamesar, A. "The Virgin of Isaiah 7,14: The Philological Argument from the Second to the Fifth Century." *Journal of Theological Studies* 41 (1990): 51-75.

Kerrigan, A. *St. Cyril of Alexandria, Interpreter of the Old Testament*. Rome: Pontifical Institute, 1952.

————. "The Objects of the Literal and Spiritual Sense of the New Testament according to St. Cyril of Alexandria." *Studia Patristica* 6 (1957): 354-74.

Margerie, B. de."Saint Cyril of Alexandria Develops a Christological Exegesis." In *An Introduction to the History of Exegesis*, vol.1, pp. 241-70. Petersham, Mass.: St. Bede's Publications, 1993.

McGuckin, J. A. *St. Cyril of Alexandria: The Christological Controversy*. Leiden: Brill, 1994.

Prestige, G. L. *Fathers and Heretics*, pp. 150-79. London: SPCK, 1940.

Quasten, J. *Patrology*, vol.3, pp. 116-42. Westminster, Md.: Newman Press, 1960.

Russell, N. *Cyril of Alexandria*. London and New York: Routledge, 2000.

Sellers, R.V. *Two Ancient Christologies: A Study in the Christological Thought of the Schools of Alexandria and Antioch in the Early History of Christian Doctrine*. London: SPCK, 1940.

Torrance, T. F. *Theology in Reconstruction*, pp. 139-214. London: SCM, 1975.

Wilken, R. L. *Judaism and the Early Christian Mind: A Study of Cyril of Alexandria's Exegesis and Theology*. New Haven: Yale University Press, 1971.

Young, F. *From Nicaea to Chalcedon*, pp. 240-65. London: SCM, 1983.

第 **10** 章

キュロスのテオドレトス

Theodoret of Cyrus（c.393 – 460）

I アンティオキア学派について

　一般に、アレクサンドリア学派とアンティオキア学派との対比は、アレクサンドリア学派は寓喩的な思索、これに対してアンティオキア学派は歴史性の重視、とされてきた。しかし、我々が本書のオリゲネスに関する章ですでに瞥見したように、そのような理解では、両者の学派の間にある真の違いを不鮮明にしてしまう。アンティオキア学派に関してとりわけ誤解を招いてきたことは、アレクサンドリア学派による霊的関心とアンティオキア学派による歴史的関心を対比させて理解してきたことであった。従って最近の研究においては、ブラッドレー・ナッシーフ（Bradly Nassif）の 1993 年の論文において要約されているように（"The 'Spiritual Exegesis' of Scripture"）、アンティオキア学派による、聖書の「霊的な」釈義に注目が集まってきている。

　ここにおける議論に深く関わっている重要な専門用語は、*theōria* という

207

ものである。これは霊的な解釈を意味し、その中心には、歴史的な関心と同時に聖書のキリスト論的な読みへの関心があり、これらが二重に存在している。ハインリッヒ・キーン（Heinrich Kihn）は、1880年の論考において（"Über 'Theōria' und 'Allegoria'"）、アンティオキア学派の聖書解釈について初めて正しく認識した人物である。彼はその論考において、広く行き渡っていたにもかかわらず、実は間違いであった認識、すなわち、アンティオキア学派の *theōria* とアレクサンドリア学派の *theōria* ——つまり、寓喩^{アレゴリー}——を同一と理解する認識を正した。*theōria* の本質的な特徴を説明することで、議論を次のステップへと進めたのが、アルベルト・ヴァッカーリ（Alberto Vaccari）による1920年の論文であり（"La 'teōria' nella scuola...antiochus"）、彼はアンティオキア学派のアプローチが内包する次の四つの側面を素描している。

1. *theōria* は聖書の著者によって説明された諸々の出来事の歴史的リアリティーを前提としている。これらの出来事は別のリアリティーを映し出す鏡のような役割を果たしている。
2. 歴史的な記述に加えて、*theōria* は同時的に第二の未来のリアリティーをも包摂し、それはしかも第一のもの［すなわち、歴史的事柄］と存在論的に結び付いている。
3. 第一の歴史的出来事は第二のもの［すなわち、未来のこと］との関わりにおいて、完全なものに対する劣ったものとして、また、大きなものに対する小さなものとして、そして完成した作品に対するスケッチとして、存在している。
4. 現在の出来事と未来の出来事は共に、*theōria* の指し示す直接的な対象として説明されるが、しかしこれらは違った形で描写されている。現在は、未来に比べてあまり重要ではない媒体として機能している。この現在という媒体を通して、預言者は、人間の歴史におけるより偉大な未来の出来事を、あえて誇張された言語（hyperbolic language）によって説明したのである。

その後、古代教父の研究が進むにつれて、アンティオキア学派の聖書解釈

第 10 章　キュロスのテオドレトス

の複雑さの全貌が明らかになってきた。第一に、この学派に属する主要な注解者たち（たとえば、テオドロス、〔エクラヌムの〕ユリアヌス[訳注1]、クリュソストモス、そしてテオドレトス）の間でも、*theōria* を実際にどう適用するかということに関しては相当の多様性があるということが一層明白になってきた。第二に、*theōria* が二重の字義的意味、または寓喩（アレゴリー）がそうであるように、付加された第二の意味から成っているというよりはむしろ、一つの字義的意味から成っていると理解すべきなのかどうか、という議論が存在する。第三に、*theōria* の多様な形を区別するための試みは、依然としてその明瞭さを著しく欠いている。ある学者たちは、預言者が未来の対型（アンチタイプ）を見ておらず、あるいは説明することを意図していないような「予型論（タイポロジー）」と、預言者が実際に未来のメシア的リアリティーを知覚し、意図的にそれを語ったような言葉での宣言の形態との間に存在する違いについて指摘している。ベルトラン・ド・マルジェリー（*An Introduction to the History of Exegesis*, p. 169）は、クリュソストモスによる型（タイプ）を用いた預言（typical prophecy）と言葉による預言（verbal prophecy）との区別を、この問題を解決するために役立つとして引用している。「型（タイプ）による預言は、人間の行為や歴史的リアリティーにおいてなされるものである。これとは別の預言が言葉によるものである。というのも、神はある者たちを非常に洞察に満ちた言葉によって説き伏せ、一方でまた他の者たちの確信を……出来事の幻を通してより強固なものにしたからである」。

　最後に、1950 年代の初頭において、ローマ・カトリック教会の内部で、アンティオキア学派による古代の聖書解釈の洞察を、一体どのようにして、カトリック教会においてますます影響力を増している歴史的批判的な方法論と結び付けるかという多くの議論が存在した。*theōria* は、予型論（タイポロジー）、寓喩（アレゴリー）、

訳注1　エクラヌムのユリアヌス（385-450 年）は、エクラヌム（現在のイタリア南部）の司教で、アンティオキアの釈義的伝統を引き継ぐ聖書解釈者であった。彼はギリシャ語が堪能であったため、アンティオキア的な聖書解釈の伝統を、西の教会にもたらすことができた。彼はたびたび、アウグスティヌスとペラギウス主義をめぐって論じ合ったことで知られている。

そして「より十全な意味」（*sensus plenior*）などと、どのように関係しているのであろうか。本書で扱う問題の範囲は限られているので、これらの課題について詳細に論じることは不可能である。本章が問題とすることは従って、アンティオキア学派について知り得る代表的資料としてのテオドレトスによるイザヤ書注解に、我々の注意を向けることである。

II テオドレトスのアンティオキア的背景

　本書における解釈の歴史をたどる試みはイザヤ書に限定して行われているが、テオドレトスはイザヤ書の完全な形での注解を残している唯一のアンティオキア学派の人物である（ただし、クリュソストモスによるイザヤ書全体の注解のアルメニア語訳が発見され、その真偽のほどが現在も議論されている。第8章を参照）。テオドレトスの貢献を理解するためには、アンティオキア学派の先達が彼に及ぼした影響を簡略に述べることが重要である。テオドレトスは彼らの足跡に従ったと告白しているからである。

　アンティオキアの釈義的学派の祖は、普通タルソスのディオドロス（Diodore of Tarsos）であると理解されている（390年没）。彼はクリュソストモスとモプスエスティアのテオドロス（Theodore of Mopsestia）の教師であったにもかかわらず、生涯にわたってニカイアの信仰を正統性の柱として擁護した。しかし彼の死から100年ほど経ってから、ネストリオスとの教理論争の影響のため、彼は異端として非難されることになってしまう。結果として、神学的、非神学的主題の数多くの著作を遺したにもかかわらず、現在ではその内のわずかな数が現存しているに過ぎない。残念なことに、ミーニュにおいて再版されたもの（Patrologia Graeca 33）も、現在ではその大半が本人によって書かれたものではないと見なされている。

　しかし幸運なことに、モプスエスティアのテオドロス（350-428年）においては同じ運命がめぐってこなかった。彼の著作の多くもまた失われてしまっているが、彼の釈義的方法の輪郭を描くには十分な資料が残存している。現存しているのは、十二小預言書の注解の完全なギリシャ語テクスト、パウ

ロの十の小書簡についての注解のラテン語版、そして、ヨハネによる福音書の注解のシリア語テクストである。テオドロスは多くの点でオリゲネスの対極にある人物と言える。彼はオリゲネスの寓喩的解釈に強く反対した。しかし、本書のオリゲネスの章で我々が確認したように、この二つの聖書解釈の学派の間の論争は、あたかもアンティオキア学派の人々が寓喩を頭ごなしに拒絶しており、彼らの解釈が19世紀の近代の歴史的批判的アプローチの前兆をすでに示していたと、誤って理解されてきた。

むしろ、この二つの学派ははじめから、初期のキリスト教の伝統から引き継いできた多くの諸前提を共有していた。それはたとえば、聖書の霊感、旧約聖書と新約聖書の間の神学的調和、そして注意深い言語学的聖書解釈の必要性、といったものである。しかしながら、この二つの学派は次の点で著しく異なっている。すなわち、特にオリゲネスとテオドロスを比較してみると、今挙げたような目的に至るためのそれぞれにとっての正しい釈義的道筋が異なるのである。また、オリゲネスが生きた3世紀と、テオドロスが生きた4世紀、5世紀を方向づけたより広範な神学的文脈と教理論争が、釈義に関わる論争の性質を形成する上で、更なる影響をもたらしたこともまた明白である。残念ながら、教会はオリゲネスとテオドロスの両方を、後の時代の激しい諸論争（オリゲネス主義についての論争、ネストリオス主義についての論争）の視座に従って解釈する傾向にあった。そのために、事態を混乱させることになってしまったのである。

テオドロスの釈義的立場の重要な部分は、以下のごとく要約することができる。

1. テオドロスにとっての中心的事柄は、歴史に対する非常に独特な見解である。人間の歴史は二つの連続した時代（epochs）に分けられてきたために、歴史は最大の真剣さを伴って扱われなければならない。この神学的判断は、彼の著作全てにとって、重要な解釈学的、そして釈義的示唆を持っている。

a) テオドロスにおいては、旧約聖書が新約聖書の啓示に覆いがかけられたものであり、それ故に、隠された意味を明らかにするためには、旧約聖書が寓喩的に解釈されるべきである、とは理解されていない。むしろ旧約聖

書は同じ聖霊によって霊感を受けたものであり、その歴史的文脈は注意深く尊重されなければならない。ある意味でテオドロスは、旧約聖書を原則として「肉的」なもの、あるいはキリスト教神学の周縁的なものとして軽視する伝統的潮流に抗したとも言えるであろう。

b）旧約聖書が一義的にイスラエルが願い求めるものについて言及しているので、テオドロスは象徴の背後に隠されたキリスト教教理を至るところに見出そうという誘惑を避けて通った。彼は旧約聖書の中に三位一体の教理を見出すことを拒絶し、また旧約聖書における「預言からの証明」（proof-from-prophecy）のパターンを見出すことに関しても極めて抑制的である。彼は、キリストについて予告している詩編は四つしかないとしている（詩 2; 8; 45; 110 編）。実に、詩編を解釈する際、彼はそれぞれの詩編には一つの指示対象（referent）しかないのだと論じており、従って彼はほとんどの詩編を歴史的イスラエルの生における様々な出来事として分類するのである。彼は聖書のテクストをそれに付随する歴史的出来事に従って解釈した。このことの故に、テオドロスは旧約聖書をユダヤ人のように解釈しているという批判を被ったのである。

c）テオドロスはキリスト者の解釈者として、もちろん旧約聖書を新約聖書に結び付けることに関心を持っていた。しかし彼は、自身の釈義的目的に到達するための主要な方法としては、寓喩的なテクニックを用いるよりはむしろ、抑制された予型論を用いることを選んだ。彼は通常、現実に起こった旧約聖書の出来事に付随する予型論的な前兆を見出すことによって、預言から成就へという展開を用いた。旧約聖書においては、成就以前の諸々の歴史的出来事はそれ自体神学的価値を保持してはいるが、しかしそれらは、対型に対する型として関連づけられていたのである。

　2．地上的現実と霊的現実とに対照を見るという、広範に受け入れられていたプラトン的な考え方に反対して、テオドロスは非常に強い終末論的な歴史の側面を発展させた。彼は最終的な完成に向かって人間の歴史を通して動いていく神の意思の中にある連続した段階について指摘したのである。

　時にテオドロスの釈義は困難を招くことがあった。彼は過度に象徴的な解釈をしてしまうこと、また比喩的解釈をしてしまうことの危険を避けようと

するあまり、行き過ぎた字義的解釈に陥り、ヨハネによる福音書における隠喩や直喩に真剣な注意を払うことができなくなってしまうことがあった。また同時に、彼は旧約聖書と新約聖書が真に一致していることを承認しながらも、しかし旧約聖書が語る未来のことを解釈する際には、一貫した理解に到達することができなかった。

III キュロスのテオドレトス

1 生涯と著作

　ディオドロスとテオドロスの素晴らしさと比較される形で、キュロスのテオドレトスはたびたびアンティオキアの偉大な神学者たちの中でも最後に位置する者だと呼ばれ、彼らの背後に隠れてしまう傾向にあった。彼について論じる際は普通、アポリナリオス派の異端をめぐる論争における教会的役割に強調点が置かれる。テオドレトスは、アンティオキア学派の忠実な代表として、アレクサンドリアのキュリロスとネストリオスの間に起こった論争に深く関わることとなった。しかし、テオドレトスの釈義的著作は、比較的最近まで、独創性に欠けた、テオドロスを真似た凡庸なものであると説明されてきた（cf. Bardy, "Théodoret," pp. 299-325）。幸いなことに、より最近になって学問的判断が急激に変化し、J. N. ギノー（Guinot）が研究の最前線を切り開いている（L'exégèse de Théodoret, 1995）。

　テオドレトスの注解書が今日までその大部分が保存され、何世紀にもわたって非常に高く評価されてきたという事実は、彼を取るに足らない存在と見なす動きをたしなめるべきであったろう。加えて、彼による完全なイザヤ書注解の校訂版は、彼の釈義的貢献について、全く新しく精査するべき更なる理由を提供している。彼の注解を注意深く研究すると、アレクサンドリア的な寓喩的解釈の極端さと、モプスエスティアのテオドロスによる過度に字義的な歴史主義的解釈に見られるようなキリスト教神学の危うさとを調停するような重要な役割が明らかになるのである。要するに、当時の左と右両方

の神学的立場に対するテオドレトスの応答は、正しい釈義的方法について驚くほど洗練された考察を生み出したのである。

テオドレトスは393年頃アンティオキアで生まれ、460年頃に没した。地方の修道院で教育を受け、恐らくテオドロスの弟子ではなかった。しかし、彼はアンティオキア学派の神学に深く傾倒した。彼はキュロスという、アンティオキアから程近い小さな町の主教に選ばれ、35年間にわたってその教会的責任を誠実に果たした。彼はアレクサンドリアのキュリロスと論争し、彼をアポリナリオス主義の異端であると見なした。彼はエフェソスの公会議において、ネストリオスを擁護したアンティオキアのヨアンネスの側に属したが、最終的にはカルケドン信条を受け入れ、またカルケドン公会議（451年）において、不本意ながらネストリオスの弾劾に加わり、主教としての職に復帰を果たした。

テオドレトスの現存する著作は単に膨大であるだけでなく、同時に内容的に幅広く、護教的著作、教理的論文、歴史書、説教、そして長文の手紙などが含まれている。しかし、ここでの我々の関心は、彼の釈義的著作に限られる。特に関心を惹くのが、雅歌、詩編、ダニエル書、そしてとりわけ、イザヤ書についての彼の解釈であり、これは彼の釈義的アプローチに至る最良の入り口である。

2 テオドレトスの釈義へのアプローチ

ギノー（*L'exégèse de Théodoret*）はテオドレトスの釈義について、彼のアプローチを下支えしているそもそもの前提を考察することから議論を始めている。ギノーは、テオドレトスの注解書の全てを注意深く研究した結果から見えてくる自身の要約を提供しているが（pp. 252ff.）、ギノーの挙げた諸要点を、テオドレトスのイザヤ書注解に基づいて更に詳しく説明していくことが、最終的に我々に与えられた作業となる。

第一に、そして正典としての聖書という主題に関わる現代の議論に関心を寄せる全ての読者にとって特別に重要なこととして、テオドレトスは、旧約聖書と新約聖書両方が聖霊によって霊感を受けていることを前提としてい

る。もちろん、聖書の意味は時に隠されていて曖昧になり得るが、しかし聖書のどんな言葉も偶然に、あるいは無秩序に存在していることはありえない。聖書には見出されるべき明確な意味があり、また注意深い釈義は、聖書に混在する異なる諸々の証言を見定めるに際して、最大限の配慮を要求するのである。テオドレトスが相応しい正典的な文脈を強調していることは、雅歌注解の序文において最も明瞭な形で表れている。彼ははじめから、信仰告白によって結ばれた教会のサークルの外にある諸解釈、特にユダヤ人によるものを拒絶しているが、そのような解釈はただ「肉的な」誤解を招く結果になるだけであるとしている。

　第二に、聖書テクストは事実（*ta pragmata*）によって確かめられる歴史的基盤に立脚している。その上で彼は、自身が好んで用いる教父的用語の多くを用いて、聖書の調和（*symphōnia*）、その首尾一貫性（*akolouthia*）、その意図（*skopus*）、そして特にその目的（*telos*）を強調している。

　第三に、彼はアレクサンドリア学派とアンティオキア学派両方を含む、全てのキリスト者の教父的伝統に立脚しており、そのことは、イエス・キリストこそが聖書を理解するための鍵であると告白し、それを離れては聖書の意味は封じられたままになってしまう（cf. イザ 29:11-12）と告白していることに表れている。もちろん、このキリスト論的な解釈がどのようにして現実の釈義を通して実現されるのかという点については、大いに議論の余地のあるところである。

　最後に、テオドレトスは、学者、そして牧会者として、聖なるテクストを正しく理解するために読者に求められる霊的な素質を強調している。誠実に心を開き、謙虚さをもって真実を受け入れようと望むことの必要性は、テオドレトスにとっては単なる敬虔な習慣ではなく、むしろ基本的な聖書解釈の必要事項なのである。

3　テオドレトスと聖書における異なった意味

　本書のオリゲネスに関する章の中で私は、第二次世界大戦後の初期の時代において、ダニエルー、ハンソン、ランペ、ウルコム、そしてその他多数の

人々によって導かれる形で、聖書の比喩的意味への新しい関心が引き起こされてきたことについて振り返った。彼らの提案の特徴は、寓喩と予型論とを厳密に区別したことであった。前者は、準神話的なルーツを持ったヘレニズム的「輸入品」として大体において拒絶されたが、しかし後者に関しては、真実に聖書的な起源を持つものとして受け入れられた。予型論は特に、聖書に書かれた出来事の史実性を擁護する関心の故に（たとえ続く歴史との関係においてそれらの歴史的出来事が後に比喩的に表現されたとしても）、近代的な歴史的批判的研究が強調するところと矛盾しなかったのである。

　しかしその後の時代において、教父学の研究者たちはこのような形での比喩的意味の説明に関して、多くの深刻な反論を提起した。まず、「予型論」という言葉は実際には現代的な用語であり、キリスト教の伝統において古いルーツを持っているわけではないという。それからまた、寓喩と予型論の厳密な区別は支持され得ないとされた。更には、寓喩との対照を意識して、予型論の本質的な要素として史実性の中心的役割を強調することは大体において時代錯誤的と判断され、また比喩的な聖書の読みに訴える際の不可欠な要素ではないと見なされた。最後に、アレクサンドリア的な釈義とアンティオキア的な釈義とにおける対照は、無時間的な観念か、あるいは歴史的出来事への関心か、という観点からは正確に表現され得ないとされた。これらの批判の結果として、アンドリュー・ロウスの著作において示されたように（*Discerning the Mystery*）——彼は「寓喩」という言葉を教会の比喩的解釈を説明するために相応しい言葉として復権しようと努力した——、「予型論」という言葉にもはや出番はほとんどないように思われたのである。

　ほとんどの指導的な現代の教父学者たちは、今やダニエルーや R. P. ハンソンといった人々の著作に対するこれらの批判を受け入れるだろうが、幾つかの重要な修正も提案されてきた。古典的な例は、フランシス・ヤング（Frances Young）によって提供された調整的な提案において見出される（"Typology" in *Crossing the Boundaries*, p. 42)。ここでのヤングの論点は、4 世紀のシリア人の詩人エフレム（Ephrem）に関するセバスチャン・ブロック（Sebastian Brock）による研究によって先鞭がつけられたところの、アンティオキア学派に関する新しい分析に向けられている。この分析の結果として

第10章　キュロスのテオドレトス

ヤングは、「予型論」という呼び名は有用な言葉になり得ると認識しており、もしこれが正しく適用されれば、アンティオキア的な釈義の特徴をアレクサンドリア的な寓喩から区別するための助けになり得ると考えている。テオドレトスに関する本章の関心は、従って、比喩的意味に関する彼の議論の展開において、予型論の肯定的な特徴を探究することになるであろう。テオドレトスの新しい解釈を正しく評価することは、結果的にギノーの研究の価値を高めることに繋がる。恐らく、彼の手によるテオドレトスのイザヤ書注解の校訂版は、これから先、規範として権威ある位置を占め続けるであろう。

　聖書における異なった意味に関するテオドレトスによる聖書解釈についての最近の研究には、今日に至るまで多大な関心が払われてきている。テオドレトスと、彼の学問上の同僚たち（右と左の立場両方において）との間にはっきりとした違いが表れるのはまさにここにおいてである。第一に、聖書テクストの字義的意味に関してギノーはまず、テオドレトスが用いる用語を注意深く分析することによって卓越した議論をしている（*L'exégèse*, pp. 282ff.）。テオドレトスは字義的意味のことをテクストの明瞭な（*to phainomenon*）意味であると語り、それを神秘的な、あるいは隠されたテクストの意味とは対極にあるものとして位置づけている。また彼は時折「述べられた通りの」（*kata to rheton*）意味について語っている。しかし、そのように字義的意味の役割がテオドレトスの注解全体を通して顕著であるにもかかわらず、そのような理解だけではテオドレトスにおける字義的意味の体系的説明を誤ることになる。テオドレトスが *gramma*（書かれたもの）とか「文字に従って」などという言葉を用いるとき、彼は往々にしてユダヤ教的な字義主義に対する反対を表明するためか、あるいは字義的意味が霊的意味へと超越しなければならないことを表明するためにそのようにしている。しかしそれにもかかわらず、字義的意味は原則的に「肉的な」ものとして軽視されてはいない。それは、預言において神が用いられる人間の伝達手段としてあり続けるからである。

　一般的にテオドレトスは、字義的意味の有用性を、聖書テクストを言い換えることを通して説明している。この次元において彼は、聖書テクストの意味に到達するために、文法、辞書学、そして文体分析などのツールを用いている。彼はたびたび、個々の言葉に特別な注意を向けており、また字

217

義的意味の特質として皮肉〔アイロニー〕などの修辞的技法を認識することに関して卓越している。テオドレトスの釈義の特徴であり、あるセクションの序文でたびたび繰り返されていることは、ある聖書箇所の声、あるいは話し手を特定することに関心を向けるということである（預言書や雅歌においてそれらのことが明瞭でない場合）。

第二に、比喩的意味に関しては、形容詞 *tropikōs*［比喩的な］が比喩的意味を示す名称としてたびたび用いられているが、しかしこの言葉が多用されているからといって、それが重要であることをいつも明確に指し示すということにはならない。明らかにオリゲネスへの反動として、*allegoria* という言葉は次第に用いられなくなっていく。*dianoia*［意図、意味］あるいは *ennoia*［意図］という言葉はたびたび、字義的意味とは異なる意味を指し示すために用いられている。*mystikos*［秘儀的な］あるいは *pneumatikos*［霊的な］といった言葉もまた、字義的意味に勝る意味を提示するために登場している。

テオドレトスが特別な関心を抱いていることは、比喩的意味と字義的意味の関係である。彼は次の点について深い関心を抱いている。すなわち、比喩的意味とは注解者の想像力からわき出た、字義的意味への恣意的付加ではないという点である。むしろ、比喩的意味は何よりもまず隠喩的拡張（metaphorical extension）なのである。聖書テクストの文体（style）そのものが、読者に対して、聖書テクストが非字義的に使われていることを伝える。特に雅歌の導入部においてテオドレトスは、聖書の文体そのものが、比喩的表現（figuration）の規則を決定する *idiomata*［文体の特性］を確立していることを立証しようとしている。テオドレトスは、預言書（たとえばエゼ16-17 章）において見出される言葉のあらゆる比喩的用法を比較することによって、雅歌において見出される同じ比喩的慣用句とどの程度関連しているかを明らかにしようとしている。その結果、字義的意味と比喩的意味の違いは、動的〔ダイナミック〕で非常に柔軟性があることが導き出された。字義的意味はそれでもなお、時折「肉的」なものであると呼ばれているが——この軽蔑的な意味は普通、テオドレトスにおいてはシナゴーグにおける字義主義との関連で用いられている——、しかし大抵は、比喩的意味が字義的意味を拒絶するのではなく、むしろ拡張しているという。更に言えば、比喩的、あるいは隠喩的〔メタフォリカル〕意

味は、多様なジャンルにわたる意味、たとえば倫理的、神秘的、そして説教的な意味を包含しているのである。

第三に、テオドレトスは「予型論的」と表現するのが最も妥当な、第三の解釈方法を用いる。このテオドレトスのアプローチの本質を分析したものとしては、またもやギノーのものに定評がある（pp. 306ff.）。彼はこの種の議論に新たな厳密さを加え、テオドレトスの真の聖書解釈上の貢献について正しく認識することに成功した。その結果として彼の議論は、テオドレトスをテオドロスの模倣者として特徴づけるこれまでの理解が誤りであることを示したのである。

テオドレトスによる雅歌とダニエル書の注解においては、予型論が用いられることはあまりない。しかし予型論は、それより後に記された預言書注解の中では、いよいよ大きな役割を果たしている。予型論の使用のそもそもの起源は、古い契約と新しい契約を結び付ける手段としてパウロが用いたことに遡る。テオドレトスはこのパウロ的な用法を、アレクサンドリア学派の過剰な寓喩の使用を抑えるための方法として拡張した。従って、旧約聖書における登場人物たちは型として理解され、新約聖書はそれに対して対型を提供したのである。予型論を用いることによる直接的な影響は次のようであった。すなわち、旧約聖書の型は欠くことのできない出来事や事実としての価値を保ったままで、しかしそれがキリスト教信仰にとって副次的なものとして軽視されることなく、神的啓示の真実な証言を提供したのである。加えて、予型論を用いたことはまた、テオドレトスにとって、テオドロスの見解を大きく訂正する道を開いた。テオドロスの強調点は、イスラエルが願い求めるものという主題に大方限定されてしまったものとしての旧約聖書の、その歴史的に条件付けられた役割に置かれており、そのことが旧約聖書と新約聖書両方を包摂するキリスト者の福音のより大きな物語の調和を損なう恐れがあったのである。

テオドレトスはまた更に、自身の予型論の用い方を、預言の成就の二つの異なる形を区別するという方法で展開させている。一方で、テオドロスがまさにそうしているように、テオドレトスは、イスラエルの歴史における「内的な」（internal）成就を提供する旧約聖書の多くの箇所を同定する

ことにより、聖書の歴史的解釈の永続的基盤を強固なものにした。それは、キリスト教釈義の奇抜な伝統が旧約聖書のあらゆる側面をキリストの予表（prefiguration）と解する時には、そのような解釈を抑制することができるのである。他方でテオドレトスは、その意味が新約聖書に見出される「外的な」（external）成就においてしか見出されないような旧約聖書の多くの他の記述についても指摘している。更に彼は、釈義上の厳格さをもたらす言語学的、歴史的ツールの使用と釣り合った解釈学の規則を確立しようとした。以上において述べた預言の成就の形の区別は、テオドレトスにとって、特に詩編を解釈する際、テオドロスの固執した主張から脱出する道を開いた。テオドロスは個々の詩編はただ単に一つの歴史的文脈を反映しているに過ぎないと主張したが、これはテオドレトスにとってみれば、教会において連綿と続くキリスト論的伝統から詩編を切り離してしまう恐れがあったのである。

Ⅳ テオドレトスによるイザヤ書注解

1 注解の形式的特徴

　自身のイザヤ書注解の序文において、テオドレトスは明確に自身の注解のねらいについて説明している。それによると、聖書にはその意味が明瞭な箇所もあれば、曖昧な箇所もある。そしてテオドレトスは、自らの注解の主眼が後者にあると述べている。このように表明された彼の意図は、彼の様々な聖書箇所についての説明の行間から読み取ることができる。幾つかの箇所、たとえばイザヤ書 28:12 において（VIII, 84-90）、テオドレトスは聖書において不明瞭な意味が存在していることの理由について説明している。それによると、不明瞭さは聖書読者の興味をかきたて、更に深い聖書の意味を指し示し、そしてまた聖書の隠された宝を確証するために機能しているのである。

　自身の注解全体を通してテオドレトスは、適切な歴史的文脈とその物語的順序（シークェンス）を確立することに細心の注意を払っている。彼はヘブライ人の王たちの歴史的順序（シークェンス）について深い関心を示しており（たとえば 1:1）、そしてま

第 10 章　キュロスのテオドレトス

たアッシリアやバビロニアの支配者たちについても同様の関心を示している。現代の批判的研究の観点から言えば、テオドレトスの注解は時折、幾つかの歴史的混乱と欠陥を露呈しているが──特に、アッシリアとバビロニアの関係について（cf. XIII, 1ff.）──、しかしテオドレトス自身の視座からしてみると、正確な歴史的年代設定は重要な事柄なのである。また彼は、幾つかのセクションがイザヤ書の中で現在置かれている位置の重要性を示そうと念入りに努力している。たとえば、インマヌエル預言（III, 352-56）、イザヤ書 36-39 章（XI, 1ff.）の置かれている位置などである。テオドレトスが一貫性に関心を寄せていることは、明らかな矛盾を取り除こうと常に努力していること（II, 39）によって更に証明される。

　そしてまたテオドレトスの注解の序文には、彼の注解が聖書の中心主題について重点的に取り扱うという極めて重要な役割があることが述べられている（*hypothesis*）。特に彼は、聖書テクストを順々に（*kata meros*）注解していることを考慮し、イザヤ書を一つに結び付けているより大きな諸テーマを形作ることによって、テクストを過度に細分化した形で注解することのないよう苦心している。更に、彼は絶えずイザヤ書の中の間テクスト的言及に注意を払っているが（cf. イザ 1:2 = 申 31:28; イザ 14:27 = 申 32:39）、それは同じ霊が聖書の全ての部分を通して働いているという彼の確信に由来する。テオドレトスは詳細に自身の聖書解釈論を解説しているわけではないが──たとえば宗教改革者たちが *scriptura sui interpres*［聖書がそれ自身の解釈者である］と言ったように──、それにもかかわらず、彼の前提としている事柄は、宗教改革者たちと非常に近いものがある。

　最後に、テオドレトスのイザヤ書注解に顕著な特徴は、彼が注解の各セクションの終わりに際して倫理的勧告を付していることである。その中で彼は読者に対して、解釈された聖書のメッセージを信仰において適用するよう促している。このような説教的関心は、長年にわたって彼の注解が幅広い人気を獲得してきたことを部分的に説明しているであろう。

221

2 テオドレトスの注解における重要性の実質的諸特徴

a. 教義的視座

　テオドレトスは聖書全体におけるキリスト論的内容の存在を前提にしているという点において、彼以前の古代教父たちのキリスト教的伝統の中に立っていることをここで改めて主張する必要はほとんどないであろう。イエス・キリストこそは、聖書を理解すること全てにとっての鍵である（VIII, 320ff.）。イザヤは「聖なる福音記者」（divine evangelist）と名付けられている（XII, 512）。すでにその序文においてテオドレトスは、イザヤ書の内容（つまり、その *hypothesis*）について次のように説明をしている。それによると、イザヤ書とは、救い主について、その処女からの誕生について、彼がなす様々な奇跡について、その受苦と死、そして復活についての預言者的明示（prophetic manifestation）なのである。真実な解釈は「霊的な黙想」（*pneumatikon theōria*）を通してのみ可能なのであり、それは人間の肉的理解と対照的に理解されている。

　しかしながら、ここで特別に重要なのは、イザヤ書についてのテオドレトス特有の教義的視座である。5世紀のキリスト論論争、特にネストリオス主義者たちとの闘いと、キュリロスとの論争におけるテオドレトスの中心的役割は良く知られている。これらの教理的論争点が、テオドレトスの注解の中で、あるところでは公然と、そしてまたあるところでは微妙な形で反映されていることは明らかである。注解の幾つかの場所で彼は、アレイオスとエウノミオスが神の本質について誤った見解を表明しているとして、彼らを攻撃している（VII, 572; XIII, 314）。しかし、ネストリオスとキュリロスに関わる論争はより微妙であり、それはテオドレトスが神格（the godhead）におけるキリストの本質の区別を弁明する際になされている。

　従って、イザヤ書6章の注解における、イザヤが神を見たことについてのテオドレトスの議論の中では（III, 38-50）、神が御自身を啓示された形態（*sēmata*）は様々だが、しかし神は御自身の本質（*physis*）は啓示されなかった、ということが懸命に論じられている。また、イザヤ書53章におけるキリストの受難についての注解において、テオドレトスは、非常に厳密に、混

第 10 章　キュロスのテオドレトス

合されずに統一されている二つの本質から成っている御子が持っている人性
——それは単に死すべきものであるというだけでなく、同時に神性から分離
できず、また必要不可欠なものである——を強調している。要するにテオド
レトスは、自分の目的に合ったイザヤ書の箇所を、アンティオキア学派の両
性論的キリスト論の弁明のために、自らのイザヤ書の釈義に利用したのであ
る。

b.　テオドレトスによる反ユダヤ的議論

　テオドレトスによるユダヤ人に対する反駁は、ほとんど全ての古代教父に
共通する特徴を持ったものである。このような類の攻撃は従来通りのもので
あり、ありふれたものである。すなわちユダヤ人たちの尊大さ、無分別、口
論好き、心の頑なさなどについて、以前の教父たちと同じような仕方での非
難を繰り返すのである。たびたびユダヤ人たちは、テオドレトスのイザヤ書
注解において、信じることを拒む者たちとして（X, 118-23）、そして自分たち
に与えられた律法を逸脱する者たちとして（II, 100-107）非難されている。

　更に興味深いことは、テオドレトスが信仰深いユダヤ人と、そうではな
い不信仰なユダヤ人との間に区別を設けている点である（たとえば、I, 163,
174-75; ギノーによる vol.1, p. 82 における議論を参照）。実に、テオドレトス
は信仰深いユダヤ人たちを大多数の人々であると考えている。テオドレトス
にとってこの区別は、旧約聖書と新約聖書の間の密接な継続性を確立するた
めに、神学的に重要なものであった。旧約聖書は信仰深いユダヤ人の声につ
いて証言するものなのである。

　テオドレトスはユダヤ教的（ラビ的）解釈にたびたび言及しているが、し
かしそれはほとんどいつも否定的な評価を伴っている。テオドレトスは、受
肉した方の啓示に対してユダヤ人が無関心であることに、彼らの誤りのほと
んどの原因があると主張している。しかし、もう一つ重要な理由もある。そ
れはテオドレトスがたびたび、ユダヤ人の誤った聖書解釈と、モプスエス
ティアのテオドロスの聖書解釈とを結び付けるときに明らかになる。ここで
の論点は、ユダヤ人とテオドロスが主張したように、旧約聖書の預言はイ
スラエルの歴史の中ですでに成就してしまったと見るか（すなわち「内的」

223

成就）、あるいはまた旧約聖書の預言の成就は旧約自体を超越し（すなわち、「外的」成就）、従って新約聖書に従ったキリスト論的成就を指し示すものとしてのみ解釈され得るのか（cf. IV, 464ff.; VI, 355ff.; VIII, 128ff.）、ということなのである。

　我々は今や、預言のテクストが持っている様々な意味に関するテオドレトスの解釈学的アプローチについて、彼のイザヤ書注解の中に見出される諸例を拾い出して更に詳しく検討する必要がある。ギノー版のテオドレトスのイザヤ書注解の重要な貢献の一つは、彼がエウセビオス、キュリロス、クリュソストモスの解釈における並行部分に注意深く関心を払っていることである。それらの間に類似点と相違点が存在するということは、アレクサンドリア学派とアンティオキア学派の解釈の間に、いかなる形であれ単純すぎる対立を設けることが誤りであることを示している。

c. 字義的・歴史的意味に訴えることについて
　自身のイザヤ書注解の鍵となる部分で、テオドレトスはとりあげられている時代について——たとえば、シリア・エフライム戦争（III, 288ff.）やペルシャ時代（V, 40ff.）——大変長い歴史的概観を提供している。彼は、65年以内にエフライムが滅びると預言した託宣（イザ7:8）が、アッシリア王ティグラト・ピレセルやシャルマナサルと関連していることを立証しようとしている。イザヤ書における歴史的一貫性を立証しようとする彼のこのような試みは、誇張された記述が必ずしも歴史的な事柄を含まなければならないわけではなく、むしろそれは恐らく文体上の技巧である（V, 19ff.）と提案することにより、結果としてイザヤ書における明白な歴史的矛盾を削除してしまった。啓蒙主義的な含蓄を含んだ「史実性」についてここで語ることは、それがテオドレトスに対して適用されるとすれば、時代錯誤的であろう。しかし、テオドレトスの関心が報告された歴史的出来事の真実性に向けられていることは読み取れる。イザヤ書53:5を注解する中でテオドレトスは、苦難の僕の記述は流説にではなく、むしろ目撃されたことの真実に基づいているのだと強調している。

　テオドレトスがイザヤ書13-23章に記された諸国民への託宣の注解にさし

第 10 章　キュロスのテオドレトス

かかると、ギノーはアッシリアとバビロニアの関係についてテオドロスが明瞭な歴史的理解を持っているかどうかという点について幾つかの疑念を表明する。テオドレトスは、アッシリアとバビロニアという単語について、これらを異なった歴史的時代を反映する語としてではなく、異なった首都を指す地理的な言葉として解し、焦点をずらしてしまっているように見受けられるのである。テオドレトスがイザヤ書 14 章の注解において、バビロンからアッシリアに話が移っていく部分を扱う際、彼はこのことについて、同じ人々が異なる名前で呼ばれていることを示す証拠であると結論づけている。6 章における幻は「ウジヤ王が死んだ年」にイザヤが見た幻とされているが、テオドレトスは多くの古代教父たちの例に倣い、歴代誌におけるウジヤ王の背きについての記述に基づいて、この年代設定から神学的な教訓を引き出している。彼はこう結論づける。すなわち、神的啓示は新しく、より純粋な支配秩序が現れるときまで、エルサレムにおいては途絶えることになった、と。

　テオドレトスによるイザヤ書 36-39 章などに代表される物語の注解の特徴は、物語をそのままに扱っていることである。彼は、ラブ・シャケの演説におけるドラマティックな効果を引き出すために、そしてまたイスラエルの唯一の真の神を彼がいかに冒瀆したかを強調するために、ラブ・シャケとヒゼキヤとの対決の場面を言い換えている。また同時に明らかなことは、アンティオキアの釈義的伝統を分け持つテオドレトスの歴史的関心が、強い神学的前提に基づいていることである。従って、預言的証言は、救い主がまさにそこに入られたところのイスラエルの真の人間性と密接不可分に結び付いている。聖書の歴史的側面は、聴かれるべきメッセージの核心部分へと至るために取り除かれるべき意味のない外殻であるとは見なされていない。このポイントは、キリストの受難を論じているどのような部分においても明白にされているが（たとえばイザ 53 章）、しかしそのことは、この一つのトピックを超えて更に広く展開されている。

　しかし、字義的／歴史的なテクストの意味に対して正当な扱いをするというテオドレトスの一貫した関心は、歴史的客観性という視座に基づいた後の啓蒙主義的歴史家たちによって表明された動機とは全く異なる動機に由来している。テオドレトスにあってはいつも例外なく、旧約聖書の歴史的箇所は、

ほとんど反射的に、新約聖書という更に大きな正典的文脈の中に、そして更には続く教会史の中に位置づけられている。ここでの問題は、彼の預言とその成就についての理解について述べる以下の議論において中心的な事柄になるであろう。

　テオドレトスの釈義はまた、テクストの字義的意味と比喩的意味との区別が流動的なものとして捉えられていることを示している。彼は、まずはじめに字義的な読み方を提供し、その後に比喩的な読み方を続ける、というやり方——まるでこれら二つの読み方が異なる種類のものであるかのように考えて——を滅多にしない。むしろ、預言者のイスラエルに対する裁き（イザ3:12-15）についての字義的解釈においてすら、祭司たちが「十字架につけろ！　十字架につけろ！」と叫んでいる声が聞こえるのである。しかしテオドレトスは、自身のイザヤ書 5:1-7 と 28:23-28 の譬えについての解釈の中で、隠喩的な読み方が字義的意味に他ならないことに気が付いているのである。

d.　比喩的意味

　テオドレトスが比喩的意味を示すために普通用いる言葉は、*tropikōs* である。これは、「隠喩的意味」と表現するのが恐らくは最も良いであろう。テオドレトスはこの隠喩的意味を、オリゲネスとは異なり、独立した意味であるとは見なしていない。むしろこれは解釈された言葉や概念を拡張したものなのである。たびたびこの隠喩的意味は文学上の工夫として現れ、預言的幻を表現する際の多様性を構成している（VI, 425ff.）。この隠喩的意味が字義的意味の解釈の後に続いたり、あるいは字義的意味と明確に対比的に位置づけられたりすることはごくまれにしかない。しかし、イザヤ書 57:14（「わたしの民の道からつまずきとなる物を除け」）における託宣はまず、「文字に従って」（*kata to rheton*）解釈され、その結果、物理的な障害を意味するものと見なされる。続いてこの託宣は、比喩的に（*kata dianoian*）解釈され、不信仰者たちの魂を意味するものとして見なされる。時折、地理的なイメージとの一貫性を得るために、ある比喩的意味が想定されたりもする（イザ13:2）。

　テオドレトスの比喩的、あるいは隠喩的解釈の中で最も典型的な要素は、

第 10 章　キュロスのテオドレトス

それぞれの独立した言葉に違う意味を割り当てることで、単なる寓喩(アレゴリー)に陥ってしまうということがほとんどない点である（cf. V, 451ff.）。むしろ旧約聖書の言葉は、それがキリスト教的なメッセージと共鳴して聞かれる時には隠喩的(メタフォリカル)に解釈される。イザヤ書 1:16 における水による清めについての言及は、その直後に「再生の水浴」たる洗礼であると見なされる。シオンの山（イザ 2:2-4）は、諸国民が集められるところの教会のイメージとなる。イザヤ書 5 章におけるぶどう畑の譬えは寓喩的(アレゴリカル)に解釈されることはないが——そこにおいてユダという歴史的側面が言及されていることは見逃されていない——、ほどなくして解釈の文脈は隠喩的(メタフォリカル)なものに様変わりする。ぶどう畑が見捨てられて、いばらやおどろが生い茂るようになるという記述は、救い主のための冠に用いられたいばらと関連づけられるのである。

　聖書の比喩的意味の隠喩的(メタフォリカル)解釈を、特に予型論的(タイポロジカル)解釈から区別するギノーのやり方は、その区別が厳格になり過ぎなければ、ある程度は有用なものである。隠喩的(メタフォリカル)解釈と予型論的(タイポロジカル)解釈は共に、テオドレトスにとって旧約聖書と新約聖書の統一性を強調することにおいて役立っている。この二つの比喩的解釈の技巧の主要な相違点は、隠喩的(メタフォリカル)解釈には、型(タイプ)から対型(アンチタイプ)へと至る時間的連続性の明確な根拠づけが欠如しているという点である。むしろ隠喩的(メタフォリカル)解釈においては、聖書がとりあげている主題と共通するある一つの側面が、明確な歴史的言及なしに引き出される。多くの点において、テオドレトスの倫理的勧告を伴った締めくくりの記述は、当時のキリスト者の読者へと向けられた預言的テクストを隠喩的(メタフォリカル)に拡張したものに過ぎない。

　テオドレトスによるイザヤ書 7-8 章の解釈——それは二人の息子、インマヌエルとマヘル・シャラル・ハシュ・バズについて記している——においては、隠喩的(メタフォリカル)側面を驚くべき仕方で拡張した興味深い例が存在する。ここにおける解釈は、インマヌエルについての解釈の存在論的な展開とすら特徴づけられるであろう。テオドレトスは、歴史の中に入ってこられた約束された救い主の人間性に焦点を当てるにあたり、アンティオキア学派の伝統を強調しようと苦心している。しかし、一体どのようにしてインマヌエルは、一方で紀元前 8 世紀におけるイスラエルの信仰深い者にとっての希望のしるしとなり、しかし他方で同時に、聖霊の働きによって聖母マリアから生まれた神の

子、イエス・キリストであると見なされ得るのだろうか。テオドレトスは祭司であるレビの例に説明の助けを求めている（ヘブ 7:4-9）。アブラハムがメルキゼデクと会った時にすでに先祖であるアブラハムの腰の中にいたことによって、レビはアブラハムを通して十分の一の献げものを献げたので、自らが誕生する 600 年前に律法の求めるところを果たしたというのである。従って、前 8 世紀のマヘル・シャラル・ハシュ・バズと、ローマ時代におけるインマヌエルの誕生の間には、存在論的な関連性が存在する。この展開は明らかに隠喩的（メタフォリカル）という以上のものであるが、テオドレトスが普通展開するような型と対型（タイプアンチタイプ）の間の時間的連続性の概念とも極めて異なっている。

e. 予型論的（タイポロジカル）な意味

　上において示したように、ギノーはテオドレトスによる聖書の比喩的意味に対しての隠喩的（メタフォリカル）なアプローチと、予型論的（タイポロジカル）アプローチの間に適切な区別を設けた。しかしながらここで重要なことは、tropikōs という言葉はテオドレトスにとってその両方の比喩的解釈法を含んでおり、また両者の解釈法を区別する線は往々にして非常に曖昧であるという点である。

　テオドレトスにおける予型論的（タイポロジカル）アプローチは、ある意味では全ての古代教父に共通のものであるが、その理由は、それが新約聖書にルーツを持っているからである。しかしながら予型論的（タイポロジカル）アプローチはまた、アンティオキア学派の人間にとっては本質的な事柄であり、この学派の歴史に対する深い関心を説明するものである。基本的にこの方法は旧約聖書の歴史的出来事が後の出来事の予表（prefiguration）と見なされることを許容しながらも、しかし同時に旧約の歴史的出来事の神学的重要性を擁護しようと努めるものである。イスラエルの生における旧約聖書の歴史的出来事は預言的なものとして構成されており、預言と成就というパターンの中で対型（アンチタイプ）として繰り返し現れる型（タイプ）を提供している。

　予型論的（タイポロジカル）解釈を更に改善しようとするテオドレトスの試みは、彼がユダヤ人、そしてまたテオドロスと継続していた論争の内に現れてくる。テオドロスは旧約聖書の預言が、大方イスラエルの歴史という文脈の中で、つまり旧約聖書内部での解釈として理解されるという見解を弁明している。そのよう

第 10 章　キュロスのテオドレトス

な歴史的出来事が、新約聖書においてのみ成就することの予表であることはまれにしかない、というのである。しかし明らかに、キリスト教的解釈だけでなく、ユダヤ人もまた、旧約聖書の完全性を弁明するという同じ関心を共有している。テオドレトスは、歴史的、神学的、そして文学的議論を通して、与えられている旧約聖書の預言を単にイスラエルの歴史の文脈に限定して考えることは誤りであると議論している。

たとえば、イザヤ書 32 章においてテオドレトスは、王的人物についての約束はヒゼキヤやヨシヤ、ゼルバベルなどに当てはめることができないことを示そうとしている。そのような解釈は「真理から逸れていく」ものである（*diamartanei tēs alētheias*, IX, 359-60）。むしろ、この聖書箇所でとりあげられている支配者の徳は、旧約聖書の外において、すなわちイエス・キリストにおいてのみその成就を見出すことができるのである。テオドレトスは使われている言語の誇張された（hyperbolic）性質をたびたび強調している。それらの言語は読者に対して一般的な歴史的意味を超越する必要を指示するのである。

もちろん、テオドレトスは時折、二重の成就（double fulfillment）について語ってはいる。第一の内的成就は、その最終的な成就を予示するものである。従って、イザヤ書 1:7-9 におけるエルサレムの破壊は、ネブカドネツァルによってエルサレムが破壊された出来事の内に予示されているが、しかしその最終的な成就は、キリストの十字架刑の後、ローマの将軍ティトゥスがエルサレムを破壊したことによって起こったのである。

イザヤ書 40 章においてテオドレトスは、預言者は前もってバビロン捕囚という形において裁きを預言していた、と論じている。しかし彼はその成就をクリュソストモスの解釈における予型論的形態において見出すことを拒む。クリュソストモスはイザヤ書 40 章で、バビロン捕囚からの帰還を、イエス・キリストにおける神の最終的救済［つまり、終末論的救済］を予示する出来事として読み取っていた。しかしテオドレトスはイザヤ書 40 章において述べられている普遍的救済の意図は、新約聖書の言葉遣いの中でのみ、福音のメッセージとして理解され得ると論じている。実にテオドレトスにとって、驚くほどに多くの旧約預言の成就が直接ローマ時代に関連しており、そし

229

てまた新約聖書によって確証されるのである。少なくともこのこととの関連において、テオドレトスはアンティオキア学派の通常の釈義的伝統を代表する人間ではありえない。むしろ彼はアレクサンドリア学派の比喩的アプローチの影響をより大きく受けているのであり、またたびたび、テオドロスやクリュソストモスよりも、エウセビオスやキュリロスに近いことが示されているのである。

　テオドレトスの予型論(タイポロジー)の用い方について、ここで興味深い注釈を記そう。G. W. アシュビー（Ashby）は、「旧約聖書の釈義家としてのキュロスのテオドレトス」と題した博士論文を、テオドレトスによる予型論(タイポロジー)の理解と、ゲルハルト・フォン・ラートによるそれの理解との比較によって締めくくっている。フォン・ラートと言えば、この「予型論(タイポロジー)」という言葉を、第二次世界大戦直後に、「旧約聖書の予型論的(タイポロジカル)解釈」という論文を通して広く普及せしめた研究者である。アシュビーはフォン・ラートの予型論(タイポロジー)の理解について困惑を表明する。それはラートが、自身の予型論(タイポロジー)についての見方を古代教父へのただの一度の言及もなしに展開したからである。この事実だけから見ても、この二人の間にいかなる類似性があったとしても、彼らはそれぞれ全く独立した形で自らの立場に到達したのであり、また全く異なる歴史的関心からそのような立場が生まれてきたということが明白である。

　テオドレトスとフォン・ラートは共に、予型論(タイポロジー)を二つの相争う立場の間の行き詰まりを克服する試みの中で用いている。テオドレトスはアレクサンドリア学派の寓喩(アレゴリー)とテオドロスの歴史主義の間の中道を探し求めているが、一方でフォン・ラートは信仰と歴史の間に介在する、啓蒙主義に由来する課題を克服しようと努めている。テオドレトスとフォン・ラートは共にキリスト教神学にとっての旧約聖書の永続する完全性を確立しようと努めており、その一方で同時に、新約聖書が用いているのと同種の比喩的な適用の内に、ある連続性の要素を見出そうと努めている。両者はまた、文学的一貫性の形を回復することによって、聖書テクストの細分化を克服しようと努めている。テオドレトスは、聖書における物語の連続性を軽視した、寓喩(アレゴリー)の一貫性のない使用に反対した。またフォン・ラートは、資料批評や伝承・歴史批評を過度に持ち込む形で聖書テクストを細分化してしまうことに抵抗したのである。

第 10 章　キュロスのテオドレトス

　しかしながら、この二人の解釈者においては、解釈の「系統的類似」に関わる重要な諸特徴が共有されつつも、しかしやはりそこには相違点が存在する。第一に、テオドレトスは依然として自身の解釈を、経験可能な出来事から確証された「歴史の諸事実」の上に打ち立てたが、これに対してフォン・ラートは、歴史を啓蒙主義以後の視点から認識した。もっともそれは「救済史」（Heilsgeschichte）を、歴史的批判的分析というフィルターを通して経験可能な歴史的出来事から区別するという非常に弁証法的な方法ではあったのだが。第二に、テオドレトスは神の霊感を受けた聖書が、神的啓示——それは聖書の証言の間テクスト的関連を通して明らかにされる——の媒体であることを前提にしていた。これに対してフォン・ラートは、書かれたテクストを下支えしている口頭伝承に釈義上の焦点を合わせ、書かれたテクストについては、それを全く人間が書いたものを継続して再解釈していく営みを通して、後代の編集者たちがテクストを未来のために文字にして残そうとした単なる儚い企てであると見なしたのである。第三に、テオドレトスは聖霊について、信仰者である読者に対して聖なる言葉の意味を照らし出すという生きた超越的役割を持つと語った。これとは逆にフォン・ラートは霊について、新しく創造的な適用を通して過去を再解釈することを探し求める人間による解釈に存する、カリスマ的側面とより関わった形で語った。要するに、これは推量する以外ないのだが、フォン・ラートがもしテオドレトスの書物を深く探る機会があったならば、彼はテオドレトスの聖書解釈の考察から助けを得ることができたかもしれないと言えそうである。

231

キュロスのテオドレトスに関する文献表

一次文献

Opera, Patrologia Graeca, edited by J.-P. Migne, 80-84.

Commentaire sur Isaïe. 3 vols. Sources Chrétiennes 276, 295, 315, edited by J.-N. Guinot. Paris: Éditions du Cerf, 1981-84.

二次文献

Ashby, G. W. *Theodoret of Cyrus as Exegete of the Old Testament*. Grahamstown, South Africa: Rhodes University Publications, 1992.

————. "The Hermeneutic (sic) Approach of Cyrrhus to the Old Testament." In *Studia Patristica* 15, pp. 131-35. Berlin: Akademie-Verlag, 1984.

Bardy, G. "Théodoret." In *Dictionnaire de Théologie Catholique* 15 (1946): 299-325.

Crouzel, H. "La distinction de la 'typologie' et de 'l'allégorie.'" *Bulletin de littérature ecclésiastique* 65 (1964): 161-74.

Devresse, R. *Essai sur Théodore de Mopsueste*. Rome: Biblioteca Apostilica Vaticani, 1948.

Greer, R. *Theodore of Mopsuestia*. London: Faith Press, 1961.

Guinot, J.-N. *L'exégèse de Théodoret de Cyr*. Paris: Éditions Beauchesne, 1995.

————. "Theodoret of Cyrus: Bishop and Exegete." In *The Bible in Greek Christian Antiquity*, edited by P. M. Blowers, pp. 163-93. Notre Dame: University of Notre Dame Press, 1997.

Hidal, S. "Exegesis of the Old Testament in the Antiochene School with Its Prevalent Literal and Historical Method." In *The Hebrew Bible/Old Testament*, vol.1, edited by M. Saebø, pp. 543-68. Göttingen: Vandenhoeck & Ruprecht, 1996.

Kihn, H. "Über 'Theōria' und 'Allegoria' nach den verlorenen hermeneutischen Schriften der Antiochener." *Theologische Quartalschrift* 20 (1889): 531-82.

Lubac, H. de. "'Typologie' et 'Allégorisme.'" *Recherches de science religieuse* 36 (1949): 542-76.

McCollough, C. T. "Theodoret of Cyrus as Biblical Interpreter and the Presence of Jews in the Late Roman Empire." *Studia Patristica* 18 (1985): 327-34.

Margerie, B. de. *An Introduction to the History of Exegesis*, vol.1, pp. 165-87. Petersham, Mass.: St. Bede's Publications, 1993.

Nassif, B. "The 'Spiritual Exegesis' of Scripture: The School of Antioch Revisited." *Anglican Theological Review* 75 (1993): 437-70.

Quasten, J. "Theodoret of Cyrus." In *Patrology*, vol.3, pp. 536-54. Westminster, Md.: Newman Press, 1960.

Rad, G. von. "Typological Interpretation of the Old Testament." In *Essays in Old Testament Hermeneutics*, edited by C. Westermann, pp. 17-39. Richmond: John Knox, 1963.

第 10 章　キュロスのテオドレトス

Schäublin, C. *Untersuchungen zu Methode und Herkunft der antiochenischen Exegese*. Köln/Bonn, 1974.

Sellers, R. *Two Ancient Christologies*. London: SPCK, 1940.

Tennant, P. "La theoria d'Antioche dans le cadre des sens de l'Écriture." *Biblica* 34 (1953): 135-58; 354-83; 456-86.

Vaccari, A."La 'teōria' nella scuola esegetica de antiochus." *Biblica* 1 (1920): 3-36.

Vigouroux, F. "École exégètique d'Antioche." In *Dictionnaire de la Bible*, vol.1 (1891), pp. 683-87.

Young, F. "Theodoret of Cyrrhus." In *From Nicaea to Chalcedon*, pp. 265-89. London: SCM, 1983.

―――. "The Rhetorical Schools and Their Influence on Patristic Exegesis." In *The Evolution of Orthodoxy: Essays in Honour of Henry Chadwick*, edited by R. Williams, pp. 182-99. Cambridge: Cambridge University Press, 1989.

―――. "Typology." In *Crossing the Boundaries: Essays in Biblical Interpretation in Honour of Michael D. Goulder*, edited by S. E. Porter et al., pp. 29-48. Leiden: Brill, 1994.

233

第11章

トマス・アクィナス

Thomas Aquinas（c.1225 - 1274）

　トマス・アクィナスに関するこの章の目的は非常に限定的なものである。この章はトマスの神学を包括的な仕方で精査しようとする趣旨のものではない（これは専門家にとってすらも非常に困難な作業である）。またこの章は、聖書研究に対する一般的なトマスの釈義的貢献について考察しようと試みるものですらない。むしろこの章は、イザヤ書についての選択された注解の研究を通して、神学的重要性を持つ幾つかの基本的な解釈学的課題についてとりあげるという、すでに本書で表明した研究の目標を継続していくものである。この章は、キリスト者の聖書の一部分であるこの預言書と教会が取り組んできた歴史の中から現れてくるパターンを認識しようと試みるものである。

　本書の主要な関心は解釈学的な問題でありながらも、しかし同時に、本書の企ての本質は、教会の釈義的伝統における解釈学的アプローチの多様性と共通性両方を見極めるために、より大きな歴史的枠組みの中に個々の神学者の著作を位置づけていくという作業を必要とする。本書の中心的関心は、歴史的、文化的文脈の中で起こってきた特定の著者に対する様々な影響と、そ

第11章 トマス・アクィナス

の著者が、受容した正典的テクストを教会の釈義的伝統に沿った形で、創造的に適用していくこととの関係について分析することである。

I トマスにとっての字義的、比喩的意味

トマスは、教会が主張してきた、伝統的な聖書の四重の解釈的枠組みの中に立っていた。それはすでに12世紀までの間に、注目に値する発展を遂げていた。すでに我々が見てきた通り、オリゲネスの聖書釈義に対する貢献は、新約聖書と新約聖書以外のフィロンや他のヘレニズム的著作家たちの影響の下で、聖書の複層的意味に関する影響力のある理論を発展させる上で決定的なものであった。オリゲネスと、アレクサンドリア学派の伝統の中で彼に従った者たちは通常、テクストの字義的意味と比喩的意味とに明確な違いがあることについて語っていたが、しかし寓喩的、終末論的、倫理的意味などの比喩的意味に関しては、相当程度の流動性が存在した。すでに説明した通り、アンティオキア学派の間で少々異なった解釈の伝統が起こり、この伝統はたびたび、オリゲネスの追従者たちがテクストの意味を際限なく広げた疑わしい解釈に対して非常に批判的であった。しかし、これもまた我々がすでに論じた通り、字義的意味と比喩的意味の厳密な関係については継続して議論されていったものの、この二つの意味を解釈する必要があるということについては、相当程度の一致が存在していた。地上的（肉的）なものと天的リアリティーに属する霊的次元とを鋭く対比させる、オリゲネスによる新プラトン主義的理論に反対して、アンティオキア学派は、旧約聖書から新約聖書へと進んでいく包括的な歴史的軌道の中での預言と成就という時間的連続に注目した。4世紀から5世紀の間に、ヒエロニムスと、特にアウグスティヌスは、この二つのアプローチの要素を幾分違った仕方で結合しようとした。アウグスティヌスは、二つの有名な著作の中で（『キリスト教の教え』、『霊と文字』）洗練された解釈学的統合を企て、それはスコラ哲学全盛の時代に至るまでキリスト教的聖書解釈に影響を及ぼした。聖書テクストから神学的リアリティーを引き出す解釈学的カテゴリーとしては、しるし（*signum*）と

235

リアリティー（res）を並置することが支配的となったのである。アウグスティヌスの時代以降、聖書の複層的意味を三重のものとして把握する理論は、次第に聖書の意味を四重のものとして把握する仕方——この見方は通常、カッシアヌスが提案した聖書の歴史的、寓喩的（アレゴリカル）、終末論的（アナゴジカル）、倫理的（トロポロジカル）意味と関係している——によって取って代わられることとなった。しかし、解釈学的な実体は、このような用語体系の拡張と組織化によってほとんど影響を受けることはなかった。

　オットー・ペッシュ（Otto Pesch）は、解釈史を簡潔に振り返る中で（pp. 682ff.）、このような伝統的な解釈学的理論が恣意的であり、ヘレニズム的修辞学を不幸にも適用してしまった結果であるとする現代の批判に反論しようと試みており、そこで重要な神学的議論を提供している。彼は、このような解釈法は有機的にキリスト教信仰と結び付いており、また、新約聖書において明確に用いられているだけでなく（cf. Ⅰコリ 10:11）、旧新約聖書の関係と、神、キリスト、そして聖霊についての聖書の証言についての深い神学的洞察を正しく反映していると主張している。

　寓喩的（アレゴリカル）アプローチの研究において重要な議論が起こってきたのは、まさにこの点においてであった。1930 年頃から、解釈史の研究の中で新たな関心が起こってきた。そのような関心を最もよく反映しているのが、ベリル・スモーリー（Beryl Smalley）、セラ・スピク（Ceslas Spicq）、アンリ・ド・リュバック（Henri de Lubac）らによる先駆的著作である。それぞれわずかな違いはあるが、そこで展開されたのは次のような説である。すなわち、古代教父による聖書解釈の伝統的な形に疑問を付すような新しい解釈学的理論は、12 世紀までの時代には全く現れなかったが、12 世紀の初めになると新しいアプローチが登場し、比喩的意味への関心に代わって字義的／歴史的意味の重要性が新たに注目され、この流れはサン・ヴィクトル学派に始まってトマスにおいて完成されることになった、と。スモーリーは、サン・ヴィクトルのフーゴー（Hugh of St. Victor, 1141 年没）が字義的意味を熱心に回復しようとしたことの内に、その独創性があると強調している。しかし、歴史的なアプローチを体系化しただけに留まらず、アウグスティヌスによる新プラトン主義的遺産をアリストテレス的なものによって置き換えることで、釈義の歴

第 11 章　トマス・アクィナス

史に新たにして決定的な歴史を刻んだのは、他でもないトマスであった。ス
モーリー（pp. 303ff.）は、出エジプト記 23:19（「あなたは子山羊をその母の
乳で煮てはならない」）の解釈の歴史を、アウグスティヌスからトマスまで
（マイモニデス〔Maimonides, 1135-1204 年〕による影響も含めて）たどるこ
とによって、この解釈上の変化についての非常に説得力のある分析を展開し
ている。

　スモーリーの理解（そしてスモーリーとは無関係に、スピクによってもお
おむね踏襲されている理解）によれば、トマスの解釈理論は、聖書の言葉
がそれぞれ一つの意味だけを持つという理解（univocity）を弁護したことに
よって、聖書の複層的な意味を主張するアウグスティヌス的なものに取って
代わった。従って、『神学大全』（*Summa Theologiae*）1.1.10［高田訳『神学大
全』第 1 冊、29-33 頁］においてトマスは、ある事柄を指し示すしるし（*sign*）
と、更に他の事柄のしるしとなる事柄とを区別する。ある一つの言葉は、一
つの意味しか持ち得ないが、しかし、ある事柄（*res*）からは霊的意味を引
き出すことができるので、第二の事柄（*res²*）が更に示されることになる。
霊的意味はテクストの背後に隠れているのではなく、テクストを通してその
本質を見抜きさえすれば啓示されるとトマスが主張したのは、トマスの解
釈理論にアリストテレスの影響があった証拠と［スモーリやスピクによっ
て］見なされている。トマスはこうして、アウグスティヌスにとって不可欠
であった体と霊の分離を克服したというのである。また、マイモニデスがト
マスに与えた影響は、トマスが理性、因果律（causality）、そして本質という
アリストテレス的なカテゴリーを聖書に適用する際に働く強い力になったと
［スモーリやスピクによって］考えられた。こうした解釈によれば、トマス
が霊的意味を摑むために、聖書テクストそのものに耳を傾けることから始め
て、その本質（*res*）に耳を傾けることへと移行する釈義プロセスを提唱し
たことによって、神学的思索が［トマス以前の時代のような］聖書釈義との
直接的な結び付きから区別されたのである。

　しかし、アンリ・ド・リュバックは、『中世の釈義』（*Exégèse Médiévale*）
の中で、教会の伝統的な四重の意味を探究する釈義的アプローチとのトマス
の関わりについての以上のような理解に対する強力な反論を企てた。可能な

237

限り詳細な議論をしながら、ド・リュバックは、以上に述べたようなスモーリー、スピクその他の人々に代表される、広範に受容されてきたトマスについての解釈に反論しようと試みた。

　1．第一に、トマスはたびたび教会の比喩的解釈に特別に言及しているが、その際、往々にして何の否定的な評価も下していない。トマスがグレゴリオスのヨブ記についての寓喩的_{アレゴリカル}解釈を賞賛する際、そこにおいて彼のグレゴリオスに対するコメントに皮肉が込められていたとか、あるいは彼がそのような釈義的伝統から自分を遠ざけることを意図していたなどと考えることは全く根拠のないことである。

　2．トマスが聖書の複層的意味についての自身の解釈を明確に説明している記述を見れば（『任意討論集』〔Quodlibet〕7.6;『ガラテヤ書注解』Ch. 5 lect. 7;『神学大全』1.1.10［高田訳『神学大全』第1冊、29-33頁］）、彼が伝統的な寓喩的アプローチとの連続性の内にあることは明確である。

　3．トマスが聖書解釈における字義的／歴史的意味の中心性について強調し、字義的意味から逸脱するいかなる教理的意味も引き出されるべきではないと主張するとき、彼は単に、教会の中で長らく表明され、サン・ヴィクトルのフーゴーによって強力に弁護された神学的立場を擁護しているに過ぎない。すなわち、比喩的解釈からは、信仰の教理的内容にとってのいかなる本質的なものも期待することはできない。

　4．トマスは、聖書の比喩的意味を重視することは教理の客観的真理を弱める混乱を生んでしまうという反論をはっきりと退けており（『任意討論集』7.14. q.6）、テクストの字義的意味によってもたらされる釈義的制限について指摘している。

　トマスの聖書の四重の意味を求める釈義的方法との関わりをめぐるこのような現代の議論を批評的に吟味する際、ペッシュ（pp. 701ff.）はまず、トマスが伝統的な釈義的アプローチとの連続性を持っているとのド・リュバックの議論に賛成を表明している。トマスは基本的に、彼以前の解釈者たちの釈義的伝統の中に立っており、比喩的解釈の役割を字義的意味の完成と理解している。しかし同時にペッシュは、ド・リュバックがトマスの過去との連続性を強調し過ぎており、トマスによってもたらされた真の解釈学的革新を低

第 11 章　トマス・アクィナス

く見積もっていると考えている。トマスは 13 世紀に起こってきた新しい課題に対して応答することで、解釈学的議論の本質を非常にはっきりさせただけでなく、新しい解釈学的基礎を打ち立てた。ルネサンスの時代においては、このトマスの敷いた基礎に基づいて、新しい文献学的、歴史的アプローチが爆発的に発展することになったのである。この問いを更に詳細に探究することが、以下に提供されるトマスのイザヤ書注解の分析の目的の一部となる。

Ⅱ　トマスの釈義に関わる解釈学的問題

　1．トマスは『神学大全』のはじめから、聖書の執筆に神と人間がどのように関わり合っているかという問題について、明確に説明している。聖書の著者が神であるということは、トマスにとって明白なことであった（『神学大全』1.1.10［高田訳『神学大全』第 1 冊、29-33 頁］）。聖書は神御自身が選ばれた神の言葉で記されている。しかし、加えてトマスは、「手段として用いられた原因」（*causa instrumentalis*）として、つまり、神的著者の手となって用いられた道具としての人間の聖書著者たちにも確かに言及している。このため、聖書における人間の著者の役割は、トマスにとって全く根本的な神学的問題とはならなかった。神的啓示と人間の著者による仕事の間には、何らの緊張関係も存在しない。つまり、この点に関するトマスの聖書へのアプローチは、啓蒙主義のそれとは全く異なる世界に留まっている。啓蒙主義者たちにとっては、神的啓示とそれが聖書の中で扱われている形式との間にある緊張関係が、重要で継続した議論を引き起こしている。

　2．トマスが主張したとされている、言葉の持つ意味は一つだけという理解（univocity）は、多くの複雑な解釈学的問題を引き起こす。トマスによれば（『神学大全』1.1.10［高田訳『神学大全』第 1 冊、29-33 頁］）、字義的意味は単純で直接的なもので、それは著者が意図しているものであり、従って一つ（univocal）である（つまり、個々の言葉はそれぞれ一つの意味しか持たない）。しかし、――ここでトマスは重要な貢献をしている――アウグスティヌス的な意味で言えば、霊的意味は個々の言葉からは引き出されず、む

239

しろ個々の言葉によって意味された諸々の事柄から引き出されるが故に、それらの事柄自体が他の諸々の事柄を指し示すしるしになり得るのである。このような聖書の意味の複層性は、聖書の言葉の意味が多義的であるということを意味しているのではない。つまり、これらの複数の意味は、一つの言葉が幾つかの異なった事柄を意味している故に存在しているのではなく、むしろ言葉そのものが、その言葉自身とは違った事柄を指し示しているために存在している。トマスにとっては、聖書がそのような力を持っているということが、聖書に特有の性質なのである。

　しかし、トマスの解釈学的議論の中には、問題を複雑にし、より最近の議論を生むことになった文章がもう一つある。彼は言っている。「ただし、作者の志向するところは『字義的な意味』にあり、作者は、然るに、聖書の場合にあっては、万物をその知性によって同時に把握し給うところの神に他ならないが故に、いまもし『字義的な意味』のみに即して、聖書の一つの字句のうちに幾つかの意味（plures sensus）が見出されるとしても、アウグスティヌスが『告白』第 12 巻にいうごとく、決してそれはふさわしからぬことではないのである（non est inconveniens）」（『神学大全』1.1.10 ［高田訳『神学大全』第 1 冊、31-32 頁］）。

　最近、ユージン・ロジャース（Eugene Rogers, "Virtues," pp. 65f.）や、ロジャースに従うスティーブン・ファウル（Stephen Fowl, *Engaging Scripture,* p. 39）が論じているところによると、トマスが著者の意図を強調していることは、聖書の読みを狭めることよりはむしろ、聖書の読みの多様性を促進することに繋がる。ロジャースは次のように結論づける。すなわち、トマスにとっての字義的意味は、「共同の同意」（communal assent, ジョージ・リンドベック〔George Lindbeck〕による用語）を命じている事柄なのであり、従ってそれはほとんど曖昧なものである、と。このようなトマスについての解釈について私が最初に感じたことは、これではトマスが記したこの文章の複雑さが十分に扱われていないのではないかということであった。少なくともロジャースやファウルは、専門家たち（特に Synave, Spicq, Pesch）の議論にしばしば加わってみる必要がある。ここで私は、トマスによる実際のイザヤ書解釈のより詳しい研究が済むまで、このことに関する結論を保留したいと思

う。

　3.　第三に、J. S. プロイス（Preus）によってかなり強引に提起され、論争を巻き起こしている解釈学的問題がある（*From Shadow to Promise*, pp. 46ff.）。それは、トマスにとって旧約聖書は、新約聖書において実現されるべき福音の約束を提供しているというその役割以外に、独立した神学的意味を持っているのか、という問いである。この問題は、彼の記した他の注解と並んで、『神学大全』を含んだ広い著作をまず検討することなしには簡単に解決されない問題である。やはり私はここでも、トマスのイザヤ書注解についてのより詳しい研究から、この問題について何らかの理解が得られないかを見極めるために、ここでの議論を保留したいと思う。

Ⅲ　トマスによるイザヤ書注解の分析

1　その構造と目的

　トマスによるイザヤ書注解は、彼の二回目のパリ滞在中に記された（1269-1272 年）。ヴァチカン図書館は、トマス直筆のイザヤ書注解を所蔵しており、従ってこの書物の真正性は疑いの余地がない。スピク（p. 300）によれば、このイザヤ書注解はほどなくして編集され、章末に、*Notae super illo verbo*［その言葉に関する注］などといったタイトルの下に、付加が挿入されている。

　トマスの注解の冒頭には、ヒエロニムスの注解の序についてのトマスによる論評と、トマス自身の注解の目的とアプローチの仕方についての説明がなされている序文（*prooemium*）が置かれている。読者はたちまち、トマスが 12 世紀の先駆者たち（たとえば、フーゴーやアルベルトゥス・マグヌス）から受け継いだ、注解のスコラ主義的な形式に出会うはずである。注解は注意深く、幾つもの区分（divisions）、下位区分（subdivisions）、そして分割された部分（distinctions）に分けられている。テクストが幾つかの個々のより小さなユニットに分割される以前に、聖書著者のより大きな意図がまず要約される。個々の言葉に存している意図すらも、その論理的展開に従って、更

に分割されて説明される。従って、イザヤ書の序文においてトマスは、三つの要素から成る主題にただちに焦点を合わせている。すなわち、著者、文体、そして内容である。それぞれの項目は更に分割され、そして並行する聖書箇所が引用されることによって、区別が更に根拠づけられていく。

トマスは自分自身をヒエロニムスとの密接な連続性の内に捉えている。トマスはヒエロニムスが書いたイザヤ書注解の序章を解釈し、手本として用いている。彼は、イザヤ書が、その言葉の用いられ方と美しい文体の故に、他の預言書をはるかに凌いでいるというヒエロニムスの評価をそのまま受け入れている。イザヤは平易で、誰にでも開かれた仕方で記述した。しかしより重要なことは、トマスがヒエロニムスの理解に従って、イザヤを預言者という以上に福音の記者（an evangelist of the gospel）と理解し、イザヤの舌が聖霊によって霊感を受けていたと認識していたことである。トマスはイザヤが自分に示された幻を大きな羊皮紙に書き付けたという記事（イザ 8:1）と、ハバクク書 2:2 以下の記事との並行を用いることによって、はるか彼方にありながらその実現に向かって押し進んでいく預言者の幻との類似を、序文の中で一貫して追究している。

トマスのテクスト分析において印象的なことは、彼が聖書の深さと曖昧さについて、繰り返し強調していることである。これは聖書がキリストとその教会の神秘を含んでいるためである。聖書解釈の難しさは未来についての預言の内にあるのではなく、むしろ過去の出来事が持つ隠された性質にある。聖書が持つ内容は、まさにキリストの到来と諸国民に対する召し出しである。これらの神秘は遠い将来にあるものであるが、しかし幻の中で明確にされており、啓示を受けた信仰者たちは「はるかにそれを見て喜びの声をあげた」（ヘブ 11:13）。トマスがマタイによる福音書 25:34 ——ここでは、王が祝福された人たちに「天地創造の時からお前たちのために用意されている」国を受け継ぐよう呼びかけている——を引用しているのは偶然ではない。エフェソの信徒への手紙 3:9 もまた、多く引用されている。「神の内に世の初めから隠されていた秘められた計画が、どのように実現されるのかを、すべての人に説き明かす」。

トマスの注解に付された序文に見られる神学的強調点は明確に、神の永遠

第11章　トマス・アクィナス

の計画に関する神の啓示の存在論的神秘に置かれていることはもちろんだが、トマスの注意は同時に、旧新約聖書両方にわたる一人の著者の開示にも明確に向けられている。ハバクク書2章に割り当てられた役割はまさに、約束の実現の遅れについて説明することである。この約束は父祖たちによってはるか昔に終末論的に認識されていたものであるが（ヘブ 11:13）、しかしついに聖霊によってキリストの受肉の内に啓示されたのである（ヨハ 1:14）。更に言えば、神の隠された計画の神秘はすでに、民が律法の下にあり、イスラエルが偶像礼拝に陥っていた時代においてすら、認識されていたのである。

　トマスによる序文の機能を理解する難しさは、それが持っているはずの彼の実際の注解との関係が決してたちどころに明らかではないというところにある。ここで表明された解釈の目標は、注解のほとんどの部分において実際になされている解釈の中に反映されていないように見える。その一例を挙げよう。エジプトに対する神の裁きの神秘について素描する中で、トマスはイザヤ書 19 章を引用している。「主は速い雲を駆って／エジプトに来られる」。この節は、もちろん、古代教父たちのお気に入りの箇所の一つであり（cf. キュリロス）、キリストの誕生とエジプトへの逃避行についての寓喩^{アレゴリー}を提供していると考えられていた（マタ 2:13ff.）。しかし、トマスによるイザヤ書 19 章の注解においては、そのような寓喩的^{アレゴリカル}解釈の痕跡は全く見られない。実際、比喩的釈義が全く欠如しているということはまさに、彼のアプローチの特徴である。もちろん、ド・リュバックに倣って、注解の導入部分は、トマスが教会の寓喩的^{アレゴリカル}釈義の伝統との連続性の内に存在していることを示す更なる確証であると論じることもできよう。しかし、この注解の導入が、それに続く彼自身のイザヤ書の実際の解釈の部分と関連していないように見えるのは奇妙なことである。対照的に、ヒエロニムスによる注解の序章は、それが確実にアレクサンドリア学派の解釈の遺産であることを反映しているが、彼自身のテクスト批評、歴史、地理、言語に対する博学な関心と見事に合致している。トマスが書いたヒエロニムスの注解の序についての論評は、トマスの聖書解釈原理についての理解のある部分を明らかにしてくれるが、しかしこのような困惑させられる一貫性のなさの問題に答えを与えてはくれないように見える。

243

2 解釈の様々な次元

イザヤ書8章の冒頭は、トマスの釈義的アプローチの好例を提供している。彼はまず、聖書テクストの字義的意味（*ad litteram*）についての注意深い解釈を提供している。彼はここで、アッシリアのイスラエルに対する侵略の歴史を振り返ることから始めており、ティグラト・ピレセル、シャルマナサル、センナケリブなど具体的に名前を挙げながら、それぞれの侵攻に言及している（彼はこの歴史を列王記下の記述と関連づけている）。彼は次に、8:1以下に記された、しるしとしてのイザヤの息子、マヘル・シャラル・ハシュ・バズ、ウルガタ訳では *Adcelera spolia detrahere, Festina praedari*[訳注1]［戦利品を奪い去るのを急げ、略奪を急げ］についての分析に移る。このしるしはユダにとって、字義的意味として（*ad litteram*）機能し、この名前を通してこれから起こる十部族の滅亡が啓示されている。このしるしは三重の仕方で、すなわち、それが書かれたことによって、その証が公に宣言されたことによって、そして実際に子供が生まれたことによって、その正しさが確証されている。そして、この「しるし行為」（sign-act）を示すそれぞれの言葉が、通常は並行箇所を引用することによって、更に説明されている（たとえば、エレ36:2; ハバ2:2; 申19:15）。

トマスはテクストの字義的（*ad litteram*）解釈を提供した後、今度は、このテクストを字義的に解釈するのは不可能であると主張している、名前を明らかにしていない他の解釈者たちに言及する。ここで、教会の歴史において広く受け入れられ、長い時間をかけて形成されてきたこの章の寓喩的解釈（cf. キュリロス）を思い起こせば、トマスがここで単にあまり有名でない人物たちのことを念頭に攻撃を仕掛けているわけではないことは明らかである。字義的解釈への反論としては、イザヤ書8章に論理的あるいは歴史的な矛盾があるからだという。それによると、数語を書き付けるために「大きな羊皮

訳注1　原著のラテン語引用には誤りがある。本訳書の記述は、Joachim Becker の本書の書評における指摘に基づいて訂正してあることをここに明記しておく（cf. J. Becker による書評、*Biblica*87〔2006〕、434）。

244

第 11 章　トマス・アクィナス

紙」など必要ではない。あるいはまた、尊敬に値する人物は、自分の妻に関するこのような個人的な事柄を証明するために証人を立てたりはしない。第三に、ウリヤはダマスコからエルサレム神殿に偶像を持ち込んだ人物であり、従って彼を信頼できる証言者として用いることはできない。最後に、ゼカルヤは歴代誌下 24 章によれば、この時まで生きてはいなかったはずである、というのである。個々の場合において、トマスはこれらの議論に丹念に反論を試みている。

　トマスはそれからまた、字義的な読みよりも比喩的な読みの方が好ましいとする人々が挙げている別の一連の理由をも紹介している。しるしは「ある人のペンで」（*per stilum hominis*）書かれることになっていた。これは、その意味を誰もが理解するのではなく、「型に従って」（*ex figuris,* ホセ 12:11 に言及）解釈する人のみが理解できるようにするために、預言者によって用いられた方法であった。そしてまた子供の名前は、救い主イエスを示す遠回しの表現であったという。このような見方への応答として、トマスは字義的解釈に対するこれらの反対意見を、聖書の権威を認識していないものであり、イザヤ書 7 章における子供に関してマタイによる福音書 1 章が提示している根拠とは対照的であるとして退けている。しかしトマスはまた、子供をキリストの型（*figura Christi*）と理解することができた「注疎」（*Glossa*）^{訳注 2} の解釈には、より寛容な姿勢を示しているように見える。

　トマスによるイザヤ書注解を全体として眺めてみると、彼の解釈の大部分が、字義的（*ad litteram*）解釈であると理解することが適切であろう。しかしながらこの理解は、「字義的意味」という言葉が持つニュアンス、限界、そして拡張的意味によって注意深く条件付けられなければならない。

　トマスが用いる通常の方法は、まずテクストの章全体の注意深い構造的分析をし、更に続いてそれを細かい区分に分けて考察していくというものである。これらの手順は、全体の内的統一性を明らかにするために役立ってお

訳注 2　*Glossa* とは、聖書テクストに付された欄外注で、テクストの解釈を導くために付されたものであり、中世において特に用いられた。詳しくは、グラント（茂泉昭男／倉松功訳）『聖書解釈の歴史』新教出版社、1966 年、140-41 頁などを参照。

り、またテクストの様々な部分にある論理的展開に注意を集中することにも役立っている。彼のアリストテレス的カテゴリー——たとえば因果律のような——の使用が、テクストの微妙な意味を非常に厳密に引き出すことを可能にしていることは、決して驚くべきことではない。彼はそれから、言葉やフレーズを逐一解釈しており、それはたびたび、聖書に用いられている言葉を明確化するための文法的説明や文学的パラフレーズにまで及んでいる。しかし、更なる釈義的考察によってあるフレーズを更に拡張的に論じていくというよりは、並行する聖書テクストを引用していることが多い。読者はその後、ラビ的ミドラシュに非常に似通った形で、提案されているテクスト同士の関連を見るために、並行テクストの置かれている全体的な聖書的文脈を研究するようにと強いられる。トマスがヘブライ語にもギリシャ語にも精通していなかったという事実は、彼の言語学的視点からの注解の価値を限定的なものとする。しかし多くの場合は、ヒエロニムスの著作を用いることによって、大きな過ちに陥ることは回避されている（ただし、トマスがヒエロニムス自身が用いた語源についての理論に引きずられてしまう時を除いて）。

　現代の読者はたびたび、地理的、歴史的、動物学的、年代誌的、文化人類学的考察を網羅したトマスの字義的解釈に見出される、聖書の外的意味を把握しようとする詳細な議論に感嘆させられる。たとえばイザヤ書7章において、トマスはエルサレムにおける三つの貯水池について説明し、それぞれに、町での生活の中で特定の役割が付与されていたことについて語っている。あるいはまた13章の終わりにおいてトマスは、荒れ地に生息していた様々な野獣と遠吠えをする生き物の正体を明らかにしようと大変骨折っている。最後に、トマスは7章において、ここで言われている「65年」という数を明らかにするために、ヨタムによるウジヤとの共同統治、続くヨタム単独でのユダの支配、アハズによる支配、ヒゼキヤの治世第六年におけるサマリアの占領などの年数を注意深く計算することによって、エフライムの滅亡以前の65年間をある種の新しい仕方で年代的に解釈している。

　トマスは歴史について記しているイザヤ書36-39章を、おおむねそのまま字義的に解釈している。彼はラブ・シャケが来たことによってもたらされたヒゼキヤへの脅威について、逐語的にテクストを説明している。彼は簡潔な、

第11章　トマス・アクィナス

しかし的を射た考察をし、アッシリア人の嘲りが残忍であったことに言及している。彼はユダの犠牲を清めたヒゼキヤの敬虔な行動を、冒瀆行為に変えてしまったラブ・シャケのずる賢さを指摘し、ラブ・シャケが相当な話術を持っていることを指摘している。そしてまた、13章におけるメディアによるバビロニアの破壊について説明する際も、彼は歴史的ドラマの強烈さを把握している。襲いかかる軍隊と、その結果引き起こされる町の中の恐れについて記した他の並行箇所に言及することで、彼は神の激しい怒りの前に天までもが震えるほどの神的審判の終末論的次元について、非常にリアルな感情を読者に与えることに成功している。

　字義的（*ad litteram*）解釈についての理解を広げることになったトマスの一つのやり方は、この解釈のカテゴリーの中に隠喩（メタファー）の使用を取り入れたことであった。隠喩（メタファー）の使用は、彼以前の神学者たち、特にフーゴーやその他の人々が発展させたものであった。トマスはたとえば4章においては、幕屋［新共同訳「仮庵」］のイメージが、暑さと雨から身を守るための場所の隠喩（メタファー）として用いられていることに言及している。このイメージは、約束された神の祝福を、出エジプトにおいてイスラエルが経験した神の祝福にたとえている。また5章では、トマスはぶどう畑の譬えを解釈して、これを神がその選ばれた民を絶えず御心に留めてくださることを、ユダが損なってしまったことを説明するための隠喩（メタファー）であるとしている。トマスは5章の譬えの字義的（*ad litteram*）解釈を提供しているが、しかしまたこの箇所を比喩的に解釈する他の選択肢をも列挙しており、そこには「神秘的」解釈の選択肢が、否定的な評価を抜きにして含まれている。時折、トマスは次のような字義的解釈を提供している。たとえば12章ではバビロン捕囚から帰還するという未来の約束が語られ、しかしそのことに留まらず、テクストが最終的にはキリストによる慰めについて語っているものとして理解する予型論的（タイポロジカル）解釈への移向が見られる。

　すでに指摘したように、トマスの比喩的意味の用い方についての学問的議論のほとんどは、『神学大全』1.1.10［高田訳『神学大全』第1冊、29-33頁］において語られた解釈学的議論に注目したものであったが、しかしトマスのイザヤ書注解において、そのキリスト論的解釈についての最も重要な部分は、

247

このような解釈学的方法に明確に頼ってはいない。トマスはどちらかという
と、イザヤ書7、9、そして11章において、メシアとしてのイエス・キリス
トの到来が直接に予告されていると理解することで、教会の伝統的なメシア
的解釈に従っているように見える。トマスはまず7章の分析を、シリアとエ
フライムが同盟を結んだことによって引き起こされた、アハズに対する脅威
へと至る歴史的状況を注意深く確認するところから始めている。彼はそれか
ら、神によって解放のしるしが与えられるという出来事を解釈し、またアハ
ズがその申し出を拒否したことが、敬虔ではなく不信仰から出たものであっ
たことの根拠について説明している。次に彼は、しるしが持つ二つの側面を
区別して考察している。すなわち、しるしは信じる者にとっては解放である
が、しかし信じない者にとっては破滅をもたらす。しかし、ここで示されて
いるしるしはイエス・キリストの受肉である（*Hoc autem signum est de Christi
incarnatione*［これは、しかし、キリストの受肉のしるしである］）。トマスに
とっては明らかに、このような解釈は比喩的なものとは考えられておらず、
むしろこれは字義的（*ad litteram*）なものなのである。

　トマスは完全に伝統的なキリスト教的メシア解釈の系譜の中に立ってい
る。それ故彼は、このような解釈に反対するユダヤ人たちへの反論にかなり
のページを費やしている。トマスが唱えている反論の多くは、伝統的なキリ
スト教的弁証である。すなわち、歴史的順序の矛盾が生まれる故に、しるし
がヒゼキヤを意味することはできないとトマスは論じている。また、*betulah*
［処女］という言葉ではなく、*almah*［若い女性］という言葉が用いられてい
るのは、そこに意図的に *almah* という言葉が持つ清らかさを強調するためで
あって、そのような要素は *betulah* という言葉には欠如している。それから、
イザヤの息子たちは誰もユダの支配者にはなっておらず、神の子としてのイ
ンマヌエルだけがそのような者となったのである。

　トマスはまた、聖書におけるしるしがその成就に先立って示されることも
あれば成就後に示されることもあることを、釈義を通して示そうとしている。
トマスは更に、次のような神学的主張を打ち立てようとしている。すなわち、
キリストの受肉についての約束との関わりで示されているユダに対する救い
の約束は、この世界全体に対する神のより大きな関与（ヨハ 3:16）から論理

第 11 章　トマス・アクィナス

的に引き出されるのであって、従って紀元前 8 世紀のイスラエルにおける歴史的危機と決して無関係ではない、と。しかしトマスはここで単に論理的に主張しているだけではなくて、むしろ受肉の本質との関わりから存在論的に論じている。受肉は時間的な制限の壁を超越しているのである。

　解釈学的により重要な点は、恐らく次のことである。すなわち、トマスはテクストの字義的意味に従ってイエス・キリストのメシア性について弁護している一方で、他の旧約聖書テクストを比喩的に用いることで、自らの議論を強化し、またその神学的重要性を練り上げている。従って彼は、処女降誕の唯一無比性について寓喩的（アレゴリカル）に論じるために、古代教父たちによって用いられたお馴染みの聖書テクスト（エレ 31:22; エゼ 44:2 など）を引用している。彼はまた、子供が食する凝乳と蜂蜜（7:15）とは、この約束された救い主が持っている神々、人間的性質についての追加的な証言であると論じている（cf. 雅 4:11）。彼は更に、聖ベルナルドゥスをこの文脈で引用して、キリストが一切の汚れのない人間の肉をとったことを更に確証しようとしている。キリストが持つ人間的、神的性質については、9 章における議論の中にも見出すことができる。

　イザヤ書 11 章の解釈にさしかかると、トマスは 7 章と 9 章のために用いたのと同じアプローチを採用する。彼はまず、この箇所の三つの異なった解釈を要約して提示している。第一の解釈はヒエロニムスや他の全ての古代教父たちによるもので、彼らはここにおける約束を、キリストによる救いを指し示していると解釈している。しかしトマスはこの解釈を比喩的なものと理解している（*ut sit figurative dictum* [比喩的に言って]）。第二の解釈は、ある教師たちによってなされているもので、これはこのテクストがヒゼキヤかあるいはヨシヤを示していると理解し、従ってこれを明確に歴史的に時間の制約を受けたものとして把握する。第三の解釈はユダヤ教的な解釈である。この解釈は、テクストを待望された彼らにとってのメシアに言及するものと理解し、そのような理解を通してテクスト全体を字義的に（*ad litteram*）理解しようとする。トマスは第二、第三の解釈を退け、第一のものだけが真実なものであるとして受け入れている。このように彼はここで、教会の伝統的な解釈の系譜の中に立っている。トマスはまたこのテクストを、キリストの人

性を否定し、キリストがアダムの子孫であることを拒絶するキリスト教の二つの異端を論駁するためにも用いている。彼はここで再び、伝統的なキリスト教的証明聖句の連鎖的抜粋（カテーナ）（民 24:17; 雅 2:1; エレ 22:5）を用いており、彼はまたこれらのテクストを新約聖書からの引用と混合させている。

トマスのイザヤ書 40-66 章の解釈に目を転じると、そのアプローチにおいてこれまでの解釈学的論理とは違うものが現れる。トマス自身もまた、イザヤ書の中で何か新しいことが起こっていることに気が付いている。彼は 40-66 章をイザヤ書の「第二部」であると見なしており、この部分をイスラエルの慰めについて語っていると特徴づけている。更に彼は、これらの章の文脈がバビロンの破滅とイスラエルの再興について預言的に語っていると理解している。もちろん、トマスはここで「第二イザヤ」について語っているのではなく、むしろ単純に、預言者イザヤが受けた幻、すなわちイスラエルの捕囚を終わらせたバビロンへの神の審判と、神の選ばれた民に対する神の赦しと回復の約束についての幻に思いを巡らせているのである。

キリストによる将来のメシア的支配と直接に関連づけた形でのイザヤ書 7、9、11 章の解釈とは対照的に、イザヤ書 40-66 章では、トマスはたびたび字義的意味と予型論的（タイポロジカル）意味とを組み合わせている。このことの好例が、イザヤ書 44、45、49 章におけるキュロスの人物像についての解釈である。キュロスは神の僕であり、神の救いの約束を実現するために選ばれた存在である。しかしキュロスはトマスによってまず、歴史上の人物でありキリストの型（タイプ）（mystice de Christo）でもあると解釈されている。トマスの解釈からは、歴史上の人物としてのキュロスのプロフィールの詳しい説明はそれほど得られないが、それにもかかわらず、キュロスの歴史的存在感はトマスによって十分に把握されている。しかし、41:2 の「東からふさわしい人を奮い立たせ」という句を解釈する際、トマスはこれをアブラハムであると理解している。これは伝統的なキリスト教的解釈に従ったものである。しかしここにおいてすら、トマスは注の中で、ある注解者たちはこれがキュロスを指すとしていると語っている。［トマスによれば］イザヤ書 41 章の主要な主題は族長たちに向けられた神の愛であるために、そのような予型論的（タイポロジカル）な神の計画の道筋が特定の歴史的状況を見えにくくすることは容易に理解できる。ここでトマス

第 11 章　トマス・アクィナス

の注解は主に、神の力、憐れみ、そして愛といった神の性質に焦点を合わせ
ている。それでも、彼の解釈全体に漂うキリスト論的な雰囲気は、このセク
ションの最後に置かれて、「その言葉に関する注」（*nota super illo verbo*）とい
うタイトルの下に記されている平和に関する間テクスト的な考察と共に、常
に彼の解釈の背後や表面に明らかに存在している。そこではこう記されてい
る。「キリストは平和の内に通り過ぎられた」（*Christus transivit in pace*）。

　イザヤ書 42、49 章の僕の箇所にさしかかると、これらのテクストの全体
的な文脈は、ヨハネによる福音書 3:16 に描かれた御子を通しての神の愛の
啓示ではあるものの、トマスはまず、僕がイスラエルとして提示されている
ことに大きな注意を向ける。神が「その僕を支える」と言われる際、トマス
はこの句を「彼の人間的性質に従って」解釈し、ルカによる福音書 1:54 を
引用している。すなわち、「［主は］その僕イスラエルを受け入れ……」。し
かし、概して彼の解釈は、新約聖書からの引用を提示しつつ、テクストをキ
リスト論的に説明するものである。たとえば、神は御子に「裁き」を与えら
れた（ヨハ 5:20）、そして御子は神の「心に適った」（マタ 3:17）というよう
に、国々が神の「教え［律法］」（イザ 42:4）を待ち望んでいることは、創世
記 49:12 の引用により「福音」を待ち望んでいることと同一視されている。

　53 章にさしかかると、トマスはこの箇所に、救済を妨げている障害を克
服する解決策を見出す。この章全体は、今やキリスト論的に理解されてい
る。第一に、この章はキリストの苦難を通して罪を克服する神の約束につい
て語っている。第二に、キリストがその恥辱から引き上げられて、高く挙げ
られるという記述が続いている。トマスはそれから、僕が受けた拒絶、抑圧、
そして恥辱の描写を探究し、主に旧約聖書からの連鎖的抜粋と組み合わせて、
予型論的解釈を行っている。僕の外見についての記述——僕は美しさを持た
ず、忌避される外見しか持たない——を扱う際、トマスは僕の外的な状態と
内的な美しさの区別を提示せざるを得ない。というのも、キリストの美しさ
は常に、伝統的に詩編 45 編と雅歌によって確証されてきたからである。

　真実な意味において、トマスによるイザヤ書 40-66 章、特に 53 章の解釈
は、テクスト自体と取り組んだものではない。すなわちそれは、テクストの
字句を扱ったものではなく、その本質を扱ったものである。彼はここで字義

251

的意味と比喩的意味を、アレクサンドリア的伝統に従って区別することをせず、言葉を通してその神学的本質へと至っている。そのような神学的本質は、テクストの言葉としての意味を避け難く超越している。彼は従って、以前のような、テクストを個々の言葉の類義語を通して説明するやり方から、テクストの存在論的次元と取り組む神学的考察へと移行している。この意味において、テクストと本質とを区別するアウグスティヌス的二元論をある程度克服したアリストテレス的影響を、うまく適用していることが見て取れる。

更にここで、現代的な用語である「間テクスト性」という言葉で最もよく表現され得るであろう、トマスの聖書解釈の別の側面が存在する。トマスが通常テクストをよく似た類義語によって説明するのは、まさに彼の字義的解釈の一つの特徴と言える。彼はまた更なる証拠として、同じあるいはよく似た言葉を含む旧新約聖書両方からの並行箇所の引用を提示している。このような手続きは、後に「証明聖句」（dicta probantia）と呼ばれるようになるが、19 世紀においてはおおむね静的で、文学的、歴史的文脈におけるいかなる真実な意味をも欠いている方法として、その重要性が軽視されてきたものでもある。

しかしトマスにとってこのような方法は、機械的でナイーヴなもの、などというものではなかった。彼が間テクスト的にテクストを引用するその洗練された仕方は、トマスが字義的意味から比喩的次元の解釈へと移っていく時に、顕著に現れてくるものである。たとえばイザヤ書 1 章においてトマスはまず、テクストの主要部分の意図を要約する。それはキリストの到来と異邦人の召し出しである。しかし、これら二つの主題によって彼が本当に理解していることは、次の聖書箇所に向けられた細心の注意によって明らかになる。彼は解釈を詩編 25:10 から開始する。「主の道はすべて、慈しみとまことである」。更にルカによる福音書 2:34 が続く。「この子は、イスラエルの多くの人を倒したり立ち上がらせたりするためにと定められ……」。次に、使徒パウロが、ローマの信徒への手紙 11:25 を通して、異邦人についての主題への移行を提供する。「一部のイスラエル人がかたくなになったのは、異邦人全体が救いに達するまでであり、こうして全イスラエルが救われるということです」。要するに、トマスがここで用いている間テクスト的聖書引用は、

トマスが単にキリストの到来のことを考えていると我々が誤って理解することを防いでくれている。すなわち、トマスは間テクスト的聖書引用によって、「旧約聖書の聖徒たち」が最終的に「一部のかたくななイスラエル人」と一つにされて、皆異邦人らと共に全イスラエルの救いを形作ることを示しているのである。

　トマスが間テクスト性を適用する別の形は、「その言葉について留意すべきこと」（*notandum super illo verbo*）という補足説明において見出される。これは編集的に整えられたもので、普通各セクションの終わりに位置している。通常この部分は、トマスがテクストの内容に基づいて他から引いてきたある言葉や概念に注目した神学的考察から成っている。つまりトマスは、ある主題についての類似性が旧約、新約にわたって見られることを理解した上で、関連事項を選び出しているのである（cf. 救い主の性質についての9章の記述）。このような作業は「証明聖句」のように、様々な聖書の章句の連鎖的抜粋を編むことから成る。連鎖的抜粋は注釈が付いていないにもかかわらず、これらの異なった聖書の証言を支えているリアリティーの本質について熟考するようにと読者を促す。これを「存在論的解釈」（ontological interpretation）と呼ぶとすれば、それは恐らく用語として時代錯誤的になろう。しかし同時に、そのような呼び方は確かに、トマスによる聖書の本質への神学的アプローチの重要な特徴を言い表しているのである。

3　聖書解釈と哲学的カテゴリー

　トマスの釈義についての導入的考察の最初において、私はトマスを中世の文脈の中に位置づけようと試みた。スモーリー、スピク、そしてド・リュバックの著作は、トマスが彼に先立つ偉大な聖書解釈者たち、特に12世紀の解釈者たちとの連続性の中にあることを十分に明らかにした。スコラ哲学の時代に一般的であった形式的特徴をトマスも共有し、また完成させたことについては、全く異論はないであろう。ここでの我々の関心は、彼のイザヤ書注解における幾つかのトピックについて焦点を当てることである。イザヤ書注解においては、彼の哲学的関心──通常は『神学大全』の中でかなりの

ページを費やして発展させられたもの——が、彼の釈義の中で重要な役割を果たしているためである。

イザヤ書1章を解釈する中で、トマスは預言の性質というより大きな問題に取り組んでいる。トマスがここで、ヒエロニムスが書いた「イザヤ書注解への序文」に影響されていることは、たちどころに明らかとなる。ヒエロニムスは「イザヤ書注解への序文」の中で、ヘブライ詩の韻律とイザヤ書の特徴的な文体の問題について論じた。トマスはここで、旧約聖書の歴史書という文学ジャンルと、預言書という文学ジャンルとを正しく区別している。それから彼は、様々な形の預言的幻について、そして未来について語る預言と現在について語る預言の関係について語り始める。彼は様々な幻と、感覚的受容、想像力との関係を分析することで考察を継続し、また更に預言的照明（prophetic illumination）について、物質世界内での人間に本来備わっている理解力（natural understanding）との関係において考察している。これらの議論はどれも簡潔な形で提示されており、預言の性質、その理由、預言者的知識の有様と、その区別といったことについてのトマスのより詳しい考えを得るためには、『神学大全』を読まなければならない。

ここで問題としている解釈学的課題は、トマスの思索の一貫性とか、彼がアリストテレス的カテゴリーをどう自分の議論に適合させたかという問題ではなく、彼の一連の問いがイザヤ書を解釈する直接的な釈義的営みの中でどの程度役割を果たしているかということである。この問題は複雑である。というのもトマスは、古代教父たちと同じように、聖書神学と組織神学の間に何らの区別も設けていないからである。更に言えば、トマスは部分的には、キリスト教聖典全体の統一性を前提とするという点においてキリスト教釈義の伝統の中に立っていたのであり、それ故、新約聖書の概念を旧約聖書の中に投影することが可能だったのである。

しかし、トマスが著者の意図を聖書テクストの字義的意味を得るための鍵として非常に強調しているからと言って、では聖書神学（聖書著者たち自身の神学）と組織神学の間の区別を全く無視してしまってよいのか、という問いも提出され得るだろう。つまり、どこまでが聖書著者たちの意図に沿った問いで、どこからが聖書著者の関心と間接的にしか関わっていない問いな

のかを理解することは、解釈学的に重要なこととして留まり続けるのである。特にイザヤ書との関わりで言えば、トマスが立てているような預言的知識の性質に関する多くの問い——預言者は神によって新たな形質（species）を注入されているのか、あるいは単なる新しい光を注がれただけなのかといった問い——は、イザヤ書 1 章の著者の関心から遠くかけ離れているように見える。

　イザヤ書の釈義から得られる別の問題は、非必然的な（contingent）出来事に関する問題である（トマスはこの問題を『神学大全』II-2.171.3［稲垣訳『神学大全』第 23 冊、13-17 頁］で扱っている）。この問題はイザヤ書注解の様々な箇所で登場するが、特に 38 章において顕著である。預言者がヒゼキヤに対して「あなたは死ぬことになっていて、命はない」（38:2）と言ったとき、彼は誤ったのだろうか。というのも結局、後に裁きは撤回されたからである。この問いに答えるために、トマスは知識の二重の形態——必然と非必然（absolute and contingent）——に関する自身の哲学的仮説を展開する。この二つの知識は神の頭の中に同時に存在するが、しかし預言的啓示の中においてはそうではない（cf.『神学大全』II-2.171.6［稲垣訳『神学大全』第 23 冊、23-27 頁］）。神についてのより大きな神学的理解に従ったトマスの議論の哲学的力量は明確である。しかし、聖書神学的視点から、この問題が時折旧約聖書の中で認識されていることを把握することもまた有益であるように思われる（サム下 24:16; エレ 26:19; ヨナ 3:10）。「神は御自身がなさった（あるいは言われた）ことを後悔された」という定式はそのことを指し示している。しかし、聖書の中のある問題を扱うのに用いられているこの「隠喩的」な定式は、トマスの洗練された神学的解決とはかけ離れている。

　後の聖書釈義史において、トマスと古代教父たちの聖書的アプローチは二つの異なった方向から攻撃を受けることとなった。一方では、宗教改革者たちが「聖書のみ」（sola scriptura）を明確に強調し、テクストの字義的意味の探究の意義を、それに続く全ての神学的考察よりも高く引き上げることになった（もちろん、この目的がどの程度実際に達成されたかは別の問題である）。他方では、啓蒙主義を引き継ぐ者たちが、真剣な聖書解釈は、聖書著者が歴史のある時点で解釈したことと、それに続く全ての神学的考察とを厳

然と区別する必要がある、と論じた。古代教父の釈義的伝統に沿ったトマスのアプローチは、成熟した合理的、批評的な人間の意識に相応しくないとして却下された。我々はこの困難な問題に、本書の最終章の中で立ち戻ることとしよう。

IV 結　　論

　1．ド・リュバックが見事に分析したように、トマスは教会の釈義的伝統の流れの中にしっかりと位置づけられる。しかしそれにもかかわらず、彼のイザヤ書注解を研究した結果、トマスが聖書解釈の中に残したユニークな特徴が示された。トマスによる字義的意味の強調はたびたび、研究者たちによって強調されてきた。それは確かにその通りなのだが、しかし同時に重要なことは、トマスが聖書の証言それ自体の本質によって形成された存在論的、また間テクスト的釈義法を用いていること、寓喩的方法はほとんど用いずに、比喩的意味まで突き抜けていったことである。否定的な面を言えば、並行記事を引用していく彼の「証明聖句」的方法は、トマスほど実力がない注解者によって用いられた場合には、真の神学的文脈の感覚を欠く、単なる機械的な作業へと成り代わってしまう。残念ながら、このようなことがたびたび、後のカトリックやプロテスタント正統主義において起こってしまった。

　2．トマスのイザヤ書解釈は、彼がアリストテレス的カテゴリーを見事に聖書解釈に適用したことを示す多くの実例を提供している。この適用によって、聖書テクストの意味がより明らかになり、また聖書の証言が非常な正確さを伴って際立たせられることとなった。しかしながら、特に預言と幻の本質に関しては、そうとは言えない実例もある。そのような実例は聖書テクストを明らかにするというよりは逆に分かりにくくし、聖書著者の特別な関心を見えにくくしてしまっているように見受けられる。これはもちろん、何もトマスに限った問題ではなく、全ての解釈が孕んでいる永続的な問題であり、どの解釈も主観的な誤りを犯す危険を免れ得ない。ここにおける解釈学上の中心問題は、次のような問いを生み出す。すなわち、聖書の中で問題とされ

第 11 章　トマス・アクィナス

ている事柄そのものがその解釈に制限を設けるという意味で、聖書テクストそのものからの強制力が本当に存在するのか、という問いである。様々な用語や様々な形で表現されてはいるが、トマスと教父たちがそのような神学的定式に同意するであろうことはほぼ間違いない。特に、彼らの議論の中で、全ての新しい世代の信徒たちのために御言葉を生き生きとしたものとするという聖霊の役割が強調されているのであるから、十分にありえるだろう。

　3．J. S. プロイス（Preus, 46ff.）は、トマスが主張した恵みのみによる義認という教理が、古い契約に生きた人々に授けられていたいかなる神学的価値をも奪い取ってしまったのだろうか、という問題を提起している。要するに、一体旧約聖書は、単に福音における後の成就を指し示す約束ではないとすれば、いかにして神学的に機能するのだろうか、そして新約聖書は神が意図した旧約聖書の字義的意味なのであろうか、ということである。この問題は、トマスのイザヤ書注解の研究だけに基づいて解決するにはあまりに広範な課題である。オットー・ペッシュ（p. 708）はこのことについて、『神学大全』1-2、98-100 そして 102-105 を研究することなしに、トマスが理解する旧約聖書と新約聖書の関係を十分に判断することができるかどうか、と問うているが、まさにその通りである。しかし、たとえトマスのイザヤ書へのアプローチという限られた視座からであったとしても、我々の研究は、トマスが旧新約聖書が共有する全く同じ存在論的リアリティーと深く取り組んでいたことを示していた。しかしながらここでプロイスによって提示された問題は、全く意味のないものであるわけではないということも言っておくべきであろう。トマスの存在論的アプローチは、もちろん旧約聖書の神学的本質を認識しているが、それにもかかわらず、新約聖書を旧約聖書の目的として重視したことは、旧約聖書の神学的役割を見えにくくしたり、あるいは隠してしまったりする可能性がある。たとえば、「神我らと共に」と苦境の中で告白する、イザヤ書 7 章と 8 章で登場する敬虔なユダヤ人の残りの者たちの声を、トマスはほとんど重視していない。彼のイザヤ書 12 章の解釈では、歴史上のイスラエルが「見よ、わたしを救われる神。わたしは信頼して、恐れない。主こそわたしの力、わたしの歌　わたしの救いとなってくださった」と告白することで神に応えていることについては、ほとんど何も語られない。

旧約聖書の神学的役割についてのトマスの理解の中で考えられていた、旧約聖書テクストの歴史的問題の重要度の低さは、恐らく今日の教会において広範に共有されている認識そのものである。神が契約の民に対して真実であられることについての永遠の証言として、旧約聖書を真実に解釈することこそが、キリスト教神学にとって是非とも必要なのである。

　４．すでに上で記したが、ごく最近、E. F. ロジャースは次のように主張した。すなわち、トマスの字義的意味についての考察はテクストの意味を驚くほど未決定なままにしており、またトマスの意図はテクストの意味を制限することよりはむしろ、より多様性を促進するように働いている、と。ロジャースの論文は S. E. ファウルによって更に発展させられた。彼はトマスの意図がテクストの意味の多様性を促進することであったという見解に賛成するだけでなく、同時に、ハンス・フライ（Hans Frei）やジョージ・リンドベック（George Lindbeck）、そしてキャスリン・タンナー（Kathryn Tanner）などに従って、聖書の字義的意味とは「共同の同意」を命じるものであると述べている（p. 39）。トマスについてのこのような解釈の根拠は『神学大全』1.1.10 の解釈から生じている。ここでは聖書の著者としての神の意図について記され、その結果として多くの意味が、一つの箇所の字義的意味の中においてすら存在することになると記されているのである。

　この問題はトマスのイザヤ書注解の研究だけに基づいて解決するにはあまりに複雑すぎる。しかし私は、トマスにとっての字義的意味が共同の同意を命じるものであると確証するための証拠をほとんど何も見出すことができなかった。確かに、著者としての神の意図の影響をトマスが強調したという事実は、「共同の同意」などという概念さえ持ち出さなかったならば注意深く理路整然と論じられていたはずの、彼らの『神学大全』1.1.10 における聖書の字義的意味についてのこうした理解を支持しているように見える。しかし、トマスが厳密に意図したことが何であれ——その解釈は専門家の間でも全く定説を得るには至っていない——、私はトマスのイザヤ書注解の中に、彼が解釈の未決定性を認めていることを支持する説得的な証拠を見出すことはできなかった。そして私がそれ以上に説得性に欠けると感じることは、ロジャースやファウルといった人々が共同の同意などという現代的な意味の理

論へとトマスを引き込もうとしていることである。このような議論に欠如していることは、聖書が指し示す主要な事柄そのもの（*res*）によって引き起こされる存在論的力に対して、トマスが多大な注意を向けていたという事実についての認識である。このような関心の故にトマスは、テクストの意味の未決定性という海原の中で遭難し、困惑してしまうことなしに、字義的意味から比喩的意味へと全く自由に移行することができたのである。

トマス・アクィナスに関する文献表

一次文献

St. Thomas Aquinas. *Summa Theologiae: Latin Text and English Translation*. edited by T. Gilby et al. (Blackfriars Edition). London and New York: McGraw Hill, 1964-81.

———. *In Isaiam Prophetam Expositio, Opera Omnia,* vols. 18-19. Paris: Louis Vivès, 1876.

二次文献

Bouthillier, D., and J. P. Torall. "Quand Saint Thomas méditat sur le prophète Isaïe." *Revue Thomaste* 90 (1990): 5-47.

Chenu, M.-D. *Toward Understanding St. Thomas.* Chicago: Henry Regnery, 1964.

Ebeling, G. "Der hermeneutische Ort der Gotteslehre bei Petrus Lombardus und Thomas von Aquin." In *Wort und Glaube,* vol.2, pp. 209-56. Tübingen: Mohr Siebeck, 1969.

Elze, M. "Schriftauslegung. Alte Kirche und Mittelalter." *Religion in Geschichte und Gegenwart,* 3rd ed., vol.5, pp. 1520-28.

Fowl, S. E. *Engaging Scripture,* pp. 38-40. Oxford: Blackwell, 1998.

Frei, H. "The 'Literal Reading' of Biblical Narrative in the Christian Tradition: Does It Stretch or Will It Break?" In *The Bible and the Narrative Tradition,* edited by F. McConnell, pp. 36-77. New York: Macmillan, 1986.

Froehlich, K. "Aquinas, Thomas 1224/5-1274." In *Historical Handbook of Major Biblical Interpreters,* edited by D. K. McKim, pp. 85-91. Downers Grove, Ill.: InterVarsity Press, 1998.

Glorieux, P. "Essai sur les commentaires scripturaires de Saint Thomas et leur chronologie." *Recherches de théologie ancienne et mediévale* 17 (1950): 237-66.

Kennedy, R. G. "Thomas Aquinas and the Literal Sense of Sacred Scripture." Ph.D. dissertation, University of Notre Dame, 1985.

Lindbeck, G. "The Story-Shaped Church: Critical Exegesis and Theological Interpretation." In *The Theological Interpretation of Scripture: Classic and Contemporary Readings,* edited by S. E. Fowl, pp. 39-52. Oxford: Blackwell, 1997.

Lubac, H. de. *Exégèse Médiévale,* vol.2, pp. 233-302. Paris: Aubier-Montaigne, 1964.

Mailhiot, M.-D. "La pensée de S. Thomas sur le sens spirituel." *Revue Thomaste* 59 (1959): 613-63.

Marshall, B. "Aquinas as Post-Liberal Theologian." *The Thomist* 53 (1989): 353-406.

Martin, R. F. "Sacra Doctrina and the Authority of its Sacra Scriptura According to St. Thomas Aquinas." *Pro Ecclesia* 10 (2001): 84-102.

McGacken, T. "Saint Thomas Aquinas and Theological Exegesis of Sacred Scripture." *Louvain Studies* 16 (1991): 99-120.

Persson, P. E. *Sacra Doctrina: Reason and Revelation in Aquinas.* Philadelphia: Fortress, 1970.

第 11 章　トマス・アクィナス

Pesch, O. H. "Exegese des Alten Testament bei Thomas." In *Deutsche Thomas-Ausgabe,* vol.13, pp. 682-716. Salzburg: Anton Pustet, 1934.

Preus, J. S. *From Shadow to Promise,* pp. 46-60. Cambridge, Mass.: Harvard University Press, 1969.

Reyero, M. Arias. *Thomas von Aquin als Exeget.* Einsiedeln: Johannes Verlag, 1971.

Rogers, Eugene F. "How the Virtues of the Interpreter Presuppose and Perfect Hermeneutics: The Case of Thomas Aquinas." *Journal of Religion* 76 (1996): 64-81.

―――. *Thomas and Karl Barth: Sacred Doctrine and the Natural Knowledge of God.* Notre Dame: University of Notre Dame Press, 1998.

Smalley, B. *The Study of the Bible in the Middle Ages.* 3rd ed. Oxford: Blackwell, 1983.

Spicq, C. *Esquisse d'une histoire de l'exégèse latine au moyen age.* Paris: Vrin, 1944.

Synave, P. "Le Doctrine de S. Thomas d'Aquin sur le sens littéral des Écritures." *Revue Biblique* 35 (1926): 40-65.

Synave, P., and P. Benoit. *Prophecy and Inspiration: A Commentary on the Summa Theologica, II-II, Questiones 171-78.* New York: Desclée, 1961.

Tanner, K. "Theology and the Plain Sense." In *Scriptural Authority and Narrative Interpretation,* edited by J. Green, pp. 59-78. Philadelphia: Fortress, 1987.

Torrance, T. F. "Scientific Hermeneutics According to St. Thomas Aquinas." *Journal of Theological Studies* 13 (1962): 259-89.

Vander Ploeg, J. "The Place of Holy Scripture in the Theology of St. Thomas." *Thomist* 10 (1947): 398-422.

Weisheipl, J. A. *Friar Thomas d'Aquino: His Life, Thought, and Work.* Rev. ed. Washington: Catholic University Press, 1983.

Wolterstorff, N. "The Migration of the Theistic Arguments: From Natural Theology to Evidentialist Apologetics." In *Rationality, Religious Belief, and Moral Commitment,* edited by R. Audi and W. J. Wainwright. Ithaca: Cornell University Press, 1986.

Wyschograd, M. "A Jewish Reading of St. Thomas Aquinas on the Old Law." In *Understanding Scripture: Explorations of Jewish and Christian Traditions of Interpretation,* edited by C. Thoma and M. Wyschograd, pp. 125-38. New York: Paulist, 1957.

日本語文献

高田三郎 他訳 『神学大全』 第 1 冊 - 第 45 冊、創文社、1960-2007 年。

第12章

リールのニコラス

Nicholas of Lyra (c.1270 - 1349)

　14世紀後期から17世紀にかけての、聖書解釈者としてのリールのニコラスの重要性は、彼の著作の写本が非常に数多く残されていることによって証明される。しかしごく最近まで、彼はほとんど無視されてきた存在であって、せいぜいトマス・アクィナスのおぼろげな影としか認識されてこなかった。彼の著作群の校訂版は誰によっても試みられたことがなかった。19世紀には、彼の釈義についてよく研究された論文は二、三あっただけで（たとえばフィッシャー〔Fischer〕）、幾つかの研究はおおむね、20世紀初期においてフランス人カトリックの研究者たちによってなされたものであった（ラブロース〔Labrosse〕とラングロワ〔Langlois〕）。また、ニコラスについて時折言及される場合であっても、ルターのラビ的解釈についての知識の情報源として言及されるに過ぎなかった。

　しかしここ何十年かの間に、ニコラスについての関心が復興してきており、相当な数の学問的研究がなされてきた（cf. C. L. パットン〔Patton〕の文献表）。ゲルハルト・エーベリンク（Gerhard Ebeling）による博士論文（1942）、そ

262

してJ. S. プロイス（Preus）による博士論文（1969）には、共にルターとの関連で、ニコラスについて論じているセクションが設けられている。J. G. キエッカー（Kiecker）は、1978年にニコラスの解釈学的原則についての博士論文を著した。その中でキエッカーはニコラスがラテン語で記した三つの解釈学的序論を英語に翻訳し、詳細な注を記して、ニコラスの著作を幅広い読者に利用可能なものとした。この出版に続いて、1998年にキエッカーによるニコラスの雅歌注解の新訳が出版された。1963年には、ハーマン・ヘイルパーリン（Herman Hailperin）がニコラスに関する詳しい研究を世に問い、ラビ文献、特にラシに注目することとの関連で、ほぼ無視されていたこの分野を深く研究した。最後に、ニコラスへの新しい関心の広さは、最近フィリップ・クレー（Philip Krey）とレズリー・スミス（Lesley Smith）によって編集された批評的論文集（2000）の出版によって、明らかに示された。この論文集はニコラスの聖書解釈の様々な側面を詳細に取り扱っている。

I　生涯と著作

　ニコラスは1270年頃、フランス・ノルマンディーの海岸地方に生まれた。若い頃の教育について、あるいは彼がいつ、誰からヘブライ語を学んだかということについては、わずかなことしか分かっていない。彼は1300年頃に、ヴェルヌイユのフランシスコ修道会に入り、パリで学び、そして1308年に神学修士となった。彼は自身の修道会の中で高い政治的地位を得ていたが、著作活動に専念するために、1330年にその職を辞した。彼は1349年頃没し、パリにあるフランシスコ修道会の家に葬られた。

　ニコラスは非常に多くの学問的、教会的著作を生み出したが、彼が今日までその名声を勝ち得ている理由は彼の聖書注解にある。彼が記した『字義的注解』（Postilla litteralis）は、旧約聖書と新約聖書両方を網羅したもので、1322年から1332/3年の間に記されたものである。彼はまた、1333-39年の間に、聖職者を対象に、その姉妹版として『倫理的注解』（Postilla moralis）を著した。ニコラスの名声は、この『字義的注解』によるところが大きく、こ

263

れは二つの序文（prologue）を含んでいる。彼の『倫理的注解』もまた、序論を含んでおり、これは一般的に、第三の序文と呼ばれている。

II　ニコラスの解釈学的貢献

ニコラスは釈義史の中で、聖書をそのままに、字義通りに解釈する解釈者であると見なされてきたが（*Doctor planus et utilis*［聖書を明白に、有用に解釈する博士］）、それにもかかわらず、彼の著作、解釈学的原則、そしてその永続的貢献といった事柄の性質に関しては、驚くべき評価の不一致が見られる。トマスから取られた幾つかの長大な箇所の引用が、ニコラスの書いた幾つかの序論と『字義的注解』の本文に含まれているため、注解者によっては、ニコラスを想像力に欠けたトマスの模倣者と特徴づける者もある。しかし、このような判断には最近、本格的に疑問が付されるようになってきた。また、トマスの場合と同じように、ニコラスが自身の序文の中で述べている釈義的方法と、注解の中で実際に提供されている解釈との関係をどのように理解するかという問題もある。最近の研究者の中には、ニコラスがどの程度一貫した思索をしていたのかという問いを立てる者もおり、またこの解釈原理と実際の解釈の間の緊張関係を解決するために様々な説明が提案されてきている。そこでまずは、ここでの考察をニコラスが記した三つの序文について概観するところから始めよう。そうすることで、彼の釈義的アプローチにおける内的一貫性の問題がすぐに浮かび上がってくるであろう。

1　第一の序文

第一の序文は、聖書を讃美すること——これは聖書が全ての他の書物に勝っているという事実から当然起こってくる——に関心が寄せられている。人文科学が哲学を提供し、現世における幸福をその関心事に据えているのに対して、聖書は来世における幸福を秩序立てることに貢献している。聖書は全ての他の書物を凌駕しているが、それは聖書が扱う主題が神であって、そ

の神の知識が神的啓示によって与えられているからである。聖書は真の知恵と理解の源である。ニコラスはこの主題について聖書の四つの素晴らしさを提示することで、より詳しく説明をしている。すなわち、唯一無比の傑出性、内容の一般性、可視的卓越性、そして救いの効力である。

　聖書の特別な性質について語る中で、ニコラスは基本的な解釈学的原則を提示する。彼はこの解釈学的原則の基礎の上に、自身の聖書の四重の意味の解釈を確立している。この聖書の四重の意味の解釈の正当性の弁護はもちろん伝統的なものである。しかし、その第一と第二の意味の表示（signification）についての定式化に関しては、トマスの著作に多くを負っているように見受けられる（『神学大全』1.1.10）。このアプローチに従えば、言葉は常に事柄を指し示すが、聖書では言葉によって示された事柄が、更に他の事柄を指し示している。この第一の意味の表示——すなわち、事柄を指し示す言葉——によって、字義的、あるいは歴史的意味が獲得される。第二の意味の表示——すなわち、事柄によって指示された別の事柄——によって、霊的意味が得られる。ニコラスはそれから、三つの伝統的な比喩的意味を具体的に列挙している。すなわち、寓喩的、倫理的、そして終末論的意味である。彼はそれから、「外的」な、そして「内的」意味の解釈について説明を加える。要するに、この第一の序文の強調点は聖書の霊的意味に置かれているのである。

2　第二の序文

　これに対して、第二の序文の強調点は聖書の字義的意味に置かれている。ニコラスは再び「外的」（字義的）意味そして「内的」（霊的）意味という語彙を用いて解説を開始する。それから彼は議論の焦点を移し、字義的意味は全ての解釈の基礎を提供すると強調している。字義的意味は聖書を理解するために全く不可欠なものである。なぜなら、霊的意味はテクストの字義的意味に基づいているからである。彼はアウグスティヌスを引用してまで、字義的意味の重要性を主張するための論拠としている。字義的意味について弁明する際、彼はすでに受け入れられている二つの釈義的アプローチに攻撃を加えている。第一に、彼は聖書の神秘的意味を際限なく増やしてしまう者たち

を、字義的意味を損なってしまっているとして批判している。第二に、彼はスコラ主義的な方法論に満足していない。この方法では、テクストをたくさんの部分に分割してしまい、その理解を妨げるばかりか、字義的意味から注意をそらしてしまうのである。

ニコラスは、自身の字義的意味の強調が欠陥のある聖書テクストの扱いをめぐる難しい課題を生むことに気が付いている。彼は、聖書の中の誤りは非力な写本家によってもたらされたと論じているが、同時に、聖書解釈に付きまとう聖書箇所の長さの決定に関わる文学的問題——この決定が聖書の意味に大きな影響を及ぼす——についても認識している。彼は、聖書テクストの真の姿に到達するためにヘブライ語の古い写本にあたれ、というヒエロニムスの助言を重視している。この文脈において、ニコラスはラビ・ソロモン・ベン・イサク（ラシ）を称賛し、字義的意味を認識するために彼が良い導きとなるとしている。しかしニコラスは、旧約聖書のメシア的テクストに関する全てのユダヤ教的解釈に留保をつけているため、聖書の意味を正しく判断するために批判的理性を用いることと、聖書テクストの真実を見極めることを促している。

ニコラスは次に、アウグスティヌスの導きに従って、テュコニウス（Tyconius）による七つの原則へと話題を移している。ニコラスがこのようにアウグスティヌスの導きに従ったのは、セビリヤのイシドルス（Isidore of Seville）のおかげである。これらの解釈学的原則は、キリストとその教会、真実な体と偽りの体、霊と文字といった伝統的な表題の下に現れており、様々な解釈の課題を克服する際の助けとして用いられた。ニコラスによる第三の原則（霊と文字）の使用は、彼にとって最も重要なものであった。この原則は、どのようにして一つの同じ言葉の中に字義的意味と霊的意味が受け入れられているかを扱っている。ここでニコラスは、二重の字義的意味（*duplex sensus litteralis*）というユニークな定式を提示している。この一例として彼は歴代誌上 17:13 を引用しているが、ここでは神が御自身の息子としてソロモンを指名している場面が描かれる。しかしその一方で、ヘブライ人への手紙 1:5 においては、この同じ箇所が字義的に息子としてのキリストを指すと解釈されている。従って、この節はまずソロモンにおいて成就し、そ

第 12 章　リールのニコラス

してより完全な仕方でキリストにおいて成就したのである。

　字義的意味を弁明しようと始められたこのような議論に直面して当惑させられることは、ニコラスによって提示された全ての説明が、教会の伝統的な霊的解釈がこれらのテクストを解釈する場合と非常によく似ているという事実である。そうすると、ニコラスはここで「字義的」という用語を、一般的に意図される仕方とは違う意味で用いていることになるのだろうか。

3　第三の序文

　この序文は『倫理的注解』、つまり聖書の倫理的、あるいは霊的意味を紹介している。ニコラスは、聖書の内側と外側の意味という類比をここでも繰り返すことで議論を始めており、また、聖書の譬え的（parabolic）意味について本格的に考察する前にもう一度、比喩的意味の伝統的な下位区分を確認している。彼は次のように論じている。士師記 9:8「木々がだれかに油を注いで　自分たちの王にしようとして……」は字義的に理解することはできないが、しかしそれでも真実である。もしテクストに字義的意味がなければ、この場合は字義的意味の下に含まれている譬え的意味が第一の意味となる。この結論は次のことを示唆しているように思われる。すなわち、ある状況の下では、霊的意味は存在せず、ただ字義的意味だけが存在するということがありえる、と。このようなニコラスの議論の展開をどのように説明できるだろうか。ニコラスは、字義的意味は著者の意図と同一視されるというトマスの仮説を用いているのだろうか。あるいは、彼は単に霊的意味を字義的意味と呼んでいるだけなのであろうか。これらのことが混乱を生んでしまっている解釈学的問いであり、更なる分析が必要である。

Ⅲ　ニコラスの解釈法を理解する難しさ

　1．第一と第三の序文から見た場合、ニコラスは、字義的意味と霊的意味、内的意味と外的意味の関係についての伝統的なカトリック的理解との連続性

267

の中に立っているように見受けられる。この二つの序文は、字義的意味と三重の比喩的意味を用いることとの間に区別を設けている。彼が設けたこの区別の根拠は、言葉がある事柄を示し、更にその事柄が別の事柄を示すことができる聖書の力について論じている第一の序文に置かれている。今述べた定式はトマスに依存している。しかし、このトマスの定式への依存は、ニコラスにおいて二つの次元の意味の区別を曖昧にするように機能してはいない。

　２．第二の序文に目を転じると、そこでは字義的意味が全ての真の解釈のための基礎として強調され、霊的／神秘的意味を強調し過ぎることへの攻撃さえなされているが、ここから議論の混乱が始まっていく。ニコラスは、テュコニウスによる七つの原則を、字義的意味を回復するための助けとして引用している。しかし、個々の原則を示すために提示されたニコラスによる釈義的実例は、字義的解釈というよりもむしろ、霊的解釈にしか思えないものを提供するに至ってしまっているように見受けられる。

　この一貫性のなさをどのように説明すべきだろうか。キエッカー（*The Hermeneutical Principles,* pp. 64ff.）は、トマスの『神学大全』における論争の的となっている箇所（1.1.10）から説き起こして、ニコラスが字義的意味と比喩的意味の関係を説明するために、トマスによる第一と第二の意味の表示の解釈に従っていると論じることを通して、解決を見出そうとしている。『神学大全』のその箇所には以下の通り記されている。

　　「ただし、作者の志向するところは『字義的な意味』にあり、作者は、然るに、聖書の場合にあっては、万物をその知性によって同時に把握し給うところの神に他ならないが故に、いまもし『字義的な意味』のみに即して、聖書の一つの字句のうちに幾つかの意味が見出されるとしても、アウグスティヌスが『告白』第十二巻にいうごとく、決してそれはふさわしからぬことではないのである」。［高田訳『神学大全』第１冊、31-32 頁］

　別言すれば、キエッカーによればニコラスは、神が字義的意味を意図している故に、霊的意味は神にとって字義的意味である、というトマスの仮説を

前提にしている、ということである。イザヤ書61:10の場合を考えてみれば、この箇所はキリストと教会について字義的に語っている。なぜなら、それらが神の意図したことだからである。

このように理解すれば、なぜニコラスが、テュコニウスによる原則を個々に説明する際、それらの原則をテクストの字義的意味についての説明であると理解していたのかをよく説明することができるであろう。神の意図は霊的な事柄を［字義的に］表現することだったのである。キエッカーによれば、このようなニコラスの理解の帰結として、ニコラスは実質的に霊的意味を無用と考えている。聖書には字義的、霊的意味の分裂は存在せず、むしろ二重の字義的意味だけが存在する。確かに、ニコラスをこのように理解することは、単に彼の議論が基本的に混乱していると提案するよりも妥当と思われる。

しかし、この解決法にも依然として問題は残る。三つの序文の中のどこを見ても、ニコラスが直接トマスの当該箇所に言及して、字義的意味とはすなわち著者が意図していることである、と述べているところは見当たらない。せいぜい第二の序文の中で、そのような考えが間接的に示唆されるという程度である。神が著者であることについては、神が聖書において二重の表示——事柄を示す言葉（字義的意味）と別の事柄を示す事柄（霊的意味）——を創造することができた、という関連で説明されている。しかし、三つの序文を見渡しても、神の意図がこの二つの表示の区別を無効にしている、という議論はなされていない。

要するに、キエッカーが提案する解決策は理に適った推測ではあるが、しかし序文自体から証拠が見出せない類のものである。更に言えば、もしニコラスの意図が、最終的に霊的意味という概念全体を取り除くことにあったとすれば、なぜ彼が第一と第二の序文の中で、三重の比喩的意味という伝統的図式を擁護し続けなければならなかったのかという問題が依然として残るであろう。

3．字義的意味と霊的意味の関係という問題は、ニコラスによる別の定式とも密接に関わっている。この定式は、多くの研究者によって、ニコラスの最も独創的な貢献であると見なされている。第二の序文の中でテュコニウスの第三の原則について論じる際、ニコラスは二重の字義的意味を持っている

同じ言葉（*duplicam sensum litteralem*）について説明している。すでに我々が確認した通り、歴代誌上 17:13 は神の子としてのソロモンについて語っているが、その一方でヘブライ人への手紙 1:5 においては、字義的意味で、キリストが神の子と見なされている。ニコラスはこの二つの箇所を関連させて、前者の箇所の字義的意味が、後者の箇所の霊的成就を生んでいる、という仕方で理解する伝統的解釈に従うことはない。ニコラスの定式では両方のテクストが字義的意味であり、従って、霊的意味に頼る必要性を排除するのである。

　この二重の字義的意味という定式は、神の意図が真の意味を決定するというトマスの見解を適用することによってニコラスはこの立場に到達したという、キエッカーの見解を支持しているように見えるだろう。しかしそれでも、ここで次の点が再び指摘されなければならない。すなわち、ニコラスのテクストのどこを見ても、トマスの論理との明確な繋がりを示す記述は認められないのである。更には、私が以下において示すように、二重の字義的意味というのは、ニコラスがイザヤ書のメシア預言の解釈に適用している主要なカテゴリーではないのである。

　4．ニコラスの解釈学的理論に関して最後に論じられるべき事柄がある。それは、第三の序文において言及されていた、譬え的意味についての問題である。自身の博士論文の中でキエッカーは、ニコラスの雅歌の理解が非常に複雑で洗練された形での字義的意味の再定義——それはニコラスによる譬えの形式についての理解から発展している——を反映しているという点を、かなりの分量を割いて示している。

　しかし私には、ニコラスの雅歌注解は、字義的意味と霊的意味の関係についての解釈学的問題を、本当の意味では解決していないと思われる。その注解の冒頭でニコラスは、雅歌を解釈するためには適切な文脈が確立されなければならないと論じている。彼は、雅歌における花婿と花嫁を、それぞれ神とイスラエルとするユダヤ教の理解、そして花婿と花嫁を、それぞれキリストと教会と理解する伝統的なキリスト教的解釈の両方を却下している。しかし、ニコラスが代わりに提案している解釈のための文脈は、単に教会の伝統的解釈を少し変更したものに過ぎない。彼はただ解釈のための文脈として、

第 12 章　リールのニコラス

旧約聖書の時代から新約聖書の時代を貫いて、教会に対する神の愛が現れた歴史的軌道を提案するだけである。結局、彼のこのような準救済史的図式の強引な適用は、雅歌の意味をより明確にするものではないし、また説得的でもない。

　このように、ニコラスは確かに字義的意味に関する考察を洗練されたものにしているが、しかし彼は結局、何らの重要な解釈学的進歩も提供しないままに比喩的解釈へと回帰してしまっている。更に、彼の比喩的解釈は、雅歌のような譬えの形式における詩的、文学的、想像的次元を解釈する際には、あまり有望ではないようである。

Ⅳ　ニコラスのイザヤ書注解

　我々はここでニコラスのイザヤ書解釈をより詳しく調べ、彼の実際の釈義が、上で見た三つの序文に示された彼の解釈学的理解を反映しているかどうかを確かめてみたい。我々はまた、彼の注解が、それらの序文において現れている幾つかの不規則な要素を理解するための助けとなるかどうかを見極めることにも留意したい。

　『字義的注解』におけるニコラスのイザヤ書注解のねらいは、そのはじめから明確に宣言されている。それはすなわち、字義的意味を提供し、不必要な細かい分析の増殖を避けることである。彼はまた、聖書テクストの単純な意味（plain sense）を表現する助けになる場合は、ユダヤ教注解、特にラシのものを使用することを明確にしている。同時にニコラスは、預言的物語を研究する自身の意図は、キリストの神秘、キリストが受けた恥と高挙を回復するためであると言う。従ってその注解のはじめから、上で見た序文に現れていたのと同じ主題――すなわち、字義的意味と霊的意味――が緊張関係に陥ることなく、彼の釈義の調和した目的とされていることが分かる。

　イザヤ書 2:1-4 の注解においてニコラスは、1 章で説明されたユダ王国の滅亡を要約した上で、この箇所におけるキリストの支配を描こうとしている。キリスト者とユダヤ人は共に、この箇所の主題はメシアの支配であるという

271

点で一致している。しかしニコラスは、約束された終末論的救世主の素性に関して、両者が根本的な不一致を示しているとも述べている。ユダヤ人はイエスがキリストであるというキリスト者の主張を拒絶する。ニコラスはそれから、ユダヤ人たちがこのキリスト者の主張を拒絶し、メシアへの待望がイエスの到来によって成就されなかったと考える理由を列挙している。

　「終わりの日に」という表現は将来に関わることとして言われており、過去の事柄としては言われていない、という反論に対して、ニコラスは言語的な観点から更にそれに反論し、この表現に二つの異なる用法を見ている。まずこの表現は、絶対的な意味で、あるいは、それまでの出来事とは一線を画す新しい始まりを表すための時間の流れを表す意味で用いられ得る。しかしながら彼は創世記49章を引用して、［イザヤ書2章のテクストにおいて］キリストの到来によってその成就が可能となる過去の出来事を見出すような、非絶対的な解釈をも認めている。イエスの到来によってシオン山が実際に変化することはなかった、との反論に対してニコラスは、この箇所は譬えとして理解されるべきであるというラシの議論を根拠として用いている。イザヤ書2章において提示された奇跡的な出来事は、このようにイエスの癒しの働きにおいて成就されたのである。この箇所で言われているような世界平和など実現していないではないかという反論に対してニコラスは、ここでの世界平和の約束を、アウグストゥスの治世におけるローマ帝国の支配によってもたらされた平和、そしてコンスタンティヌスの治世における異邦人たちの回心によってもたらされた平和と関連づけている。

　重要なのは、ニコラスが、イザヤ書2章におけるイザヤの言葉はイエス・キリストの到来との関連の内に字義的に解釈されなければならない、と結論づけていることである。更にここでニコラスは、イエスとの関連で新約聖書によって提示された預言の成就以前に起こった、いかなる成就をも見ようとはしていない。読者は最初、このような立場を弁護するために彼が提示している合理的議論が非常に集中的に現れることに驚くであろう。

　イザヤ書7章の解釈においては、ニコラスの注解でもまた、メシア的テクストについての詳しい解説が提供されている。ニコラスの意図はやはりここでも、この章の主要な目的がイエス・キリストの到来を告げることにあると

論じることに存している。彼のエネルギーの多くは、ユダヤ人たちに対する反論や、この預言的テクストを字義的に（*ad litteram*）キリストと結び付けて考えようとしない伝統的キリスト者たちに対する反論に向けられている。

　ニコラスはまずここで再び、彼がこのテクストを直接キリストに結び付けて考えることに対して挙げられている反論を列挙している。多くの議論は伝統的にユダヤ人によって用いられてきたものであり、そのような議論に応答することを通して、キリスト教的弁証の長い歴史が生み出されてきた。反論としては、第一に、アハズに与えられたしるしが 500 年ほど後に起こるであろうイエスの誕生を指し示していたとは到底考えられない。第二に、ヘブライ語名詞の *almah* は、処女を示す言葉ではない。第三に、新約聖書においてイエスは常に「イエス」と呼ばれており、「インマヌエル」とは呼ばれていない。そして最後に、約束された子供が「お父さん、お母さん」（8:4）と言えるようになる前に、イスラエルの敵たちに裁きが下されると言われている。しかしイエスは神として、知恵に欠けたところが全くなかった。この最後の反論は、ニコラスが預言と成就を字義的にキリストと結び付けたことに対するキリスト者の側からの応答であった。

　ニコラスによるこれらの見解に対する反論はおおむね伝統的なものであるが、しかし彼は、ヒゼキヤがしるしとして提示されているという理解を否定する際に、ラシの権威に頼っている。彼はまた、他の人が行った言語的議論を、自分でより緻密にした上で提供している。彼は、「しるし」という言葉は、将来の出来事の前味として機能し得るが、しかし同時にそれは、出来事が起こった後でのみ理解される、約束の回顧的認識としても機能し得ると論じている。最後に、新約聖書におけるイエスがインマヌエルと同定されることを通して、救い主の唯一無比の性質が預言的な観点から強調され、同時にまた人間と神というキリストの二重の性質が指し示されている。ニコラスは通常、そのような神学的考察を『字義的注解』においてではなく、『倫理的注解』において行っている。ここでも驚くべきことは、ニコラスが二重の字義的意味（*sensus duplex litteralis*）に言及するのではなく、イザヤ書テクストの唯一の真実の解釈、字義的解釈（*ad litteram*）として、新約聖書における成就の強調に熱中してしまっていることである。

イザヤ書のメシア的テクストを解釈する際のこのような同じパターンは、ニコラスが8章を解釈する際にも見出される。ニコラスのここでの解釈は、字義的意味（*ad litteram*）の役割をめぐって、トマスの理解と明確な相違を呈しているという意味で重要である。ニコラスは、この箇所の比喩的解釈を主張する伝統的なキリスト教解釈（たとえばキュリロス）に対するトマスの反論を反復、確認することから議論を始めている。8章の比喩的解釈を擁護する議論は、同棲するために妻に近寄れという命令は聖なる預言者に向けられた命令として不適切である、という点に向けられていた。また、ウリヤは偶像崇拝者であって、信頼できる証人（8:2）として相応しくないという議論や、エベレクヤの息子ゼカルヤ（2節）は、実際にはまだ誕生しておらず、従って証人となることはできなかったはずであるという議論がなされてきた。トマスはこういった議論を論駁し、テクストの字義的解釈を選択する方向へと進み、8章で約束されている息子は預言者イザヤの実子であると解釈した。ニコラスは比喩的解釈を拒絶し、ここまでのトマスの議論を受け入れている。しかしニコラスは、トマスが8章における子供を預言者イザヤの子供として理解し、これをテクストが指し示す字義的意味と理解したことには強く反対している。

　むしろニコラスはタルグムに依拠しながら8:3を解釈し、「わたしは女預言者に近づいた」とは預言者の言葉ではなく、むしろ神の言葉であると理解している（キュリロスも同じような理解をしているが、それほどこの理解を発展させることはしていない）。ルカによる福音書1章によれば、神は「女預言者」マリアに語りかけている。イザヤ書8章のゼカルヤは、実は十二小預言者のゼカリヤであり、エズラ記6章でダレイオスの時代に預言した人物である。ゼカリヤによる慰めの預言では次のように言われている。「見よ、あなたの王が来る。……高ぶることなく、ろばに乗って来る」（ゼカ9:9）。これは将来におけるキリストの到来を指し示している。

　このような想像に富んだ、しかし同時に回りくどい解釈の結果として、ニコラスはイザヤ書8章が、ゼカリヤ書9章で予告されたキリストの到来を字義的に指し示していると論じることができた。このようにニコラスは、教会の伝統的な比喩的解釈を拒絶するというトマスのやり方を踏襲しつつ、し

第 12 章　リールのニコラス

かし生まれる子供がイザヤの息子であるというトマスの理解を拒絶することで、トマスの理解とは袂を分かっている。皮肉なことに、ニコラスの字義的解釈は、それ以前の比喩的解釈の多くの特徴を受け入れているにもかかわらず（たとえばキュリロスなど）、それは今やニコラスによって「字義的」（*ad litteram*）であると言われているのである。

　ニコラスの釈義が示唆するより重要な点は次のことである。すなわち、彼の解釈、少なくともメシア的テクストについての解釈は、二重の字義的意味（*duplex sensus litteralis*）を持たされてはおらず、むしろ旧約聖書の預言を直接的に新約聖書における成就と同定する類のものである。この結果、イザヤ書 8 章は完全に旧約聖書の文脈を喪失し、トマスの解釈から後退しているように見受けられる。そうすると、ニコラスの序文に関する気がかりな疑問が依然として残り続けることになる。すなわち、ニコラスは単に教会の伝統的な比喩的解釈を字義的解釈というカテゴリーの中へと組み入れただけなのではないか、という疑問である。

　最後に、ニコラスによるイザヤ書 9 章の解釈もまた、預言者のメシア的テクストを同じようなパターンで扱っている。マタイによる福音書 1 章と合致する箇所のある字義的解釈（*ad litteram*）だけを弁護する中で、ニコラスは再び、伝統的なカトリックの解釈者たち——彼らはイザヤ書 9 章の中に、神の裁きの最初の成就として、ティグラト・ピレセルによるイスラエルへの二回の攻撃（王下 15 章）に関する言及を読み取った——に追従することに反対する、長大な弁証を提起している。ニコラスは言語的、地理的証拠を用いながら、この箇所はキリストにおける字義的（*ad litteram*）成就のみを持つのであり、またキリストの高挙と解放の業について語っている、と結論づけている。このようなニコラスの解釈の方向性は、イザヤ書 11 章においても変わっていない。彼はこのテクストを、ユダヤ教からの回心者たちをも組み入れる、ユダヤ人、キリスト者両方に与えられるキリストの支配についての約束として、字義的に（*ad litteram*）解釈する。

V 『倫理的注解』

　これまでは、『字義的注解』におけるニコラスの注解に注意を向けてきた。しかしニコラスはまた、『倫理的注解』をも記している。これは彼がいわゆる第三の序文の中で要約して述べているアプローチである。

　この序文の主要な貢献は、ニコラスが譬えの解釈についての理論を展開していることに見出される。多くの聖書箇所は字義的意味を持たないように見え、解釈者はそれ故に非字義的解釈へと即座に移るようにと強く促されるため、ニコラスはこのことについて考える必要があったのである。しかし、イザヤ書における、非字義的で、譬えが用いられていると見なされている箇所をニコラスがどのように読んでいるかを実際に確認してみると、そこにおいて豊かな解釈がなされていないことに落胆させられる。イザヤ書5章における譬えについてのニコラスの解釈は、どちらかというと平板で、想像力を欠いた解釈であるように見受けられ、譬えに用いられる言葉遣いや文体といったものが生かされていない印象を受ける。

　同様に、イザヤ書19章（「見よ、主は速い雲を駆ってエジプトに来られる」）は伝統的に、キリストのエジプト下りを意味する含蓄のあるテクストとして、比喩的、キリスト論的に解釈されてきた（cf. キュリロス）。これに対してニコラスは、この章を字義的に（*ad litteram*）解釈しようとしているが、しかし結果として彼の解釈はマタイによる福音書2章が提示する解釈とおおむね同じものを提示するに至っている。彼は、異邦人を回心へと促す神の言葉の神秘について、そして、使徒言行録13章に従って、使徒たちへの迫害について語っている。要するに、比喩的意味が字義的カテゴリーの中に吸収されてしまっているのと同じように、譬えのジャンルもまた、テクストの新しい次元を回復するという観点からは、わずかな貢献しかできていないのである。

　更に重要な点は、イザヤ書の倫理的、説教的解釈に対するニコラスの関心である。ここにおいては、ニコラスの深い牧会的関心と、実際のキリスト教信者の聞き手に対して語りかけようとする彼の努力とが見出される。従って、

第 12 章　リールのニコラス

イザヤ書 1 章についての倫理的注解において彼は、イザヤが当時のエルサレムの人々に下す審判を、彼自身の歴史的文脈に適用しようと試みている。聖職者と高い地位に就いている人々は、ここで預言者の攻撃を最も直接的に被っており、ニコラスはここで、このようなグループに属する人々を、富める人々からの抑圧によって苦しめられている普通の人々から区別して扱っている。イザヤ書 5 章においてニコラスは、ここにおいて記されている譬えを、教会の諸悪への批判や、神の恵みに満ちた賜物を用いようとしない人々への批判のために用いている。ほとんど即座に、キリストはこの譬えにおける「わたしの愛する者」と同一視され、テクストは安易にキリスト論的パターンに従って解釈されている。

　『倫理的注解』のイザヤ書 7 章についての注解は、ニコラスの解釈が注意深く展開された伝統的解釈といかに違うかということを示している点で重要である。ニコラスの解釈においてエルサレムは、倫理的意味（*sensus moraliter*）に従って、信仰の霊を指し示していると解釈される。レツィン——彼の名は罪を意味する——は、ペカが貪欲を意味するように、尊大さを意味しているという。序文において字義的意味と比喩的意味の違いを対照的に論じた際、ニコラスは比喩的解釈についてはここでなされているよりはるかに手の込んだ方法を用い、非字義的解釈を、ある名称がその由来となった語から引き出される意味を象徴するといった単純な解釈と見なしてはいない。そうとなれば、このように序文に書いたことに果たして意味をがあるのだろうか。ニコラスは時折、イザヤ書 11 章に見られるように、キリストの神秘に関する主題を、群れを守るために杖を持ち歩く良い羊飼いにたとえて展開したりもしている。

　私はここで、ニコラスによる『倫理的注解』の抱える主要な問題は次のようなことであると提案したい。すなわち彼は、序文で強調した字義的意味を補足するために、説教的で、信仰生活に適用可能な意味を旧約聖書から得ようとしたにもかかわらず、結果として聖書の字義的意味と霊的意味という二つの解釈学的次元の深い関連を失ってしまったのだ、と。ニコラスの注解には、オリゲネスやアウグスティヌスの注解に見られるような、いかにして解釈者がある意味の次元から別の意味の次元へと進むべきか、ということにつ

いての考察が全く欠けている。ニコラスによる実践的な適用を意図した注解は大概、信仰深い警句となってしまい、それが瑣末的であるとは言えないまでも、しかし彼のイザヤ書の主要な釈義的解釈との有機的関連を全く喪失してしまっている。

VI 要約的考察と結論

　ニコラスが理解する字義的意味と霊的意味の関係を確認する中で我々は、彼が記した幾つかの序文の中の説明と食い違い、どのように理解すべきかが問われる箇所について論じた。彼が実際のイザヤ書注解に取り組みはじめた時からのこれらの難問は、研究を一通り終えてもほとんど解明されなかった。それどころか、これらの解釈学的課題は、なお一層強調されてしまっているように見受けられる。

　ニコラスによるイザヤ書の釈義は、字義的意味（sensus litteralis）の探究で占められている。彼はキリスト教の釈義的伝統から、キリスト者のイザヤ書解釈に反対するユダヤ人たちに対する弁証的応答の長い歴史を受け継いでいる。ニコラスは、旧約聖書の時代において第一の成就を見出しているようなメシア的テクストの解釈を全く排除しようと努める中で、自身の弁証的応答を更に展開している。その結果として、イザヤ書の託宣の字義的意味は、新約聖書における解釈とますます同一視されていってしまう。第二の序文の中では、二重の字義的意味についての説明がある。しかし実際の彼のイザヤ書の注解では、この解釈学的方法はわずかしか用いられていない。むしろ彼は、字義的な成就を、一貫してキリストの到来とのみ結び付けている。

　ニコラスのアプローチによって、次のような帰結がもたらされた。すなわち、かつてはテクストの霊的意味、字義的意味として理解されてきた解釈は往々にしておおむね保たれているが、しかし今やそれらはどちらも「字義的意味」という名の下にひとくくりにされてしまったのである。キエッカーはこの点について次のように論じている（"The Hermeneutical Principles," pp. 76-77）。すなわち、ニコラスが字義的意味と霊的意味の区別を曖昧にしたの

第 12 章　リールのニコラス

は、意味とは神の意図に他ならないとするトマスの理論に起因している、と。キエッカーの仮説は確かにもっともらしいが、しかしニコラスのイザヤ書注解には、この仮説を支持する証拠は見出されない。著者の意図が、字義的／霊的という両極性を字義的／字義的という図式へと移行させる力となるとは、どこにも明確に書かれていない。トマスがニコラスに与えた影響はせいぜい、ニコラスの字義的意味へのこだわりにおいて見出されるくらいであろう。

　トマスのように、ニコラスもまた、聖書の比喩的意味への関心を受け継ぐキリスト教の釈義的伝統の流れの中に立っている。トマスは、字義的意味から霊的意味への敷衍によってもたらされる内容の一致において、旧約聖書と新約聖書の一貫性を打ち立てようとする神学的関心から、新約聖書を中心に間テクスト的参照をしたが、その巧みさを我々は前章で見てきた。残念ながら、トマスのこのような解釈学的技術のほとんどが、ニコラスにおいては欠如している。

　もちろん、ニコラスは『倫理的注解』の中で、聖書の霊的次元について積極的な興味を示している。しかし、彼のイザヤ書注解に見られるように、こういった説教的言及は、奇妙にも彼の字義的意味の釈義から分離され、また聖書の意味の異なる幾つかの次元との有機的繋がりを欠いているように見受けられる。更に言えば、『字義的注解』の中で時折、霊的／神秘的次元の意味に注意が向けられる時でも、そこに付された注釈は平板で紋切り型であり、オリゲネスやキュリロスに見られるような、永続的に秀逸さを放つ解釈とはほど遠いのである。唯一の例外は、ニコラスの雅歌注解である。この注解は、それが実は字義的意味、また譬えの意味の解釈を提示している場合でも、真剣で、往々にして深みを伴った雅歌の霊的解釈を提示している。

279

リールのニコラスに関する文献表

一次資料

Biblia Sacra cum Glossa Ordinaria. 6 vols. Antwerp, 1617.

Biblia Latina cum Glossa Ordinaria, edited by K. Froehlich and M. J. Gibson. 4 vols. Turnhout: Brepols, 1992.

ニコラスの著作の写本と印刷版については、次の文献を参照せよ。

P. Glorieux, *Répertoire des maîtres en théologie de Paris au XIIIe Siècle,* vol.2, pp. 215-31, Études de philosophie médievale 18. Paris: Vrin, 1933.

二次資料

Bunte, W. *Rabbinische Traditionen bei Nicolaus von Lyra: Ein Beitrag zur Schriftauslegung des Spätmittelalters.* Judentum und Umwelt, 58. Frankfurt, 1994.

Ebeling, G. *Evangelische Evangelienauslegung.* Munich: Albert Lempp, 1942.

Fischer, M. "Des Nicholaus von Lyra postillae perpetuae in Vetus et Novum Testamentum in ihrem eigenthümlichen Unterschied von der gleichzeitigen Schriftauslegung." *Jahrbücher für Protestantische Theologie* 15 (1889): 403-71, 578-619.

Froehlich, K. "Nicholas of Lyra (c. 1270-1349)." In *Dictionary of Biblical Interpretation,* vol.2, edited by J. H. Hayes, pp. 206-8. Nashville: Abingdon, 1999.

Hailperin, H. *Rashi and the Christian Scholars,* pp. 137-246. Pittsburgh: University of Pittsburgh Press, 1963.

————. "Nicholas de Lyra and Rashi: The Minor Prophets. "In *Rashi Anniversary Volume,* pp. 115-47. Texts and Studies, vol.1. Philadelphia: Jewish Publication Society, 1941.

Kiecker, J. G. "The Hermeneutical Principles and Exegetical Methods of Nicholas of Lyra, O. F. M. (c. 1270-1349)." Ph.D. dissertation, Marquette University, 1978.

————, ed. *The Postilla of Nicholas of Lyra on the Song of Songs.* Milwaukee: Marquette University, 1998.

Krey, P. D. W. "Nicholas of Lyra: Apocalypse Commentator, Historian and Critic." *Franciscan Studies* 52 (1992): 53-84.

Krey, P. D. W., and L. Smith, eds. *Nicholas of Lyra: The Senses of Scripture.* Leiden: Brill, 2000.

Labrosse, H. "Nicolas de Lyre." *Études Franciscaines* 16 (1906): 383-404; 17 (1907): 489-505, 593-608; 19 (1908): 41-52, 153-75, 368-79; 35 (1923): 171-87, 400-432.

Langlois, C. V. "Nicholas de Lyre, Frère Mineur." *Histoire littéraire de la France* 36 (1927): 355-400.

Lubac, H. de. *Exégèse Médiévale. Les Quatre Sens de L'Écriture,* vol.2-2, pp. 345-37. Paris: Aubier, 1964.

Merrill, E. H. "Rashi, Nicholas de Lyra, and Christian Exegesis." *Westminster Theological Journal* 38 (1975): 66-79.

第 12 章　リールのニコラス

Patton, C. L. "Nicholas of Lyra (c. 1270-1349)." In *Historical Handbook of Major Biblical Interpreters,* edited by D. K. McKim, pp. 116-22. Downers Grove, Ill.: InterVarsity Press, 1998.

Preus, J. S. *From Shadow to Promise: Old Testament Interpretation from Augustine to the Young Luther,* pp. 61-71. Cambridge, Mass.: Harvard University Press, 1969.

Smalley, B. *The Study of the Bible in the Middle Ages.* 2nd edition. Oxford: Clarendon, 1952.

Spicq, C. *Esquisse d'une histoire de l'exégèse Latine au Moyen Age.* Paris: Vrin, 1944.

第13章

マルティン・ルター

Martin Luther（c.1483 - 1546）

I 序 論

　旧約聖書に対するルターの釈義的アプローチの中へと分け入り、これと格闘することは大変に骨の折れる仕事であるし、ひとりの学者ができる容量を超えている。ルターの聖書的著作の幅の広さが極めて圧倒的であるというだけでなく、ルターの貢献をめぐっての絶え間ない議論に関わる二次文献の量が、これは途方もない企てではないかという感覚を呼び起こす。しかし、ハインリッヒ・ボルンカム（Heinrich Bornkamm）による刺激的な描写、「もしルターの教授職を……二つの分野に分けることができるなら……、ルターを新約聖書釈義の教授であるよりむしろ、旧約聖書釈義の教授と呼ばなければならないだろう」（*Luther and the Old Testament*, p. 7）という言葉さえも、ルターの旧約聖書釈義を探究するという挑戦を避けることの不可能性を強調している。

この数頁で我々がこの領域に分け入るための唯一の道は、ごく限られた主題だけに焦点を当てることである。それ故この章の目的は、これに先立つ幾つもの章と同様に、イザヤ書のルターの釈義に関わる幾つもの解釈学的主題の中の、一つの分析に制限される。主要テクストは、1527-30年のルターのイザヤ書講義（*Martin Luthers Werke, Kritische Gesamtausgabe [WA]* 31, II; *American Edition of Luther's Works [LW]*, vols. 16 and 17）および、後の1543-44年のイザヤ書9章、53章についての二つの研究（*WA* 40, III）である。

II ルターの釈義的伝統

現代のルター研究の特徴の一つは、彼の中世的ルーツの再発見にある。以前には、宗教改革が引き起こした宗教的、文化的、政治的な、過去との鋭い断絶が、ルターの背景に中世的側面が受け継がれていることを瑣末なこととしがちであった。更に、新しい宗教改革の神学は、汚れのない新約聖書の教会への回帰を目指したものだったとか、16世紀における真のキリスト教復興を説明するにあたって、中世という時代は、カトリシズムの遺物とともに、ほとんど意味を持たないなどということがしばしば言われた。もちろんこういった見方は、幾世代かのルター研究者たちの研究のおかげで大きく変わったし、またこの見方の変化は、たとえばハイコ・オーバーマン（Heiko Oberman）の『中世の神学の成果』（*The Harvest of Medieval Theology*, 1963）や、J. S. プロイス（Preus）の『影から約束へ　アウグスティヌスから若きルターまでの旧約聖書解釈』（*From Shadow to Promise: Old Testament Interpretation from Augustine to the Young Luther*, 1969）などの膨大な書物に見事に要約されている。

ルターが聖書釈義において先行する時代の資料を用いていることには、多大な関心が寄せられてきた。最も重要な資料は、欄外と行間に書かれた注を含む、標準注釈集（*Glossa Ordinaria*）であったという一般的な合意がある。また、ルターがお気に入りの古代教父たち、特にアウグスティヌスとアンブロシウスを直接用いていたことも明らかにされている。ルターはオリゲネス

を多少知っていたが、彼に対しては、常に強い反感を口にしていた。ヒエロ
ニムスに関しては、アレクサンドリア神学の諸要素を共有しているにもかか
わらず、オリゲネスに対する態度とは全く違っていた。ルターは、それま
での多くのキリスト教解釈者たちと同じように、その技術的、文献学的、歴
史的、および地理的な情報の豊富さ故に、資料としてヒエロニムスにしばし
ば依拠した。しかしながら、一般的にルターは、オリゲネスの寓喩的解釈の
影響を受け過ぎているとしてヒエロニムスの実際の解釈には批判的であっ
た。ルターがどの程度ドイツ神秘主義者に影響されたかについては議論が続
いているが、その影響は確かにある程度存在する。ルターはベルナールやタ
ウラーの説教を高く評価し、それらはルターの敬虔さの源ともなった。中
世の書物としては、リールのニコラスの『普遍的聖書への注解』[訳注1]（*Postillae*
perpetuae）が、キリスト教的解釈の伝統のみならず、特にラシ（Rashi）そ
の他のユダヤ教ラビ的伝統を、極めて詳細にわたって伝えたという点におい
て、ルターに大きな影響を与えた。

　ルターと中世的伝統との関連において最も意義ある議論の一つは、彼の
寓喩の使用にある。この問題は多くの理由で複雑である。一方でルター
は、その経歴の早い時期に寓喩的な手法を拒否する厳しい言葉を発してい
た。しかし、その一方で、エーベリンク（Ebeling）が指摘しているように、
ルターはほぼ生涯にわたって自身の聖書解釈に様々な寓喩を採用し続けた
（*Evangelische Evangelienauslegung*, pp. 44ff.）。

　エーベリンクは、ルターの聖書解釈について記した研究の中でまずはじめ
に、19世紀末期から20世紀初期の数十年間までのルター研究者間の一般的
合意を要約している。原則的にルターは、テクストの四重の意味を把握しよ
うとする中世的アプローチを1517年までに拒否したが、彼は自身の解釈の
実践において決して十分満足していなかった、と言われている。そうするこ
とがすでに習慣化されていたために、そして説教から生じる実践的な必要か
ら、彼は古い伝統に退却し続けた。聖書の中の何らかの修辞的形式を扱う時

訳注1　正式書名は *Postillae perpetuae in universam S. Scripturam* である。チャイルズはここ
　　　で省略された書名を記している。

に彼が寓喩^{アレゴリー}を用いたのは、聖書テクストの文法的意味を豊かにするものとして、あくまで補足的にであったという説もある。また、ある章句の字義的解釈に満足がいかない時の一種の逃避メカニズムとして、ルターは寓喩的な釈義の要素を保持したと論じる者たちもいた。最終的に、彼は円熟期において寓喩^{アレゴリー}を徐々に使わなくなっていき、そして神学的内容に集中した結果として、それは周辺に追いやられたということが広く合意されている。また、寓喩^{アレゴリー}の使用は、旧約聖書に関しては、新約聖書とは幾分異なる機能をもつと見なしていたことも明らかである。

エーベリンクは1942年のチューリッヒ大学の学位論文において、ルターの解釈学の分析という広い観点の中で、ルターの寓喩^{アレゴリー}へのアプローチという主題を追究した。ルターの福音書の扱いに焦点を絞ることで、エーベリンクは、1522年から1529年にかけて、更に1540年までの説教におけるルターの寓喩^{アレゴリー}の使用を見事に分析することができた。彼の論文で、確かに寓喩的^{アレゴリカル}なアプローチの使用が大幅に減っていたことが明らかにされた。しかしもとより、彼の中世的伝統に対する拒否を明らかにした体系的な宣言などがあったわけではない。むしろこの変化は、ルターその人の神学と釈義の発展の必然の結果として徐々に起こったのであった。

問題の複雑さは、ルターが用いた専門用語の多様性から生じた。彼は、「寓喩^{アレゴリー}」、「比喩的な」、「神秘的な」、「秘められた」、そして「霊的な」などの用語を、はっきり区別することなしに語った。ルターは確かに、言語の隠喩的^{メタフォリカル}用法に通じていたし、はじめから優れた文学的才能を発揮していた。彼は、いかなる比喩的表現の重荷からも自由な、単純な語りとしての聖書の十全の力を鈍らせてしまうとして、中世的な聖書の四重の意味を探究するアプローチの硬直性には否定的であった。しかしそのように伝統的な型を拒む一方で、ルターは聖書の字義的な、ありのままの意味と共に、神の命令に対する正しく倫理的な応答を引き出す比喩的意味を保ち続けた。この関心は意図的な釈義の適用から生じたのではなく、読み手にとっての実存的な側面を常に保持する聖書の内容から流れ出てきた。

エーベリンクは、「寓喩^{アレゴリー}」という語の正確な定義に到達しようと懸命に取り組んだ。ルターの幅広く多様な語彙にもかかわらず、彼は明確に、譬え^{パラブル}／

直喩と寓喩／隠喩の違いを認識した。前者に関しては、意味は言葉の中に隠されているがその言葉そのものの導きの中で明かされている。従って、イザヤ書 5 章のぶどう園の譬えの本当の意味は、はじめは隠されているが、テクストそのものを読むことによって次第に明らかにされる。対照的に、寓喩は拡張された隠喩であって、その意味はテクストの外から提供される鍵によってのみ開かれる。寓喩はあることについて語りながらも、その意味は別のところにある。

　寓喩使用の複雑性は、明らかな比喩的語りの形式が全くない非比喩的な部分が、神的語り手、つまり聖霊が、言葉の字句上の意味とは違う何かを意図したのだという仮定のもとに、寓喩とされてしまう時に起こる。相当に熟慮を重ねた後、エーベリンクはアドルフ・ユーリヒャー（Adolf Jülicher）の寓喩の定義を受け入れた。

> 　寓喩的な解釈とは、テクストが明言しているものの内には、何か他の意味が更に隠れている、と仮定してのテクスト解釈である。その結果、テクストの外部の意味に属し、その字義的構文とは切り離された意図から生じる概念を用いた比較解釈によって、実際の言葉とテクストのより大きなまとまりは、多かれ少なかれとって代わられる。(*Evangelische Evangelienauslegung*, p. 48)

　ユーリヒャーの寓喩の定義には幾つかの問題がある。まず、ユーリヒャーの定式は、寓喩が伝統的なテクストの三重／四重の意味の図式という狭い意味において広く認識される時には、寓喩をかなりの明瞭さで定義するのに役立っているとはいえ、それは最初からその結果を予断する近代化と合理主義の原理に基づいている、という点である。寓喩はあることを言うが他のことを意味するという字義的な判断は確かに一理ある（ルターもこの定義を共有している。「寓喩とは、言葉が表現していないあることが意味され理解されることである」(*WA, Tischreden* 2; 2772a, エーベリンクによる引用、p. 47)。しかし寓喩的解釈が、テクストに対して「外部」のものであると定義するのは全く別の問題である。そこでは明らかに、比喩的意味の価値を、それがテ

第13章　マルティン・ルター

クストの字義的意味とどの程度一致するかという観点から測るという価値判断が働いている。これと対照的に、古代教父たちは比喩的意味の真実を外部のものとしてではなく、テクストそのものの実質（res）から生じるものとして理解した。比喩の源泉は、テクストと切り離された「どこかから」やって来る異質なものではなくて、むしろ全く同じリアリティーの、異なるそして真実なる側面として見なされた。ユーリヒャーの定義に暗に含まれているのは、字義的／歴史的なものは一つの真実の解釈であり、比喩とはテクスト以外の源泉から誤って押し付けられた代理品であり変更である、ということなのである。

　第二の点は、ユーリヒャーにおいて、寓喩（アレゴリー）とはほとんどもっぱら中世の四重の解釈法との関連で定義されたが、これはとりわけルターについて考える場合、分析の範囲を大きく狭めるものとなる、ということである。ルターは早い段階で狭い定義による寓喩（アレゴリー）の批判に集中したのだが（cf. Summary of Gen. 1-3, *LW*, vol.1, pp. 231-33）、テクストの真の意味の、隠され、霊に満たされた理解を明示するために、異なる種類の寓喩（アレゴリー）、いわば広い意味での比喩を徐々に利用するようになった。ルターの釈義の際の展開は、明らかに、字義的／歴史的意味から四重の寓喩（アレゴリー）へという展開ではない。しかしルターは、テクストを肉と霊の神学的弁証法によって理解しようとしている。同じテクストも、その文脈と聖霊の働きによって異なる提示対象を持つ。ルターによるオリゲネスに対する主な批判は、彼が字義的／歴史的形式をその比喩的意味から切り離し、それ故、旧約聖書、新約聖書いずれにおいても、聖霊に照らされ、信仰の目によって見られる時に聖書の具体的な形式の中に見出される、ただ一つの真実のキリスト論的内容が失われてしまった、という点に向けられる。後に我々が見ることになるように、この同じ弁証法は律法と福音の関係においてますます明確になった。この章で私は、聖書の真の意味は、永遠に現臨されるキリストによって明らかにされる聖書のキリスト論的内容から離れた、不信仰の目を通しただけの解釈とは異なるものとなる、というこの寓喩的な（アレゴリカル）伝統をルターが古代教父たちと共有したと論じる。

287

III ルターの釈義的アプローチ

　ルターの中世的なルーツについての近年の発見にもかかわらず、やはり釈義の歴史において宗教改革は転換点であったと言わなくてはならない。従って、ルターの聖書解釈の形成において働いた主な力を見極めることにとりわけ多くの努力が払われている。

　小論「解釈技法の進歩にとってのルターの意義」（"Luthers Bedeutung für den Fortschritt der Auslegungskunst"）の中でカール・ホル（Karl Holl）は、ルターと、彼が学んできた中世の伝統的な寓喩的解釈との断絶について論じた。ホルは、聖書正典の客観的な、文法的、字義的構造と、その著者の内的経験世界との有機的な繋がりを感知したことにおけるルターの巨大な知的業績を描き出した。プロテスタントの熱狂主義者たちとの論争においてルターが模索した言葉と霊との釈義的循環の発展を、ホルは最大の注意を払って追跡する。彼はまた、聖書の内側と外側の世界を回復しまた変形させ、更に彼自身の主体的感情というフィルターを通すことによって、聖書の核心に至ったルターの巨大な文学的業績の跡をたどる。そして最後にホルはこのように結論する。すなわち、傑出した形で解釈学の科学の発展を可能にしたのは、マティアス・フラキウス（Matthias Flacius〔1520-1575 年〕）が追究することになった、テクストを解釈する文学的技法に対するルターの貢献であった、と。ひと言で言えば、ルターは、啓蒙主義において最高潮に達する、シュライエルマッハーを頂点とする知的な大躍進の先駆けとなったのである。

　私はホルの優れた分析を軽視するつもりは全くないし、ルターについての彼の叙述の広さと深さを大いに評価するが、結局のところ、彼がルターの釈義的貢献——ルターの釈義は、あらゆる点に関して燃えるような神学的情熱、すなわち聖書全体においてキリストの現臨を見たいと願う情熱によって駆り立てられている——の核心をついたとは思わない。確かにルターとエラスムスは 16 世紀において多くの共通点を保持していた。しかし二人の違いは、共通点よりも今やはるかに際立っている。ルターとシュライエルマッハーにも同じ判断が下されなくてはならないだろう。ルターと啓蒙主義を繋ぐ幾つ

第13章 マルティン・ルター

かの線は確かにあるが、この分断された歴史における非連続性のほうが、連続性よりもはるかに重要である。

ルターの生涯の初期において、彼の基本的な関心事は、文字と霊との対比を説明することにあった。彼が抱き続けた目標は、単なる文字としてあるのではないということを前提にして聖書を理解することであった（cf. Ebeling, *Luther*, p. 98）。もちろん、パウロはまっ先にこの対比をコリントの信徒への手紙二 3:6 で明瞭に述べている。「文字は殺しますが、霊は生かします」。使徒パウロはこの箇所で、古い契約の法と新しい契約の霊的な質との鮮明な区別を描いていた。しかし、この対比はそれに続くキリスト教釈義の伝統においては、特にオリゲネスによって解釈されたように、文字が知覚認識の領域にあるとするプラトン的な意味で理解されるのに対し、霊は寓喩的な解釈手段により、文字を超えて到達するところのものとされた。従って、文字は外側に向かって方向づけられているものとして解せられるのに対し、霊は内側に、あるいは天に向けられたものとして受け取られた。

ルターは最も強い言葉遣いで、このプラトン的なパウロ解釈を拒否した。そして根本的な違いを表現するために、聖書的用語をパウロの元々の文脈をはるかに超えて拡大解釈し、それによって聖書を一つの全体として理解しようとした。殺す文字とは、テクストを生きたものとする、生かす霊から切り離された解釈である。十戒における神の命令は、殺す文字に従って解釈し得るが、もしその真のキリスト論的内容が理解されるなら、同じテクストが命を与えるものとなり得る。従ってルターにとって、字義的意味はそれ自体では（*per se*）歴史的なものではなく、むしろキリスト論的内容が歴史的なものの内部に組み入れられている。かくしてルターは、聖書の全ての基本的な意味はキリストに関わるものであると明言することができるのである。

聖書テクストは、中世の解釈者たちが考えたように、それぞれが固有の独立した意味を持つ四つの別々の層によって成るのではない。むしろそれは、聴衆に語りかけられる、一つに統合された神の声である。その意味は寓喩的なフィルターを通して抽象化されるべきものではない。つまり、神の声はその全く具体的で歴史的な特殊性の中にある。この形式において、神の声は、聖書の中で扱われている真の事柄を露わにし、また隠すのである。その歴史

的特殊性の故に、聖書は当時の言語、習慣、文学形式を共有し、それ故最も注意深い文献学的、歴史的、そして文学的な分析を要求する。ルターが聖書釈義にとっての言語、スタイル、そして構造分析の重要性をたえず強調していたのは、このような基本的な神学的関心に由来するのであって、決してそれ自体が目的ではなかったのである。この動機は、聖書を自国語に翻訳し、テクストに「ドイツ語を話す」ことをなさしめたいという彼の要求の基盤でもあった。

　上述したように、ルターは伝統的な四重の釈義方法を、説教された生きた御言葉を弱め、混乱させるという理由で攻撃した。客観的な聖書の御言葉は、まず書かれたのではなく、話されそして聞かれた、アクティヴかつ動的な宣言の声であった。更に、それは応答を呼び起こし、その意志において常に実存的な、一つの言葉であった。ルターは、説教された御言葉の持つ客観的な力を強調するだけでなく、テクストの比喩的側面をも強調した。その比喩的側面は、テクストから切り離された倫理レヴェルとして存在するのではなく、神的命令に対する応答を求めるという聖書に不可欠な役割の一部として存在するのである。

　文字と霊という範疇の理解とともに、ルターは右はローマ・カトリック教会、左は霊で満たされた新しいプロテスタント熱狂主義者たち両方との釈義的闘いを闘うことができた。ローマ・カトリックの伝統に反して彼は、組織的教会が聖書を正しく解釈する手がかりを保持しているという主張を拒否した。ひとたび聖書の意味が御言葉と信仰との間の関係性として理解されたとき、神的権威の唯一の正統な担い手としての教会の伝統的役割は破壊されたのである。『ヤコブ書とユダ書への序文』の中でルターは、自らの主張を、以下のように大胆かつラディカルに提示した。

　　全ての本物の書物はこのことに関して一致している。すなわちそれら全てはキリストを説き、教えるのである……。キリストを教えないものはどんなものでも、たとえ教えるのが聖ペトロや聖パウロであっても、十分に使徒的ではない。繰り返すが、キリストを説教するものはどんなものでも、たとえユダやアンナスや、ピラトやヘロデがそうしているので

第13章　マルティン・ルター

あっても、使徒的であろう。(*LW*, vol.35, p. 396)

　原則的にキリスト教信仰の外面的な全要素を否定し、客観的な言葉よりも霊によってもたらされる個人的主張を重んじた急進的な熱狂主義者たちに対して、ルターは外面的な形から切り離された霊などないと抗議した。文字と霊の統一は、弁証法的な緊張の内にあり、そして霊を伝統と教義から個別化したり抽象化したりすることはできない。明らかにルターにとって、霊の解き放つ力について語った初期のメッセージが今や自分に不利なものに転じてしまったことは非常な苦痛であった。

　ルターの生涯の中期、後期には、「律法と福音」という範疇^{カテゴリー}が「文字と霊」のそれに大きく取って代わった。彼はこの展開を、見解の根本的な変化としてではなく、同じ解釈学的務めを担い、より広い神学的含蓄を持つ、より有用な神学的標題への変化として認識した。この範疇^{カテゴリー}はまた、引き続き行われていた論争において彼を強力に支えたし、この弁証法内での計り知れない神学的拡張に役立った。キリストが説教されるところでは、「律法と福音」という定式は、信仰の御言葉としての福音と、殺す宗教としての律法の異なる性質をラディカルに定義する。

　ルターは「律法と福音」という定式を、変化し得るものと見なしていた。つまり聖書における福音の回復は、当然のごとく継続していく状態ではなく、むしろそれは再び律法へと転じてしまう恐れがあるということである。このため聖書は、解放し続ける、アクティヴで動的^{ダイナミック}な説教の御言葉であり続ける。説教という課題の中では、寓喩^{アレゴリー}はテクストに創造的適用という刺繍をほどこすのに便利な道具として仕え得るが、それの基盤となる字義的で単純な意味(plain sense)に代わるものとは決してならない。

　真の意味で、ルターの歴史理解は本質的に「前批判的」(pre-critical)である。つまり、聖書がある出来事を描くとき、ルターはそれを歴史的であると見なすのである。ルターは Historie と Geschichte を区別する、現代的な仕方での発展した救済史観は持っていなかった。それにもかかわらず、ここでさえもある重要な観察がなされるはずである。ルターにとって聖書の歴史は、歴史的で事実に基づいた解釈という現代的な意味での字義的意味のことでは

291

なく、キリストの到来を指し示す「字義的、預言的意味」（cf. Bornkamm, p. 88）なのであった。ルターにとって聖書の歴史は、イスラエルと諸国民を救う神の目的を明らかにするために語られた神の民の歴史であった。それ故ルターは創世記 1-3 章を解釈する際、苦心してオリゲネスとアウグスティヌスの寓喩的な教導に従わないようにし、むしろ聖書に描かれた出来事をそのままの意味でとらえるよう努めた。彼は常に、創造の諸要素に関して掲げられてきた問題を根拠なき推論として排除したし、また聖書は、教育を受けていない純朴な神の民に向けられた言語で話されていることを聴衆に思い起こさせた。

　ルターとエラスムスの関係の変化は、二人の著しく異なる釈義的立場についての重要な説明を提供する。初期のルターはエラスムスの偉大な知識を称賛していたし、彼の原典批評新約聖書ギリシャ語テクストを感謝の念とともに利用していたが、やがてエラスムスの聖書解釈に対して非常に批判的になっていった。ルターはエラスムスの内に、人文主義的学識の具現化という形で新たな脅威が現れ始めていることに気が付いていた。エラスムスははじめは、カトリック教会の聖書の使用に対するルターの批判に賛同しているかのようだった。しかし間もなくルターは、エラスムスの学識ある、才智あふれる解釈の数々は決して聖書の真の神学的内容に達しておらず、むしろそれらは、些細で無関係に思われる多様な解釈の選択肢を提供することで、聖書の意味を断片化し、混乱させていることを見出した。かくしてこの論争における問題の争点は、個人的な気性が違うということを通り越して、本質的な性質を持っている。興味深いことに、エラスムスは寓喩的解釈を教訓的で有益であるとして擁護し続けた。それ故この観点において、彼が 18 世紀の啓蒙主義の先駆者であるとは言い難い。

　ルターの聖書解釈のアプローチについて論じる際には、ある時点で、彼の新約聖書解釈とは対照的な彼の旧約聖書解釈に、特別に注目することが欠かせない。先ほど私は、ルターの歴史観の中には近代的なものの見方に近い、「救済史」の発展した理論はないと述べた。近代の救済史概念においては聖なる歴史はある方法で、一般的で世俗的な出来事と区別される。それにもかかわらずルターは、旧約聖書をただ新約聖書の中でのみ実現した福音という

第13章　マルティン・ルター

神の約束を含むものとして見るということにおいて、古代キリスト教の伝統の内側に堅く立っていた。時折ルターは旧約聖書と新約聖書の関係について、紛れもなく「交換主義的」見解を言い表した。

> モーセの約束は …… 法令や判決の働きほど長くは続かない。このために、旧約聖書は最終的には廃れなければならず、脇へ追いやられなければならなかった。つまり旧約聖書は、何世代も前に始まり何世代も後へと続く、新しく永遠なる約束の予表として仕えなければならなかった。旧約聖書は、しかし、ある時に始まって、後に終わりを迎えた。(*The Deuteronomy of Moses*; 1525, *Luther's Works*, 9, p. 63)

　旧約聖書の特徴についてのこの記述を適切に評価するために、二つの問いが提出されなければならないだろう。第一に、ルターによる「文字と霊」や、「律法と福音」といった神学的範疇（カテゴリー）の発展によって、彼の初期の交換主義的見解はどの程度根本的に改められたのだろうか。第二に、ルターの生涯の後期において、彼がこの立場を修正し改めるよう導かれたことを示す何らかの証拠はあるのだろうか。
　ルターは、旧約聖書テクストをイエス・キリストに直接当てはめるにあたって、旧約聖書の伝統的なキリスト教的解釈の影響を受けている。『キリスト者はモーセをいかに考えるべきか』(1525) という論文の中で、ルターは五書に見られるメシア的預言を列挙している。彼のリストは、よく知られた箇所を全部含んでいる。すなわち、創世記 3:15 の原福音（Protoevangelium）、アブラハムの子孫の祝福（創 22:18）、モーセのような預言者が遣わされるという約束（申 18:15, 18）、そしてユダに関する預言（創 49:10）である。しかしながらルターは、この一般的なリストをはるかに超えて、数十ものキリスト論的約束を発見した。たとえば、厳密にメシア的とは言えないが、ダビデの最後の言葉（サム下 23:1ff.）、またキリスト、その苦難と死、復活そして神の国に関する予言として彼が解釈した多数の詩編がそうである。特別な強調が置かれるのは、詩編 2 編と 110 編である。また、預言者たちは、来るべき神的支配者についての約束を言い表す主要な源泉である、ということであ

る（イザ 9:6; 51:4-5; 53:1ff.; 60:19ff.）。

　しかしルターの旧約聖書解釈は伝統的解釈とはかけ離れており、それはむしろ主として、彼の聖書の読み方を変えた新しい神学的範疇（カテゴリー）によって形成されていった。この解釈学的移行は、彼の「律法と福音」の理解において、最も明白に認められる。ルターは初期の釈義において、律法を旧約聖書と、そして福音を新約聖書と、それぞれ同一視するキリスト教的伝統に従った。確かにこの分離は、前述した彼の申命記注解において、ひとたび福音が新約聖書において実現すると律法の担い手としての旧約聖書が廃れる、とされていたことの理由を説明する。彼はそれを古いドイツの「ザクセンの鏡」（Sachsenspiegel）^{訳注2} と比較し、それに応じて、旧約聖書をその場所と時代において限定された法集として、そしてユダヤ人に対しての権威を持つものとして見なしたのである。

　しかしながら、ひとたび律法と福音の対照がもはや旧約聖書と新約聖書の間の形式上の区分と見なされず、むしろキリスト論的内容によって定義されるとなると、両方の関係は根本的に変えられた。旧約聖書は福音を内包していたが、一方で、新約聖書もまた律法の担い手となりえた。もちろん、この弁証法的な理解は使徒パウロの内に力強い根拠を見出したものだった。族長アブラハムは決してユダヤ人の歴史の中に葬られた人物などではなく、むしろキリスト教の信仰の父と称された。彼は律法によってではなく、イエス・キリストを信じる信仰によって義とされた。結果として旧約聖書全体は、イスラエルと諸国民の救いのための神の統一された計画の証言として読める。もちろん旧約聖書は、新約聖書と同様、文字に従って誤った解釈をされ得るし、逆に命を与える霊の自由に従って福音としても聴かれ得る。

　それでもなお難しい問いが残る。福音の担い手としての旧約聖書は、キリストの到来に伴って新約聖書において実現され、またそれ故経験されるべき終末論的約束に過ぎないのであろうか。1969 年に J. S. プロイスは興味深い提言をした（*From Shadow to Promise*, pp. 212ff.）。彼は次のように論じた。すなわち、その最初の詩編講義に例証されるように、初期の時代の中世的なル

───────────

訳注2　ドイツ中世の最も重要な法書。

ターはいまだ詩編を将来の教会に向かって語りかけられた約束について語っているものと理解していた。しかし第二回詩編講義の時までに、ルターは実際に約束された神の恵みを受け、経験したイスラエルの残りの者としての「忠実なシナゴーグ」について語り始めた。従って我々は、キリストの霊的な到来を待ち望み続けながら神の救いを喜んで受け入れた忠実なイスラエルと救いの実現の「すでに」と「いまだ」の間の同様の緊張を生き続けている新約聖書の真の教会との並行を見るのである、と。要約すると、プロイスによれば、ルターの旧約聖書に関する交換主義的神学は、新しい契約の時期に先立ってキリストが忠実に証言されていたのだという新しい理解を得たことによって、ラディカルに変えられた。詩編に大部分の根拠を置いたプロイスの理論を、ルターの初期と後期のイザヤ書の解釈を用いて検証することが、この章の関心事となるだろう。

　最後に、ルターの聖書釈義に対して最も頻繁に行われる批判の一つは、彼の釈義はそれに先立つ教義的決定に支配されていたというもので、この批判は啓蒙主義の時代に明確に現れるようになった。これらの教義的決定は、その真の歴史的文脈を離れて聖書の上に押し付けられており、テクストそのものをありのまま読むことによって得られるどんな証拠とも関係がなかったとされた。更には、ルターがイエス・キリストの神性と人性、キリストが昇天し父の右に座しておられること、教会が信仰の義を通して建て上げられること、そして三位一体の教理に至るまで、教会の中心的教理のほとんどの根拠を旧約聖書の中に見出したということは、確かな事実である。

　実に、ルターの批評家たちから最大の軽蔑を引き起こしたと考えられる要因は、三位一体の教理であった。このキリスト教教理は新約聖書の中には見出されず、まして旧約聖書においては、その存在を語ることすらできないとされていた。伝統的なキリスト教は、創世記 1:26 の語りが複数形であること、あるいは創世記 18:2 でのマムレでアブラハムを訪ねた人物が三人であること、あるいはエロヒームという神名が複数形であることに根拠を求めたが、そのような根拠づけは瑣末的なこととして片付けられるようになっていった。

　この広く知られた批判的態度に照らしてみると、三位一体的解釈という観点からのルターの旧約聖書理解についての新しい学問的研究に出会えるこ

とは驚きである。『ルターの三位一体的解釈と旧約聖書』（*Luther's Trinitarian Hermeneutic and the Old Testament*）の中でクリスティン・ヘルマー（Christine Helmer）は、三位一体の根拠となる聖書テクストは、旧約聖書における三位一体的本質（*res*）についての議論が進んだ後に取り扱うことができると主張した。言葉を換えれば、ルターが教義の根拠と考えるものは旧約聖書から恣意的に選んだ数節の中に求められるのではなく、神的主題の事柄そのものの解釈の中から生じるのである。ルターは特に、旧約聖書内の語りのパターンに示されている内在的三位一体の秘義に注目した。彼は、父と子の同格性を根拠づける神学的主題に言及するために用いられた言語であるという理由で、ヘブライ語に特権を与えることさえした。ルターが非常に重視したことは、詩編 2、110 編、サムエル記下 23:2 以下に示された内在的三位一体的な語りの構造を、言語的精密さをもって文法的に分析することであった。これらの聖書箇所においては、登場人物同士のやりとりが、父と子の間の三位一体的相互関係を表しているとされた。これらの語りの構造は、内在的三位一体の関係と、神的対話における外側と内側の語りの相互作用を透明にし、かくして永遠なる御言葉の秘義の中へと入っていく経路を提供している。三位一体論に関してルターの分析に使われた唯一の材料は、それ自体を超えて永遠性の中に存する事柄を指し示す聖書の字義的意味である。要約すると、ルターの釈義は、旧約聖書テクストに対する注意深い言語的かつ神学的な注目によって、三位一体的教義の根差すべき真の聖書的根拠を回復した一つの釈義モデルとして登場したのである。

　この章の結論で私は、現代の聖書学とキリスト教教義神学との間に現在ある巨大な溝を回復するという課題に戻り、ルターの解釈からの幾つかの示唆を引き出そうと思う。

Ⅳ　ルターのイザヤ書釈義

　さてここからは、ルターのイザヤ書の扱いに更に詳細に注目していく。はじめに、1527-30 年の講義に焦点を絞り、その後で 1543-44 年のイザヤ書 9

第 13 章　マルティン・ルター

章と 53 章についての最後の研究にも目を向けていこう。

1　ルターのイザヤ書釈義の形式上の特徴

　ルターのイザヤ書釈義は一貫して、それらが元来講義であったことを示している。ルターは懸命に聴衆に語りかけようとしており、そのための配慮がとても目立っている。ある章またはトピックの途中で、一つの講義が終わったという時がしばしばあるように見受けられる。

　ルターの講義における思い入れの強さの度合いは、主題となる事柄の性質によって様々である。注解の中で彼は時折教父たちに言及するが、彼らの名前を挙げることはまれである。せいぜい、たとえばオリゲネスやヒエロニムスには賛同できない、などと表明する際に名前が挙がるくらいである。後に彼は、自分が多様に繰り広げた以前の論戦をほのめかすため、エラスムス、ツヴィングリ、エコランパディウスとの度重なる論争を型通りのやり方で用いている。

　注解の中で、ルターはリールのニコラスに言及するが、それは大抵否定的な意味合いにおいてであり、ニコラスは歴史的なものを超えた霊的な面を認識できていないと述べられている。しかしもっと後には、特にイザヤ書 53章の長い注解において、ニコラスを以前より詳細に扱うようになり、イザヤ書 53 章のユダヤ的釈義の解釈をしばしば引用している。ルターのラシに関する知識が完全にニコラスに依存しているのは明らかである。彼はたとえば、次のようなニコラスの見解を引用している。すなわち初期のラビたちはイザヤ書 53 章を、今もなおタルグムに反映されているようにメシア的なものと理解したが、後期のラビたちがこのメシア的解釈を集団的解釈に置き代えたのである。ルターの初期から後期を通じて、彼のユダヤ人たちに対する態度は完全に否定的なままであり、その論争の言葉は共観福音書の語彙よりもヨハネによる福音書のそれに類似している。

　ルターがその注解において言語学的言及を重視する程度には、非常な多様性が見られる。彼はイザヤ書注解の序文で、その出だしから、聖書解釈には文法の知識とテクストの歴史的背景についての知識という二種類の知識が必

297

要であると大変力を込めて述べている。後者は、記された出来事を解釈するために必要であるだけでなく、イザヤの修辞と弁証の源泉を理解するために不可欠である。もちろんルターが歴史的背景と言って意味するものは、聖書それ自身の言葉に大きく限定されている。それでも彼は、ヨセフスや選り抜かれた古典的著述家たちから得る史料の使用をいとわなかった。ルターはイザヤ書注解を通して、時折ヘブライ語とその語のラテン語での意味とを比較させて、短い言語学的コメントをしている。*mishpat*（公正）と *sedek*（義）（イザ 1:17）の違いについてのルターの言語学的分析は正確で分かりやすい。過去形で表されたヘブライ語の動詞は、ドイツ語では現在形で翻訳されるのが最良であると幾つかのところで述べているが、これは彼にとってほとんど新しい発見ではない。しかしながら、1540 年の後期の釈義でイザヤ書 53 章を扱う時には、より本格的にヘブライ語テクストを釈義に用いている。彼は「僕」という語句を扱う時、自分の解釈の確かさを確認するために、七十人訳とウルガタのテクストをイザヤ書の他の並行箇所と共に引用する。

　イザヤ書注解を通して、ルターは古典的な著述家たちから得た文学形式についての知識を常に引き合いに出している。彼は隠喩、直喩、語呂合わせ、そして皮肉について語る。確かにこうした文学的慣例に対する興味は、いわゆる「これはわたしの血である」という隠喩的表現をめぐるツヴィングリおよび熱狂主義者たちとの彼の論争に注目する時、大きな意義を持った。しかしながら、ルターのイザヤ書注解に最も頻繁に、そして大きな効果を伴って現れる文学的特色は、パラフレーズ［言い換え］である。ある箇所のきめ細かい解釈の後で、ルターはその箇所の新鮮で力に満ちた要約をするために、「それはまるで彼が次のように言っているかのようだ」というフレーズを頻繁に用いる（cf. 1:2, 5, 24）。彼のパラフレーズは聖書の言葉の抽象化ではなく、説教を意図した適用でもなくて、正確な意味を非常な精密さで明らかにしようとする地に足の着いた再構築である。彼の豊かな語彙は豊かなイメージで満たされており、それは毎日の農業や商業の営み、家庭生活に根差したものであった（1:19）。

　イザヤ書注解に見られるルターのスタイルのもう一つの特徴は、神がこの世界を知恵に基づいて治められる、という内容の語りの型を定式化すること

第 13 章　マルティン・ルター

によって、ある聖書箇所を要約することである。それはたとえば次のようなものである。「もし良い裁判官がいなければ、最善の律法も無価値である。しかし良い裁判官を与えてくださるのは神である」（1:26）、「これが我々の神のやり方だ。敵の連中に一番高いところまで登ることを許し、……そして投げ落とす」（33:1）、「神はまず、信じる者たちにご自分を与える。その後においてのみ、彼はあらゆる良いものを提供してくださる」（1:2）、「これが聖書の道である」（1:2）。

　ルターのイザヤ書注解においては、イザヤ書のより大きな文学的構造についてはあまり注意が払われていない。後の歴史的批判的研究の規範に照らしてみれば、確かに批評的分析はほとんどなされていない。ルターは、イザヤの預言は二つの部分（1-39 章と 40-66 章）に分けられるが、それはスタイルと著者に基づく区分ではなく、扱われる主題の変化による区分であると述べる。彼は時折、伝統的な章の分け方を修正して、本来、イザヤ書 4:1 は 3 章に、また 52:13-15 は 53 章に属するものだとする。しかし、ルターの批評的能力が現れるのは神学的な弁証法においてであって、文学的批評の新しい手法においてではない。40 章の冒頭でイザヤ書全体の概要を述べようと試みる時、彼は聖書資料を完全に神学的観点から眺めている。イザヤ書の第一部は、キリストとアッシリアの滅びについての歴史的預言として機能する。第二部には預言のみがある。最初の預言はキュロスに関するもので、その性質としては外的である。次はキリストに関する預言で、その性質としては霊的である。最後の四つの章は最も喜びに満ちており、キリストと現在の教会についてのみ語っている。要約すると、厳密に構造分析の観点から言って、ルターの関心はトマスやニコラスが寄せていた関心からほとんど発展していない。

2　預言の本質

　イザヤ書についてのルターの序文によれば、全ての預言者の主要なテーマは、到来しつつあるキリストを人々に熱心に待望させ続けることである。預言者とは、神の言を聞いて「主はこう言われる」と宣べ伝える者である。イ

ザヤ書は、「これはイザヤの見た幻である」という告知で始まるが、この幻は神秘的な体験においてではなく、説教された生きた御言葉の口述の宣言において表現されている。

　全ての預言者は、福音を受け取ることができる人々へ向けて語っている。イエス・キリストにおける神の救いの良い知らせは、あらゆる預言の中心である。従って、イザヤの働きはペトロの手紙一 1:10 で正しく解釈された。「この救いについては……預言者たちも、探究し、注意深く調べました」。預言者イザヤはそれ故、神の大いなる救いの御業の力強い宣言によって人々に働きかけるよう聖霊によって命じられている。預言者イザヤのメッセージは、救い主の到来を熱心に待つよう聴衆に促すという働きにおいて、イザヤから彼に続く全ての世代の説教者たちへと同じ務めが継続していると理解する根拠を与える。神御自身と直接やりとりする方法など、どこにもない。キリストが我々の唯一の神へ至る道である（イザ 4:6）。それ故、聖書の預言者とそれに続く福音伝達者のメッセージは共に、高度に実存的であらねばならないし、また聖霊からの燃え上がる熱情に満ちていなければならない。

　ルターはイザヤのメッセージが扱っている歴史的視座を三つの区分に要約する。すなわち、1）迫りつつあるバビロン捕囚についての説教、2）捕囚からの帰還、3）そのことが来るべきキリストの支配に及ぼす影響（1 章）である。しかしこれらの歴史の各段階の背後に、イエス・キリストについての全ての預言が保障している、統一された神学的焦点がある。イザヤのアプローチはルターによれば、事柄を一般化することや、歴史を図式的に理解することとは関わりがなく、それはむしろ、イスラエルの具体的な生の特質の中に、裁きと約束の言葉をもってただちに突入することであった。このことの故にイザヤ書 1 章は、主を見捨てて立ち帰ることができない罪深い民に対する神の審判で始まる。

　ルターの読みによれば、キリストの霊的な王国とこの世の統治者と権力が支配する地上の王国との間を行き来するのは、イザヤ書に顕著な特徴である。たとえばイザヤ書 9 章を扱う時、預言者がイスラエルの反逆の王たちに再び関心を向ける直前で、この章の冒頭がキリストの王国について語っているのを認識することは重要である。イザヤが注意を向けているのが礼拝、政治、

第 13 章　マルティン・ルター

あるいは商売のことであろうと、霊的なものと肉的なものは絡み合う。

3　ルターの弁証的方法

　ルターは、自らが訓練を受けた中世の学問的伝統によって判断されるなら
ば、組織神学者ではなかった。彼は初期のカエタヌス（Cajetan, 1518 年）お
よびエック（Eck, 1519 年）との論争において、ますます唯一の権威である
聖書に根拠を求めるようになった。それ故、彼の神学的発展が、彼の聖書へ
のアプローチと注解執筆の方法に影響を及ぼしたのだとしてもさして驚くこ
とではない。

　実に、ルターの神学に対するアプローチと聖書解釈に対するアプローチは
弁証法的であった（私はこの用語を古典的、中世的な意味でなく、その現
代的、解釈学的用法において用いている）。関連しつつしかし同時に対立す
る二つの用語が並置され、緊張を保つ。そこで探究されている神学的真実は、
一つの哲学的抽象概念の中にあるのではなく、むしろ非常に具体的な形で向
き合わされた二つのリアリティーとの捉え難くも止むことのない相互作用の
中にある。ルター神学の中で最も馴染みがあるのは、霊と文字、福音と律法、
霊的な王国と地上の王国、外的なものと内的なもの、古い創造と新しい創造、
罪と義、信仰と労働、隠されたものと啓示されたもの、古いイスラエルと新
しいイスラエル、そして最後に旧約聖書と新約聖書といった範疇である。ま
た、これらの範疇は互いに大きく重なり合っており、深い意味において、キ
リスト教信仰の一つの中心的な告白を形成し続けていることも明らかである。

　しかしながらルターは、彼の神学論文と聖書注解両方において、一つの特
定の主題の中心的な教えを引き出す際には、一つの範疇が最もふさわしいこ
とをしばしば発見した。また、ルターの弁証法的方法に関しては、議論が具
体的な論争から抽出され、それが静的で調和のとれた全体として解釈される
際には矛盾を生じさせた、という事実をも考慮に入れられなければならない。
たとえば、ルターは福音のラディカルな新しさと、古めかしく廃れた律法と
を対比させているのだから、同じような両極性が新約聖書と旧約聖書にも通
用するのではと思われるかもしれない。しかしそのような解釈は、すでに上

で示したルターによる完全な否定に現れていたように［本書 293-94 頁］、徹底的に間違いなのである。

a. 霊的な王国と地上の王国

　イザヤ書の最初の二つの章において、ルターは霊的な王国と地上の王国との対照（contrast）を用いる。彼は、ユダとイスラエルという二つの罪深い国家を、四人の王のそれぞれの治世において扱うことから始める。神の民は聖なる方から引き離され、病んでいた。彼らはその礼拝が腐敗し、神の怒りの下に荒廃し、わずかな生き残りの者を除いて、ソドムとゴモラのようだった。しかしその後突然、忠実な都シオンの情景が、荒れ果てた現実の都の情景と並置される。裁きによって贖われたこの都は、神の義なる言葉によって義とされる。シオンは神の都である。なぜならそこから、諸国の間に正義と平和を打ち立てる主の御言葉が広がっていくからだ。

　この描写において、預言者は地上の王国から霊的な王国へと移行する。1章では、地上の王国は罪と不信仰の故に苦しむ。しかし、これにキリストの王国に関する預言が続くのである。ルターはまず、これを捕囚後の時代について語られたものと見なす。しかしながら、ルターはその後、イザヤがキリストの教会を描く時はいつでも、霊的な王国のことを語っていると記している。福音が宣べ伝えられる時にはいつでも、キリストの王国がある。その二つの王国は、時間と空間によって隔てられた二つの存在ではない。なぜなら、霊的な王国が出現する場所は、他でもない地上の山だからである。従って預言者イザヤはキリストの霊的支配を語った後、再びイスラエルの王国について、つまり世俗の世について語る（イザ 9:8［新共同訳では 7 節］）。諸国民に向けてシオンへ大河のように向かうよう働きかけるこのメッセージは、宣言された御言葉、すなわち、王なるキリストについて、またその恵みと平和についての御言葉である。それに対して、モーセが律法の説教をしている時、彼は罪と死の聖職者なのである。

　イザヤ書の他の章において、地上の王国と霊的な王国は霊と肉（イザ 35章）との関連で、あるいは隠された教会と啓示された教会との間で対比される。しばしばこの文脈において、地上のものから霊的なものへの移行が、シ

ナゴーグの残りの者たちから教会が出現することとの関連で語られる（イザ34章）。イザヤ書60章では、キリストの霊的王国は、闇に対する光として描写される。「起きよ、光を放て」。光は到来し、栄光が現れた。その光は諸国を福音へと引き寄せる。

「寓喩的〔アレゴリカル〕」という語が、目の見えなかった人の目を、あるいは耳の聞こえなかった人の耳を開いて、彼らが福音を今や受け入れたことの比喩的表現を例示するこの文脈においてしばしば登場する（35:5）。霊的な王国における生は、キリスト者の自由と良心の自由に属する事柄である。罪、悪魔そして律法もそれを服従させることはできない。ルターの好きなテクストは、価高い隅の親石、シオンの土台について語るイザヤ書28:16である。ルターは続けて新約聖書に記されたキリストについての解釈に言及する。キリストは人間に排斥された、隠された石であるが、しかし同時にキリスト教信仰の基盤である。

ルターにとっては、霊的な王国についてのどんな表現も、ほとんど反射的にキリストの統治と同じものであると理解されるので、その結果として、いわゆる「第二イザヤ」（イザ40-66章）に記された来りつつあるイスラエルの救済についての全ての約束は、王なるキリストに関する預言として解釈されることになる。慰めと戦いの終わりについての言葉は、キリストの赦しとの関連において解釈される。「荒れ野で呼ばわる者の声」は単に洗礼者ヨハネの声としてだけ理解されるのではなく、神の栄光が現れることや砂漠が園へと変わることといったイザヤ書に記された表象〔イメージ〕の全体が、福音書から同時に参照される注解を伴って、詳細に説明されていくのである。古い教えと新しい教えの対比は、イザヤ書のこれらの章から特に宣言され、そしてまたコリントの信徒への手紙二 5:17 は、神の創造のラディカルな新しさを強調するために用いられる、ルターにとってのお気に入りの箇所となる。

b. 律法と福音

ルターは、預言者がイスラエルの罪を攻撃する多くの章を解釈するにあたり、律法と福音を対比させる範疇〔カテゴリー〕を最も頻繁に用いる。ルターにおいてその対比は時折、絶対的な用語で述べられている。

使徒たちは明らかに、新しい種類の教え、すなわち福音を聖霊によって
委ねられている。……なぜなら、今まで福音以前には、恐れと死をもた
らす律法の他は何も教えられなかったのだから。（40:1）

　しかしながら、神の審判は、律法のもとにある生を象徴するユダヤ人に対
して特別に向けられることが非常に多い。律法はそもそも彼らがキリストを
受け入れる備えとして与えられた。しかし、キリストが拒絶された時、律法
はイスラエルの滅びの手段となり（イザ 3 章）、福音の約束は教会へと移さ
れた。イザヤ書 1 章において、預言者はイスラエルが献げ物についての律法
を正しく理解していない故にイスラエルを非難する。預言者は、神を宥める
手段としての献げ物を拒否した詩編 40:7 のダビデに同意する。献げ物はモー
セを通して神によって命ぜられたのであるが、それは利益を得るための行為
ではなくて、信じる者たちによって用いられる時に、彼らの信仰を証する
ものなのである。従ってユダヤ人は献げ物を誤って用い、しかも自分たちの
造り出した祭りを行うことによって神が定めた良き制度を覆い隠したことで、
預言者に糾弾されている。
　パウロのフレーズを用いれば、律法の下にある生は暴虐である（9:4）。律
法は、まず人がその罪を恐れ、それが露わになるように働く。律法が人を絶
望へ駆り立てることに成功した時、それから福音の慰めが差し出された。キ
リストは律法の要求を満たし、従ってキリスト者の自由が与えられた。なぜ
ならもはや律法は告発し有罪の判決を下すことができないからである（9:8）。
　律法と福音の弁証法的な関係は、預言者が神の幻を見るイザヤ書 6 章のル
ターの解釈においてはっきりと表出する。預言者イザヤは、煙が神殿に充満
したとき神が顕現されるのを見て恐れた。畏敬の念を起こさせる神の厳しい
審判は、イスラエルの聖なる方を前にして、預言者に自身の罪深い状況に関
する絶望感を呼び起こした。その時、福音の運び手であるセラフィムがキリ
ストの故に罪の赦しを約束し、イザヤにキリストの義を分け与えた。律法か
らは罪についての知識がやって来たが、福音からは恵みの贈り物と復活の約
束が現れたのである。

第13章　マルティン・ルター

　ルターの読みによれば、イザヤ書 40-66 章のメッセージは福音の告知である。「慰めよ、私の民を慰めよ」。民の闘いは終わった。なぜなら、罪と死の律法は、キリストの到来を通してその役割を終えたからである。神の民は赦されており、清められている。そして律法の働きから離れて、赦しと神的な自由が授けられた。「第二イザヤ」においてこの後続くのは、聖霊における生の描写、新しい神の民の回復という福音である。

　前述のルター神学の導入的記述において、私は次の点をすでに指摘した。すなわち、霊と肉という範疇（カテゴリー）は最初、彼の弁証法を形成するために重要な役割を果たしたが、しかし中期および後期においては、律法と福音がそれに代わってより強調される傾向にあった、と。ルターがイザヤ書注解を書く頃までには、この変化が明らかになっていた。ルターのイザヤ書注解においては、霊の働きが、律法と福音の場合と同じような釈義の特殊表現の一つとして用いられることはまれである（例外として 61:1 を参照）。むしろ、霊とは今や御言葉と結び付いた聖霊のことである。59:21 においてルターは、霊と御言葉の関係が使徒信条の第三項の内容に関わることを説明するために、自身の大教理問答を引用する。教会は、罪の赦しをもたらしてくれる霊と御言葉との働きによって、その信仰を告白する。イザヤ書 11 章において、霊は約束されたメシアにその贈り物である知恵、理解、勧告、力、そして知識を与える上で主導的な役割を果たす。それから 11 章におけるキリストのメシアの約束の実現が、新約聖書の連鎖的（カテーナ）引用の中で示される。

4　イザヤのメシア的希望

　ルターのイザヤ書注解がメシアニズムの話題に関心を抱いていることは、全く驚くにはあたらない。一方で、イザヤ書のメシア的な箇所についてのルターの解釈は非常に伝統的である。彼は 7、9、11 章の解釈に関して、教父たちの確立した線におおむね従っている。しかし他方で、ルターがメシアについて釈義するやり方は、地上の王国と霊的な王国、律法と福音、そして隠された救い主と明らかにされた救い主などといった他の範疇（カテゴリー）と共に進んでいくために、その解釈がいくぶん独特な様相を呈している。

305

イザヤ書7章を扱う際に、ルターはそこで問題となっている「しるし」を、隠されているものと開かれているもの両方を含むものとして解釈する。アハズの不信仰に対しては、そのしるしは彼の滅びを指し示すが、忠実な者たちにとっては、それは、処女から生まれ、神であり人であるインマヌエルなるメシアのしるしなのである。キリストが来られる時までユダ王国は滅ぼされないであろうというこのしるしは、残りの者たちのために与えられた。しかしながら、信じない者たちのためには、それは隠されたままであった。

　イザヤ書9章で、預言者は平和の王国の頭となるであろう幼子の到来を予告する。それから、「驚くべき指導者、力ある神、永遠の父、平和の君」という、約束されたメシアの属性が告げられる。彼はダビデの王座に就いて治めるが、ユダヤ人に対するダビデの統治は地上に縛られたものであった一方で、他方、キリストは永遠に続く霊的な統治を開始したのである。キリストは御言葉と信仰を通して世にこの王国を準備し、それを強固にする。しかし彼はこれをひそかに隠された方法で行うのである。

　イザヤ書11章は、霊的な王、あるいはエッサイの根より育つ若枝について語る。それから、彼の支配が地上の支配ではなく霊的なものであることを示すため、神の霊が彼の上に留まる。彼は知恵と理解の霊を与えられる。この霊は彼を満たし、貧しい者、低き者、弱い者たちに王国を保証する。ルターによれば、キリストのメシアとしての統治は寓喩において表現される。「狼は小羊と共に宿り……豹は子山羊と共に伏す」。教会は力によってではなく、御言葉によって諸国を変える。そしてルターは、キリストの職務の実現を示す福音書からの引用を散りばめることで、この預言者的叙述を補強する。

　古代教会の伝統に従って、ルターはイザヤ書全体を通して、来るべきメシアについての描写を展開させる。とりわけ60章と61章は大変重要であり、ルターの釈義は新約聖書の解釈に従っている。イザヤ書60章は完全にキリストとその王国に関する預言として解釈されている。エルサレムは、闇の中に射し入る福音の光を迎えるために、「起きよ、光を放て」と命ぜられる。エフェソの信徒への手紙5:14に並行する「起きよ、そうすればキリストはあなたに光を与える」が引用される。律法の暗闇と福音の光との明確な対照が、イザヤ書60章を通して展開される。つまりここでも、律法と福音の弁

第13章　マルティン・ルター

証法的対立が相変わらず強調されている。信じる者にとってそのメッセージ
は命であり、救いであり、キリストである。信じない者にとってそれは死と
闇である。更に、福音の光は、シナゴーグの全ての制約を取り去り、異邦人
へと拡張しながら諸国民を引きつける。その後、教会についての説明がそれ
に続き、教会の外側と内側の有様が記述される。神の愚かさは十字架の下に
隠されており、世界とその支配者たちはその永遠の栄光を悟ることができな
い。

　イザヤ書60章がキリストの王国に焦点を当てているとすれば、61章は
その王国の頭について描写している。ルカによる福音書4:18が教えるのは、
キリスト御自身が、このテクストを彼固有の人格を最も明瞭に証言するも
のとして用いたということである。「主の霊がわたしの上におられる。貧し
い人に福音を告げ知らせるために、主がわたしに油を注がれたからである」。
キリストとその職務についての、なんと鮮やかな表現であることか！　彼は
聖霊によってメシアとして油を注がれた。その油注ぎは地上的なものではな
く、神的な塗油式である。彼は苦しむ人、貧しい人、虐げられた人に福音を
告げ知らせるため、そしてうちひしがれた人を癒し、その傷を包むため、そ
して捕らわれている人に自由をもたらすために遣わされた。ルターにとって、
旧新約両聖書間の形態上の適合は論じるまでもないことであった。

　メシアは「主の恵みの年」を告げるためにやって来る。彼は律法に縛られ
ている人々を赦しの約束によって解放する。しかし、主の恵みの年はまた、
神を恐れない人たちへの復讐の日でもある。預言者は、頑なな者たちには厳
しいメッセージを、苦しんでいる人たちには柔和で穏やかなメッセージを告
げる。福音を受け入れない者に対する神の裁きを告げる怒れるキリストと
いう同じテーマ（マコ16:16）が、イザヤ書63章において相当長々と展開さ
れている。預言者は、敵たちに報復する恐ろしい巨人を慄きに満ちた筆致で
生々しく描写し、隠喩的な語りを生み出している。そのすぐ直後、預言者は
神を再び讃美し始め、イスラエルの家に対する神の揺るぎない愛が繰り返さ
れる。預言者の告げる約束はこうだ。「神は常に救い主であられた」。

5 残りの者

ルターの旧約聖書解釈における難問の一つは、残りの者たちの役割についての理解である。この問題は旧約聖書と新約聖書の関係について広範な示唆を有する。我々はすでにルターの釈義的アプローチに関する先の節においてこの主題について触れ、ルターの「信仰深い残りの者」という専門用語の使用に関する J. S. プロイスの物議をかもすテーゼについて吟味した。

さしあたって、ルターが律法と福音という範疇(カテゴリー)に従って、いかに厳格に二つのタイプの人々を区別したかを見定めるのは重要である。43:21 においてルターは、「今や（神は）民と民とを区別し始める。その区別はすなわち、教会の民と律法の民との区別である」と書く。古い律法の民は自分たち自身を形成した。彼らは自分たちの仕事を称え、彼らは彼ら自身の民として生きた。しかし、新約聖書の民は、「わたしによってつくられた、わたしの民」である。彼らは真の礼拝を理解する。この箇所において、最も明確な区別が旧約聖書の民と新約聖書の民との間になされており、これが両者の継続性をあらゆる形で脅かしている。

しかしながら、他の箇所においては、古い民と新しい民の問題についてのルターのアプローチはより微妙な仕方でなされている。ここにおいては、残りの者の役割についてのルターの理解が重要である。43:14 において、神はバビロンで暮らすイスラエルの民に次のことを思い起こさせる。すなわち、「神は、イスラエルの王国を重んじて、彼らに祝福を与えられた。神はその王国を、キリスト到来の時まで保護せねばならなかったのである。……彼らはキリスト到来まではイスラエルであり続けねばならなかった。全ての業と行いはキリスト以前の準備段階であった」。あるいは、イザヤ書 2:1 においてこう言われている。「バビロン捕囚の後、ユダ王国の一部は、キリストの来るべき支配の種子となるために保護された。ユダ王国がこの支配と分かち難く結ばれていたからである。それ故、この民はキリストの正当な支配が到来するまでは、完全には拒絶されなかった」。そしてまた 7:3 においてこう言われている。「シェアル・ヤシュブは、民の姿を身に帯びた存在であった。この民の中から常に残りの者が保護され、この民の故に王が、残りの不信仰

第 13 章　マルティン・ルター

な者たちと共に、神の恵みを経験するのである」。最後に、9:6 ではこう書かれる。「ユダヤ人へのダビデの支配は地上的なものであった。……しかしついにキリストが御自身の霊的支配を始められた」。キリストの統治はダビデのそれとは異なるが、それでも同じ民に対する統治なのである。

　これらの箇所で述べられている要点は、古い肉的な民と新しい霊的な民とに歴史的な継続性があるということである。「残りの者」という語は、新しい民を形作るための神に従う人たちを指すだけではなくて、古いイスラエルの肉的な生存者たちも、来る霊的王国のために必要である、という意味も含んでいる。

　すると、ここで問いが生じる。ルターは一体どのような意味において、キリストの霊的王国は将来にのみ約束されたものであって、旧約聖書の現実そのものではないと言えたのだろうか。またもや、ルターの解釈には矛盾する点があるようだ。12:1 についてルターは、「預言者はこの将来における福音の教えと告白を予見したが、それは旧約聖書においては起こらなかった」と書いている。ここでは、キリストの王国は単に約束に過ぎなかったように見える。詩編 118 編において、ルターは同じ調べを聴く。「彼らが入って行くために正義の城門を開けという叫びは、旧約聖書の偉大な父祖たちの霊において言われる。彼らはキリストの王国（cf. ルカ 10:23）を待ち望んでいたが、それはいまだ閉じられたままで、福音とキリストの世（Chiristendom）はまだ現れていない」。

　しかしながら、イザヤ書 1:14 において、ルターはローマの信徒への手紙 9:29 を援用して、次のことを見出している。「神は次のことを約束した。すなわち、神はアブラハムの神であり、永遠にその子孫の神であり続けると。この約束の故に、ユダヤ人の中にはキリストに属する者たちが常に残っているのである」と。言い換えると、アブラハムがまさにキリスト教信仰の父である故に、信仰ある残りの者たちはすでに、旧約聖書の時代にキリストの救いのリアリティーを経験したのである。

　ルターのイザヤ書注解から見出される、このように矛盾し合う証拠に鑑みると、我々はここでプロイスのテーゼに戻らざるを得なくなる。すなわち、ルターはその後期になると、福音を単なる約束としてだけ見ることから

転換し、むしろすでにキリストの現臨をそのリアリティーにおいて経験している、旧約聖書の信仰深い残りの者について語ったというテーゼである。ルターのイザヤ書に関する資料の中には、ルターの後期のイザヤ釈義に属する別の資料が含まれている。すなわちイザヤ書9章と53章に関するものである。これらの資料は、ここでの我々の問いにどう答えるだろうか。たとえば、イザヤ書53章の注解（1544）における残りの者についてのルターの理解は、1529年に書かれた初期の注解からの何らかの変化を経ているのであろうか。

　ルターによる後期のイザヤ書釈義を注意深く研究すると、特にそれを彼の初期の注解と比較した場合には、確かにある程度の発展が認められる。しかしながら、旧約聖書の内部での忠実な残りの者たちに関する変化そのものについては、プロイスの説を裏付ける証拠も否定する証拠も見出すことはできない。それは次のような理由による。

　1．9章、53章共に、イスラエルの中の残りの者についての主題に焦点を当ててはいない。9章の主要なテーマは、終末論的な神の国の突入と、古い国の闇と新しい国の光との対照である。同じように、53章におけるルターの注目点は、イスラエルがいかに忠実に応答したかではなく、メシアの苦難と死と復活に向けられている。

　2．初期のイザヤ書注解に見出される主要テーマの大部分が、後の釈義において継続して見出される。ただ、それらのテーマの扱われ方には違いがあり、ルターは後期の釈義では議論を更に深め、学問的に発展させている。ヘブライ語の使用が増え、様々なギリシャ語の翻訳がふんだんに用いられ、初期のキリスト教解釈者たちや、特にユダヤ教的解釈についての知識がはるかに増している。しかしながら、霊的な王国に対する地上的な王国、業による救いと信仰による救い、そして律法と恵み、といった範疇^{カテゴリー}は拡大されてはいるが、本質的には変わっていない。

　3．ルターのユダヤ人に対する敵意は激しさを増している。9章、53章において、福音に対するユダヤ人の無関心さについて、そしてイザヤが目に見える地上の王国ではなく霊的な王国を約束していることを理解できずにいることについて、ルターは相変わらずユダヤ人を非難している。ユダヤ人は、栄光と勝利に輝く王を待ち望んでおり、それ故苦難の僕の真のアイデンティ

ティーを見ることができずにいると責められる。イザヤ書53章の釈義においてルターは、僕をイスラエルの民全体と見なすユダヤ人の解釈、すなわち僕のいわゆる「集合体」的解釈に長々と反論する。ここでルターは、ニコラスによるラビ的解釈に大きく依拠している。

　4．ルターはアダム、アブラハム、ダビデといった旧約聖書の重要な人物たちの人生を賞賛し続ける。彼はイスラエルの民を構成するアブラハムの子孫の人間的な気質について語る（*WA* 6, p. 328）。これらの人々はダビデの王座の約束された祝福を共有する。しかし彼は、恐らく無意識的に、その祝福の継承者としてのイスラエルの子らと、その祝福を拒絶しているユダヤ人たちとを峻別しているようである。ある箇所でルターは、メシアについての神の約束を固く信じ、キリストの日を待ち望んで生きたユダヤ人の知恵と、頑固さと横柄さに満ち、目の前のことに心を奪われていた者たちとを対比する（*WA* 2, p. 165）。こうした感情的な記述は、ユダヤ人がキリストを拒絶したことへの失望と不満がルターの中で大きくなっていった現れであろうし、それが彼の怒りを増幅させたのであろう。

　要約すると、プロイスによって挙げられた問題は、ルターの著作全体を広く見渡す中で論じられるべきであろう。

V　ルターの釈義に関する聖書神学的考察

　ルターのイザヤ書解釈についての我々の分析から、より大きな示唆が引き出されそうな点が幾つかある。第一に、彼がいかにして、キリスト教的解釈中の寓喩という伝統的機能を、文字と霊、律法と福音とを関わらせながら、神学的弁証法という手段で変化させたかに注目することは重要である。その結果彼は、少なくとも理論上は、聖書の地上的な側面と霊的な側面との統合を維持することができた。更に、テクストの霊的な（ケリュグマ的な）証言は、地上的な（歴史的な）証言との動的な関係を保っており、寓喩的な意味という静的なレヴェルに押し込められたのではなかった。

　第二に、ルターは旧約聖書のキリスト論的解釈という手段によって、キリ

スト教聖典の内に生けるキリストの現臨の証言を回復しようとした。彼の釈義は、旧約聖書が持つキリスト教的証言の存在論的側面を正しく扱うことと、キリスト教的信仰共同体において神の語りかけの垂直的役割を発揮し続けるテクストの実存的力に重きを置くことの両方を求めた。ルターの釈義的解釈はしばしば熟考的というよりはむしろ直感的であり、彼は旧約聖書を読む際、実際のテクストに新たな命を吹き込もうと努めた。それはすでに過去となった出来事を取り戻すためではなく、聖なる書物全体の集積に新鮮で生きた声を与えるためであった。

　第三に、ルターは旧約聖書釈義の幾つかの並外れた範例を残した。それは、キリスト教的伝統の中で古代のテクストが読まれる時に、神学的豊かさが生まれることを証明した。現代的な言い方で言えば、たとえば彼がイザヤ書 42、53、60 および 61 章についての解釈で提供したのは、旧約聖書と新約聖書両方についての神学的考察であった。もちろん、16 世紀の解釈者であるルターは、元来の歴史的文脈から引き出される釈義と、正典（カノン）としての聖書の完全な形そのものが提供する神学的文脈へと意識的に移行していく釈義とを明確に区別しなかった。啓蒙主義時代以来、ルターのキリスト論的アプローチは、彼が聖書テクストとは関係のない教理の体系を押し付けたが故に、それはテクストの真実な意味を無知に基づいて歪曲するものであるとしてしばしば拒絶されてきた。しかし、そのような批判はルターのアプローチの核心を摑み損ねている。むしろ、たとえばイザヤ書 42、53、61 章では、彼は古代のテクストから、言葉の新鮮で厳密な読みを通して豊かなキリスト教の手触り（テクスチュア）を引き出すことができた。あるいは、譬えを変えて言えば、ルターは旧約聖書という楽譜から古い調べを取り出して、古い歌詞から新しい歌を奏でたのである。

　もちろん、人間である著者本来の執筆意図の探究が含まれている旧約聖書の純粋な歴史的解釈と、新たな形で拡張された正典的（カノニカル）テクストの文脈における告白的な（コンフェッショナル）キリスト教的アプローチの関係は、切迫した、しかし未解決の、ポスト啓蒙主義時代の問題として残されている。この問題に含まれているある一つの重要な構成要素は、そのようなキリスト教的解釈の正しい機能と役割を規定することだけでなく、それが実践され、祝われている信仰共同体を

第13章　マルティン・ルター

も規定することである。現在のところ、そのことを行う文脈として最もふさわしいのは、教会の典礼と賛美歌学（hymnology）であり、そこにおいて聖書は様々に創造的な利用をされながら、キリスト者の訓練と教化のための役割を果たしているのである。

マルティン・ルターに関する文献表

一次文献

Martin Luthers Werke. Kritische Gesamtausgabe (WA). Weimar: Bohlau, 1883-.

American Edition of Luther's Works (LW), edited by J. Pelikan and H. T. Lehmann. Philadelphia and St. Louis: Muhlenberg, Concordia, 1955-.

二次文献

Bauer, K. *Die Wtttenberger Universitätstheologie und die Anfänge der deutschen Reformation.* Tübingen: Mohr Siebeck, 1928.

Bayer, O. *Promissio: Geschichte der reformatorischen Wende in Luther's Theologie.* 2nd ed. Darmstadt: Wissenschaftliche Buchgesellschaft, 1989.

―――. "Oratio, Meditatio, Tentatio: Eine Besinnung zu Luthers Theologieverständnis." *Luther Jahrbuch* 55 (1988): 7-59.

Beutel, A. *In dem Anfang war das Wort: Studien zu Luthers Sprachverständnis.*Tübingen: Mohr Siebeck, 1991.

Bizer, E. *Fides ex Auditu.* 3rd ed. Neukirchen-Vluyn: Neukirchener Verlag, 1966.

Bluhm, H. *Martin Luther: Creative Translator.* St. Louis: Concordia, 1965.

Bornkamm, H. *Luther's Doctrine of the Two Kingdoms in the Context of His Theology.* Philadelphia: Fortress, 1966.

―――. *Luther and the Old Testament.* Philadelphia: Fortress, 1969.

Ebeling, G. *Evangelische Evangelienauslegung: Eine Untersuchung zu Luthers Hermeneutik.* Munich: Albert Lempp, 1942.

―――. *Luther: An Introduction to His Thought.* London: Collins, 1970.

―――. *Lutherstudien,* vol.1. Tübingen: Mohr Siebeck, 1971.

―――. "Die Anfänge von Luthers Hermeneutik." *Lutherstudien,* vol.1, pp. 1-68. Tübingen: Mohr Siebeck, 1971.

―――. "Luthers Auslegung des 44. (45) Psalms." *Lutherstudien,* vol.1, pp. 196-220. Tübingen: Mohr Siebeck, 1985.

―――. "Karl Barths Ringen mit Luther." *Lutherstudien,* vol.3, pp. 428-573. Tübingen: Mohr Siebeck, 1985.

Elert, W. *The Structure of Lutheranism.* St. Louis: Concordia, 1962.

Gerrish, B. A. *Grace and Reason: A Study in the Theology of Luther.* Oxford: Clarendon, 1962.

Hailperin, H. *Rashi and the Christian Scholars.* Pittsburgh: University of Pitts burgh Press, 1963.

Helmer, C. "Luther's Trinitarian Hermeneutic and the Old Testament." *Modern Theology* 18 (2001): 49-73.

Hermann, R. *Von der Klarheit der Heiligen Schrift: Untersuchung und Erörterungen über Luthers*

第 13 章　マルティン・ルター

Lehre von der Schrift in De servo arbitrio. Berlin: Evangelische Verlagsanstalt, 1958.

Holl, K. "Luthers Bedeutung für den Fortschritt der Auslegungskunst." *Gesammelte Aufsätze*, vol.1, pp. 544-82. Tübingen: Mohr Siebeck, 1927.

Joest, W. *Gesetz und Freiheit.* 4th ed. Göttingen: Vandenhoeck & Ruprecht, 1968.

Jülicher, A. *Die Gleichnisreden Jesu.* 2 vols. Tübingen: Mohr Siebeck, 1888-89.

Kähler, E. "Beobachtungen zum Problem von Schrift und Tradition in der Leipziger Disputation von 1512." In *Hören und Handeln: Festschrift Ernst Wolf,* edited by H. Gollwitzer and H. Traub, pp. 214-29. Munich: Kaiser, 1962.

Kohls, E. W. *Die Theologie des Erasmus.* 2 vols. Basel: F. Reinhardt, 1966.

Koopmans, J. *Das altkirchliche Dogma in der Reformation.* Munich: Kaiser, 1955.

Lohse, B. *Möchtum und Reformation.* Göttingen: Vandenhoeck & Ruprecht,1963.

———. "Die Bedeutung Augustins für den jungen Luther." *Kirche und Dogma* 2 (1965): 116-35.

———. "Luther und Erasmus." In *Lutherdeutung Heute,* edited by B. Lohse, pp. 47-60. Göttingen: Vandenhoeck & Ruprecht, 1968.

———. *Martin Luther's Theology.* Edinburgh: T. & T. Clark, 1999.

Marshall, B. "Faith and Reason Reconsidered: Aquinas and Luther on Deciding What Is True." *The Thomist* 63 (1999): 1-48.

Oberman, H. A. *The Harvest of Medieval Theology.* Cambridge, Mass.: Harvard University Press, 1963.

———. *The Roots of Anti-Semitism in the Age of Renaissance and Reformation.* Philadelphia: Fortress, 1984.

Østergaard-Nielsen, H. *Scriptura Sacra et Viva Vox: Eine Lutherstudie.* Munich: Kaiser, 1957.

Pelikan, J. *Luther the Expositor.* St. Louis: Concordia, 1959.

Preus, J. S. *From Shadow to Promise: Old Testament Interpretation from Augustine to the Young Luther.* Cambridge, Mass.: Harvard University Press, 1969.

Rothen, B. *Die Klarheit der Schrift.* 2 vols. Göttingen: Vandenhoeck & Ruprecht, 1990-92.

Scheel, O. *Documente zu Luthers Entwicklung.* Tübingen: Mohr Siebeck, 1929.

Steinmetz, D. C. *Luther and Staupitz: An Essay in the Intellectual Origins of the Protestant Reformation.* Durham: Duke University Press, 1980.

———. *Luther in Context.* Grand Rapids: Baker, 1995.

Vogelsang, E. *Die Anfänge von Luthers Christologie.* Berlin: de Gruyter, 1933.

Wolf, E. *Peregrinatio,* vol.1. *Studien zur reformatorischen Theologie und zum Kirchenproblem.* Munich: Kaiser, 1954.

Zahrnt, H. *Luther deutet Geschichte.* Munich: P. Müller, 1952.

日本語文献

徳善義和 他訳『ルター著作集』第 2 集第 4 巻、リトン、2007 年［「イザヤ書序文」、「イザヤ書第 9 章講解」、「イザヤ書第 53 章講解」を含む］。

ゲリッシュ『恩寵と理性　ルター神学の研究』倉松功／茂泉昭男訳、聖文舎、1974 年。

第14章

ジャン・カルヴァン

John Calvin（c.1509 - 1564）

I 序　　論

　19世紀においては、フランス人宗教改革者ジャン・カルヴァンのことを、彼が著した一冊の本、すなわち彼の権威ある『キリスト教綱要』（*Christianae Religionis Institutio*）（『綱要』〔*Institutes*〕）の著者として言及するのが一般的であった。1564年に彼が死去するまでに何度か版を重ねたその著作について、その重要性に異論を唱える者は誰もいないであろう。この著作は、16世紀宗教改革枠内における非ルター派のプロテスタント教会の神学を、ヨーロッパにおいてのみならず、イギリス、スコットランド、そして特に新世界［アメリカ］において形成した。けれども彼の存命中には、カルヴァンの貢献は『綱要』に限定されることはまずなかった。ジュネーブでの主任牧師という重い行政上の職務と、彼のペンから生み出された無数の手紙、小論文、論争的な論説は言うに及ばず、カルヴァンの説教と講義の数の多さは圧倒的

である。こうした働きの最中に、カルヴァンは、新約聖書ほぼ全体と旧約聖書の大部分についての注解を生み出すことができた。16 世紀には、これらの書物は『綱要』と同じくらい重要だと考えられていたのである。

　カルヴァンの注解についての研究は、T. H. L. パーカー（Parker）の見事な研究（*Calvin's New Testament Commentaries,* 1971; *Calvin's Old Testament Commentaries,* 1986; *Calvin's Preaching,* 1992）によって大いに促進されてきた。これに匹敵するようなフランス語あるいはドイツ語の研究は存在しない。自身の研究書の中でパーカーは、カルヴァンの注解書全てについて徹底的に研究し、それらの正確な執筆年、刊行物の版、翻訳、歴史的背景について明らかにした。

　16 世紀における個々の注解の初期の刊行に引き続いて、カルヴァンの注解は大きな二つの版、すなわち、1617 年のジュネーブ版と 1667 年のアムステルダム版にまとめられた。19 世紀初期に F. A. G. トールック（Tholuck）は、数冊の旧約聖書注解と共に、カルヴァンの新約聖書注解をアムステルダム版から再版した。それが彼の釈義の業績への関心を復興するのに役立った。その後、1863 年に『宗教改革集成』（*Corpus Reformatorum*）の校訂版が出版され始めた。16 世紀と 17 世紀には、個々の注解書の英訳が幾つかあったが、19 世紀半ばに標準的英語訳がカルヴァン翻訳協会（the Calvin Translation Society）によって刊行された。注解に加えられた注についての批判もあったが、それにもかかわらず、これらは最も容易く手に入れることのできる英訳であり続けている。カルヴァンの説教が再発見され、出版が継続していることは、本書における我々の関心事にとっては周辺的なことである。それについてはパーカーの『カルヴァン著作集補遺』（*Supplementa Calviniana,* 1962）において、徹底的に論じられている。

　驚くべきことは、カルヴァンの注解への新たな興味が出現し、彼の注解をめぐって多くのことが論じられるようになったのは、最近になってからのことに過ぎない、ということである。そうした議論のおかげで、中心的な解釈学的問題が明確になったのである。

Ⅱ カルヴァンの釈義の方法

19世紀の間、カルヴァンの注解への関心はいくぶん散発的であった。彼の貢献はたいてい、聖書に対する近代の歴史的批判的研究方法（アプローチ）の業績という文脈に置かれて理解されていた。この研究方法（アプローチ）は、聖書を研究する際の規範としてすでに広く受け入れられていた。F. A. G. トールックは、19世紀初期の主要な敬虔主義の神学者の一人で、カルヴァンの注解の編集者であったが、彼はカルヴァンの注解が穏健で歴史的で文献学的志向を持っているとして、その釈義を賞賛した。F. W. ファーラー（Farrar）は、ルターよりもカルヴァンをたいてい好んでおり、カルヴァンが寓喩（アレゴリー）を拒否し、テクストの歴史的文脈に注意を向けたことについて、幾つか肯定的なコメントをしている（*History of Interpretation*, 1886, pp. 342ff.）。しかし彼は結局、自身が未来の波だと見なしていた非教理的で歴史的批判的な解釈の主要な進展と比較して、カルヴァンの貢献を意義の小さいものだと判断してしまったのだった。

第二次世界大戦の直前と直後の時代には、主にカール・バルト（Karl Barth）その他の主導で起こったドイツでの告白的神学の復興に刺激されて、カルヴァンの釈義への興味が再び力強くよみがえった。大きな影響を与えた1977年の論文（"Calvin's Exegetical Principles"）の中で、ハンス・ヨアヒム・クラウス（Hans-Joachim Kraus）は、カルヴァンの業績から引き出すことのできる八つの釈義の原則を要約しようとした。その原則の中には、「簡潔さと明瞭さ」という彼のよく知られた原則をはじめ、著者の意図を決定すること、歴史的、地理的、制度的背景を確立すること、より大きな文学的文脈の中で字義的文法的意味を分析することなどがある。クラウスはカルヴァンの予型論的（タイポロジカル）な解釈にも興味を持った。クラウスによれば、それは字義的意味の終末論的拡張であった。より議論の的となったのは、旧約聖書はそこにキリストを見出すという目的をもって読まれるべきであるというカルヴァンの表明した関心事であった。クラウスにとっては、一体どのようにして寓喩（アレゴリー）の落とし穴に落ちることなくこれが成し遂げられるべきかについて、ある種の曖昧さや不明瞭さが感じられた。同じくこの第二次世界大戦後の時代、予型論（タイポロジー）

の役割について激しい議論が起こった際、カルヴァンはたいていアンティオキア学派に関連して語られた。しかし、聖書テクストのより十全な意味を追究していたフランスのカトリック教会の人々の間では、カルヴァンはほとんど興味を持たれなかった。

Ⅲ　カルヴァンの釈義の一貫性

　カルヴァンの釈義に関連する最も興味深く重要な議論の一つが最近起こったが、それによって解釈学上の論点が非常に明瞭にされてきている。この論争は、カルヴァンの注解における手法の一貫性に関係している。カルヴァンが文学教育を受けたフランスの人文主義者であるということは、長い間認識されてきた。彼の古典語教養の卓越した力は、至るところで明白である。加えて、彼は当時の何人かの偉大なルネッサンスの学者たちから、相当のヘブライ語の知識を得ていた。カルヴァンの初期の著作であるセネカ（Seneca）の『寛容について』（De Clementia）の研究の校訂版が 1969 年に出版されたことによって、初期のセネカの批判的研究と後期の聖書注解との間に強い連続性があることが、非常にはっきりしてきた。そのどちらも、文献学的正確さ、歴史的背景、そして著者の意図を反映するものとしてのテクストの字義的意味への細心の注意といった同じ関心を示している。この初期の強い影響がカルヴァンの文学的手法にはあることを考えると、カルヴァンの業績におけるこの側面と、注解の執筆を支えている後期の圧倒的な神学的目的との関係について、明らかな問いが生じる。彼はイザヤ書 1:1 の注解の中で、この書について「人間の理屈を全く含まない、神の託宣……神の霊によって啓示されたもの」訳注1 と語っている。聖書は神の言葉であり、教会に対する神の意志の権威ある典拠なのである。

　1965 年にエドワード・ダウイー（Edward Dowey）は、神学者であり人文

訳注1　原文は「彼［カルヴァン］のイザヤ書への序論」だが、この文言はイザヤ書 1:1 の注解の中に見出される。

第14章　ジャン・カルヴァン

主義学者という「二人のカルヴァン」を見出すことについて語った。一方は
聖書の無謬性を主張するカルヴァン、もう一方は聖書の間違いを認めること
のできるカルヴァンである（Dowey, *Knowledge*, p. 104）。彼はカルヴァンが一
貫していないと結論した。カルヴァンは、伝統的教理と聖書に対する新しい
批判的研究方法を融合させることができなかったのである。

　デイヴィット・プケット（David Puckett, 1995）は更に、このカルヴァン
における緊張関係の評価をめぐる現代の二人の研究者間の著しい意見の相違
を検討することによって、カルヴァンの釈義の内にあるこの一貫性の問題を
強調した。一方では、1919年にケンパー・フラートン（Kemper Fullerton）は、
カルヴァンの釈義を「教会の歴史における最初の科学的解釈」（Puckett, p. 10
より引用）と呼んだ。カルヴァンが文法的歴史的研究方法という釈義の原則
を取り入れたからである。フラートンによれば、カルヴァンの歴史意識は基
本的に正しいにもかかわらず、カルヴァンはこの原則をしばしば軽んじてい
る。他方では、H. J. フォーストマン（Forstman）によれば、カルヴァンの釈
義は、聖書が神の霊感による、統一性ある完全な書物であるという教理に従
属しているが故に、カルヴァンを歴史的解釈の実践家と見ることはできない
（Puckett, p. 11 で言及）。極端に違う結論を提示しているにもかかわらず、フ
ラートンとフォーストマンには一つ共通点があった、とプケットは興味深い
考察をしている。すなわち、プケットによれば両者とも、カルヴァンの聖書
に関する教理とその歴史的釈義方法との間に深刻な緊張関係を見ているので
ある。

　カルヴァンのこの緊張関係についてのプケット自身の説は、聖書におけ
る神の意図とその著者である人間の意図の両方を正当に評価しようしたカ
ルヴァンの関心を包含している。はじめに彼は、カルヴァンの人文主義的
研究方法を探究して、著者の意図を見出すための文献学的、歴史的、文学
的焦点を強調している。次に彼は、段階的に明らかにされていく神の啓示
の性質の内にキリストを見出そうとするような仕方で旧約聖書を解釈す
る、というカルヴァンの神学的関心を探究している。彼は、たとえば、適
応（accommodation）の原理、予型論、「影と実体」の論理など、カルヴァ
ンの様々な解釈学的手法を探究する。それによってカルヴァンは、神の意図

321

を、テクストの字義的意味を超えて広げているのである。しかしながら結局プケットは、カルヴァンがその緊張関係を解くことができなかった、と結論づけている。彼はカルヴァンに、ユダヤ教的な歴史的救済の読み取りとキリスト教的な寓喩という相対立する両極端を避けようとした中道を見ているのである。

　プケットの主張には確かに説得力が認められる。しかしそれにもかかわらず、十分に扱われてこなかったが、カルヴァンの釈義が中道的だという彼の結論的評価に大きな修正を提案できるような、カルヴァンの聖書解釈の重要な要素がまだ残されていると私には思われる。

Ⅳ　カルヴァンの釈義についての解釈学的考察

1　単純な意味

　最近の研究（たとえばキャスリン・グリーン＝マクライト〔Kathryn Greene-McCreight〕の研究）は、聖書テクストの字義的（literal）あるいは「単純な意味」（plain sense）についてのカルヴァンの理解の複雑さを明らかにした。カルヴァンは、字義的意味（*sensus literalis*）を表すにあたり、様々な語――「真正なもの」（the genuine）「単純なもの」（the simple）「真実なもの」（the true）「自然なもの」（the natural）を含む――を用いている。ここまでに述べたように、カルヴァンの釈義についてのこれまでの研究の多くは、彼の人文主義的教養を正しく強調していた。そして、彼が字義的意味に注目したことが、この経歴の最もはっきりした証拠を提供するのだと多くの者が推論していた。カルヴァンのセネカ注解初版が 1969 年に校訂版で出版された際、セネカの著作の校訂作業とそれに続く聖書注解との類似は、両者の確実な連続性を立証するように見えた。

　それにもかかわらず、この時点で根本的な混乱が見られる。実際、彼の文献学的、様式的（style）、文学的文脈の用い方には、方法論的連続性がある。しかし、カルヴァンは初期の著作であるローマ書注解（1540）において、ま

たそれ以降常に、神の言葉そのものを含むものとしての聖書の独自性を明白にしてきた。パーカーが書いているように（*O.T. Commentaries*, p. 66）、「カルヴァンにとって聖書は、その全体が細部に至るまで、あたかも神御自身が実際のその言葉を語ったかのように、完全に神の言葉なのである」。要するに、聖書の内容が比類なきものであるが故に、その解釈への研究方法（アプローチ）も比類なきものである。確かに、聖書は人間の著者によって書かれたテクストなので、その言葉は他の文書のように文法的に研究することができる。しかしながら、これは聖書解釈の務めの一部でしかない。聖書の人間的性質と神的性質との関係には、より微妙な研究方法（アプローチ）が必要である。

　しかしながら、カルヴァンが聖書テクストにおける字義的意味の人文主義的研究を補足的な神学の一段階と見なしている、と仮定するのは誤りであろう。むしろ、テクストの字義的意味によってカルヴァンが意味するものは、言葉上の意味や歴史的に再構築された意味と単純に同一とは見なされない、と理解することが極めて重要である。

　カルヴァンの釈義についてのグリーン＝マクライトの研究の中心的関心は、聖書についてのカルヴァンの「単純な意味」に含まれるものを厳密に探究することである。彼女はそれを「基準に導かれた解釈」（ruled reading）と称している。これによって彼女は、聖書の字義的意味の解釈の際に働いている二つの制限があることを意味している。一つは、人文主義教育の関心——文法的な意味、物語の構造、著者の意図など——によって形作られた言葉上の意味が存在することである。もう一つは、神の意志の教理的内容が、調和した物語（ナラティブ）の中に表現されるということである。キリスト教信仰の話の筋書きは、初めの創造から神の国の終末論的完成へと伸びている。イエス・キリストを通した神の贖いの歴史を包含しているこのより大きな神学的枠組みは、「信仰の基準」（*regula fidei*）を構成している。これら二つの制限は、二つの異なる意味レヴェルを構成するのでなく、一つの字義的意味を織りなしている。カルヴァンが考える字義的意味は十分な深みを持っているので、そこにおいては、寓喩（アレゴリー）の使用によって霊的意味を伝達する別のテクストのレヴェルは必要ないのである。むしろ、字義的意味とは、聖書の真実で真正な意味なのである。ルターとは対照的に、カルヴァンは、霊的なものと肉的なものの

323

間の弁証法の流儀で、字義的意味の二つの面を関係づけることはないし、この緊張状態を未解決のままにして、中道（a via media）に固執するのでもない。もちろん、以下で見ていくように、字義的意味は、聖霊によって著されただけでなく、文字から霊への翻訳によって絶え間なく刺激を与えられる必要がある。「信仰の基準」による神学的な制限は、言語によって言い表されたものではなく、独立した教理的な構成要素でもない。むしろそれは、聖書が指し示す本質（res）に由来するものであり、神的調和の内に聖書全体を包含する［解釈のための］枠組みを提供しているのである。

2　人間の意図と神の意図

　人間の著者の意図（mens authoris）の表現として字義通りの意味を理解することにカルヴァンが深い関心を示しているのは、彼が人文主義教育を受けたことを考えると、当然の帰結と言える。彼が聖書注解の至るところでしきりに主張しているのは、聖書解釈者の主な務めは、著者の意図、すなわちモーセであれ預言者の一人であれ、その意図を理解することだということである。実際、カルヴァンがグリネウス（Grynaeus）に宛てた手紙（ローマ書注解の序文）においては、釈義で最も重要な事項が著者の心（mentem scriptoris）を明らかにすることであるかのように書いている。カルヴァンは、他の注釈者たちが「著者の心に決して思い浮かばなかったであろう」事柄について語るような時には、手厳しい批判を浴びせかける。更にカルヴァンは、人間の著者の人格（パーソナリティー）は否定されたり覆い隠されたりしないことを、非常に明白にしている。彼らの知的能力は全く失われることなく、著者の心の奥底にある考えや感情さえも、その使信（メッセージ）の不可欠な部分なのであった。

　とはいえ同時に、しばしば著者の意図について語ったまさに同じ章句において、カルヴァンはテクストの真実の意味は、神の意図（Dei consilium）であると言おうとしている。神こそが、皆が認める聖書の著者である。読み手は、聖霊の意図を理解する努力を常に勧告される。ダニエル書 12:4 の注解において、カルヴァンは「聖霊はここでは別の意図を持っていると私は思う」という注釈によって、ここにおける解釈を退けている（Puckett, p. 32 で

第14章　ジャン・カルヴァン

引用）。

　もちろん、困難な問いは、神の意図と人間の意図の関係を理解することである。その素晴らしい一つの章（pp. 35ff.）において、プケットは熟練したやり方で、安易な解決策を用いて問題を解決したことにしないようにと細心の注意を払いつつ、その問題を探究している。プケットは次のように指摘する。すなわち、カルヴァンにとって、言葉を預言者に帰すにせよ、聖霊に帰すにせよ、その違いはほとんどない、と。モーセの言葉はモーセ自身の主張だと見ることができるし、あるいは聖霊の主張だと見ることもできる。カルヴァンのこのことに関する言葉の選択は、預言者の意図と聖霊の意図がほとんど交換可能なほど密接に関係していることを示唆しているようである。プケットは結論する。すなわち、カルヴァンは人間の著者の意図を聖霊の意味するものから切り離すのを好まないし、それらを区別する実践的手段は何もない、と。

　この評価がカルヴァンについての真実な理解であることに疑いはないが、しかしカルヴァンが考える「基準に導かれた解釈」の枠内には、聖書テクストを教会の現在の状況へと適合させることによって、テクストの意味を広げるために加えられる強い力もある。この橋渡し、あるいは適用行為は、「転移」（transference）、すなわち「アナゴーゲー」（anagōge, 文学的類比）によって行われる。これは、カルヴァンが伝統的な意味での寓喩^{アレゴリー}ではないとした一つの比喩表現の形態である。解釈者が聖書の意味を時間や受容の仕方においても広げようとする際には、それは聖書の単純^{シンプル}な意味をねじ曲げることにはならないのである。カルヴァンは類比^{アナロジー}の使用を、聖霊の著作と同定されたこれらのテクストに限定しているわけでは決してないのだが、その一方で、類比^{アナロジー}を通した意味の拡張はしばしば、個々の著者の意図を超越した、聖書のより大きな集成の包括的読みに由来している。このような比喩表現の使用から引き出されるべき一つの推論は、その意味の拡張が、イスラエルと世界に対する神の全体にわたる目的に由来していて、人間の著者の使信^{メッセージ}はそこに吸収されるということである。

3 カルヴァンの歴史理解

　旧約聖書の歴史についてのカルヴァンの理解は、全ての地上の出来事に意味と方向性を与えるのは神の意志であるという彼の神学的立場によって、完全に形作られている。更に、この神の目的がイスラエルの物語であって、しかもそれが教会の物語でもあるとして採用されたのである。イスラエルの選びは神の予定の神秘における、選ばれた民への神の特別な愛と恵みの啓示であるが、選びに関して等しく重要なのは、神の被造物の幸福と教会の安寧のために与えられる、この世における神の摂理的行為である。パーカー（Parker, *Calvin's Old Testament Commentaries*, p. 84）は、カルヴァンにおける契約とは、後に幾つかの改革派のサークルにおいて理解されたような全てを包含する教理ではなく、むしろそれは概してアブラハムとの契約に限定され、それ故、最終的には教会を生み出すことに焦点が当てられるものである、と主張している。キリストの受肉前の期間は教会の幼年時代であって、それはその到来以降に成熟に達したのである。アブラハムの選びはイスラエルを世界の他の国々から区別したが、それに続くイスラエルの歴史は神の約束と神の裁き両方を引き起こした。契約はアブラハムの肉的な子孫と結ばれたのではなく、経験的、歴史的国民という枠内で信仰的、不可視的イスラエルと結ばれたのである。

　旧約聖書の物語〔ストーリー〕を扱う際、カルヴァンは聖書資料を、修辞的手法が用いられた一つの物語〔ナラティブ〕として取り扱うことにおいて文学的力量を示している。カルヴァンは聖書の物語〔ナラティブ〕の順序を再配列するのにためらいを感じてはいない（詳細は cf. Parker, *Calvin's Old Testament Commentaries*, pp. 93ff.）が、それが事実かという問題になる際には、わずかな例外を除いて、聖書が指し示す歴史を額面通り受け入れている。時に旧約聖書の物語〔ストーリー〕の難しさが克服できないように思われる際、たとえば箱舟で全ての生ける被造物を保護する物語〔ストーリー〕など、カルヴァンはそうした物語に奇跡の要素を見出す方法に頼る。

　適応（accommodation）というカルヴァンの概念においては、歴史解釈に関するはるかに洗練された解釈学的理解が見出される（cf. Ford Lewis Battles, "God Was Accommodating Himself to Human Capacity"）。カルヴァンはこの概

念を複数の文脈で用いている。基本的に彼は、神が誤りがちな人間に対処する際に、人間の限られた理解力に対してその教えを適応させることによって、神がへりくだられるのだと論じる。とりわけ、創世記の創造記事を扱う際、カルヴァンが認めるのは、モーセは単純で無学な人々にその知識を適応させるように創世記を書いた、ということである。カルヴァンはまた、神の行為に関する聖書記事の真実から読み手の注意を逸らしてしまう、重箱の隅をつつくような解釈を制限するためにも、この概念を用いた。

しかし、たとえば H. ジャクソン・フォーストマン（Jackson Forstman, *Word and Spirit,* pp. 13ff.）が考えるように、カルヴァンが「適応」という概念を用いることは、歴史的出来事が科学的知識や常識と到底相容れないように見えるときに常に用いられた単なる回避手段のようなものであった、と仮定するのは間違いであろう。むしろこのことは、カルヴァンが、聖書の歴史に記された全ての出来事が額面通りの歴史的背景を持っている、という自身の通常の仮定を修正する方法を持ち合わせていたことを示している。聖書の中の明らかに見える矛盾を、神学的理由に基づいた出来事の意図的再構築に帰すことによって、カルヴァンは、聖書資料と聖書外資料の間の厳密な相関関係には依存しない形で、聖書の歴史的真実を探究するための理論を考案しようと試みたのである。

「適応」に非常に近い概念として、予型論（タイポロジー）の役割についてのカルヴァンの理解が挙げられる。この比喩の形は旧約聖書と新約聖書の関係を確立するために主要な役割を果たしているが、それはカルヴァンの歴史理解を形作る際にも役立っている。歴史とは被造物に対する神の意志の統一的な表現である故に、カルヴァンは徐々に明らかにされる神の目的の内にある歴史的出来事の織りなす意義深い様式（パターン）を描き出すのである。カルヴァンは予型論（タイポロジー）と類比（アナロジー）との間に鋭い区別を設けたのだが、それは神学的原則の観点からでも、専門用語によってでもなかった。むしろ彼は、寓喩（アレゴリー）と結び付いた奇抜で恣意的な推論を攻撃した。そしてその一方で、元来の出来事に含まれる事実に基づく真理を拡張し強化するような予型論的（タイポロジカル）な比喩を支持した。多くの点で、カルヴァンの予型論（タイポロジー）の使用は、歴史上起こってきた幾つかの解釈学的問題や関心を思い起こさせるものである。すなわち初期の教会において、アレクサンド

リア学派の教父とアンティオキア学派の教父の間で争われていた問題、更に
また、第二次世界大戦後、新しい文献批判的な予型論擁護が、「科学的聖書
釈義」という名の下に広く行われていた比喩の拒絶に対して異議を申し立て
たことを通して発展した際に、再浮上した関心が思い起こされる。

　最後に、カルヴァンの歴史理解について、言及を要する側面がもう一つあ
る。ルターにおける律法と福音という枠組みを議論する際、我々が注目し
たのは、ルターが旧約聖書全般にわたって、この律法と福音の弁証法的関係
を解釈の中心に据えていたことであった。しかし、カルヴァンにおける律法
の役割の強調は全く異なる。カルヴァンによれば、キリストの贖いは古い契
約の民に対する約束を通してすでに啓示されている。旧約聖書の罪人たちは、
新約聖書の聖徒たちと同様、キリストの同じ贖いの働きによって救われたの
である。律法の役割は、付加的なものであり、それはガラテヤの信徒への手
紙 3:17 によれば、神が恵みの契約においてその約束をアブラハムに現した
400 年後に与えられたのである。律法の目的は、業を通して救済の新しい道
を提供することではなく――カルヴァンはここではルターに全面的に同意し
ている――、むしろキリストの到来を熱心に待ち望むようにと神の民を励ま
すことなのである。律法はキリストを指し示す教師であった。それは、教会
が幼年時代から完全な成熟期へと成長するまで、古い契約のイスラエルを教
え諭すのに役立ったのである。ガラテヤの信徒への手紙におけるパウロ神学
に従って律法と福音の鋭い対比を追究するよりもむしろ、カルヴァンはヘブ
ライ人への手紙がより矛盾の少ないことを見出し、光と陰、影と現実という
イメージを存分に採用したのだった。律法はその姿を通して、キリストの到
来まで隠されていた現実を予示していたのである。

4　旧約聖書と新約聖書の関係

　『綱要』の二つのよく知られた章（第 2 巻 10 章と 11 章）の中で、カルヴァ
ンは旧約聖書と新約聖書の関係についての自身の理解を、まず両者の類似性、
次にその両者の違いを扱いながら説明する。我々の目的にとっては、彼の旧
約聖書釈義があらゆる意味でこの理解に依拠していると認識すること以外に、

第14章　ジャン・カルヴァン

彼の立場を改めて詳細に概説する必要はない。彼の議論において決定的なのは、二つの契約の間に実体と現実（*substantia et re ipsa*）における違いはないが、神の一つなる意志による支配は様々だということである。旧約聖書の約束は、新約聖書の天の祝福とは対照的に、地上の約束として表されている。古い契約は影の一つであり、束の間のものである。新しい契約は明白で永遠である。古い契約は霊というよりむしろ文字によるものである。最後に、古い契約はただ一つの国民とだけ結ばれたが、新しい契約においてはユダヤ人と異邦人の区別が取り除かれた。

　私見では、カルヴァンが旧約聖書と新約聖書を実体における類似性で結び付けていることこそが、彼の旧約聖書釈義を根本的に形成している。実際、カルヴァンは、約束と成就という伝統的な範疇を、特にイザヤ書のよく知られたメシア的章句において用い続けているのだが、しかし、旧約聖書からの直接的なキリスト論的適用を行うことを明白に留保していることは、彼をほとんどの教父たちと区別するだけでなく、他のプロテスタント宗教改革者たち、特にルターやその追随者たちからも区別する特徴である。カルヴァンは、キリスト教の伝統的な釈義はキリスト教教理の論拠としては弱く、教会がユダヤ人の嘲笑にさらされるとして、伝統的な釈義には常に異議を唱える。その代わりに、カルヴァンは旧約聖書と新約聖書の間にある実体の類似性に、言い換えれば、神の一つの目的についての存在論的アイデンティティーに強調点を置く（以下のイザヤ書からの例を参照）。提喩表現（trope of synecdoche）を頻繁に用いることによって、カルヴァンは、ある教えの一つの事例を、幅広く根本的なキリスト教教理へと拡張することができる。たとえば、イスラエルへの神の復讐（イザ15章）の中に、全ての人間のうぬぼれと傲慢に対する神の永遠の怒りについての例証を見ているのである。

　旧約聖書の神は常にイエス・キリストの父なる神として理解されているが、カルヴァンが旧約聖書の枠内にイエス・キリストの目に見える現臨を引き合いに出すことはほとんどない。カルヴァンは、ヨハネによる福音書12:41「イザヤは、イエスの栄光を見たので、このように言い、イエスについて語ったのである」の釈義においてさえ、ここでイザヤが見たものをキリスト論的意味におけるキリストの人格と同一視することに異議を唱える。むしろ彼は、

329

預言者が見たキリストの栄光を、三位一体論的意味において捉え、それを見えない神の像（イメージ）と同一視するのである。

　カルヴァンの釈義において議論の絶えない局面の一つは、旧約聖書の真実の意図を提供するものとして、新約聖書における旧約聖書の引用を彼が用いていることである。もちろん時に彼は、旧約聖書章句の「単純な意味」を新約聖書の文脈と調和させることの難しさを確かに認識している。たとえば、パウロが旧約聖書テクストを当時の新しい歴史状況にかなり自由に適用する際に、カルヴァンはパウロのなすがままにさせている。またある時には、その厳密な言葉の言い回しより、むしろそのテクストの意味を用いる。しかしながらカルヴァンは、首尾一貫した読みを実現するために、テクストを調和させたり、あるいはそれらの意味をねじ曲げたりを無理やりしているように見える時もある。現代の批判的視点から、旧約聖書と新約聖書に対するカルヴァンのこのような研究方法（アプローチ）は、聖書の様々な部分にある多種多様な証言を正しく扱えていないとしてしばしば攻撃されるのである。

　カルヴァンの釈義における旧約聖書と新約聖書の関係に関して、論ずべき最後の問題が一つある。彼は、キリストの到来を常に期待して生きる古い契約の民について語っている新約聖書の幾つかの章句から、手がかりを得て論じる。ペトロの手紙一 1:10-11 は預言者たちについて、彼らが「この救いについて……探求し、注意深く調べ……キリストの霊［によって］……証しされた際、それがだれを、あるいは、どの時期を指すのか調べた」と語っている。また、ヘブライ人への手紙 11:10 は、アブラハムを「キリストが設計者であり建設者である堅固な土台を持つ都を待望していた」者として描写している[訳注2]。その結果、カルヴァンはしばしば、旧約聖書の聖人たちがキリスト者としての思いを抱いていたと考えるようになった。そのようにダビデは、自分がただ約束されたメシアの一型（タイプ）に過ぎないことを知っていた。他の者たちについても、永遠の命への希望を抱いて生きたと言われている。最後に、

訳注2　カルヴァンは、設計者であり建設者であるものを「キリスト」と語るが、ギリシア語 NA と UBS では ὁ θεός、新共同訳では「神が」、英語訳 NRSV、KJV、ASV、ESV、NIV、NKJV、RSV では God になっている。

第14章　ジャン・カルヴァン

信仰深い古い契約の祭司たちは、彼らの犠牲祭儀の営みがキリストの到来への期待からその意味を得ているに過ぎないことを十分に理解していた。

　私見では、カルヴァンが旧約新約両聖書全体にわたる聖書神学を組織的に叙述したことは全く正しい。本当の意味で、キリスト教正典（カノン）の形成は、教会に与えられた諸々の聖なる書物を一つに結合する様々な根本的テーマを探究するために、神学的な正当根拠を提供する。私の釈義的警告は、カルヴァンの研究方法（アプローチ）が、旧約聖書に由来しない意味を聖書の物語（ナラティブ）に逆投影してしまう危険を冒す恐れがあるということである。その結果、旧約聖書の登場人物たちの言葉に表されていない動機を心理学的に解釈するという形で、旧約聖書をキリスト教化することになる。私は本書の結びの章で、キリスト教正典（カノン）の解釈学的示唆についての理解をより深めることによって、聖書の統一性を保とうとする時に生じる釈義的問題の多くが克服できるということを、主張するつもりである。

5　旧約聖書の説教における使用

　カルヴァンの聖書解釈の最も印象的な側面の一つは、特に旧約聖書に関して、その使信（メッセージ）を彼の生きた時代へ、そしてその時代のキリスト者の聴衆へと適応させようと絶えず試みたことである。カルヴァンがある章句の歴史的文脈を取り戻すためにその人文主義的な技術を用いるまさにその瞬間に、彼は必ずその章句を、元来の文脈を超えて、教会に今必要な事柄についての文脈へと適用しようと懸命に努めるのである。もちろん、カルヴァンがこの試みにおいて非常に優れていることは偶然ではない。聖書の「単純な意味」の探究は、聖書の逐語的意味によって設けられた制限によって、また「信仰の基準」によって形作られるので、テクストの字義的意味をその神学的適用から区別することに何か重大な困難があるわけではない。実際、テクスト解釈の際に意味の転移が容易に引き起こされることには、たびたび驚かされる。聖書証言全体の実質についての彼の理解の故に、彼は、聖書の特定の出来事や教えを、教会の生の源そのものであるキリスト論的現実（リアリティー）へと押し広げることができる。更に、その実存的適用が必要だからといって、それが巧妙な修

辞法に依存したりはしないことを、カルヴァンは至るところで意識している。むしろ、テクストの内容に生命を吹きこみ、その読み手と聞き手からキリスト教信仰の応答を呼び起こすために、彼の説教は、聖霊、すなわち生けるキリストの霊の働きに、完全に依存し続けるのである。

V カルヴァンのイザヤ書注解の分析

1 カルヴァンの解釈の形式的側面

　カルヴァンのイザヤ書の扱い方を一目見るだけでも、彼の人文主義的教育がただちに明らかになる。イザヤ書 6:13 の注釈において、彼はそこで用いられている語に幾つもの多義性を自由に与えている。それから彼はこう続ける。「しかし、我々は最初にその意味（meaning）を確認しよう。そうすれば、我々はその語の意義（signfication）を容易に見つけだすだろう」。

　彼が最初に頼みとしたのは、聖書の語の意味を確立するためにヘブライ語テクストに戻ることであった。カルヴァンのヘブライ語の知識は十分であったが——特に 16 世紀初期のキリスト者の学者にしてはそうであった——、しかしそれは、ドルシウス（Drusius）やヴァタブルス（Vatablus）のような後のヘブライ語学者の水準にはなかった、ということが言われている。それでも T. H. L. パーカーは、カルヴァンは旧約聖書から説教する際には、そのテクストとしてヘブライ語聖書だけを用いていたと語っている（*Calvin's Old Testament Commentaries*, p. 20）。イザヤ書のヘブライ語についてのカルヴァンの言及は、いつも明確にある特定のテクストに向けられ、語の意味を決定する際に直接の助けを提供するという実用的な目的を持っていた。単に学識を並べ立てて見せている様子は微塵も見られない。彼の実用的な方向性は、学問的なことを並べて煙に巻くことを避けるために、分かりやすい言い換えを頻繁に用いていることに反映されている。イザヤ書注解では、彼はまれにしか七十人訳や他のギリシア語訳を用いていない。ただ、ヘブライ語とは異なる旧約聖書テクストと推察される新約聖書引用に言及する時は例外である。

第 14 章　ジャン・カルヴァン

たとえばイザヤ書 10:22 について言えば、ローマの信徒への手紙 9:27 における七十人訳に従ったパウロのテクスト引用が、ヘブライ語のものとは異なっていることに彼は気付いていて、その二つの読みを調和させようと取り組んでいる。

　カルヴァンは、*ish*（＝男）という名詞に由来し、しばしば「自分自身を男として示せ」（show yourselves men）と訳される動詞が含まれる難しいテクスト、イザヤ書 46:8 を扱う時、ヘブライ語の語根から派生する幾つかの選択肢を検討するが、最終的には「恥じ入る」というヒエロニムスの解釈を支持している。それとは反対に、イザヤ書 6:5 の神顕現に対する預言者の反応を解説する時には、*damah* についてのヒエロニムスの「私は沈黙した」という解釈には同意せず、その動詞の受動的意味を強調し、「私は沈黙させられた」と解釈している。これは、イザヤの恐怖が死にゆく人の恐怖に似ていることを意味するためである。時に、問題が重要でないと考えられる際には、カルヴァンは自身がどれを好むかを示さず、様々な選択肢を挙げるに留めている。ある解決が示される時、その解釈の決定的な要因がただヘブライ語の語源的意味においてのみ存在するのではなく、むしろその意味が「真実で自然なもの」（8:1）^{訳注3} なのか、あるいはより大きな文脈に一番合致するもの（2:9）^{訳注4} なのかということもまた、解釈を決定する要因となる。

　カルヴァンの注解には、彼の文学的関心を示す多くのしるしがある。彼はしきりに「表現の様式」（2:8）^{訳注5} に注意を向ける必要性について言及する。彼は、「洗練されたほのめかしや言葉遊び」がヘブライ語からの翻訳を通してしばしば失われてしまったことに気付いている。彼は文学的な修辞——

訳注3　原文は 8:2 になっているが、恐らく 8:1 の間違い。カルヴァンのイザヤ書注解の中で "true and natural" という言葉が出てくるのは 8:1 である。

訳注4　Calvin, *Commentary on Isaiah,* vol.1, p. 65, "And mean man boweth down"（KJV: 卑しい人は低められる）の解説において、"mean man" を "mean man and the mighty man" に広げることなどが語られている。

訳注5　原文は 2:9 になっているが、恐らく 2:8 の間違い。カルヴァンのイザヤ書注解の中で "mode of expression" という言葉が出てくるのは 2:8 である。

333

隠喩^{メタファー}（5:7）、提喩（synecdoche, 2:3）、掛詞（paronomasia, 5:7）、代換（hypallage, 1:19）――に特に注意を向ける。彼はイザヤによる詩（たとえばイザ5:1-7）の創作において「最高の技量が発揮されている」と指摘している。

　カルヴァンは、テクストのより大きな単位が持っている構造に多くの注意を払っている。彼は、預言的託宣の集成において年代順の配列がしばしば軽視されていることに注目している（1:7）。6章のイザヤの幻を取り扱う中で、彼は［6章がイザヤ書の中で誤って現在の位置に配置されているという］転置と言われているものに関する議論をとりあげ、イザヤ書の中でこの章が現在の位置に置かれていることの意図的役割を正当化しようとしている。注解の序文において彼はすでに、どのようにして個々の預言が一冊の書物へとまとめられ固定されたのかという問題に取りかかろうとしているが、結局、文学的発展の経過を簡潔に素描すること以上には、この問題を探究していない。

　最後に、ユダヤ教の解釈に関するカルヴァンの知識は、特に彼のイザヤ書注解においては、ルターの知識には遠く及ばないように見える。それが解釈の実質的問題となる時、カルヴァンの注解はラビ的釈義に関して大変否定的であるけれども、特定のユダヤ教の著者についての言及は滅多に出てこない。そこにおいてニコラスの注解が用いられている形跡は見られない。カルヴァンは、ヘブライ語テクストを確定するという形式的事柄との関連でのみ、ラビ的伝統への尊重と興味を示す。イザヤ書9:6［新共同訳では5節］において、ヘブライ語の通常の書き方とは違って、l^emarbeh という語の真ん中に mem の語尾形が現れていること^{訳注6}に、彼は注意を向けている。彼は預言者が意図的にこの仕方で書いたのかどうか、悩んだ末に、次のように考察する。「ラビたちは文字一つの位置さえ非常に厳密に見る専門家だったのだから、我々はこれが軽率に起こったのではないと考えずにはいられない」。この尊重の態度は、ユダヤ教徒はキリスト教の主張に反対するために故意にヘ

訳注6　ヘブライ語文字 mem は語の最初や中程での形と語尾に位置する時の形が異なる。つまり通常、語尾に位置する mem のみ語尾形が用いられるのであるが、ここでは mem が語 l^emarbeh という語の中ほどに位置するにもかかわらず語尾形で mem が書かれている。

ブライ語テクストをゆがめたのだという、昔も今もキリスト教徒がたびたび口にする非難とは大違いである。

2 イザヤ書におけるカルヴァンの釈義の方法

a. 方法論的一貫性

　我々の最初の分析では、文献学や歴史、古典文学作品の批判的手段を用いるカルヴァンの人文主義的素養と、彼のより広い神学的研究方法との外見上の矛盾が強調された。私は、この「緊張」と言われているものは、カルヴァン自身が明言したものでは決してなかったと主張しようとした。疑いなく、彼は一度も、二つの異なる研究方法を用いていることをほのめかしてはいなかった。むしろ私は、カルヴァンの聖書における「単純な意味」についての理解は、「信仰の基準」の枠内に包含されている聖書の字義的意味を批判的に探究することを含んでいるのだと論じた。我々によるカルヴァンのイザヤ書注解の研究は、この議論に何を付け加えるのだろうか。

　その序文の中でカルヴァンは、預言者の職務は律法を説明することにあるとはっきりと述べている。もちろん、彼は律法に、命についての教義、脅威と約束、恵みの契約を含めている。実に、モーセが一般的用語で表現する事柄を、預言者は詳細に叙述している。イザヤ書1章においてカルヴァンは、イザヤ書には神御自身によって啓示されなかったものは何もないのだという主題に留まって説明を続ける。預言者は、自発的に、あるいは語ったり想像力によって語ったりしてはいないのである。

　カルヴァンはまず、預言者としてのイザヤの召命について述べている。イザヤの語った使信はユダとエルサレムに関係しており、その他のことは全て周辺的なことである。けれどもその中心的主題は、一つの歴史的状況を超えた広がりを持っていることは明らかである。聖書テクストの「単純な意味」あるいは字義的意味は、教会と世界に与えられる神の完全な救いという目的を包含する一つの主題に向けられている。言い換えれば、イザヤが預言を語っている文脈は、待ち望まれる神の国と恵みの契約という内容を含んでいる。神の霊感を受けた預言者は、過去と現在と未来の幻を見る。しかしな

がら、世の王国とキリストの王国との区別、すなわち人間の事柄に属する可視的世界と神の主権に属する天的次元との区別は、信仰の目を通してのみ啓示される（60:5）。イザヤ書注解の特徴で際立っているのは、カルヴァンが地上の王国と天の王国との間を行き来するその容易さである。彼は、霊的世界へは寓喩を用いて入ることはできず、むしろそれはテクストの「単純な意味」の中で啓示されるのだという考えに堅く立っている。

　カルヴァンは信仰の文脈に立ち、8世紀のエルサレムのユダヤ人たちに向けた語りかけから、未来の神の民に対する訴えへと自由に動くことができる。歴史的なテクストの意味を押し広げる彼の優れた解釈は、寓喩的な比喩表現の伝統的手法に依存せずに、聖書の中心的主題それ自体によってもたらされる制限の枠内で成し遂げられる。この拡張は、存在論的に表現できる。すなわち、旧約聖書と新約聖書の両方に見出される神の永遠の現臨との関連によって、あるいは神の意志の成就に向けて終末論的に進んでいく歴史の広がりとの関連によって、表現できるのである。

　寓喩的な方法に対するカルヴァンの最も強い否定の幾つかが見出されるのは、聖書のまさに以上に示されたような「単純な意味」とは言葉上の意味と告白的な意味の両方を包含するものだとする、カルヴァンの理解が反映された文脈においてである（5:2; 19:1; 63:1）。カルヴァンは様々な理由で寓喩に異議を唱える。特に、神の国の地上的／歴史的次元と、霊的／天的次元という二つのレヴェルに分離することに対しては否定的である。

　先ほど述べたように、「アナゴーゲー」［文学的類比］という語をカルヴァンが用いていることに関して、パーカー（*Calvin's Old Testament Commentaries*, pp. 72ff.）とプケット（pp. 108-9）は興味深い議論をしている。その議論はガラテヤの信徒への手紙4章から生じている。その中でパウロは「寓喩」という語を用いているのである[訳注7]。カルヴァンは、パウロは伝統的な意味で寓喩という語を用いているのではなく、むしろ単純に教会とアブラハムの家

訳注7　ガラテヤ書 4:24 の ἀλληγορούμενα（ギリシア語 NA、UBS）は、NRSV、RSV、KJV などでは "allegory"、口語訳、新改訳では「比喩」と訳されているが、新共同訳では「別の意味（が隠されています）」となっている。

族とを比較しているのだ、と論じている。従ってカルヴァンによれば、この比喩表現の用い方にはテクストの「単純な意味」から逸脱したものは何もない。カルヴァンはまた、次のように心配もしている。すなわち、多くのキリスト者はユダヤ教の主張と争うために、寓喩（アレゴリー）に従った解釈を用いることによって聖書の章句を曲解し、結果として、その弱い論拠によってただ嘲笑を引き起こしてしまったのだ、と（4:3; 6:3; 7:14）。

b. 神の意図と人間の意図

　近年、カルヴァンにおける神の意図と人間の意図との関係について、多くの書物が著されてきた。この問題は、カルヴァンが両方の側面を強く主張していることに鑑みると重要である。けれども、彼のイザヤ書注解を読む時、読者は、カルヴァンがその二つの間に矛盾あるいは緊張さえも見ていなかったのではないかと感じる。一方では、預言者が神の言葉を語った。預言者は自分の思いを語ったり、想像力によって預言を紡ぎ出したのではなかった（1:1）。けれども、預言者が神の使者としてのその職務を忠実に遂行する際に自由と想像力と人間的力量を行使していることをカルヴァンは認識していた。預言者の務めは、ユダの王と民の絶えることのない反抗の故に、しばしば怒りと挫折を引き起こした（7:13; 22:4）。それ故、解釈者の役割は、あらゆる可能な手段を用いて、預言者の言葉の真実の意味を回復させることである。他方では、カルヴァンにとってはただ神のみが聖書の著者である。そして彼はしきりに、イザヤ書の釈義の中で「この言葉によって聖霊が意図した」（2:8）事柄について言及している。要するに、人間の意図と神の意図は実質的には同一であって、彼の解釈においては、一方が他方と対立する例は全くない。また預言者の言葉の完全性が軽視され相対化されることもない。

　カルヴァンのこのような見方を下支えする聖書解釈理論は、聖霊の役割についての彼の理解から生じている。「ただ信仰のみが我々に神の国の門を開く……我々をそこにおける交わりに与らせることができるのは、神の聖霊のみである」（6:7）。また、自らの言葉によって啓蒙し、理解の光によって照明を与えるのは、霊である（29:24）。最後に、カルヴァンは「［神の意図と人間の意図という］両者は一つに結ばれるべきである。そして霊の効力は福音の

説教から引き離されるべきではない」（49:22）と書いて、神の意図と人間の意図とが分かち難く一つであることを強調している。

　このようなカルヴァンの霊の理解が解釈学的に示唆することは、カルヴァンにとって聖書の中にある霊感を受けた神の言葉は、それ自身の声を持っているということである。聖書は、それに命を与える人間の創造的想像力をただ待っているだけの不活性な人工物ではなく、その声は救いのため、あるいは裁きのために、聞き手に強く力を及ぼしつつ、神の口から発せられるのである（53:11）。神の言葉についてのこのような解釈学的理解は、ほとんどの教父たちから支持されているが、しかしこれは、そのような理解を中傷するポストモダンの批判者たちにとってだけではなく、啓蒙主義運動の後継者たちにとっても、全くの「アナテマ［嫌悪すべきもの］」なのである。

　イザヤ書 1:1 の注解[訳注8] に見出されるカルヴァンの釈義の方法について以前に議論した中で、私は、彼がある解釈的技巧を用いていると述べた。その技巧によってカルヴァンは、神が人類の限られた能力に合わせるようにしてその教えを適応させていると考えたのである。彼のイザヤ書注解には、この釈義的措置を示す顕著な具体例が幾つかある（1:24; 40:18）。その最も詳細な議論の一つが、6 章のイザヤの幻についての彼の解釈の中に見出される。カルヴァンは、はじめに、テクストから必然的に引き出される次のような問いを掲げる。すなわち、イザヤは、霊であってその姿を見ることのできない神を、どのようにして実際に見ることができたのだろうか、と。カルヴァンはこれについて次のように答えている。すなわち、神は御自身をそのまま直接的に啓示なさるのではなく、想像を絶する神の威厳を認知するためのイザヤの能力に合わせて啓示なさるのだ、と。このように預言者は、［神の啓示に従って］王座や衣、身体的外観を神を表す特徴として描写している。それからカルヴァンは急いで、この描写は偽りではなく、ただ限られた視点によるものであった、と付け加える。イザヤは聖霊の本質を見たわけではなかったが、しかし、福音書記者の正確な証言に見られるのと同じように（ヨハ 1:32）、神の霊がキリストの内に留まることについての明らかな証拠が提供されたの

訳注8　原文は「彼［カルヴァン］の序論」だが、イザヤ書 1:1 の注解の誤り。

第 14 章　ジャン・カルヴァン

である。

c. イザヤ書における預言者的歴史

　カルヴァンの歴史理解は、一見「前批判的」（precritical）と思われるかも
しれない。つまり、カルヴァンは歴史的出来事についての聖書記事を真実で、
誰もが知ることのできる広く経験された出来事にについての直接的言及とし
て、無批判に見ているのである。イザヤ書 13-23 章の諸国民に向けられた預
言の釈義においてカルヴァンは、ティルスやモアブ、バビロンの滅亡に関す
る預言を解釈するために、聖書そのものに加えて、あらゆる利用可能な世俗
的資料をも用いている。更に彼は、その出現の 200 年ほど前のキュロス到来
の予言において、イザヤの預言が真実であるとの確証をも見出している（イ
ザ 45 章）。同様に預言者は、それが起こる何世紀も前にバビロンの崩壊を予
告したのである（13:4）。

　けれども、カルヴァンのイザヤ書注解をより精読すれば、更に複雑で思慮
深い歴史理解が明らかになる。第一に、彼は実際の歴史上の出来事と、聖書
の物語の中で描かれた歴史とを区別している。従って、36:3 の注解において
カルヴァンは、聖書の物語においては、話の要点を明確にするために、出来
事の時間的順序がしばしば改変されていることに言及している[訳注9]。その上
預言者は以前の出来事とそれより後の出来事を組み合わせ、そうした歴史的
出来事を将来の贖いの前触れとして見ている。そしてその贖いの意義は、よ
り大きな終末論的終わりとの関係によって決定されるのである（45:6）。最
後にカルヴァンは、イザヤ書 10:5 を解釈する際、同じ出来事が見る者の視
点次第で現在としても将来としても理解できる、と論じている。神の約束は
しばらくの間、信じない者たちから隠されて、ただ信仰の目を持つ者にだけ
見えるのである。カルヴァンは救済史（Heilsgeschichte）の［理解の特徴で

訳注9　36:3 の注解においてカルヴァンは次のように書いている。すなわち、イザヤ書
　　22:20 によればエルヤキムに支配権が渡されたのはシェブナが退位した後であったが、
　　36:3 ではエルヤキムは書記官シェブナなどと共にラブ・シャケの前に、敗者の嘆願者
　　として出ていった、と。

339

ある〕弁証法的形式を発展させなかったが、彼の記述はどこかで、そのような 19 世紀の思索を予感させるものがある。

　歴史についてのカルヴァン神学の核心へと到達するためには、元来の出来事そのものを越えて歴史の出来事の意義を押し広げようとした、彼の継続的努力を探究する必要がある。彼は預言者的章句の寓喩的な読みを拒否し、聖書テクストの字義通りで歴史的な読みを強調する。しかしそれにもかかわらず、過去から未来へとその神学的意義を広げるその能力は、テクストの「単純な意味」という彼の概念の範囲内にあったのである。

　この釈義的拡張についてのカルヴァンの理解の根底を下支えする中心的な神学的展開が二つある。第一に、カルヴァンは預言と成就という伝統的様式をとり洗練された研究方法として発展させた。カルヴァンは、以前に予告されていたことが後に全く正確に成就した、というような超自然的現象を強調することはしない（たとえば、ユスティノスのように）。そうではなくてむしろ、カルヴァンは歴史的出来事についての動的な理解を用いる。すなわち、歴史が徐々に展開し、その各段階において、はじめになされた約束の完全な成就が待望される、という理解である。「予型論」という語は、より現代的な定式表現であるにもかかわらず、ハンス・フライ（Hans Frei, *Eclipse*, p. 2）は、カルヴァンの研究方法を聖書の物語全体というレヴェルでのテクストの字義的解釈の拡張と見ている。預言は、歴史における一つの出来事について限定的に語っているのではなく、神の将来への歴史的介入全体を包含するのである。カルヴァンの関心（彼は言及していないが、彼の考えはアンティオキア学派の人々のそれによく似ている）は、そうした出来事が持つ働きを、神の約束の最終的な完成である将来へとを拡張させるとともに、イスラエルの歴史においてすでに起こった個々の出来事の神学的意義を保ち続けることである。預言と成就についての彼のこのような見方は、大いにキリスト論的でもある。というのは、バビロン捕囚からイスラエルを解放するといったような出来事は、キリストの支配における神による救出の前触れと見なされるからである。

　第二に、上述の第一の神学的展開と密接に絡み合わされているのは、歴史の全てに対する神の意図を下支えしている神学的本質を強調することによっ

第14章　ジャン・カルヴァン

てなされる、歴史的出来事の拡張である。従ってイザヤは、自分たちの歴史の現状だけに目を注がないようにと、ユダの民に警告する。それはただ影に過ぎない。むしろ、「贖い主にこそ目を注げ。この方によって現実^{リアリティー}が告げ知らされるだろう」（2:2）。また、イザヤ書 42:1 の注解において、カルヴァンはキリストのことを「永遠の贖い主」と語っている。アブラハムやその子孫と結ばれた契約は、キリストの内にのみ、その基礎を持ったのである（42:6）。インマヌエルというしるしがアハズに与えられた時（7:14）、それは「神がその古_{いにしえ}の民を助けた時はいつでも、同時にキリストを通して彼らを御自身と和解させた」という約束を確証する役割を果たした。以上のような存在論的論証は、彼の注解においてしばしば「約束と成就」の様式^{パターン}と組み合わされている。我々が間もなく見ていくように、予言された出来事の発展的かつ終末論的拡張についてのカルヴァンの理解は、彼の釈義の他の局面についての広範な示唆を含んでいる。

d. イザヤ書における旧約聖書と新約聖書の関係

　カルヴァンの釈義法についての我々の以前の議論から予想されるように、キリスト教聖典における旧約聖書と新約聖書の関係は、彼の旧約聖書注解において、特にイザヤ書では重要な役割を果たしている。アブラハムやモーセ、他の父祖たちに対する神の啓示について語る際、カルヴァンは次のように言っている。「我々によって、そして我々の父祖たちによって守られてきたのは、一つで同じ信仰なのである。彼らと我々は、我々の主イエス・キリストの父である同じ神を認めてきたのだから」（40:21）と。彼はまた次のようにも言う。すなわち、神は「イスラエルの王国においては隠されていた信仰者たちに」語りかけ、「彼らを教会と結び付けるのである」（17:14）と。

　カルヴァンはイザヤ書注解において頻繁に新約聖書を用いており、その用い方は多くの形をとっている。イザヤ書 61:1 についての彼の釈義では、キリストが御身との関連でこの章句を説明した事実（ルカ 4:18）に、大きな意義が置かれている。キリストは、まるで旧約聖書の章句全体がただ自分にのみ関係しているかのように語っている。預言者たちの頭_{かしら}として、キリストは最高位を占める。従って、彼のみが全ての啓示をなすのである。

341

旧約聖書と新約聖書の関係は、しばしば予型論的な繋がりによって保たれ
ている。バビロン捕囚からの救出は、実にそれが神的救助の期間全体なの
だが、キリストの支配の開始と理解される。イザヤ書 40:3 は、マタイによ
る福音書 3:3、マルコによる福音書 1:3、ルカによる福音書 3:4 におけるバプ
テスマのヨハネに適用されている。カルヴァンによれば、「預言者によって
ここに隠喩的に記述されている事柄は、その時、実際に成就したのだった」
(40:3) 訳注 10。更に、預言者は、単に自分自身の時代の民に向かって語るだけ
でなく、後代の人々全てに向かって語ってもいる。時折、二つの章句の間の
繋がりはただ緩やかな類似性だけであるという場合もある。たとえば、ヨ
ハネによる福音書 15:1 において、福音書記者は真のぶどうの木としてのキ
リストについて語っているが、ここではイザヤ書 5 章におけるイザヤの歌の
表象が至るところに見られ、しかしそれがキリスト論的に発展させられてい
るのである。

　新約聖書の著者によるイザヤ書の直接引用のうち、カルヴァンが最も頻繁
に注目しているのは、パウロによる引用である。これは全く驚くには当たら
ない。というのは、すでにイザヤ書 1 章においてカルヴァンは「パウロはこ
の章句の最も良い解釈者である」(1:9) と述べているからである。パウロが
イザヤ書からの引用をかなり自由な形で行っていることにも、彼は気付いて
いる。それにもかかわらず、ヘブライ語テクストの元来の意味は損なわれ
ていない、という彼の確信は揺らぐことがない。ローマの信徒への手紙 9:33
(「これを信じる者は恥じ入ることはない」) におけるパウロのイザヤ書 28:16
の使用を解釈する時、カルヴァンは、パウロがギリシア語訳を用いることで
引き起こされた変化を認識している。しかしカルヴァンは、パウロはヘブラ
イ語テクストからの正確な引用はしていないが、原典の本質的意味は変えな
いという仕方で、自由な引用を行ったと論じている。イザヤ書 40:18 の注解
の中でも、使徒言行録 17:29 において偶像崇拝者たちに対する反証としてそ

訳注 10　原文は 40:4 になっているが、恐らく 40:3 の間違い。カルヴァンのイザヤ書注
　　　解の中で "What is here described metaphorically by the Prophet was at that time actually
　　　fulfilled;" と記されているのは 40:3 である。

第 14 章　ジャン・カルヴァン

の節がパウロによって用いられていることに関連して、同様のことが述べられている。また、イザヤ書 9:2 ［新共同訳では 1 節］[訳注 11] の解釈においてカルヴァンは、ローマの信徒への手紙 9:25 におけるパウロによるホセア書の使用が、ホセア書の真の意図を明らかにする役割を果たしていることをほのめかしている。

　カルヴァンは、新約聖書の著者（たとえば I ペト 3:14）が、たとえばイザヤ書 8:12 のような章句から一般的な教えを引き出していることに、非常に頻繁に言及している。ペトロもまた、読者に対して恐れないようにと警告する。カルヴァンは説教のような調子で結びの言葉を記している。「もし、ペトロの警告がかつて必要だったならば、今日においてはなおさらである」。

　要するに、カルヴァンは言語の訓練を積んだ研究者として、ヘブライ語からギリシア語やラテン語への翻訳によってしばしば生じる意味の変化に十分に気が付いている。彼はその変化を適応させるために幾つかの技法を用いる。すなわち、文字そのものよりむしろ本質的内容が中心であると見なされる場合もあるし、あるいは、元のヘブライ語の意味が意図的に広げられる場合もある。しかしながら、私の知る限り、いかなる場合でもカルヴァンが新約聖書によるイザヤ書解釈が持つ真理や権威を疑うことは決してないのである。

e.　釈義と教理

　カルヴァンのイザヤ書注解の最も驚くべき特徴の一つで、啓蒙主義運動以来のほとんど全ての注解から彼を区別するのは、旧約聖書の釈義とキリスト教教理との関係についての彼の理解である。カルヴァンは、自らの教義学的著作（『キリスト教綱要』）を、聖書注解を書くという神学的務めから区別す

訳注 11　原文は 9:3 になっているが、恐らく 9:2 の間違い。カルヴァンのイザヤ書注解の中で "Thus it is customary with the Apostles to borrow arguments from the Prophets, and to show their real use and sage from Hosea, I will call them my people which were not my people, (Hos. ii 23,) and applies it to the calling of the Gentiles, though strictly it was spoken of the Jews;" のように、ロマ 9:25 のパウロのホセア書使用について言及しているのは、9:2 である。新共同訳とヘブライ語マソラテクストでは 9:1 にあたる。

るような仕方で、意識的にその神学集成を体系化したのであるが、それにも
かかわらず、彼はキリスト教教理との明白な繋がりを提供するために釈義を
用いた。絶えずイザヤ書注解全体を通して、カルヴァンは、解釈の前後でい
わば立ち止まり、釈義から彼が教理（doctrina）と呼ぶ事柄への道筋をつけ
ようとする。

　カルヴァンは、自身が詳細に釈義した聖書箇所の持つより大きな輪郭を考
察することによって、幅広い神学的示唆を引き出そうとしている。彼の目標
は、その釈義をただ単に体系化したり要約したりすることではない。むしろ、
聖書を通して提供されてきた実践的な教理の実りを読者に指し示すことであ
る。それ故彼の考察は、組織神学へというよりも、牧会的配慮へと強く方向
づけられている。

　更に、カルヴァンはキリスト教神学が扱う領域内をくまなく探究し、キリ
スト教神学をキリスト者の日常生活へと向けているが、イザヤ書注解におい
ては旧約聖書から得た内容のほぼ全てを教理的考察のために用いている。カ
ルヴァンが救済の教理を含む律法の問題（イザ 8:20）について述べる際には、
それは特に意義深い。彼は、ルカによる福音書 16:29 におけるキリストの言
葉を用いている。「彼らにはモーセと預言者たちがいる。彼らに聞くように
させよ……ここではアブラハムが語り手として呼び出されているにもかかわ
らず、その語るところはなお神の口によって発せられた永遠の託宣である」。
多少時代錯誤的な言い方をすれば、カルヴァンはほぼ旧約聖書のみによっ
て形成された聖書神学を構築している。たとえば、彼は永遠の命の希望につ
いて語るが、その希望はセンナケリブによる攻撃の間には隠されているよう
に見える（36:16）。また、イザヤ書 59:16 において彼は、我々の救済は恵み
によるという「普遍的教理」を思い起こす。救済は「ただ神のみによって授
けられた素晴らしい祝福で、人間の業ではない」のである。更に、イザヤ書
26:8 の注解において、カルヴァンは聖徒たちの忍耐に関わる「非常に美しい
教理」をとりあげる。彼は言う。「神は命のはじめから終わりまで、絶えず
我々の導き手である」と。

　イザヤ書注解において、カルヴァンは律法の枠内に含まれている救済の教
理（たとえば 8:20）について何度か述べている。それは、良い幸せな生のた

めの法則を提供する。律法は次の三つの部分から構成されている。すなわち、生の教え、脅威と約束、そして恵みの契約である。預言者の役割は、誤解されてきた律法のこれらの部分を説明することである。というのも、律法は教会にとっての「永遠の法則」だからである（cf. イザヤ書注解序文）。また彼は、教師や牧師の職務に関する「非常に有用な教理」（8:16）について述べ、その務めを果たし抜くようにと彼らを励ましている。これらの教理は「今日こそ」（5:7）教え込まれるべきであるという勧告が、そこに頻繁に加えられている。

　カルヴァンが考える聖書の教理についての見方以上に、啓蒙主義やポストモダンの時代の後継者たちと相容れないものは、カルヴァンの聖書釈義の中にはほとんど見出されないと言っても差支えない、と私は思う。教理は堅くて抑圧的で権威主義的であるというのが、現代の多くの神学的サークルにとっての自明の理になっている。それは人間の想像力を抑圧し、創造的精神を破壊することにしかならないというのである。それに反してカルヴァンは、これらのキリスト教教理は、有用で喜びにあふれ、慰めとなり、自由をもたらすものであると語る。これらの教理は神の恵み深い導きのしるしであって、それが受け入れられた時、幸せな良い生へと導かれるのである（8:20）。この釈義の特質が、カルヴァンの注解が教会において広く用いられ、しかも21世紀においてさえ出版され続けている理由の一部を説明することができるのではなかろうか。

f. 釈義の適用

　上記の主題に密接に関係したものではあるが、ここで独立した文段^{パラグラフ}において述べるにふさわしい事柄がある。それは、カルヴァンがイザヤ書についての研究を、読者の生に適用しようとしたその仕方である。

　カルヴァンの牧会的関心は、その注解の至るところで明白である。彼は教会の人々に良心に従うための助言を提供し、慰めを与え、勧告する。彼は叱るのではないし、単に道徳主義に頼るのでもない。彼は、自らの説教の適用を、信仰の本質に根差したものとし、たびたび中心的な教理を強調している。カルヴァンは通常、一つの章句の最後に、様々な定型句を用いて適用を行う。

「我々は学ぶべきである……」(1:7)、「同じことが私たちに向けられていることを理解しよう……」(5:7)^{訳注12}、「このようなことが、神から遠ざかった人々に対して我々が常に振る舞うべき仕方である」(1:16)。

カルヴァンは十分に秩序づけられた統治に多くの関心を寄せているため(3:4)、彼の助言の多くは、市民社会の中でのキリスト者の振舞いに関するものとして記されている。人生においては偶然に起こることなど何もない、と彼は書いている。神は隠された手綱を持っていて、それによって罪ある人間を抑制し、彼らが超え行くことのできない限界を定める(7:19)^{訳注13}。それ故に、「我々は、激しい攻撃さえも神の支配下にあるのだと確信しようではないか」と彼は言う。カルヴァンは、イザヤ書40章に記された預言者の慰めは、何よりもまずバビロンにいるユダヤの捕囚の民に向けて語られていることに十分に気が付いている。けれども彼はその慰めを「我々の力が衰える時はいつでも、我々のために」拡張して理解することを躊躇しないのである(40:29)^{訳注14}。

カルヴァンの聖書釈義がもたらした一つの結果は次のことである。すなわち、科学的、歴史的解釈を読者の実存的必要から分離するような「醜い溝」(Lessing) を、カルヴァンは設けなかったということである。カルヴァンは容易に過去から現在、そして将来へと移動していたという事実は、彼がキリスト教聖典の一つなることを前提として理解していただけではなく、同時に、

訳注12 　原文は 5:8 になっているが、恐らく 5:7 の間違い。カルヴァンのイザヤ書注解の中で "Let us now understand that the same things are addressed to us;" と記されているのは 5:7 である。

訳注13 　原文は 7:20 になっているが、恐らく 7:19 の間違い。カルヴァンのイザヤ書注解の中で "let us not think that God has laid the bridle on their neck, that they ma rush forward whenever they please; but let us be fully convinced that their violent attacks are under control." (原文と数語異なるがほぼ同じ意味) と記されているのは 7:19 である。

訳注14 　原文は 40:30 になっているが、恐らく 40:29 の間違い。カルヴァンのイザヤ書注解の中で "to ourselves, that whenever our strength shall fail," (原文と数語異なるがほぼ同じ意味) と記されているのは 40:29 である。

第 14 章　ジャン・カルヴァン

古代の預言者の使信を神の生ける真の言葉として適用していたことを裏付け
ているだろう。そしてその神の言葉は、教会の人々を教え導く際に、その妥
当性を失うことはなかったのである。

ジャン・カルヴァンに関する文献表

一次資料

Ioannis Calvini Opera Supersunt Omnia, edited by W. Baum, E. Cunitz, and E. Reuss. 59 vols. Braunschweig: Brunsvigae, 1863-1900.

The Commentaries of John Calvin. 46 vols. Edinburgh: Calvin Translation Society, 1843-55. Reprint, Grand Rapids: Eerdmans, 1979.

Institutes of the Christian Religion, edited by John T. McNeill. 2 vols. Philadelphia: Westminster Press, 1960.

Calvin's Commentary on Seneca's "De Clementia," edited by F. L. Battles and A. M. Hugo. Leiden: Brill, 1969.

Sermons sur le livre d'Esaïe, chs. 13–29. Supplementa Calviniana, vol.2, edited by G. A. Barrois. Neukirchen: Neukirchener Verlag, 1961.

［訳者注　カルヴァンの注解の英訳のほとんどは、カルヴァン・カレッジが運営するウェブサイト "Christian Classics Ethereal Library" https://www.ccel.org/ にて入手できる］

二次資料

Barth, K. *Calvin.* Theologische Existenz Heute, 37. Munich: Kaiser, 1936.

Battles, F. L. "God Was Accommodating Himself to Human Capacity." *Interpretation* 31 (1977): 19-38.

Berger, S. *La Bible au XVIᵉ Siècle: Étude sur les Origines de la Critique Biblique* (1879). Reprint, Geneva: Slatkine Reprints, 1969.

Bohatec, J. *Budé und Calvin: Studien zur Gedankenwelt des französischen Frühhumanismus.* Graz: Hermann Böhlaus Nachf., 1950.

Bouwsma, W. J. *John Calvin: A Sixteenth Century Portrait.* New York: Oxford, 1988.

Breen, Q. *John Calvin: A Study in French Humanism* (1931). Hamden, Conn.: Archon, 1968.

Cramer, J. A. *De Heilige Schrift bij Calvijn.* Utrecht: Oosthoek, 1926.

Dowey, E. A., Jr. *The Knowledge of God in Calvin's Theology.* New York: Columbia University Press, 1965.

Duffield, G. E., ed. *John Calvin: A Collection of Distinguished Essays.* Grand Rapids: Eerdmans, 1966.

Farrar, F. W. *History of Interpretation.* London: E. P. Dutton, 1886; reprint, Grand Rapids: Baker, 1961.

Forstman, H. J. *Word and Spirit: Calvin's Doctrine of Biblical Authority.* Stanford: Stanford University Press, 1962.

Frei, H. *The Eclipse of Biblical Narrative.* New Haven: Yale University Press, 1974.

Fullerton, K. *Prophecy and Authority.* New York: Macmillan, 1919.

Gamble, R. C. "'Brevitas et Facilitas': Toward an Understanding of Calvin's Hermeneutic." *Westminster Theological Journal* 47 (1985): 1-17.

Ganoczy, A. *The Young Calvin.* Philadelphia: Westminster, 1987.

Ganoczy, A., and S. Scheld. *Die Hermeneutik Calvins: Geistesgeschichtliche Voraussetzungen und Grundzüge.* Wiesbaden: Franz Steiner, 1981.

Ganoczy, A., and K. Müller. *Calvins handschriftliche Annotations zu Chrysostom: Ein Beitrag zur Hermeneutik Calvins.* Wiesbaden: Franz Steiner, 1981.

Gerrish, B. A. "The Word of God and the Words of Scripture: Luther and Calvin on Biblical Authority." In *The Old Protestantism and the New*, pp. 57-68. Chicago: University of Chicago Press, 1982.

Greef, W. de. *Calvijn en het Oude Testament.* Groningen: Ton Bolland, 1984.

Greene-McCreight, K. E. *Ad Litteram: How Augustine, Calvin, and Barth Read the "Plain Sense" of Genesis 1–3.* Bern and New York: Peter Lang, 1999.

Haroutunian, J. "Calvin as Biblical Commentator." In *Calvin's Commentaries*, pp. 15-50. Philadelphia: Westminster, 1958.

Kraus, H.-J. "Calvin's Exegetical Principles." *Interpretation* 31 (1977): 8-18.

Lane, A. N. S. "Calvin's Use of the Fathers and the Medievals." *Calvin Theological Journal* 16 (1981): 149-205.

Lehmann, P. "The Reformers' Use of the Bible." *Theology Today* 3 (1946): 328-44.

Muller, R. A. "The Hermeneutic of Promise and Fulfillment in Calvin's Exegesis of the Old Testament." In *The Bible in the Sixteenth Century*, edited by D. G. Steinmetz. Durham: Duke University Press, 1990.

Neuser,W.H., ed. *Calvinus Reformator: His Contribution to Theology*, Church and Society. Potchefstroom: Potchefstroom University Press, 1982.

Parker, T. H. L. *Supplementa Calviniana.* London: Tyndale Press, 1962.

———. *Calvin's New Testament Commentaries.* London: SCM, 1971.

———. *Calvin's Old Testament Commentaries.* Edinburgh: T. & T. Clark, 1986.

———. *Calvin's Preaching.* Edinburgh: T. & T. Clark, 1992.

Puckett, D. L. *John Calvin's Exegesis of the Old Testament.* Louisville: Westminster John Knox, 1995.

Schellong, D. *Calvins Auslegung der synoptischen Evangelien.* Munich: Kaiser, 1969.

———. *Das evangelische Gesetz in der Auslegung Calvins.* Munich: Kaiser, 1968.

Steinmetz, D. G. "John Calvin on Isaiah 6: A Problem in the History of Exegesis," *Interpretation* 36 (1982): 156-70.

Tholuck,F. A. G. "The Merits of Calvin as an Interpreter of the Holy Scriptures." *The Biblical Repository* 2 (1832): 541-68.

Torrance, T. F. *The Hermeneutics of John Calvin.* Edinburgh: Scottish Academic Press, 1988.

Vischer, W. "Calvin, exégète de l'Ancien Testament." *Études Théologiques et Religieuses* 40 (1965): 213-31.

Weber, H. E. *Reformation, Orthodoxie und Rationalismus*, vol.1, pp. 217-57. Gütersloh: Bertelsmann, 1937.

Woudstra, M. H. "Calvin Interprets What 'Moses Reports': Observations on Calvin's Commentary on Exodus 1–19." *Calvin Theological Journal* 21 (1986): 151-74.

Wright, D. F. "Accommodation and Barbarity in John Calvin's Old Testament Commentaries." In *Understanding Poets and Prophets: Essays in Honour of George Wishart Anderson*, edited by G. Auld, pp. 413-27. Sheffield: Sheffield Academic Press, 1993.

日本語文献

渡辺信夫訳『キリスト教綱要 改訂版』第1・2‐4篇、新教出版社、2007‐2009年。

第15章

17-18世紀の解釈者たち

　「宗教改革以降」（post-Reformation period）という広く用いられる語は、17世紀から18世紀に至る神学の歴史的発展を総合的に扱うことを意図した用語である。確かにこの用語は、当時のヨーロッパにおいて登場してきた数多くの新しい思潮の始まりを理解する上で役立つ。しかしながらこの用語は、神学に関して一面的な視点のみを与えるものであって、他の多くの新しい方向性を考慮するには至らない。それはたとえば、フランスとドイツの啓蒙主義哲学者が与えた影響、イギリスの理神論（deism）がヨーロッパ大陸に与えた衝撃、宗教的対立の混乱の結果、そしてヨーロッパ内部の政治的、社会的、経済的諸形態などである。

　それでもなお、この用語は我々のこの研究にとって、聖書の解釈に関連して出現した大いなる多様性を強調する役割を果たしてくれる。我々の関心は網羅的であることではなくて、むしろ典型的な聖書解釈の幾つかを選択的に提供することである。ここで扱うそのような聖書解釈は、過去の役割を理解

することにおいて、そして将来を形作ることにおいて、影響を与え続けていくであろう。他の章の場合と同じように、ここで扱う学者たちは、イザヤ書に関する注解書か、論文を執筆している者たちに限られる。

I　グロティウス（1583-1645）とカロフ（1612-1686）

　我々はまず、二人の真っ向から対立する 17 世紀の聖書学者、フーゴー・グロティウス（Hugo Grotius）とアブラハム・カロフ（Abraham Calov）から始めよう。

　フーゴー・グロティウスについては、意外な選択と最初は思われるかもしれない。彼に対する高い評価は、言語学と古典における彼の広範な人文主義的学識から起こった。恐らく彼に匹敵するのはエラスムスのみであろう。グロティウスは主として法律を学び、生涯にわたり幾つかの重要な政治的また外交的職務において仕えた。

　彼の国際的な評価は、1625 年に出版された画期的な書物、『戦争と平和の法』（De iure belli ac pacis）によって築き上げられた。この本は、戦時と平時において、国際法が国家を律する境界を定義しようとしたものである。彼の第二の重要な書物、『キリスト教の真理』（De veritate religionis Christianae, 1627）は、聖書の信頼性に注目を促すことで、キリスト教の正当性を弁証しようと試みた著作であった。それはまた、オランダでの教義に関する激しい衝突を、キリスト者の一致のための合理的な基盤を構築することによって乗り越えようという試みでもあった。更にグロティウスは、特に古典の教育を受けた聖書学者であったが、同時にヘブライ語、シリア語の知識もあった。彼が目指したのは、旧新約聖書の全ての文書についての注解を書くことであった。その事業の大部分は、彼が 1645 年に時ならぬ死を迎える前にできあがっていた。我々は彼のイザヤ書注解に焦点を当てよう（再版、Critici Sacri, vol.4）。

　グロティウスの最も注目すべき貢献は、聖書の語句の正確な意味を言語学的に解明しようとした彼の試みにある。この目的に向かって、彼は直接ヘブ

352

第15章　17-18世紀の解釈者たち

ライ語テクストに当たり、それをまた、様々なギリシャ語訳、そしてユダヤ教のタルグム［アラム語訳］と比較した。彼はしばしば、ヘブライ語テクストのウルガタ訳の読み方について非常に批判的であった。更に、グロティウスは各聖書テクストの歴史的背景を回復しようと取り組んだ。そして彼は、その作業に彼の広範なギリシャ語とラテン語資料の知識を用いたのである。最終的に、グロティウスは、解釈の難しいテクストの理解に際して、合理的な読みと想像力に富んだ読みとを結び合わせようとした。そのことはしばしば彼の批評家たちには正当性を欠く思索と見えた。彼は、たとえば19世紀のゲゼニウスのやり方と比べれば、公然とキリスト教の伝統に対立していたわけではないが、しかしその一方で、彼が伝統というものに何の特権的地位も与えなかったこと、そして彼自身の釈義的解釈を伝統に代わるものとして絶えずその地位に置き続けたことが、反対者たちの怒りを招いた。

　グロティウスの釈義的著作の業績を最も評価したものの一つは、恐らくルートヴィヒ・ディーステル（Ludwig Diestel）の『旧約聖書の歴史』（*Geschichte des Alten Testaments*, 1869, pp. 430ff.）であろう。ディーステルは、グロティウスの鋭敏で、学識豊かで言語学的正確さにおいて比類のない、簡潔な注釈の有益さを認めていた。しかし、グロティウスのアプローチの弱点は、ある聖書箇所がより大きな文脈の中でどのような意味を持つか、ということに関する洞察を読者に提供することがないということであった。彼の著述の明確な目的が信徒のために著述することだったと考えると、これは不幸なことであった。それでもなお、ディーステルは幾つかの理由により、聖書研究に対するグロティウスの貢献を「画期的な」ものとして評価した。第一に、並外れた自由さでもって、グロティウスはキリスト教の釈義の伝統を破り、聖書テクストを批判的に分析されるべき科学的対象として純粋に扱おうとした。第二に、グロティウスは新約聖書における旧約聖書の解釈を、釈義の際に権威的に理解して用いようとするあらゆる試みに関心を示さなかった。第三に、グロティウスは読者の必要を感じた時のみ、時折「神秘的意味」について語ったが、それは彼自身の意見を代表するものではないことをも明らかにした。グロティウスのイザヤ書注解についての続く分析のなかで、我々はディーステルの評価の幾つかの要点に戻ることになろう。

353

アブラハム・カロフは、グロティウスの立場とは全く正反対の立場の代表である。彼は、厳格なルター派正統主義の伝統の中で古典についての訓練を受けた。哲学と神学の両方を教えながら、幾つかの大学で職責を担い、最終的には 1656 年にヴィッテンベルク大学に招かれるに至った。経歴の大部分において、彼は様々な神学論争に深く関わった。中でもカリクスト（Georg Calixt, 1586-1656 年）によって提案された教会一致運動参加へのいかなる打診にも激しく反対した。カロフはソッツィーニ（Socinius）をキリスト教にとっての大敵とみなした。カロフは組織神学の分野において多種多様の本や論文を書いたが、最もよく知られるのは 1672 年から 76 年の間に出版された『旧約聖書の解説』（*Biblia Testamenti Veteris illustrata*）と『新約聖書の解説』（*Biblia Novi Testamenti illustrata*）である。カロフはグロティウスの『聖書注解』（*Annotationes*）の完全なテクストを彼自身の注釈と一緒に印刷したが、これは驚くべき論争的手法であった。結果として、カロフの『旧約聖書の解説』は、イザヤ書に関するこれら二人の学者の異なる解釈を比較する上で非常に便利な道具となった。

19 世紀において、カロフは厳しい批判にさらされていた。ディーステル（*Geschichte des Alten Testaments*）は彼を、救いようのない全くの時代遅れの人物として退けた（p. 403）。しかし、最近のレヴェントロウ（Reventlow, *Epochen der Bibelauslegung,* vol.3, pp. 203-33）による扱いは、カロフの力量を考慮した、よりバランスのとれた評価となっている。

さて我々は、イザヤ書をめぐる論争について、幾つかの特定の例を扱うことにする。

1．「エフライムが滅亡するまでには 65 年」とのイザヤ書 7:8 の記述をどう理解するかという問題は、長い間釈義上の難問であった。しばしばなされる説明の内の一つは、この年代をイザヤの預言の文脈内で考えるのではなく、アモスのイスラエルに対する預言の時期を起点として考える、というものである。しかし、グロティウスはこの策を認めない。彼は、「65」を「6」と読み替えて、見事だが推測的なテクストの校訂を行う。そうすることでこのテクストは、列王記下 17:3-6 に報告されるシャルマナサル五世によるエフライムの滅亡とよく結び付く。

第15章　17-18世紀の解釈者たち

カロフは、グロティウスの校訂を「無謀だ」として否定的に応答し、伝統的な仕方で、聖書の様々な記述を調和させて解釈する読み方へと回帰している。しかしそれに続いて、ルターにもカルヴァンにも見出されないような、教条的な硬化とも言うべき態度が示されている。すなわち、ここにおいてカロフは、「ヘブライ語テクストの真実な意味」（*Hebraica veritas*）と、テクストの原文が損なわれずに保存されてきたことの内に示されている神の摂理に、自説の根拠を求めているのである。

　2．カロフの旧約聖書解釈を特徴づける第二の点は、イザヤ書からのどのような新約聖書の引用についても、それらを旧約聖書テクストの正確で規範的な理解であると見なしていることである。たとえばカロフは、預言者が神殿で見た幻（6章）は、ヨハネによる福音書 12:41 で、「イザヤは（キリストの）栄光を見、彼について語った」と解釈されているとする。グロティウスは、イザヤがここで見た幻は、「異常な稲光」（*fulgorum eximum*）であったと理解する。これに対するカロフの反応は、「邪悪な堕落だ！」（*Perversa depravatio!*）。それから、カロフは教父たちを引用して、イザヤが神の御子キリストの栄光を見たことを、教会は変わらず保持し続けてきたと説明し始める。続いてカロフは、その議論をきっかけにして、三位一体の教理について、そしてセラフィムによる典礼文「聖なる、聖なる、聖なるかな！」（cf. 黙 4:8）においてすでに三位一体が予示されていたことについて、教会がどう理解してきたのかということをめぐる神学的議論を展開する。カロフは、ソッツィーニ主義者たちを攻撃するだけでなく、イザヤ書のこの箇所におけるキリスト論的言及を軽視する傾向の故に、カルヴァンをも攻撃する。

　3．カロフは、自らが「ユダヤ主義者」と呼んだ反対者たちをしばしば攻撃した。カロフによれば、グロティウスはこの誤りを犯した筆頭格であるが、カロフは「ユダヤ主義者」に含まれる人々として、ソッツィーニ主義者、人文主義者、そして時にはカルヴァンをも含め、多くの改革派の学者たちにまでそのリストを拡大させた。「ユダヤ主義者」という用語は、意識的にあるいは無意識的に、旧約聖書の章句をユダヤ人のやり方に倣って解釈するキリスト者たちのことを指す。キリスト教の伝統においてはメシアのことを指すと考えられてきた預言に関して、その直接の歴史的意味を探究するような解

釈もまた、カロフにとっては「ユダヤ主義者」的解釈なのであった。

この論争に関する例として、イザヤ書 2:2-4 の解釈が挙げられる。グロティウスは、このイザヤの預言は、テクストが「後に」(posthac) と表現するある時代のことを描写しているのだと説明する。その時代とは、エルサレムの町が、アハズの治世から始まったシリアのレツィンとエフライムのペカによる包囲から解放される時代のことである。好対照的に、カロフは、この箇所がエルサレムの神的高挙、諸国民のシオンへの集結、そしてキリストの統治の下でのあまねく広がる平和の始まりを伴う、終わりの日々に関する終末論的預言を示していると理解する。

もう一つの古典的な例は、イザヤ書 9:6［新共同訳では 5 節］における「子供」についての言及である。彼の肩には権威が宿り、その名は、「驚くべき、指導者、力ある神、永遠の父、平和の君」と呼ばれるだろう、と記されている。グロティウスはユダヤ教の伝統に従ってこの人物をヒゼキヤだとする。カロフはこの解釈に嫌悪感を示しており、完全に明らかなメシアへの言及をどうして拒絶できるのか理解できない、と述べている。しかし、彼は落ち着きを取り戻して、幾つかのページを割きながら、ここで示されている高度な名前がなぜ神的人物しか示し得ないか、そしてこれがなぜヒゼキヤではありえないかを証明するための釈義的証拠を提示する。同じような議論がイザヤ書 11:1 の「エッサイの株から出た若枝」についても生じている。ユダヤ人、グロティウス共に、ここで言われている「若枝」をヒゼキヤであると考えるのである。

イザヤ書 7:14 の解釈は、ユダヤ教解釈者たちの間でさえも複雑な問題であった。ラシは、年代的な矛盾のために、この子供をヒゼキヤと同一と見なす以前の考え方を放棄した。そしてこの男の子はむしろ預言者に与えられようとしている息子であるとした。グロティウスは、初期のユダヤ教ミドラシュに基づいて、預言者イザヤの二回目の結婚についての幾分手の込んだ理論を発展させた。というのも、7 章の almah がシェアル・ヤシャブを生んだ女性と同じであるはずがないからである。7 章と 8 章の子供を同一と見なすことによって彼は、［7 章で預言された］その息子がまさに［8 章に記されている］イザヤの妻である女預言者の息子であるという更なる証拠を見出すの

第 15 章　　17-18 世紀の解釈者たち

である。

　カロフはまず、7 章でしるしが与えられることを記したスタイルは、普通の子供への言及にしてはあまりにも格調が高く神秘的すぎるという字義的な証拠を示してグロティウスに応答する。彼は旧約聖書の他の箇所を引用することで、預言的しるしがありふれた現象を超越していることを証拠を示そうとした。しかし、これら全ての議論の背後にあったのは、預言が成就に至るまでのどんな中間的段階も割り引いて考えようとするカロフの基本的関心であった。カロフは、そういった中間的段階を最終的なキリスト論的完成を損なうものと理解していたのである。結果として、進行中の救済史（Heilsgeschichte）や、預言が成就へと向かう継続したプロセスにいかなる意味を見出すことも、カロフは受け付けないのであった。コッケイユス（Cocceius）やヴィトリンハ（Vitringa）のような正統派に属する改革派の学者たちが、17 世紀においてすでに、このことに関してカロフとは非常に異なる方針を取っていたことは重要な意味を持つ。

　もちろん、イザヤの預言において純粋に歴史的な意味をどう理解するかという問題が、グロティウスによって解決されたと言うにはほど遠い。40-66 章のグロティウスによる解釈に目を向けてみると、彼のアプローチの不十分さに気付かずにはいられない。たとえば、52:13-53:12 の僕章句についてのコメントにおいて、グロティウスは彼がこれまで行ってきた釈義の流儀に従い、僕預言の解釈の際にたびたび名前が挙げられる歴史上の人物を何人か思い浮かべた後、この僕をエレミヤと同定する。彼の選択は非合理的ではない。なぜなら、エレミヤの苦難とこの僕の苦難には幾つかの字義的な並行があるからである。しかし、このグロティウスの解釈には問題が生じる。それは、40-66 章においていかなる純粋な歴史的文脈も再構築できないという問題である。彼は、これらの章における出来事を捕囚後後期（late post-exilic）の事柄であると理解しているが、しかし、なぜ預言者がヒゼキヤの後の全ての王たちについて言及しなかったのか、ということについて困惑を隠すことができない。

　もちろん、このような歴史的、釈義的な問題は、後に「第二イザヤ」（Deutero-Isaiah）が捕囚期後期の著者と同定された時に解決した。しかし、この文献批評的な選択を、グロティウスが利用することは、当然ながら不可

能であった。彼はなおも、紀元前 8 世紀の預言者イザヤがイザヤ書全体の著者であるとみなし、キュロスの名を挙げるほどの能力を持った、この預言者の透視力について語ったのである。

　4．最後に、グロティウスとカロフの争いについて、解釈学上かなり重要となった問題が一つある。テクストの字義通りの意味に従って、7 章で約束された子を預言者イザヤの息子と同定した後、グロティウスは突然、もう一つ別の用語を使う。〔テクストの歴史的意味にもかかわらず〕それでもなお、ある意味テクストがキリストを指し示すと明確に解釈され得ることを議論するときに、彼は「神秘的意味」に根拠を求める（「キリストが明確に理解される形で現れている」〔*Christum agnoscentibus liquido apparere*〕, *Biblia illustrata,* vol.3, p. 52）。そしてまた、字義的意味で 53 章の僕をエレミヤであると同定した後に、彼は神秘的意味が別のことを語るのだと言い添える。従って、このイザヤ書のテクストは字義的意味では（*sensu literali*）キリストとの関連を持たず、ただ神秘的意味においてだけ（*tantum mystico*）キリストとの関係を持つ。

　カロフはこれに猛烈な攻撃で応える。どうして字義的意味に矛盾するような神秘的意味を受け入れることができようか、と。カロフは更に、グロティウスがテクストの複層的意味を認める教会の伝統に根拠を求めていないと指摘する。更に言えば、グロティウスは型と対型の関係性についても何も述べていない。むしろグロティウスにおいては、その神秘なるものは、漠然とした、説明されない仕方でテクストの上に漂っており、そのなかで二つの矛盾する意味は交わらないままである。7 章の注解のあるところでカロフは、ある視点から見れば、ユダヤ人にもたらされるどんな解放も、キリストを通して神によりなされる霊的な解放の予表と考え得るという仮説的提言を述べるが、その後彼はすぐに、これはグロティウスが神秘的意味という言葉によって意図しているものではないと付け加える。カロフはもしかすると、グロティウスに対して、預言の存在論的解釈のようなものを示そうとしていたのかもしれない。しかしカロフはこの選択肢をも予型論的解釈と同様に切り捨てた。結果として、教父たちにも宗教改革者たちにも見られる非常にキリスト教的な釈義の伝統は、この二人に欠如することになった。

Ⅱ　ヨハンネス・コッケイユス（1603-1669）

　ヨハンネス・コッケイユス（Johannes Cocceius）ほど、聖書解釈史のなか
で評価が分かれる学者はいない。一方で、彼は 17 世紀における最も重要な
改革派の神学者として記憶されている（Faulenbach, *Weg und Ziel,* p. 1）。他方
で、彼は寓喩的な予型論を乱発した人物として、常に退けられてきた（cf.
Schrenk, *Gottesreich,* p. 29）。というのも、彼が旧約聖書の預言を 17 世紀の歴
史的出来事の言及を含んだものとして理解したからであった。彼の聖書研究
への貢献を評価しようとするこのセクションにおいて、私が扱おうとしてい
るのはまさにこの逆説である。

1　生涯と業績

　コッケイユスは、1603 年にブレーメンの、学問を非常に重んじる家庭に
生まれた。彼の教育はブレーメンで始まり、ギムナジウムではラテン語、ギ
リシャ語、ヘブライ語、シリア語、そしてアラビア語を学んだ。更に彼は、
ラビ文献とタルムードの研究を続けた。フラネケルに移ったとき、彼は神学
の教育をマコヴィウス（Maccovius）とエイムズ（Ames）を含む一流の学者た
ちから受けた。1643 年、彼はまずフラネケル大学の神学教授になり、後には、
1669 年に死去するまでライデン大学の神学教授を務めた。コッケイユスの
神学への貢献として、一般的には契約神学（federal theology）の改革主義学
派の発展に対するその影響が注目されるが（cf. Schrenk, pp. 82ff.）、我々はこ
こで、彼の聖書的、釈義的著作に集中することとし、契約神学における彼の
役割については、周辺的に少々言及する程度に留めることとしよう。

　彼の著作が扱った主題の範囲は実に広大である。彼の著作全集は、二つ折
り判の 8 巻本で、1673 年から 1675 年にかけてアムステルダムにおいて出版
され、後に 1701-1706 年の第三版では 12 巻まで拡大した。数冊の組織神学
の大著、数多くの論争的、弁証的著作、そしてヘブライ語辞書（1669）に加
えて、彼は旧新約両聖書のほとんど全ての文書についての注解を書くことに

成功した。カロフを取るに足らない保守主義者としてけなしたルートヴィヒ・ディーステルのような批判的研究者でさえも、コッケイユスについては好意的であり、彼の言語学およびラビ文献学に関する莫大な知識に感銘を受けた。

コッケイユスの重要性を示す他のしるしは、彼の後に続いて、その釈義的アプローチをこれまでとは異なる新鮮な方向に向けた弟子たちの多さに現れている。そのような次世代の聖書学者の中には、カンペヒーユス・ヴィトリンハ（Campegius Vitringa）、ヒエロニムス・ウィツィウス（Hieronymus Witsius）、フリードリヒ・アドルフ・ランペ（Friedrich Adolf Lampe）らが含まれる。また、特に興味深い事実として、コッケイユスがルター派教会に与えた影響や、当時多様な形で存在したドイツ敬虔主義のサークルに行った支援を挙げることができる。更に、議論の余地のある事柄として、次のことが争われている。すなわち、コッケイユスを、19世紀のエアランゲンを代表するカール・クラフト（Carl Kraft）やJ. C. K. フォン・ホフマン（von Hofmann）が属した救済史学派との関連の内に理解することができるかどうか、という問題である。

2　コッケイユスにおける聖書と神学の理解

純粋に形式的な観点から眺めると、コッケイユスは古典的な17世紀の正統的改革派神学の代表者であるように見える。彼の『神学大全』（*Summa Theologiae*, 1662）にも、彼のイザヤ書注解の序文にも、プロテスタント・スコラ主義のおなじみの構成要素が現れる。それらはすなわち、誤りなき神の言葉としての聖書、聖書におけるイエス・キリストの神的顕現、明白なる神の永遠の意志、そして信じる者にメッセージを届ける聖霊の絶え間ない導き、といった事柄である。

しかし、こうしたコッケイユスについての第一印象は、彼の神学について深刻な誤解を招きかねない。コッケイユスは、実際には他の同時代のどの神学者よりも、スコラ主義的プロテスタンティズムの古い形を排撃したのである。とはいえコッケイユスは、教会の伝統を攻撃して啓蒙主義の登場を予

第 15 章　17-18 世紀の解釈者たち

感させたグロティウスのようなやり方に倣ってそうしたのではない。むしろコッケイユスは、様々な哲学的前提に基盤を置いた改革派の先達たち（e.g., Polanus）の教義大系を拒否し、聖書釈義に直接根拠を求める新しいアプローチを探究した。もちろん、聖書に根拠を求めること自体は目新しくはないが、コッケイユスは聖書の伝統的な用い方を、証明テクスト（*dicta probantia*）を用いた論拠証明に過ぎないとして拒んだのである。

証明テクスト的聖書解釈とは対照的に、コッケイユスは聖書の言語学的研究の釈義的ステップを唱道し、それを自らの解釈の基盤とした。彼は聖書テクストの個々の語についての研究から始め、それらの意味を託宣そのものの中で理解しようとした。しかしながら、彼が主に強調したのは、聖書におけるより大きな構造（*tota compages orationis*）だった。更に、このような聖書の単純で文法的な意味は、聖書が持つより広く、深い意味の対極にあるとは見なされず、むしろ聖書の完全なる霊を見分けるための源泉であった。実際、彼はためらうことなく聖書から論理的な結論を引き出した。というのも彼は、その論理性の中に、聖書の神的著者の意図が反映されていると考えていたからである。重要なこととして、コッケイユスはオリゲネスのような、霊的意味を字義的意味と対比させるやり方には大変批判的であった（cf. Schrenk, p. 30 の議論）。

しかしながら、コッケイユスのアプローチについてなお一層重要なことは、彼の解釈が常に揺るぎなくキリスト論に焦点を合わせていることである。シュレンク（Schrenk, *Gottesreich*）は間違いなくコッケイユスのキリスト論の強調に気が付いていたが、実際にコッケイユスの神学におけるイエス・キリストの知識の中心性を取り戻したのはファウレンバッハ（Faulenbach, *Weg und Ziel*）であった。ファウレンバッハは、コッケイユスの典型的な定式を引用する。「福音における主要な事柄は次のことである。すなわちイエスは、父祖たちに約束されたキリストであって、この方に父祖たちは希望を抱き、そしてこの方において命を受けたのである」。そしてファウレンバッハは結論する。「これらの言葉の中に、聖書の完全なる理解がある。ここには確かに、コッケイユスの神学全体が余すところなく含まれている」（p. 45）。

従って、聖書の目的は神的啓示の手段として仕えることである。しかし、

神の言葉の意味が聖霊の導きの下に明らかにされる時にだけ、聖書はこのための担い手となり得る。この言葉の内容は、イエス・キリストでしかありえない。彼は真の光なのである。人生の目的は、このキリストにおいて神の知識を探究することである。この知識は単に知的な活動ではなく、むしろ人間の理性によらず、ただ神の力によってのみ生じる、神の救いの内で変えられる経験である。キリストの人格において、信じる者は、御子によって啓示された通りに、神の三位一体の本質を理解する。

　自身の著作全集の序文の中で、コッケイユスは自身の釈義の神学的基盤について述べている。モーセと預言者たちが書いたものは、我々に福音を通して解釈される。福音は聖書解釈の中心であり、出発点である。解釈者は年代順に旧約聖書から新約聖書へと動くのではなくて、その逆である。なぜなら、旧約聖書を理解する鍵は新約聖書にあるからである。新約聖書における成就を通してのみ、旧約聖書の預言は明らかにされる。このキリスト論的な言葉は、決して教義体系の下に仕えるものではなく、むしろその直接の権威を行使するため、自由で束縛されないものであり続ける。ファウレンバッハは、コッケイユスの神学は、彼の著作全ての基盤としての聖書のキリスト論的解釈を認識するまでは理解されないと主張し続ける（p. 54）。もちろん、このキリスト論的立場は、神学の両側の陣営——つまり、右に古い改革派正統主義、そして左にグロティウスに従う人たち——から大きな反論を呼び起こした。彼は反対者たちから、「聖書主義者」（*Scripturarius*）というあだ名をつけられた。更に人々はこんな格言で彼の立場を皮肉った。

　　　「グロティウスは、神聖な文字［聖書］の中のどこにおいてもキリストに出会わない。コッケイユスは、至るところで出会う」（*Grotius nusquam in literis sacris invenit Christum, Cocceius ubique*）。（*Diestel*, p. 429）

3　コッケイユスと救済史

　19世紀を通じて、コッケイユスはしばしば救済史学派の創始者のひとり

と称され、ベンゲル（Bengel）と近くに並べられた。コッケイユスがこのように呼ばれたのは、彼が改革派正統主義のスコラ主義的範疇〔カテゴリー〕に攻撃を加えたこと、そして聖書の歴史的順序〔シークエンス〕に論拠を求めたことが、その理由であろう。更に 1923 年に、ゴットロープ・シュレンク（Gottlob Schrenk, *Gottesreich und Bund*）は、コッケイユスを救済史との関係で解釈することを主張した。彼は、コッケイユスの神学の二つの中心的概念は契約と神の国であると論じた。聖書は、その救済史の発展のあらゆる段階がこれらの主要なテーマによって支配される、調和のとれた大系であった。特に旧約聖書の内部では、神の経綸の異なる側面が際立ち、また定められた時間の秩序（*ordo temporum*）において秩序づけられた歴史の段階が明らかに存在した。最初の段階は父祖たちの自由の時代だった。それから人々に奴隷的服従を課したモーセの律法の時代が続いた。次に士師の時代、王国時代と続いた。そしてダビデの家による地上的支配の破滅がバビロン捕囚を通して生じた。この全ての発展は、旧約聖書の約束の成就におけるイエス・キリストの到来によって、神の恵みの契約の締結をもってゴールに到達した。

　1973 年に、ファウレンバッハ（*Weg und Ziel*）は、この広く受け入れられたコッケイユスについての解釈を激しく攻撃した。もちろん、コッケイユス神学についてシュレンクが叙述した内の幾つかの要素——すなわち、神の唯一の目的の内に存する聖書の統一性、契約と王国の重要性、そして旧約聖書と新約聖書との明確な対照——は引き続き支持された。しかしながらファウレンバッハは、シュレンクはコッケイユスにおけるキリスト論の中心性を十分に見出すことができず、それ故に彼の歴史解釈を誤解した、と論じた。第一に、発展もしくは進化の過程という概念は、完全にコッケイユスとは相容れないもので、それより後のドイツ観念論哲学から生まれたものである。第二に、コッケイユスは決して救済史（Heilsgeschichte）については語らなかったし、歴史の現象にそれ自体として注目したことはなかった。むしろコッケイユスは、人間に差し向けられた神の行為について語った。キリストにおける神の受肉という歴史上一度限りの出来事のみが恵みの契約であった。故に、それは歴史的発展の最終段階ではなかった。ファウレンバッハの主張を要約すると、コッケイユスにおける神の意志は、そのキリスト論的リアリティー

363

の中に啓示されているのであって、歴史における地平線上の成長の中に現れるのではない。ただキリストにおいてのみ、永遠に命じられた恵みの契約が見える形となったのである。

4　コッケイユスの黙示的歴史理解

　1869 年に、ディーステルは明敏な観察をもってコッケイユスについての分析をまとめた。それによると、「コッケイユスの聖書解釈の基本的な誤りは、明白にこう特徴づけることができる。すなわち、彼は実際の預言を一切認めずに、黙示だけを認める、と」(*Geschihite*, p. 429)。ディーステルにとって、この特徴は明らかに聖書解釈上の決定的な誤りと思われたので、そのようなコッケイユスの理解の背後で働いている論理を理解したり、その細部を探究したりすることに労力が用いられることはなかった。対照的に、20 世紀のシュレンクとファウレンバッハの著作は、これ以上の考察は無意味であるとしてこのことを単に無視するようなことはせず、むしろコッケイユスによる聖書の黙示的読みが釈義的、神学的そして歴史的に示唆することを探究しようとしたのであった。

　イザヤ書 2:1-4 の釈義において（*Curae Majores, Opera*, vol.3, pp. 64ff.）、コッケイユスは明白に、黙示的な図式について述べている。歴史は二つの種類に分けられる。すなわち、現在の時代と来るべき時代（あるいはメシアの時代）である。前者は罪と暗闇の時代であり、後者は神と光の時代である。聖書的根拠として、彼はダニエル書 8:19、9:24、10:14、イザヤ書 54:1、61:2、63:4、ハバクク書 2:3-4 を引用する。しかし、彼が用いる範疇（カテゴリー）と用語は主に新約聖書、すなわち、コリントの信徒への手紙一 2:6、ガラテヤの信徒への手紙 4:24-31、エフェソの信徒への手紙 1:21、ヘブライ人への手紙 2:5 から取られたものである。旧約聖書はキリストにおける救いの到来以前の時期に属しているが、忠実なるイスラエルは来るべき恵みの契約の待望の中に生きるのである。彼の黙示的歴史観はかくして出来事を対立する二つの型（パターン）で見る。すなわち、抑圧と救い、サタンの支配とキリストの支配、業の契約と恵みの約束というようにである。

第 15 章　17-18 世紀の解釈者たち

　我々が先に見たように、神についての真の知識は、恵みに満ちたキリスト
の贖いの業が出来事として世に入ってきたことにより、キリストにおいて明
らかにされている。徐々に明らかにされていく神の意志の型（パターン）を形作るこれ
らの出来事は、終末論的な順序を持つ。この理由のために、数に注目するこ
とが重要である。この神的介入は約束から成就へと動く。しかし、これらの
出来事は通常の歴史領域内のどんな発展や成長とも関連していない。時間と
空間の世界における神の行為は、差し迫った歴史的順序（シークエンス）における神の行為
とは本質的に異なる。後者は黙示的である。なぜなら、それは世俗的な歴史
とたまたま接点を持つようなものではなく、むしろ贖いの業が神秘的に展開
されていく中で、ただ神の意志からのみ生じるからである。この歴史の型（パターン）は、
ダニエル書、マタイによる福音書24章、そして黙示録において見出される
ものである。それは、地上の支配者たちに激しく抑圧され、古い時代の終わ
りは近いのだから耐え忍ぶようにと励まされている聖なる者たちにとっての
歴史の型（パターン）である。

　しかしながら、コッケイユスにおける黙示の強調にはもう一つ別の側面が
ある。コッケイユスは、単に神の終末論的タイムテーブルについて思索する
ことに興味があるわけではなかった。むしろ、彼の全体的なアプローチは深
く神学的であったし、キリストの知識という観点から信じる者たちの従順な
る生活を形作ることに注意を集中していた。キリスト者たちは、自分たちの
歴史の中に神が介入することを絶えず期待しつつ生きていた。また彼らは、
世俗的生活の只中にあって最も倫理的な真剣さをもって応答するために、聖
書の研究に継続して向かい合っていた。ひと言で言えば、コッケイユスの聖
書釈義は非常に実存的であった。それは確固として、信じる者たちを恵みの
下で生きる義務へと差し向かわせた。歴史の型（パターン）や段階（ステージ）についての知識は、教
育を受けていない普通のキリスト者が、自分自身の人生の旅路を、徐々に明
かされていく神の目的の様々な段階の中で解釈できるようにした。コッケイ
ユスが、17世紀末に始まり18世紀を通じて数を増していったドイツ敬虔主
義者の様々なグループの中で広く影響を及ぼしたのは、疑いなく次に述べる
理由のためであった（cf. Shrenk, pp. 300ff.）。すなわち、敬虔な生活への招き
のみならず、神の驚くべき介入を絶えず期待しながら生きる生活を、彼が

人々に呼びかけたからである。

　ディーステル（p. 429）を筆頭に、コッケイユスの釈義への最も一貫した批判の一つは次のことであった。すなわちコッケイユスは、聖書の預言の成就を 16、17 世紀のヨーロッパの歴史の細部にまで見出すことによって、預言を最も見当違いの類の歴史的推測のために利用したというのである。たとえば、コッケイユスはイザヤ書 19:2 をコンスタンティヌスの死後の論争に、23 章をシャルルマーニュに関する出来事に、そして 32:7 をグスタフ・アドルフの死に結び付けた。こういった批判は重要な意味を持つ。というのも、21 世紀においてもなお、現実の出来事の中に聖書の預言の成就を探そうとする推測的で黙示的な聖書解釈が広く行き渡っているからである（cf. Hal Lindsey, *The Late, Great Planet Earth*）。

　このディーステルの批判への応答として、聖書テクストを同時代の出来事に関連させるコッケイユスの釈義は、彼の大きな聖書理解という文脈で見たときに全く異なる説明が可能になるのではないかと私は考える。我々はすでに、彼の黙示的読みの中心にキリスト論があることに注目してきた。彼は神の直接介入の諸々の瞬間の連続としての「神の歴史」を見出した。それらの諸々の瞬間は、歴史的発展によって関連していたのではなくて、ただ、キリストの統治内における神的行為によってのみ関連していたのである。個々のキリスト者は二つの異なる領域に、つまり現在の時代とメシアの時代に生きてきた。新約聖書に従えば、神の国は到来したが、神の終末論的目的の中ではそれは未だ完全には成就していない。

　コッケイユスは、自身の釈義においてキリスト論的な手がかりを見分けようとした。それによって、神の手の業を回顧的にも将来においても見るためである。神の手の業によるこれらの贖罪的な出来事の内にはある型あるいは順序があった。この意味において、コッケイユスは救済史の概念を保持していたのである。たとえば、イザヤ書 33:7 と、30 年戦争のスウェーデンの英雄グスタフ・アドルフの死との関連は、終末論的型の構成要素を描き出すために用いられた。すなわち、神は誠実にも人間の解放者を起こされたが、彼の酷い突然の死をも許したのである。要約すると、コッケイユスの聖書解釈の目的は、意味のない推測に没頭することではなく、むしろ神の民のため

に用意された神の計画の中で繰り返し起こってくる神秘の型(パターン)を、彼の説教を聴く聴衆に向けて描き出すことであった。

5 コッケイユスのイザヤの解釈

コッケイユスのイザヤ書釈義は、彼の著作集に三つの異なる形式で現れる。主要な注解は、『イザヤの預言の大いなる癒し』（*Curae majores in prophetiam Esaiae*）である。加えて、『預言者イザヤ概論』（*Synopsis Prophetiae Jesaiae*）と『イザヤの預言の第一の黙想』（*Meditationes primae in prophetam Jesaiae*）がある。

a. イザヤ書 2:1-4

コッケイユスは自身の解釈をユダヤ教的解釈との論争の内に始めるが、彼が主に注目するのはアバルバネル（Abarbanel）への応答である。なぜなら、アバルバネルもやはりこの預言者のテクストを終末論的に理解しているからである。アバルバネルは、終わりの日々をイスラエルの裁きと捕囚民の召集の後に来るメシアの日と同一視する。コッケイユスは、終わりの日々についてそれとは異なる流れを提示する。彼は、救済、神の祝福そして裁きの宣告が終末における完成の後に続くのではなく、むしろその前に起こることを支持する正当な理由を、イザヤ書 2 章において見出す。二人の解釈者は、よく用いられる黙示的な語彙を共有している。

イザヤ書 2:1-4 についてのコッケイユスの黙示的解釈の特異性は、彼が教えた学生の内で最もよく知られるヴィトリンハ（Vitringa）の解釈と比較するときに、実に鮮明に浮かび上がる。ヴィトリンハにとって、この箇所は隠喩的にとりあげられるべきであり、彼はこれを教会の伝統的な読みに従って、キリストの統治についてのメシア的約束の箇所として見る。しかしながらヴィトリンハは、ローマの平和的支配下での教会の出現、ローマ帝国でのキリスト教の広がり、そして諸国民の改宗に、預言の最初の成就を認める。

コッケイユスにとってイザヤの言語は隠喩的ではない。しかし、彼はこの箇所を新しい時代の入り口という黙示的な文脈の内に置く。その根拠となる

テクストとして、彼はハバクク書 2:3 とダニエル書 10:4 を用いる。この預言
の箇所は旧約聖書の時代の歴史的出来事としては成就していない。しかしそ
れはキリストの統治の始まりと直接関連している。それはまた、ゼカリヤ書
8:3 の新しいエルサレムについて、使徒言行録 2:33 の聖霊降臨について、ま
たローマの信徒への手紙 10:14-15 の使徒たちの説教について語っている。

b. イザヤ書 7-8 章

　コッケイユスの 7 章の解釈は概して伝統的なキリスト教釈義の道筋に従っ
ている。彼は almah（14 節）の言語学的根拠に大いに注目する。また彼は、
年代について、男の子の素性について、またしるしの機能に関して、ユダヤ
教解釈者との間に以前から交わされてきた議論を繰り返す。（この点に関す
るコッケイユスの最も詳細な言語学的議論は彼の辞典の 617 ページに見出さ
れる）。

　8 章の解釈になると、コッケイユスの特徴である黙示的な読みがようやく
出現する。最初に、彼は板の上に書かれた文字（ハバ 2:2）の謎と数字の役
割を扱う。それから彼は、8:1-4 は 7 章と密接に関連しており、インマヌエ
ル預言がイエス・キリストに関するものであることを支持するもう一つのし
るしであると論じる。彼はこのことを 8:2 で言及された二人の証人、祭司ウ
リヤとエベレクヤの子ゼカルヤについての解釈によって論証しようとする。
これら二人の証人は誰なのか、と。彼の解釈によれば、どちらもアハズ王の
時代には生まれていない。祭司ウリヤは、列王記下 16:10 によればエルサレ
ムにアッシリアの祭壇を据えた偶像崇拝者であるので、イザヤによって証人
として用いられ得る人物としてありえない。むしろ 8 章のこの箇所は、ヨヤ
キム王の治世に仕えた預言者で、都に対する災いを預言したかどで殺された
預言者ウリヤ（エレ 26:20）への言及であるとする。ゼカルヤは、マタイに
よる福音書 23:35 で言及されているが、ペルシャのダレイオスの治世に生き
た預言者であると理解され（ゼカ 1:1）、彼がキリストのエルサレム入城（9:9）
と神殿の再建を予言したとした。結果として、アハズ王の後の時代に到来す
る二人の証人が、7 章のイザヤの預言をイエス・キリストとその支配の到来
への言及として確証しているのである。

第 15 章　17-18 世紀の解釈者たち

c.　イザヤ書 19:1-15

　この章はエジプトに関する託宣である。コッケイユスは、世界に下される
神の最後の黙示的審判に先立つ一連の災いを描く、ヨハネの黙示録 11:8 か
ら手がかりを得る。すなわち、底なしの穴から上ってくる獣が、「寓喩的に
（霊的に）ソドムとエジプトと呼ばれる」大いなる都の人々に戦争を起こす
だろう、というテクストである。これを根拠として用いつつ、コッケイユス
は、このイザヤ書の箇所においてはナイル川のエジプトだけでなく、ローマ
帝国の領域を含む土地全体が意味されていると論じる。そして彼は節ごとに
議論を進めてその関連を明確にする。神は雲に乗って来られて、ローマの偶
像を裁き、キリスト教に敵対する者たちを裁く。この審判はコンスタンティ
ヌス大帝によって行われた。2 節は、多数の異端者たちの故に、コンスタン
ティヌスの後継者たちの間で帝国内に起きた多くの戦争を意味する。5 節以
降に予言されたナイル川の枯渇は、トルコ人たちがアジアとアフリカの川と
湖を横断できたことから確かめられる。13 節以降は、アンリ三世とアンリ
四世の時代に起こった内乱と、スペインとフランスの間に生じた和平のこと
を語っている、と。コッケイユスは、これら全ての出来事に関する歴史的報
告がこのイザヤの預言において見出されると確信をもって結論する。

　コッケイユス学派のなかで最も重要な聖書学者と認められるヴィトリンハ
が、コッケイユスの「神秘的」解釈について詳細な論駁を提示していること
は重要である。しかしヴィトリンハは、コッケイユスが以前の解釈者たちで
あるエウセビオス、キュロス、テオドレトス、そしてある程度ヒエロニムス
とまでも共通点を持つと認める。ヴィトリンハのイザヤ書 19 章の解釈（後
述）は解釈学的に非常に意義のあるものである。というのもヴィトリンハは、
19 章の霊的な成就についての彼自身の見解を発展させると同時に、コッケ
イユスに対立する詳細な歴史的解釈を提示しようと試みているからである。

6　要約と評価

　我々はコッケイユスについて、議論が分かれる彼の業績の質に注目しなが
ら研究を始めた。彼はとてつもない学識、視野の広さを持ち、17 世紀を通

369

じて多大な影響を与えた学者であった。それでも、彼の聖書解釈のアプローチは、その生前においてさえ激しい反対意見を引き起こした。

　預言に対する彼の黙示的アプローチを、キリストを中心に据えたより大きな枠組みの内に置くことによって、我々は彼の聖書釈義を支える神学的基本原則を正当化するよりはむしろ解釈しようと努めてきた。しかし、シュレンクのような好意的な学者でさえも、コッケイユスの黙示的立場を詳細に論じるのは気が進まないと公言している。それはシュレンクが、現代の読者の益となる情報を提供するには、そのような批判的研究があまりにも読者の関心からかけ離れていると判断してのことである。

　それでもなお私には、コッケイユスの聖書釈義への貢献を判断する時、彼の聖書解釈について真剣に熟考されるべき幾つかの側面があるように思われる。

　1．第一に、コッケイユスの預言解釈は、完全に孤立した、一風変わった伝統からの逸脱ではなく、むしろ、今にもはみ出しそうではあっても、彼がキリスト教釈義の伝統の広い範囲の内に立っていることに留意することは重要である。

　2．第二に、コッケイユスは、世俗の歴史と神の支配についての物語——時代錯誤的に言うなら Historie と Geschichte ——の間の緊張を保持しようと努めた。彼はほぼ完全に後者に注目することを選択し、これら二つの歴史の側面は究極的に分離できないことを見落としたので、彼の得た結論は結局不満足なものであった。しかし彼は、その後数世紀にもわたって噴出することになる解釈学上の中心的論点を、キリスト教釈義の永続的な問題としてとりあげたのだった。

　3．第三に、彼は聖書解釈の役割を、読者を何にも拘束されない神の言葉に直接結び付けることとして、そしてキリストの支配の原理にふさわしく、真剣で倫理的な応答を呼び起こすような実存的な側面を保持することとして適切に把握した。彼の黙示的読みは、福音のメッセージの切迫性を強調する働きを担った。花婿が来る時に彼を逃さないよう、我々は目を覚まし、油断しないようにしなければならない。

　しかしながら、コッケイユスの釈義には、ヴィトリンハのイザヤ書注解と

比較する時に、非常な鮮明さをもって明らかになる欠陥がある。コッケイユスの忠実な弟子として、ヴィトリンハは自分の師の解釈の多くについて、それらを拒否すると穏やかに表明する。ヴィトリンハは19章の自身の釈義において、確信を持って次のように論じている。すなわち、この章で描かれた出来事についての正確な歴史的再構築にあらゆる困難が伴うにもかかわらず、それが古代近東の文脈の中に置かれない限りは、特にその神学的豊かさにおいて、この章は理解され得ない、と。

このことの故に、次のセクションでヴィトリンハ自身と彼の試みに注目するのは適切であろう。彼は世俗の歴史と聖なる歴史を、諸国民に対する約束された神の支配についての証拠を共に与えてくれるものとして、互いに結び付けようと試みたのである。

Ⅲ　カンペヒーユス・ヴィトリンハ（1659-1722）

1　生涯と業績

カンペヒーユス・ヴィトリンハ（Campegius Vitringa）は1659年に北オランダのフリジア州レーワルデンで生まれた。彼はフラネケル大学とライデン大学で教育を受けた。1681年にフラネケル大学で東洋言語の教授になり、1722年死去するまでその職に留まった。彼は自らが正統主義の改革派神学者であると公言し、当時の教義に関する論争の多くに携わった。彼は旧新約聖書両方の主題で様々な論文を書いたが、その中にはヨハネの黙示録の注解もある。しかし、彼の名が記憶に留められるようになった最も重要な業績は、イザヤ書についての膨大な2巻本のラテン語による注解（1714-20年）である。ヴィトリンハを最大に特徴づけるのは、左にグロティウス、右にコッケイユスという両極端の中道を行こうとする彼の試みにあった。

2 ヴィトリンハの釈義的アプローチ

イザヤ書注解の序文で、ヴィトリンハは自身の釈義的アプローチをわずかなページで簡潔に要約している。第一に、彼は聖書テクストの真の意味（*sensus genuinus*）を把握するために、言語学的手段を用いて預言者の言葉の正確な意味を説明することの必要を強調する。彼は字義的意味を決定することに焦点を当て、伝統的な寓喩的な方法は実質的に用いない。彼はコッケイユスの予型論的黙示的アプローチについてはおおよそ批判的であるが、折に触れて「神秘的」、あるいは「霊的」意味（*mystice*［神秘］）を用いる。彼は七十人訳よりマソラテクストの方をより好むと述べているが、初期のギリシャ語翻訳の価値とラビ的解釈の役割を把握している。

第二に、彼は託宣が扱っている事柄（*sensus realis*［実際の意味］）を決定して、その託宣の言葉が語っている対象（*objectum vaticinii*［予言の対象］）を明らかにしようと取り組む。彼は、自身の預言者理解をグロティウスおよびコッケイユスのそれと対照することによって、自身の立場を明確にしようと試みる。彼は自身の解釈における主要な関心について次のように説明している。すなわち、預言の成就を遠い将来において見ることではなく、むしろそれを預言が語られた時期に近い時代において見ることが好ましい、と。

第三に、彼は、それぞれの預言がいつ成就したかということは注意深く決定され、しかも、主に古典ギリシャ語文献、ラテン語文献、そしてラビ文献の批評的な分析によって、そうした預言が問題としている歴史との関連が比較検討されなければならないと強調した。それ故彼はしばしば、「歴史と比較されるべき一群の主題」（*themata collecta comparanda cum historia*）について言及している。預言の成就と、とりわけその歴史的確証が彼の釈義の中心的な構成要素であることは非常に明白である。

3 イザヤ書注解

イザヤ書の最初のセクション（1-12 章）の解釈においてまず驚かされるのは、イザヤの預言についての歴史的確証を強調する彼の通常の釈義が鳴り

第 15 章　17-18 世紀の解釈者たち

を潜めていることである。ヴィトリンハは伝統的なキリスト教解釈にほとんど従い、結果として歴史的確証に対する彼の独特な強調点が抑制されているようである。たとえば、イザヤ書 2:1-4 は、神の支配の到来と異教の神々に対する真の信仰の勝利を描くものとして解釈される。変容されたシオンの山の描写は、古い契約のシンボルであるシナイ山に対照される。彼は、この終末論的預言はその最初の成就（*implementum prophetiae primuum*）を教会の初期の歴史において迎えたと論じ、使徒言行録 21:16-19 を証明テクストとする。しかしながら、この預言の究極的な成就はキリストの支配と同定される。

イザヤ書 4 章においてヴィトリンハは、この預言は敵対する支配者による教会への迫害を描写しているものであると解釈する。そして彼は使徒言行録 12:23 に従って、ヘロデ・アグリッパの邪悪な支配の崩壊がその最初の成就であるとする。イザヤ書 6 章もまた、キリストの王権を指し示すものとして、またユダヤ人に対する厳しい審判を告げるものとして解釈される。彼はヨハネによる福音書 12:41 に主な手がかりを見出すが、その一方で、イザヤに与えられた使命は将来の審判を予示するものであるという理解に留まろうとしている。彼は 9 章と 11:1-9 の預言をキリストのメシア的支配への言及と見るが、11 章の最後の節において記されている、エジプト、アラビアそしてメソポタミアの崩壊についての預言は、その約束通り歴史の中で成就したと考える。要約すると、イザヤの預言がキリストにおいて成就したという伝統的なキリスト教の読みは大変強く保たれているので、これらの章についてのヴィトリンハの解釈は、継承された型に概して沿うものである。そしてほんの時折ではあるが、彼はすでに起こった歴史の出来事の中に、預言の成就が見出されるとし、預言の複数的成就を見出すことに固執している。

40-48 章と 49-66 章についての彼の解釈についても同じようなことが言える。40-48 章は、神の支配と神の力の行使、知恵、偽りの神々に対する強大な力についての啓示である。これらの章は、真の信仰の回復について語る。ヴィトリンハは、これらの章が解放を待つバビロン捕囚のユダヤの民の状況を描いているという見方を拒否する。むしろ彼は、預言者イザヤが、センナケリブのエルサレム攻撃から解放された直後にこれらの預言を書いたと考える。キュロスの到来についての言及は、彼が出現する 170 年前に語られ

た正確な予告として理解される。49-66 章の方は、イザヤ書の最も重要なセクションと見なされている。恍惚状態となった預言者（*propheta hic extra se raptus*）は神と御子両方が語ることについて報告し、それらの言葉はメシア到来の約束と共に教会に慰めを与える。各セクションの終わりで各預言の成就についての立証を簡潔に要約する以前の注解で用いていた形式は、預言の全てが将来におけるキリストの支配を指し示すものとして見られるため、ほとんど省かれている。

　1-12 章の解釈と非常に対照的なのは、13-23 章の諸国民への託宣の解釈においては、できる限り詳細にこれらの預言の歴史的成就を示そうとする努力が見出されるという点である。ヴィトリンハは 13 章の解釈に際して、まずはじめに、バビロンの滅亡についてのイザヤの預言の字義的な成就を歴史から証明しようと試みている。従って、バビロンは完全に、永久に、メディア人によって滅亡させられるであろう。まずその滅亡の正確な年代を打ち立てる試みとして、彼はバビロン陥落がセンナケリブとネブカドネツァルの間の時期に生じたとするグロティウスの主張に反論する。ヴィトリンハはエレミヤ書 51 章の並行記事が決定的にペルシャ時代について記していることを証明し、それはキュロスの軍事行動との関連でしか理解され得ないと論じる。続いて、多くの詳細にわたる事柄をたどりながら、彼は、メディアとペルシャ両方が、キュロスとどう関わったか、ということをめぐるクセノフォンとヘロドトスの記述を調和させようと取り組んでいる。

　ヴィトリンハが問題に出くわすのは、町がキュロスによって確かに占拠されたように見えながらも、同時に完全に破壊されていないようにも見える時である。彼はこの問題を解決するために、キュロスの勝利は預言の最初の成就でしかなく、完全な成就は様々な段階を通じて生じたと論じる。キュロスが始めた破壊は、ダレイオス・ヒュスタスペス（Darius Hystaspes）[訳注1] によって継続され、そしてその後を継いだクセルクセスが異教の神殿を打ち壊した。しかし確かに、紀元 5 世紀までに、ヒエロニムスによってバビロンの完全な

訳注1　ダレイオス一世を指す。

第 15 章　17-18 世紀の解釈者たち

滅亡は証明された。イザヤはその預言の成就が明らかになり始めるおよそ
200 年前から、正確にバビロン陥落を預言したとヴィトリンハは結んでいる。

　イザヤ書 23 章においてティルス滅亡を語る預言についての歴史的根拠を
構築しようとするヴィトリンハの試みもまた、彼の最も入念で複雑な議論の
内の一つである。彼は参照した古典の資料に基づき、ティルスの破壊がネブ
カドネツァルの攻撃以前であったと論じるグロティウスとアバルバネルがど
ちらも誤っていると示すことから議論を始める。彼の意見では、預言の成就
がバビロンによるティルス破壊かアレクサンドロス大王によるティルス破壊
かのどちらかを指していることは明らかである。ただし、さしあたっての困
難は、エゼキエル書 26 章のように（ただしイザ 23:13 は破壊をカルデア人
と結び付けている）^{訳注2}、ネブカドネツァルとの結び付きを証明する決定的な
聖書以外の証拠がないということである。

　更に、イザヤ書 23:15 はティルスの町の破滅が 70 年間しか続かないと語
るが、他方、エゼキエル書 26:14, 19-21 章はその破滅は永遠に続くであろう
と明言する。この矛盾はどう説明したらよいのか。ここでヴィトリンハは、
以前に論争になった「ティルス」の二つの意味の問題を長々ととりあげてい
る。すなわち、ティルスは古代の内陸の町を意味する場合と、より後の時代
に建設された島の町を意味する場合の両方が考えられる。エゼキエルは永
遠に滅びた古代の都市ティルスのことを預言していて、一方イザヤ書 23 章
は島の町のことを語っているということはありえるだろうか。後者の要塞は、
その町を奪取するためにダムを建設したアレクサンドロスによって攻略され
たが、後にこの町は再建された。しかしながら、ヴィトリンハは大変注意深
い歴史家であるので、このジレンマから抜け出すためのこのような解釈を無
批判に受け入れることはしなかった。彼は、イザヤ書 23 章の比喩的表現が、
古代の内陸の町をネブカドネツァルが攻撃したことへの言及であるとの確信

訳注2　口語訳や NRSV のイザヤ書 23:13 は、カルデア人がティルスを滅ぼしたとしてい
　　る。ヴィトリンハも同じ解釈を表明している。その一方で、新共同訳は、アッシリア
　　がカルデア人の地を滅ぼしたという解釈を示しているように見える。

を変えない。

　次にヴィトリンハは、ネブカドネツァルが最初にティルスを襲撃した年代に関する詳細な計算と取り組む。彼はその時点をエルサレムの破壊の５年後であるとするが、この年代決定はペルシャが複雑な過程を経て覇権を握っていく文脈の中に注意深く位置づけられる必要がある。ヴィトリンハの理論は確かに一連の注意深い計算を反映しているが、彼の歴史的再構築は最終的に、証拠があやふやな歴史的推測に依存する。ひと言で言えば、ヴィトリンハは預言と成就という聖書的範疇を、非常に異なるジャンルである複雑な歴史的推測へと翻訳したのである。

　ヴィトリンハの釈義の解釈学的貢献を見極めることへと移る前に、彼の方法についてもう一つ考慮すべき側面がある。前述した幾つかの例において我々は、預言テクストの字義的意味を、たいていは歴史的軌道に沿って追究する彼の関心の大きさを見てきた。グロティウスとコッケイユスを彼が主に批判するのは、彼らが手に入るはずの歴史的証拠に従ってイザヤの預言を解釈しなかったという点である。それ故、多くの場合において、彼が字義的意味に従って歴史的解釈を完成させた後に、自分の研究を「神秘的な」意味を用いてまとめていることには驚かずにはいられない。こうすることで彼は何を意味しようとしているのだろうか。そしてその釈義的機能とは何であるのか。

　第一に、ヴィトリンハが、聖書の著者が用いた修辞的な比喩に気付いても、それを神秘的解釈に含めていないことに留意することが重要である。たとえば、どの山々より高くそびえる変貌したシオンの山の幻（イザ 2:1-4）についてのコッケイユスの黙示的読みとは反対に、ヴィトリンハはその箇所をその字義的意味に従って、拡張された隠喩（メタファー）として解釈する。彼が神秘的解釈と言うとき、それは何か非常に異なるものを意味し、その機能は独特である。彼の神秘的解釈は彼の歴史的解釈の締めくくりに必ず登場する。そして時折、それは字義的意味を損なわないものとして明白に特徴づけられている。更には、それは以前の、伝統的な寓喩的（アレゴリカル）な方法への回帰ではない。また彼は、字義的意味を超えて更に高い意味レヴェルを提言しているのでもない。もっとも、ごくまれに彼は倫理的読みに関わる専門用語を用いてはいるが（30:29-

33）。

　ヴィトリンハが神秘的意味を用いた典型的な例は、シェブナとエルヤキムについての託宣が記されたイザヤ書22:15-25である。これら二人の男たちの生きた時代はアッシリア時代に設定されているが、詳しいことは謎につつまれている。ヴィトリンハは、このイザヤ的託宣に似ている言語が新約聖書において、とりわけ「ダビデの鍵を持ち、その方が開けると誰も閉じない」（黙3:7）と言われる方への言及において用いられていると記す。彼はそれから、その箇所とルカによる福音書16:1-9の不正な管理人の譬えを結び付け、シェブナとの類比を構築する。最後に、彼は神の民の中にいる忠実でない僕たちについての倫理的考察を記している。

　そしてイザヤ書23章のティルスに関する託宣についての解釈の結論のところで、ヴィトリンハは詩編45:12-17での言及（ティルスの富と金糸織りの晴れ着）とヨハネの黙示録18:23（偉大な商人たち）とを再び結び付けて、異教的ローマを描く統一的な一つのイメージ、そしてティルスと教皇との類似性を見出そうとする。最後にイザヤ書30:29-33の解釈に基づいて、ヴィトリンハは、その箇所が字義的意味に従えばアッシリアへの神的刑罰への言及であることを読者に思い出させる。そして彼は、西方教会に助けを求める東方教会（アッシリアによって象徴される）と、それを助けられない腐敗した西方教会（それを示す型として、エジプト、もしくはバビロンなどと呼ばれる）という類比を提言する。

　結論を記すにあたり、ヴィトリンハの神秘的意味の使用を評価する際に幾つか頭に浮かぶことがある。まず、それは彼の歴史的また言語学的釈義の特徴である注意深さや厳格さを欠いて使用されている。そしてそれは、取って付けられた説教のような、思いつきのような雰囲気もある。第二に、それが彼の聴衆との関わりの中で生じてきたものなのか、それとも彼の指導者であるコッケイユスから受け継いだものの痕跡として残っているものなのか、ということについてはただ推測できるだけである。いかなる理由にせよ、これらの「神秘的」解釈の試みは、全く成功しているようには見えず、それがなければ印象的であったはずの彼の釈義の業績の名声をただ減ずるものである。

4 ヴィトリンハの解釈学的貢献についての評価

a. ヴィトリンハの釈義上の主要な貢献は、歴史的過程としての預言と成就の型（パターン）について、相互の関連を合理的に証明した彼の解釈にある。彼はどのような形であれ、聖書的歴史を書き換えようとはしなかったが、しかし、史料に合理的な分析を適用しようとする者全てが確認できるような、時と場所とにおける出来事の出現についての常識的理解を利用した。聖書テクストと歴史的関連資料の間の字義的一致についてのヴィトリンハの膨大な弁証的論述は、18 世紀初頭までには、とりわけイングランド、スコットランドそして北米において広く知られるようになった。ほんの一例を挙げただけでも、トマス・シャーロック（Thomas Sherlock）、トマス・ニュートン（Thomas Newton）、そしてアレクサンダー・キース（Alexander Keith）らによって、こうした弁証的ジャンルに属する多数の書物が英国にあふれた。しかし 1875 年にエイブラハム・キューネン（Abraham Kuenen）が預言についての徹底した研究を書き記し（*The Prophets and Prophecy in Israel*）、その中の三つの章が「成就していない預言」について詳細に探究している。皮肉にも、キューネンの釈義はヴィトリンハの釈義とほとんどそっくりであったが、全く正反対の結論に行き着いたのである。

b. 私は先ほどコッケイウスの黙示的アプローチを批判した。それは、彼が神の救済行為にとって取るに足らないものであると見なした世俗的な歴史に対してあらゆる神学的関心を全く失っているからである。それと全く裏返しの批判がヴィトリンハについて言える。彼は、「救済史」という感覚を全く喪失している。それは、キリストにおける神の統治が時間と空間の中に入ってくるという終末論的な侵入であって、まさにそのことが、神の神秘的な意志についての預言者の証言を形作っている。ヴィトリンハは、聖書が語る物語の内部の弁証法的緊張に全く気付かずに、全ての出来事を一つの歴史上の軌道の上に置いたのだった。「神秘的」意味に手をつける彼の試みですら、終末論的内容を全く欠き、無時間的な倫理主義と曖昧な類比（アナロジー）を提示しているだけである。

c. 最後に、聖書解釈の実存主義的側面はヴィトリンハにはほとんど見ら

第 15 章　17-18 世紀の解釈者たち

れない。この欠落は、その歴史的懐疑主義故に聖書のメッセージを聴きとる
ことができなかったグロティウスのやり方に倣っていたためではない。そう
ではなくて、それはヴィトリンハの水平的な歴史的再構築が信仰の担い手と
はなれず、推測と際限のない仮説の中へと消えていったためである。ヴィト
リンハには、神の言葉を受け取るにあたり、それが垂直的な命令であるとい
う感覚はない。改革派とルター派敬虔主義者たちを何世代にもわたって惹き
付けたコッケイユスの説教の技能は、ヴィトリンハにおいては、その大変保
守的で正統的な神学にもかかわらず、見出されなかったのである。

Ⅳ　ロバート・ロウス (1701-1787)

　イザヤ書の解釈に関わる解釈学についての我々の研究は、これまでのとこ
ろ、主にヨーロッパの研究者たちに注目してきた。しかしこの選択は、宗教
改革期とその後の時期を通して、イングランド、スコットランドには重要な
聖書解釈が存在しなかったことを示すものではない。

　膨大な注解コレクションである『批評的聖書注解』(*Critici Sacri*, London,
1660, 9 vols.) の出版は、この時期の主導的で国際的な学者たちの業績に、英
国が熱烈な関心を示していたことをほのめかす。この出版に続いて間もな
く、マシュー・プール (Matthew Poole) の『批評的聖書注解要約』(*Synopsis
Criticorum*, London, 1669, 5 vols.) が出版され、更なる注解者を紹介しただけ
でなく、とりわけピューリタンの説教者たちが資料をより利用しやすいよう
に形式（フォーマット）の変更も行われた。学者たちの移住によって英国ピューリタンの影響
がヨーロッパ大陸にも波及し、たとえばフラネケルに移住したウィリアム・
エイムズ (William Ames) はコッケイユスの教師になった。テクスト批判の
主要な研究はイングランドでなされた。それはスペイン版の多国語対訳聖
書 (*Complutensian Polyglot*, 1522) に続いて出版されたロンドン多国語対訳聖
書 (*London Polyglot*) においてだけでなく、とりわけ、ベンジャミン・ケニ
コット (Benjamin Kennicott) とロバート・ホームズ (Robert Holmes) によ
る業績において明らかである。最後に、英国の理神論者による著作の衝撃は、

379

聖書解釈のラディカルなまでに新しい形として、ドイツ正統主義の学者たちに深刻な挑戦を突きつけた（たとえば、アントニー・コリンズ〔Anthony Collins〕とジョン・スペンサー〔John Spencer〕）。スコットランドの哲学者デイヴィッド・ヒューム（David Hume）がヨーロッパに与えた力強い衝撃もまた過小評価されるべきでない。

　しかしながら、イザヤ書解釈の話となると、ひとりのイングランドの学者が他の誰よりも傑出している。すなわち、ロンドン主教ロバート・ロウス（Robert Lowth）である。旧約聖書についての彼の非常に独特な研究は、主要な新しい釈義のパラダイムとなり、その影響はたちまちヨーロッパ中に広まった。

1　生涯と業績

　ロバート・ロウスは、オックスフォード大学のウィンチェスター・カレッジとニュー・カレッジで教育を受けた。彼は 1741 年にオックスフォード大学で詩学の教授に任命された。その同じ年に、彼は最初の講義でヘブライ詩についての有名な連続講義を行った。1750 年代初めには様々な教会の職務を担い、その後 1766-77 年にはオックスフォードの主教、1777-87 年にはロンドン主教を務めた。当時の英語圏において最も影響力のある旧約聖書学者のひとりとしての彼の広く流布した評判は、とりわけ、彼の有名な二大著作、『聖なるヘブライ詩に関する講義』（*De sacra poësi Hebraeorum praelectiones academicae,* 1753）と『イザヤ書　導入的論文と注釈を伴った新訳』（*Isaiah: A New Translation with a Preliminary Dissertation and Notes,* 1778）に基づくものであった。

2　ロウスのイザヤ書への釈義的アプローチ

　ロウスは 1753 年の画期的著書において、ヘブライ詩の分析に着手した。そして 1778 年に出版されたイザヤ書の注解の序論の中で、自分のそれまでの研究の成果を短く論評した。かつては、旧約聖書の預言書は散文の形式で

書かれたとほぼ見なされていたのだが、ロウスはイザヤ書が——確かに預言書はそのほとんどが——、詩と呼ばれるべきスタイルで書かれていることを示そうとした。最初に手がけた詩編の研究を土台にしながら、ロウスは、ヘブライ語預言書の独特な特徴を示すために、詩の韻律（ミーター）とリズムの問題、および節と連との構造を追究した。中でも特に、ヘブライ詩の真髄は並行法（パラレリズム）にあると繰り返し主張し、並行法（パラレリズム）を三つの異なるタイプに区分した。

　次に、自らの注解の導入として記した「導入的論文」（Preliminary Dissertation）の中で、彼は自分の解説の目的を「テクストの文字に密着しながら、預言者の言葉と意味について正確で忠実な説明をすること」と定めた。だが、それから彼はある重要なことを付け加えた。「著者の雰囲気と態度を真似ること、作品の形式と流儀を描写すること、そして英語を母語とする読者に原文の持つ独特なニュアンスについてある気付きを与えること」（p. 1）。要するに、ロウスが言いたかったのは、翻訳とは著者が用いた文学様式のユニークさを含む、様々な要素を反映させなければならないということである。ひと言で言えば、ロウスはイザヤ書を審美的に読むことを提唱したのである。

　この新しいパラダイムの革命的効果は、ロイスの著作において明らかである。ロウスは、預言者が自然から取られた印象的なイメージを用いていることについて、そしてまたそのことによって「目の覚めるような美しさ、強さ、イメージの豊かさ」（p. 254）が生み出されていることについて語っている。イザヤ書13章に関する注解の中で、彼は「いかなる言語においても、この種の詩は存在しない。その詩の中には、かような創意の豊かさの内に、かようなイメージ、人物、そして特徴をもって、主題がよく展開されている。配列の美しさ、色彩の強さ、感情の大きさ故に、全ての古代の著作の中でもこれに並ぶものはない」と断言する。あるいはまた、11章において預言者が描いた平和の描写をとりあげる時、彼はまず聖書のスタイルをウェルギリウス（Vergil）やホラティウス（Horace）と比較して、イザヤのスタイルが傑出しているとの結論に至る。彼は17章を「これまで詩において試みられた最も大胆な擬人法の一つ」と呼ぶ。こうした点において、カルヴァン、コッケイユス、そしてヴィトリンハとの相違はこれ以上ないほど大きい。言うまでもなく、彼のイザヤ書翻訳はそれ自体、その英語の用い方において、匹敵

381

するのは欽定訳のみというレヴェルなのである。

　しかしながら、彼のイザヤ書注解には、それを伝統的な翻訳とは違うものにしているもう一つの側面がある。ロウスはできる限り最良のヘブライ語テクストを批判的に回復することに大いに苦心した。序論において、彼はヘブライ語のマソラテクストに対する落胆を吐露する。彼は、ヘブライ語の知識が死滅した時、元来の著者による母音記号なしの子音だけのテクストが残ったと論じる。子音しか残されていないため、幾つもの可能な解釈が今や可能となった。紀元8世紀にマソラ学者たちがヘブライ語テクストに母音記号をつけた時、彼らはそこにたった一つの解釈しか与えなかった。もちろん、ロウスはそれをしばしば役立てたが、しかし決して権威あるものとは見なさなかった。あらゆる手段——特に諸ギリシャ語訳、ラテン語訳、シリア語訳、そしてタルグムなど——を駆使して、批判的で可能な限り最良のテクストを再構築するのは、むしろ注解者の仕事であった。彼はまた、ラビ的注解者たちを広く活用した。とりわけ、キムチ（Kimchi）、ラシ（Rashi）、イブン・エズラ（Ibn Ezra）そしてアバルバネル（Abarbanel）である。その結果ロウスは、校訂の提案をためらいなく、そして数多く行った。彼はかつて、不注意によって単語が抜け落ちていた例をイザヤ書の中に50箇所発見したと述べた。イザヤが三年間裸で歩き回ったことについて記した20章の注解で、ロウスはそのテクストはありそうにないと述べ、それは三日間と読まれるべきではないかと推測している。

　後代の読者たちはロウスによる釈義への貢献を、彼の文学的技法と審美的な読みに限定して理解しがちである。しかし実際には、それ以外の彼の釈義的能力も多彩であった。彼においては、感動的なまでの言語学の知識、古代史の詳細に対する徹底した関心、そして聖書テクストに描かれている諸々の実在物（*realia*）に向けた絶え間ない注意が見出される。たとえば、彼はバビロンの町の建築物について描写しているが、それは彼が主にギリシャ語の文献から収集した情報に基づいている。しかし、彼はしばしば、自身の体験から、様々な作物の生育過程、典型的な住居に備えられていた家具、また、わなや網で野生動物を捕らえる術などに関する知識を引き出している。彼は同じように、古代世界で使用された異なる種類の弓と矢について説明するこ

とにも興味を抱く。彼の注意は聖書の世界と古典文化との間を行きつ戻りつし、それらを比較することに多大な関心が向けられているのである。

3　ロウスの解釈学的貢献

　ロウスは教会において主教という役職を担っていたにもかかわらず、彼の注解書の焦点が明確に神学的な諸問題に向けられることはめったになかった。彼の注意は主に言語学的、歴史的、そして文学的事柄に向けられた。それでも、彼が幅広くギリシャ教父とラテン教父を読んでいることは明らかであったが、彼らを引用する時も、それはしばしば言語学的、あるいは地理的な問題に関してであった。ロウスはまたコッケイユスとヴィトリンハも読んでいたが、彼が言及するのは主に彼らの言語学的な貢献に対してであって、特にコッケイユスに対する場合、彼のヘブライ語辞典への言及はあるが、イザヤ書注解に対する言及はない。

　しかし、こうした特徴は、ロウスの釈義が完全に神学的内容を欠くことを示唆するものではない。彼はしばしば思慮深く考察し、当時行われていた神学的議論を非常に鮮明にした。たとえば40-49章を扱う際、注解者によっては互いに矛盾するとみなされる、三つのテーマの存在を指摘した。すなわち、無知と偶像礼拝からの異邦人の解放、罪と死による捕縛からの人間性の解放（42:13の注解）、そしてバビロン捕囚からのユダヤ人の解放、である。ロウスはこれらのテーマがより大きな文学的構造を構成する独特な部分として密接に絡み合っていることを示そうとした。

　一般的には、いわゆるイザヤ書のメシア預言（7-11章; 42章; 53章など）についての彼の扱いは保守的で、伝統的なキリスト教的解釈を支持していた。しかし53章を扱う際、イスラエルの歴史の実際の文脈についてのいかなる関連も見ようとせずに、キリストの受難との関係のみによりこれらの箇所を理解しようとした、キリスト教解釈者たちには反対した。ロウスは、第一の意味と第二の意味について語ったが、この論争に更に入り込んで行くことは避けた。

　幾つかの箇所で、ロウスはテクストの字義的意味が第一であることを主張

している。それが他の全ての比喩的読みの土台を提供していると彼は考えていたからである。彼は「神秘的または霊的意味とは、字義的意味そのものであることが多い」（イザ 52:13）とさえ言った。しかし、いったんこの規範を記してしまうと、比喩的意味、寓喩的意味、そして神秘的意味という伝統的範疇が正当な役割を果たすことを許す。明らかに、彼が反対したのは比喩の使用そのものではなく、むしろその乱用であった。

　キリスト教聖典としてイザヤ書を理解するという問題に関して、ロウスは直接の意見はほとんど呈しなかった。彼は敬虔な英国国教会の聖職者に留まり、自分の注解書では常に、イエスを「我々の祝福された救い主」（our blessed Saviour）などと呼ぶのであった。彼は単純に、イザヤ書を教会の聖なる書物の一部であるとみなし、解決されるべき緊張を何も感じていなかった。この点に関して、彼がイザヤ書を教会の書物として理解しようと苦闘している様子は見られない。

　しかしながら、現代の観点からロウスの貢献を見るとき、とりわけこの研究分野への影響に関して、彼が重大な解釈学上の考察を引き起こし続けている幾つかの基本的な釈義的問題を確かにとりあげて論じたと我々は見る。聖書テクストの批判的研究においては、ロウスの後少なくとも二世紀の間、ユダヤ人でない学者たちはヘブライ語テクストに対するロウスの立場を概ね受け入れた。すなわち、ヘブライ語テクストについては、とりわけマソラテクストに付された母音記号に関しては、神聖なものは何もないということである。ヘブライ語テクストは伝達の過程で深刻な本文の損壊を被っており、それ故再構成の必要があるということは、批判的研究における原則となった。ロウスは、旧約聖書テクストの悲しむべき状態は、無知な写本家たちや生きた言語としてのヘブライ語の喪失に原因があるとした。

　しかしながら 18 世紀以来、とりわけ現代の考古学的発見のおかげもあって、ヘブライ語テクストの状態についての理解に関して大きな変化があった。加えて、新しい解釈学上の問題が 18 世紀後半に表面化した。それはヘブライ語聖書の正典としての機能の意義に関してであり、ロウスによってとりあげられなかった論点である。一部の学者たちは今ではこう論じるだろう。すなわち、マソラテクストがある特権的な地位を持つのは、そのテクストの持

第 15 章　17-18 世紀の解釈者たち

つ「純度」の高さの故ではなく（その状態はロウスがそれまで想像したものよりはるかに良いのだが）、むしろそのユダヤ教信者たちにとっての権威ある正典的聖典^{カノニカル}としての役割の故であると。

　そしてまた、それ以上ではないとしても、同じような重要性を持つ論点が、ヘブライ語テクストの元来の詩形と主張されるものを学問的に再構成することの解釈学的影響である。このことはテクストのラビ的伝達者たちによって、完全にではなくとも、かなりの程度無視されてきた（cf. Kugel, *The Idea of Biblical Poetry*）。ここにおける解釈学上の問題は、失われたか、あるいはラビたちが気付かなかった同音異義語を再発見できるのではと期待して、マソラテクストをより詳しく分析するためにセム系諸言語を比較する現代的アプローチを用いるという点で、言語学が問題にしている事柄とやや似ている。どちらの場合も、そのような文学的、言語学的再構築——これはロウスによって見事に擁護された学問的試みである——が示唆することは、今もなお批判的研究の論点であり続けている。そして一方では、元来の詩文を再構築する試みは、当面のところ保守、リベラルを問わず、現代の多くの注解者や翻訳者たちの聖書解釈に影響を与え続けているのである。

V　オーギュスタン・カルメ（1672-1757）

　多くの人々は、オーギュスタン・カルメ（Augustin Calmet）を 17-18 世紀における聖書釈義の重要な代表的人物として挙げることを奇妙に思うかもしれない。少なくとも 150 年間、彼は事実上忘れ去られていた。彼はドイツの学者たちによって重要な人物と考えられたことはなかったし、19 世紀まで、ひとりの敬虔なカトリックの伝統主義者として葬り去られていた。ディーステル（*Geschichite*, pp. 441-42）は、カルメの膨大な知識を認めているが、その著作の意義は彼の正統的信念と教父への厳格な忠誠心によって損なわれたと不満を述べている。現代の英米の学者たちの間でも、彼はほとんど忘れられている。J. H. ヘイズ（Hayes）は、1999 年に彼の貢献をこう評価した。「その注解は新分野を開かず、たいてい信仰主義的な立場から問題に立ち向かっ

385

ていた」（*Dictionary of Biblical Interpretation,* vol.1, p. 156）。

　これらの否定的な評価は、18 世紀から 19 世紀初頭における、特にフランスとイングランドでの彼の評価と真っ向から対立するものである。T. H. ホーン（Horne, *Introduction to the Critical Study of the Holy Scriptures,* vol.5, 1846）は、カルメに関してのアダム・クラーク（Adam Clarke）の評価に同意して彼の言葉を引用する。「これは例外なく、聖なる書物についてこれまで出版された注解の中で――カトリック、プロテスタント両方の著者によるものを含めて――最高の注解である」（p. 290）。ジェームズ・ダーリン（James Darling, *Cyclopaedia Bibliographica,* 1854, p. 548）は、極めて詳細にカルメの全著作をリストにし、「膨大な知識、センスの良さ、健全な判断力、そして深い敬虔さ」とコメントを付けている。

　このような相反する評価の存在は、カルメの貢献を、特に彼が記した長大なイザヤ書注解を通して評価するための十分な理由となる。もしかすると、現在においてカルメが忘れ去られているという事実は、カルメ自身に原因があるというよりも、現状の聖書学の注解のあり方故なのかもしれない。

1　生涯と業績

　オーギュスタン・カルメ師は 1672 年、フランスのメニル・ラ・オルニュに生まれ、地元のベネディクト会のカレッジで学び、1689 年にベネディクト会に入った。彼は聖イーヴル（St. Evre）大修道院で哲学の学びを継続し、その後、改革派の牧師ファブル（Fabre）の下でヘブライ語の学習に没頭した。1704 年に、彼はミュンスター大修道院に移って教壇に立った。彼の講義は、旧新約聖書の注解を書くための最初の土台を形成し、彼はそれを八人から十人の同僚の助けを得て書き上げた。その注解書は 23 巻本で、1707 年から 1716 年の間に『字義的注解』（*Commentaire littéral*）というタイトルで出版された。この他の重要な著作として聖書事典があり、後に、『歴史事典』（*Dictionnaire historique,* 1730）として出版された。

2 注解書の目的、構造とスタイル

　旧約聖書全体への序文（vol.1, pp. i-viii）の中で、カルメは自分の注解書の目的から書き始める。彼は、聖書についての多くの学問的な解説書があるが、ほとんどの聖職者と一般会衆者にとってそれらはあまりに専門的で散漫、そしてたいてい理解困難であることを認めている。それ故彼は、ウルガタ訳のラテン語テクストとド・サシ（de Sacy）のフランス語版を並列に組んで提供し、読者を手助けしようとする。彼の言語学的コメントはたいてい短い脚注になっている。加えて、解説の大半を分かりやすい語り^{ナラティヴ}のスタイルに保つために、彼は自分のより専門的な議論を、注解から分離された序論と論説の中だけに限定する。注解書を通して、彼は読者のために年表、地図、古代近東の歴史の詳細を提供している。

　カルメはヘブライ語の知識のない人たちに旧約聖書を解説することの難しさを知っているが、この障害は説明の「簡潔さと明快さ」でもって乗り超えられると彼は考える。更にカルメの牧会的側面が彼の最初の序文に出現する。彼は、聖職者と一般の読者両方が聖書研究への愛を取り戻すことに深い関心を抱いている（p. iv）。

　カルメの解釈学的アプローチの核心は、注解書のタイトル『字義的注解』に表されている。彼は、教父たちの教えや、カトリック信仰の伝統への自身の傾倒を率直に認めるが、その一方で、自分の解釈をテクストの字義的、歴史的意味に集中させたいと考えている。そして彼は、そのような字義的解釈の方向性を、釈義が持つあらゆる目的の基盤として理解している。しかし、それからある重要な条件を加える。「字義的意味」と言うことによって、彼は単純に文法的、言語学的に解釈することや、ヘブライ語だけに焦点を当てることを意味しているのではない。それは解釈を単に無味乾燥で退屈な細かい話にしてしまう。真の釈義は、テクストの聖書的メッセージの神秘と深遠の中に分け入ろうとしなければならない。真に歴史的な解釈とは同時にまぎれもなく霊的でもあるはずである。

　カルメは次に、字義的なものと霊的なものとの関係についての自身の理解を発展させようとする。聖書は二重の意味を持つ（vol.1, p. 565）。第一の意

味は字義的かつ歴史的なものである。第二の意味は霊的で、格調高く、メシア的である。これらの二つの意味は、意味が二つのレヴェルに分けられているのではなく、互いに依存し合う流動的な状態の中にある。字義的意味は時折、単純に意味を拡張する内に霊的意味の中へと流れ込む。そうした連結は恣意的でなく、むしろ聖書的言語の本質とその象徴的な潜在能力によって維持されている。ソロモンやキュロスといった人物は、明らかな歴史的文脈の内に位置づけられる。しかしそれでも、彼らの意義はそうした歴史的な側面に束縛されてしまうことなく、字義的、歴史的なものを超越して、キリスト論的意図と共鳴する。

　ある意味、カルメの字義的意味と霊的意味との関係理解は、ユダヤ教の注解者ラシと比較できるかもしれない。ラシは、最も広い意味での字義的、歴史的内容に対する細心の注意によって回復されたテクストの、字義的でありのままの意味の研究をしたことで知られる。しかし、ラシもまたミドラッシュの諸伝統を利用し続け、しかもその際に、そうした諸伝統がテクストの字義的意味とどう関係しているのか説明をしなかった。その結果、彼の釈義は、釈義の真面目なまでの厳密さと説教の豊かさ両方を兼ね備えたものとなり、イブン・エズラなどに代表される古典的なラビ的解釈者の中にあって稀有な存在となった。カルメもまた教父たちの非字義的解釈を参照し続けたが、たいていは彼自身の賛否の表明はなかった。彼は序文で、このスタイルは意図的であると述べている。それは、不必要な論争を避けるだけでなく、読者が自分でその真実を摑むようにと励ますように機能するのである。

3　カルメのイザヤ書解釈

　カルメの『事典』（*Dictionary*）の「イザヤ」の項目でイザヤ書についての序論（vol.5, pp. 569ff.）を読んだだけでも、なぜ彼が 18 世紀の伝統的なカトリックの注解者と見なされているかが容易に分かるだろう。彼は、イザヤの生涯に関するユダヤ教の伝統を若干の修正を加えて踏襲し、様々な章を年代順に相互に関連させ、また、メシア待望の一貫した神学的型（パターン）を見つけ出す。40 章以下は、メシアの到来によるエルサレムの慰め、53 章におけるメシア

第15章　17-18世紀の解釈者たち

の受難、そして来るイエス・キリストの勝利の支配への異邦人の招きといった内容を持つものとして理解される。しかしそのようなカルメの評価は、彼の釈義の質を著しく過小評価することになるし、彼の最も創造的な貢献の内の幾つかを把握し損ねることになろう。むしろ、注解そのものの前に付された、イザヤに関連する彼の三つの論述を注意深く研究することによって、彼の注解書の基礎を形作っている解釈学的論点を更に広げて論じることができるであろう。

a. イザヤ書 7:14 についての論述

　はじめにカルメが論じるのは、メシア的人物について、単独の箇所から、特にイザヤ書 7:14 のみによって理解することは不可能であるということである。解釈者はむしろ、関連する一連の箇所を、更に大きな物語の文脈の中で考察しなければならない。これらは共に、メシアの人物像を描き出しているのである。彼はそれから長い一連の箇所を引用するのだが、それらの多くは伝統的なキリスト教的証明テクストである。しかし彼は、イスラエルの待望された救い主を描写する多様な出来事と顕著なイメージの見出される範囲が、アブラハムの系譜から始まり、ユダの部族、ダビデ王家の血統へと広がっていると強く主張している。彼は、詩編に見出される誇張した言い回しによってしばしば表現された、義人の生、義人による正義の実行、そして王的性質といった特徴をも、メシアを示す聖書の記述に含めて理解した。彼はこれらの高貴な特徴が普通の人間にはそぐわないという示唆を引き出している。

　次に彼は、7章のユダヤ教の解釈は、この預言について完全に人間的な構成要素を強調している点で正しいと論じる。聖書テクストは、確認できる時と場所において生じる正真正銘の歴史的な出来事について語っている。ここには約束された本物のひとりの子、地上的な父、そして恐らくアハズの妻ではなく預言者の妻がいる。しかし、この箇所におけるこれらの地上的、歴史的、具体的な要素は、イエスの誕生において並外れて神秘的で神的な要素が伴わないことを意味するわけではない。

　この議論に導かれて、カルメは自身の解釈学的スタンスの核心へと移る。

389

イザヤ書のこの箇所は、他の多くの預言的託宣と同様に、二重の意味を持っている。そこには歴史的意味と霊的意味とがある。一方が他方を除外することはできない。二つは一つの流れの中にある。その箇所においては二人の子供が分かち難く絡み合っている。すなわち、歴史上のイザヤの息子と、約束された神の独り子である。これらは二つの別々なレヴェルにあるのではなく、一つのものとして描かれている。二人の人物像は比喩的な言語によって結び付いており、単に人工的に接合されたのではない。メシアの誕生はその男の子の誕生によって、インマヌエルの奇跡の誕生は 7:14 でおとめが身ごもることによって、そして人類への神の救いは間もなくもたらされるシリアからのユダの解放によって、それぞれ表現される。この箇所で、これらの二人の子供は文学的展開の中で結び合わされているが、しかし彼らを区別する明らかな言語的手がかりがある。8:1-4 で叙述される子供は、その誕生によって物語に時間的順序を確立するが、この子供は 7:14-16 に約束された子供とは区別される。なぜなら、イザヤ書 8:8, 10 においてインマヌエルの解釈が示されているからである。

　最後に、恐らく最も興味深い彼の釈義上の方策は、*almah*（おとめ）という語の扱いである。彼は、処女性という要素はこの言葉においては第一義的でないとするユダヤ教の解釈を認めることから議論を始める。事実、この箇所は解釈の可能性を広げることを可能にする曖昧さを備えている。この箇所は、間もなく預言者の子を宿すおとめが通常のように出産することについて語っていると読むことは可能である。しかし、それを教会の伝統に従って読むこともできる。そして彼は、このアプローチが、より大きな字義的文脈に合致しており、更にまた、この箇所が持つ神秘と驚きという高められたトーンによっても支持されるものであると見なし、これを擁護する。しかしながら彼は、その二つの解釈が両方とも変更不能な内容を持つわけではないこと、読者の見方がどちらの解釈にも影響することを認める。キリスト者は約束の一貫性を見るためには信仰の目を必要とするが、彼はそのような告白が非合理的な信仰主義に依存することを拒否する。

第 15 章　17-18 世紀の解釈者たち

b. センナケリブ軍の敗北（イザ 37:36）についての論述

　エルサレム城壁の前でアッシリア軍がなぜ滅ぼされたかということについ
ては、長く争われ、様々な仮説が提示されてきた。カルメは様々な解釈を注
意深く再検討しながら自分の分析を始める（vol.V, pp. 590ff.）。

　1.　夜の闇によって引き起こされた戦闘の混乱が、アッシリア軍に同士討
　ちの事態を生じさせ、軍の大破局をもたらした。
　2.　出エジプト記 12:29 で登場した死の使いこそが、ここでアッシリア軍を
　虐殺した存在である。他に詩編 78:49 とシラ書 48:21 のような箇所が証明
　テクストとして挙げられる。
　3.　ヘロドトスの報告によると、夜中に野ネズミの一団がアッシリア軍の
　陣営に群がった。それらは兵士たちの矢筒、弓の弦、盾の革製の持ち手を
　食べたので、翌日、戦うための武器が何もなくなり、アッシリア軍は、撤
　退中も大打撃を受けながら逃げ去った。（*Histories*, 2, 141）

　カルメはこれらの仮説のどれも排除しないが、もう一つ別の説を提案する。
彼は、イザヤ書 29:6-7; 30:30-32; 詩編 76:6-10［新共同訳では 7-11 節］のよう
な、敵と戦う神の激しい攻撃を描く聖書の様々な箇所に目を向ける。それか
ら彼は、これらの聖書箇所は死に打ち勝つ神の力を表現する聖書独特の言い
回しの一部であると論じ、一つの文学ジャンルに分類されるものだと述べる。
つまり、これらは何らかの特定の歴史的出来事についての描写ではなく、聖
書全体に関わる神学的関心を描写するために用いられている。要するに、カ
ルメはアッシリア軍の滅亡についての合理的解釈には頼らずに、怒りの神と
いう神のアイデンティティーを描く聖書的イメージの特別な力を理解するこ
とへと注目点を移すのである。

c. イエス・キリストの美しさ（イザ 53:2）についての論述

　カルメは、教父の時代以来、キリスト教注解者を悩ませてきた古い解釈上
の問題に立ち戻る。彼は、イザヤ書 53 章はイエス・キリストの受けた辱め、
苦しみ、受難を描いているという解釈学的伝統を当然のこととする。しかし

次に、預言者がその人を「見るべき面影はなく輝かしい風格も、好ましい容姿もない」と描写していることについて、その理由を説明することの困難に直面する。イエスについてのこの描写はどう理解したらよいのか。そして新約聖書における、これとは全く異なる魅力的なイエスの描写とどう折り合いをつけたらよいのか。

　カルメはこの問題に関して、古代の教父とスコラ哲学者によって提示された解決法について非常に詳しく記している。彼は、キリストの受肉が人間に共通する弱点の全てをその身に帯びることを含む故、キリストもまた飢え、渇き、疲れ、そして休息の必要に苦しむのである、という議論の持つ説得性を承知している。しかしカルメはまた、キリストの美しさは地上的な美ではなくて、独特で霊的、善の光を放つものであったという解釈に肯定的に応える。最後に、カルメはキリストの美しさに関して相反するように見える記事を無理に調和させようとはせず、むしろ、キリストの受肉について二重の証言が存在することについての深く神学的な考察を通して、この問題と取り組むのである。

　要約すると、カルメの釈義の顕著な特徴は、聖書の字義的側面と霊的側面を豊かな統一へと結び合わせようとする彼の能力にある。そのようなカルメの解釈は、両者を恣意的に結び合わせようとした彼以前の学者たちとは一線を画する。カルメはそのような解釈を目指しつつ自らの課題と取り組んだが、そこに経験的科学の分野における膨大な知識を持ち込んだ。古代地理、年代学、考古学についての彼の知識に並ぶ者はなかった。同時に、彼は教会が基盤を置く聖書の霊的な側面を解明するために、この知識を用いることに全力を注いだ。少々時代錯誤的な類比を用いて言えば、彼はあたかもローラン・ド・ヴォー神父（Père Roland de Vaux, 1903-71 年）の歴史の専門的知識と、アンリ・ド・リュバック枢機卿（Cardinal Henri de Lubac, 1896-1991 年）の解釈学的技能を結合させているかのようである。

第 15 章　17-18 世紀の解釈者たち

17-18世紀の解釈者たちに関する文献表

I　グロティウスとカロフ

1　グロティウス

一次文献

Opera Omnia theologica. 3 vols. Amsterdam, 1697.

Annotations in Vetus Testamentum, edited by G. J. L. Vogel. Halle, 1775-76.

De Veritate Religionis Christianae (1622), *Opera Omnia,* vol.3, pp. 1-98.

The Truth of the Christian Religion. London, 1719.

二次文献

Guggisberg, H. R. "Grotius, Hugo (1583-1645)." In *Theologische Realenzyklopädie,* vol.14, pp. 277-80. Berlin: de Gruyter, 1985.

Kuenen, A. "Hugo Grotius als Ausleger des Alten Testaments." In *Gesammelte Abhandlungen zur biblischen Wissenschaft von Abraham Kuenen,* pp. 161-85. Freiburg: Mohr Siebeck, 1894.

Reventlow, H. "Humanistic Exegesis: The Famous Hugo Grotius." In *Creative Biblical Exegesis: Christian and Jewish Hermeneutics through the Centuries,* edited by B. Uffenheimer and H. Reventlow, pp. 175-91. Sheffield: Sheffield Academic Press, 1988.

―――. *Epochen der Bibelauslegung,* vol.3, pp. 211-25. Munich: Beck, 1997.

Unnik, W. C. van, "Hugo Grotius als uitlegger van het Nieuve Testament." *Nederlands Archief voor Kerkgeschiedenis* 25 (1932): 1-48.

2　カロフ

一次文献

Biblia Veteris Testamenti illustrata. 2nd edition. 3 vols. Dresden/Leipzig: J. C. Zimmermann, 1719.

二次文献

Appold, K. G. *Abraham Calov's Doctrine of Vocation in Its Systematic Context.* Tübingen: Mohr Siebeck, 1998.

Diestel, L. *Geschichte des Alten Testamentes in der christlichen Kirche,* pp. 430-34. Jena: Mauke, 1869.

Hoffmann, G. "Lutherische Schriftauslegung im 17. Jahrhundert dargestellt am Beispiel Abraham Calov" In *Das Wort und die Wörter: Festschrift Gerhard Friedrich.* Stuttgart: Kohlhammer,

393

1973.

Kunze, J. "Calovius." In *Realenzyklopädie für protestantische Theologie und Kirche*, 3rd ed. (1897), vol.3, pp. 648-54.

Reventlow, H. *Epochen der Bibelauslegung*, vol.3, pp. 225-33. Munich: Beck, 1997.

Tholuck, F. A. G. *Der Geist den Lutherischen Theologen*. Wittenberg, 1852.

————. "Calovius." In *Theologische Realenzyklopädie*, 2nd ed. (1878), vol.3, pp. 73-77.

Wallmann, J. "Calov, Abraham (1612-1688)." In *Theologische Realenzyklopädie*, vol.7, pp. 564-68. Berlin: de Gruyter, 1981.

II コッケイユス

一次文献

Opera Omnia. 3rd edition. 12 vols. Amsterdam: J. C. Zimmermann, 1701-6.

Lexicon et Commentarius sermonis Hebraici et Chaldaici. 9th edition. Frankfurt/Leipzig, 1714

二次文献

Bengel, J. A. *Bengelius's Introduction to His Exposition of the Apocalypse*. London: Ryall & R. Withy, 1757.

Bizer, E. "Die reformierte Orthodoxie und der Cartesianismus." *Zeitschrift für Theologie und Kirche* 55 (1958): 306-72.

Diestel, L. *Geschichte des Alten Testamentes in der christlichen Kirche*. Jena: Mauke, 1869.

Faulenbach, H. *Weg und Ziel der Erkenntnis Christi: Eine Untersuchung zur Theologie des Johannes Coccejus*. Neukirchen-Vluyn: Neukirchener Verlag, 1973.

Hirsch, E. *Geschichte der neueren evangelischen Theologie*, vol.1, pp. 237-44.Gütersloh: Gerd Mohn, 1949; 5th ed. 1975.

Kraus, H.-J. *Geschichte der historisch-kritischen Erforschung des Alten Testaments von der Reformation bis zur Gegenwart*. Neukirchen-Vluyn: Neukirchener Verlag, 1956; 2nd ed. 1982.

Moltmann, J. "Geschichtstheologie und pietistisches Menschenbild bei JohannesCoccejus und Theodor Undereyck." *Evangelische Theologie* 19 (1959): 343-61.

———— "Jacob Brocard als Vorläufer der Reich-Gottes-Theologie und der prophetischen Schriftauslegung des Johann Coccejus." *Zeitschrift für Kirchengeschichte* 71 (1960): 110- 29

Müller, E. F. K. "Coccejus." *Realenzyklopädie*, 3rd ed. (1898), vol.4, pp. 186-95.

Peterson, E. "Das Problem der Bibelauslegung im Pietismus des 18. Jahrhunderts." *Zeitschrift für Systematische Theologie* 1 (1923): 468-81.

Ritschl, O. *Dogmengeschichte des Protestantismus*. Bd. 3: *Die reformierte Theologie des 16. und des 17. Jahrhunderts in ihrer Entstehung und Entwichelung*. Göttingen: Vandenhoeck & Ruprecht,

第 15 章　17-18 世紀の解釈者たち

1926.

Schrenk, G. *Gottesreich und Bund im älteren Protestantismus vornehmlich bei Johannes Coccejus.* Gütersloh: Bertelsmann, 1923.

Stoeffler, F. E. *The Rise of Evangelical Pietism.* Leiden: Brill, 1965.

Vitringa, C. *Commentarius in librum prophetiarum Jesajae.* 2 vols. Leeuwarden: F. Holma, 1714-1720.

Weber, H. E. *Die philosophische Scholastik des deutschen Protestantismus im Zeitalter der Orthodoxie.* Leipzig: Quelle-Meyer, 1907.

Ⅲ　ヴィトリンハ

一次文献

Commentarius in librum prophetiarum Jesajae. 2 folio vols. Leeuwarden: F. Hol ma, 1714-1720.

二次文献

Childs, B. "Hermeneutical Reflections on Campegius Vitringa, Eighteenth-Century Interpreter of Isaiah." In *In Search of True Wisdom: Essays in Old Testament Interpretation in Honour of Ronald E. Clements,* edited by Edward Ball, pp. 89-98. Sheffield: Sheffield Academic Press, 1999.

Collins, Anthony. *The Scheme of Literal Prophecy Considered.* London, 1727.

Diestel, L. *Geschichte des Alten Testamentes in der christlichen Kirche.* Jena: Mauke,1869.

Keith, A. *Evidences of the Truth of the Christian Religion derived from the Literal Fulfillment of Prophecy.* Edinburgh, 31st ed.,1844; reprint, New York: Harper Brothers, 1858.

Kuenen, A. *The Prophets and Prophecy in Israel: An Historical and Critical Inquiry.* London: Longman, 1877.

Newton, T. *Dissertations on the Prophecies which have been remarkably fulfilled and are fulfilling.* London: W. Tegg, 1759; 10th ed., 1804.

Sherlock, T. *Discourses on the Use and Interpretation of Prophecy.* 4th ed. London: J. Pemberton, 1744.

Ⅳ　ロウス

一次文献

De sacra poësie Hebraeorum praelectionis. 2 vols. London, 1753.

Isaiah: A New Translation with a Preliminary Dissertation and Notes. London: J. Nichols, 1778.

二次文献

Cripps, R. S. "Two British Interpreters of the Old Testament: Robert Lowth (1710- 1787) and S. Lee (1783-1852)." *Bulletin of the John Rylands University Library* 35 (1952/3): 385-404.

Hunt, W. "Robert Lowth." *Dictionary of National Biography* 34 (1983): 214-16.

Kugel, J. *The Idea of Biblical Poetry: Parallelism and Its History.* New Haven: Yale University Press, 1981.

Marrs, R. R. "Lowth, Robert." In *Dictionary of Biblical Interpretation,* edited by J. H. Hayes, vol.2, pp. 89-90. Nashville: Abingdon, 1999.

Smend, R. "Lowth in Deutschland." In *Epochen des Bibelkritik. Gesammelte Studien,* vol.3, pp. 43-62. Munich: Kaiser, 1991.

V　カルメ

一次文献

Commentaire littéral sur tous les livres de l'Ancien et du Nouveau Testament. Various editions. 26 vols. Paris: Emery et al.,1707-16. 8 volumes in 9, Paris,1724.

Dictionnaire historique, critique, chronologique, géographie et littéral de la Bible. 2 vols. Paris, 1720-21. English translation, 5 vols., London: Holdsworth and Ball, 1829.

二次文献

Darling, J. *Cyclopaedia Bibliographica,* pp. 548-52. London: Darling, 1854.

Diestel, L. *Geschichte des Alten Testamentes in der christlichen Kirche,* pp. 441-42. Jena: Mauke, 1869.

Hayes, J. H., ed. *Dictionary of Biblical Interpretation,* vol.1, pp. 158-59. Nashville: Abingdon, 1990.

Horne, T. H. *An Introduction to the Critical Study and Knowledge of the Holy Scriptures,* vol.5, p. 290. London: Longman, Brown, Green, 1846.

Schmitz P. "Calmet, Augustin." In *Dictionnaire d'Histoire et de Géographie Ecclésiastique,* vol.11, pp. 450-54. Paris: Letouzey et Ané, 1949.

第16章

19世紀と20世紀

I 19世紀初期の歴史的批判的注解

　非常に異なる様式と方法を用いた三人の批判的聖書研究者による貢献が、19世紀前半におけるイザヤ書の分析を方向づけた。しかし、これらの研究者のうち誰も、本書がとりあげている問題、すなわちキリスト教聖典としてのイザヤ書を理解するための闘いには直接的な関心を示さなかった。実際、三人皆が、多かれ少なかれ意識的に自分たちの著作を、聖書は特別な聖なる書物の集成であるという教会の伝承に対立するものと位置づけたのだった。

　１．ヴィルヘルム・ゲゼニウス（Wilhelm Gesenius, 1821）は、テクストの真の文法的意味を確定するために、古代オリエントの比較文献学から得た新しい文献学的手段をイザヤ書に適用した。もはや彼は、以前の多くのキリスト教的解釈がそうしてきたように、受け継がれてきた釈義の伝承、特にラビ

的読みに頼ることはなかった。彼はその新しい批判的研究方法を、主として比較文献学を用い、ユダヤ教の伝承とは無関係に行った。これはキリスト教の伝統的な解釈に公然と背を向ける研究方法であった。ゲゼニウスはその釈義に、啓蒙主義の合理性を存分に導入した。皮肉なことに、それに続くイザヤ書注解は全て——自由主義的なものはもちろん、保守的なものも——意識的にせよ無意識的にせよ、ゲゼニウスに負うところがある。彼は、来るべき多くの世代のために、近代ヘブライ語研究を確立したのである。

2. フェルディナント・ヒッツィヒ（Ferdinand Hitzig, 1833）は、イザヤ書についての歴史的批判的な文献批判的分析を、見事で徹底的な形で適用した。彼は預言テクストに矛盾と緊張があることを際立たせ、イザヤ書の文学的統一性についての多くの安易な仮定に異議を唱えた。彼は、非常に主観的でありつつ、著しく想像力に富んだ注解において、以前には誰によっても言及されなかった多数の問題を暴き出した。その抜群の業績を通じて、彼は伝統的キリスト教解釈を本物の釈義の敵と見なし、それに対して強い敵対意識を抱き続けた。

3. ハインリッヒ・イーヴァルト（Heinrich Ewald, 1869）のイザヤ書釈義は、上記二人の研究者と同様の広がりや深みを持つものではなく、むしろ旧約聖書の預言者全員について扱った多くの巻からなる著作の一部に過ぎないものであった。彼の文献批判的分析は、歴史的順序の通りに記されているとされてきた聖書テクストを再構築し、聖書各書が形成されていく過程を類推したという意味で、ヒッツィヒのものと同程度に徹底的であった。イーヴァルトは、ヘルダー（Herder）の創造的精神を継承することにより、その分野に力強く積極的な影響をなおも残している。著作としての聖書についてのイーヴァルトの見事な空想的で直観的な捉え方は、ゲゼニウスやその追従者たちの味気ない合理主義に疲れを感じていた解釈者たちにとって大きな慰めとなった。しかしイーヴァルトは、イザヤ書理解に対する貢献はほとんど何ももたらさなかった。彼にとっては、預言者たちの宗教的側面は、主として書き下された正典の形（canonical form）において伝えられたのではなく、むしろ、預言者たちの内発的経験という異なる水準で伝えられ、彼はそれをしばしば哲学用語で記述したのだった。

398

第 16 章　19 世紀と 20 世紀

II　19 世紀の保守的応答

　18 世紀の終わりと、特に 19 世紀初めの批判的聖書学に対する 19 世紀の
保守的応答は、E. W. ヘングステンベルク（Hengstenberg）によって、最も徹
底的に示された。彼はイザヤ書について注解を全く書かなかった（彼はその
『旧約聖書のキリスト論』〔*Christology of the Old Testament*〕中の長大な一つの
章を、イザヤ書のいわゆるメシア的キリスト論にまつわる箇所にあてたので
はあるが）。そのため、J. A. アレクサンダー（Alexander）のイザヤ書注解は、
保守的立場をヘングステンベルクよりもよく表している。アレクサンダーは、
ベルリンのヘングステンベルクの下で研究し、徹底して彼と同じ視点に立っ
た。アレクサンダーの注解は、英語圏で 19 世紀半ばにおける、イザヤ書に
ついての最も完全で学問的な代表的注解である。アレクサンダーは想像力に
おいてはヘングステンベルクよりずっと劣っていて、その亜流だと一般に言
われてきたきらいがあるが、彼はイザヤ書についての歴史的批判的研究方法
の研究者たちによる解釈に対する見事なまでに徹底した応答を提供している。

1　J. A. アレクサンダー

　アレクサンダーの注解における聖書解釈は、プロテスタント宗教改革者た
ちの伝統的研究方法をもっぱら反映しているわけでではなく、主として先の
二世紀における批判的研究方法を反駁しようとする弁証的試みである。アレ
クサンダーはたびたび、伝統的なキリスト教神学を簡潔に言い換えようと試
みているが、それにもかかわらず、彼の注解のほとんどは、競合する選択肢
の全範囲を略述することと、合理的論法をもってそれらを反駁することに割
かれている。感情的な論争や個人攻撃によって、その敵対者に応答すること
は、極めてまれにしかない。むしろ、彼らと同じ文献学的、歴史的、文学的
手段を用いて、彼は旧約聖書の預言書、特にイザヤ書の伝統的読みを擁護す
る論理的主張を展開している。かつてヴィトリンハにおいて見られたような、
詳細で網羅的な保守的釈義は、歴史的文献学的論法で支えられた様々な弁証

399

に取って代わられている。その結果、アレクサンダーの釈義には新しいこと
がごくわずかしかなく、そのかわり、伝統的読みの周囲にはりめぐらされた
防衛のための塹壕が存在する。

　アレクサンダーがめったに教父やスコラ学者の釈義に触れていないことに
注目することには、重要な意義がある。折にふれて彼は、地名や特定の地理
的伝承に関するヒエロニムスによるコメントを記すが、続いて記されている
解説にはほとんど注意を払わない。アレクサンダーの釈義には、寓喩の場所
はなく、予型論の余地さえほとんどない。彼は、イザヤ書 9:6［新共同訳で
は 5 節］において解釈に二重の意味を用いているグロティウスには、大いに
批判的である。それ故、教父が対話相手として登場することはめったにない。
彼が関心を抱いていた事柄は、教会の最初期の伝統の中で引き起こされた多
くの主要な問いとは共通するところがないのだ。真の意味で、彼の注解は啓
蒙主義に対する反動である。

　僕章句は、アレクサンダーによって全てメシアと同一視される。彼はそれ
を新約聖書の用法から想定している。53 章は、「イエス・キリストの性質や
歴史との予言（prediction）の用語の驚くべき一致」を強調する時、実にヘ
ングステンベルク風に解釈される。イザヤ書 42:1-6 と 49:1-9 の僕はメシア
と同一視されるが、「その民との結び付きにおいてというよりはむしろ、彼
自身の人格において」そのように表現されているのである。アレクサンダー
は、そのような自身の立場が、教会によってそのはじめから 18 世紀の終わ
り──この時、僕に関する伝統的理解は、贖いや預言者の霊感といった教理
と共に、ドイツの批評家たちによって捨て去られた──に至るまで支持され
ていたのだと主張する。

　40 章から始まるイザヤ書の最後の部分は、教会を待ち望む栄光に満ちた
変化を示していると理解される。65 章においてアレクサンダーは、新しい
天と地によって象徴される体制の急進的な移行を表現するために、新約聖書
の黙示的言語を用いる。

　要するに、アレクサンダーのイザヤ書解釈を、イザヤ書をキリスト教聖典
として理解しようとした闘いとして特徴づけるのは難しいだろう。彼が実際
どれだけ真剣に取り組んだのか、それは明らかではない。彼は単純に、議論

第 16 章　19 世紀と 20 世紀

なしに、旧約聖書と新約聖書が、イエス・キリストにおける約束と成就に従い、教会の救済を指し示す統一性を形作っていると見なしている。しかしながら、彼のエネルギーのほとんどは、18 世紀後期から 19 世紀中頃までの、特にドイツの神学者たちに対抗して、この伝統を精力的に擁護する弁証に用いられている。彼の解釈は宗教改革者たちの元状態への回帰であるとは言い難い。彼の視野はより狭く、たとえば教会の公同性のような問題をわずかに思い出しているに過ぎないからである。

2　ヨーゼフ・クナーベンバウアー

ヨーゼフ・クナーベンバウアー（Joseph Knabenbauer）は、ヘングステンベルクとアレクサンダーの次世代の、ローマ・カトリックのドイツ人研究者であった。イザヤ書についての彼のラテン語の注解は、1881 年に初版が出版された（改訂版は 1923 年）。彼の貢献は、ただ 19 世紀末にかけての保守的なローマ・カトリックの応答を表していることにおいて重要なだけではなく、たいていはプロテスタントの保守主義者と結び付けられているような数多くの重大な神学的問題や解釈学的問題に対して、非常に異なる姿勢を示していることにおいても重要である。

最初に、19 世紀の歴史的批判主義に対するクナーベンバウアーの反対が、はじめから聖書の史実性の問題に焦点を当てているわけではなく、その問題を第一にしているわけでもないことに注目することには、重要な意義がある。むしろ、彼の最優先の関心事は、教会の伝統に対する攻撃と認められる態度である。それ故彼は、教父たちや中世のスコラ学者たちの概説から始めている。彼らは異口同音に、イザヤ書が一人の選ばれた預言者による著作であることを支持している。クナーベンバウアーが教父たちに根拠を求めるのは、それが教会の釈義の伝統を維持するのに役立つだけでなく、その注解全体を通して彼自身の解釈に欠かせない部分として用いられているからである。このことは、ヘングステンベルクともアレクサンダーとも著しく異なっている。過去の研究についての彼らの概説は、非常にまれな例外を除いて、宗教改革者たちに始まるように見えるからである。

401

クナーベンバウアーが預言テクストの歴史的要素に話題を移す時には、教会の教理に支持を仰ぐことによってではなく、むしろ旧約聖書全体にわたって証言されている著作年代や著者問題との深い関わりを明示することによって、自身の保守的な立場を擁護しようとしている。それから彼は、批判的研究が匿名の著者や軽率な歴史的関連づけに根拠を求めることに反論し、そのための合理的論拠を挙げる。クナーベンバウアーは、プロテスタントの解釈とカトリックの解釈という両方の全範囲を十分に承知している。そして、彼は概して、その対抗者たちを公正さをもって扱うのである。

　最も興味深い箇所の一つにおいてクナーベンバウアーは、40-66章の受け取り手がバビロンにいる捕囚中の、あるいは捕囚後の聴衆でしかありえない、という批判的研究の論法に反駁しようと試みている。クナーベンバウアーは、最初に1-39章の中で、そしてそれに続く40-66章の中で見出された裁きと救済というテーマの原因となった破壊と抑圧を、紀元前8世紀のユダが預言者イザヤの存命中にすでに経験していたことを示そうとしている。

　そしてまたクナーベンバウアーは、各々の章句から浮かび上がってくる特定の問題に焦点を当てる前に、イザヤ書のより大きな構造を説明することから始めているという点で、優れた文学センスを発揮している。彼は異なる文学的水準（レヴェル）を見ることに抵抗しているが、1-39章の最終形態としての文学的一貫性を保持することに完全に成功している。

　最後に、注解全体を通じて、クナーベンバウアーはテクストの釈義的次元と神学的次元を結合しようと試みている。その結果、彼の解釈には全体性がある。それは、自由主義的（リベラル）か保守的（コンサバティブ）かにかかわらず、同じ時期のプロテスタントの注解書にたいてい欠けているものである。彼の注解はうまく組織立てられていて、読み手が際限のない脱線に悩まされたりしない。

　しかしながら、クナーベンバウアーのイザヤ書注解に代表される保守カトリックの立場には、深刻な問題がある。第一に、新約聖書の見方は、しばしば旧約聖書の証言を陰の薄い存在にする。たとえば、「第二イザヤ」（40-50章）の苦難の僕を「第一イザヤ」（1-39章）のメシアと同一視することは、聖書テクストに密着した読みに基づいていない。なぜなら40-55章では、メシアニズムというテーマが顕著ではないからである（多くの批判的研究者は

第16章　19世紀と20世紀

その存在を完全に否定しようとした）。また、6章にある三重のサンクトゥ
ス［聖なるかな］についての、三位一体論用語に従った彼の洗練された読み
は、ヘブライ語テクストの字義的意味を超えたものである。キリスト教聖典
全体の聖書神学に然るべき役割があることに、私は完全に同意するつもりで
はあるが、それは、旧約聖書自身の声をまず聞くことなしにキリスト教神学
を無批判あるいは無意識に導入することであってはならない。

　第二に、クナーベンバウアーは、イザヤ書40-66章の執筆年代が捕囚前時
代であることを証明するためにエレミヤ書からの言語学的並行を用いている
のだが、それは、エレミヤ書は捕囚後時代に編集されたのだというほとんど
確実な可能性を考慮し損ねている。並行を認めることは、二つの正典的書物
間の間テクスト的関係性という観点で、釈義的意義を有する。しかしそれは、
「第二イザヤ」の執筆年代をより早い時代に設定するための歴史的な釈明と
しては説得力を持たない。そしてまた彼は、メシア的だと伝統的に見なされ
ている幾つかの詩編を、イザヤ書のメシア的解釈を裏付けるために無批判的
に用いているが、それらの詩編を単に証拠テクストとして挙げるよりむしろ、
もっと批判的に適用する必要がある。

　第三に、クナーベンバウアーの文献学的証拠は、非常に徹底的でしばしば
印象的であり、語源的意味よりむしろ文脈内での語の用い方に対して意味
の優先権を与えることを強調する彼の主張は理にかなっている。その一方
で、*almah*［おとめ］に関するヒエロニムスの語源を用いた解釈を無効にし
たゲゼニウスのイザヤ書7:14の解釈についての議論を、彼が十分真剣に受
け取っていたのかどうかという疑問は残る（*Commentar über den Jesaia,* vol.1,
pp. 297ff.）。この章句の釈義の歴史についてのクナーベンバウアーの非常に
学問的な概説は非常に興味深いが、それは近代の比較セム言語学に基づいた
議論には触れていない。

　最後に、次のことに言及しよう。私は、クナーベンバウアーが教父たちを
キリスト教釈義の伝統の重要部分として用いていることを、高く評価して
語ってきた。クナーベンバウアーが聖書テクストの字義的意味の解釈に自ら
の解釈の範囲を絞っているにもかかわらず、教父たちからの引用が、間接的
にテクストに比喩的意味を割り当てるのに役立っていることは興味深い。私

の疑問は、字義的意味と比喩的意味の間の緊張で問題となっている解釈学的争点を、彼が十分に省察したかどうかということである。

　要するに、クナーベンバウアーの貢献は、19世紀終わりまでに忘れ去られる大きな危険にあったキリスト教会の強力な釈義の伝統を思い起こさせる重要なものとなっている。けれどもクナーベンバウアーは、時折ヘングステンベルクに似た保守的立場の弁証的擁護を強いられている。それは、啓蒙主義が突きつけてくる神学的、解釈学的難題に上手に対処できていなかったことを示している。更に彼は、一世紀前のオーギュスタン・カルメによって非常に巧みに表された聖書の物語(ナラティブ)の包括的意味の新鮮さの多くを失ってしまった。

Ⅲ　告白的立場(コンフェッショナル)による調停：
J. C. K. フォン・ホフマンとフランツ・デリッチ

　フランツ・デリッチ（Franz Delitzsch）の貢献を、その仲間や敵対者たちについてある程度注意を払うことなしに評価するのは困難である。彼らとの関わりの中で、デリッチは自身の解釈を形成した。右にはヘングステンベルクに率いられた正統的ルター派の人々がいた。左には、ゲゼニウスやヒッツィヒの見事で学問的な注解があった。けれども、これら両極端の真ん中には、正確に定義することのより難しい、もう一つの選択肢があった。それは、ドイツの霊的覚醒運動（Erweckungsbewegung）から、またロマン主義の出現から生じたが、それは折衷主義に留まりもし、異なる様々な方向へと発展していった。

　この中間的立場の中心人物の一人が、エアランゲン大学のJ. C. K. フォン・ホフマン（von Hofmann）であった。彼は右と左の立場に対して闘いを繰り広げた。不幸なことに、彼はイザヤ書の注解を書かなかったので、本書の対象範囲外である。それでもなお、彼には真剣な注意を払うべきである。旧約預言者についての彼の考えの幅広さは、彼の二つの重要な著作『預言と成就』（Weissagung und Erfüllung）と『聖書的証明』（Der Schriftbeweis）に見る

第16章　19世紀と20世紀

ことができるが、その両方ともにイザヤ書についての章がある。

　ここでの私の関心事は、単純に、デリッチを理解するのに役立つ数行を引用することであるが、しかし「救済史」（Heilsgeschichte ＝聖なる歴史）という問題に焦点を当てることでもある。それはデリッチに先立つ時代のコッケイウスとヴィトリンハ（第15章参照）の著作と幾つかの接点を持っているのだが、それは20世紀に入っても、ゲルハルト・フォン・ラート（Gerhard von Rad）やオスカー・クルマン（Oscar Cullmann）の神学において、強力な影響力を発揮し続けた。

1　J. C. K. フォン・ホフマン（1810-1877）

　J. C. K. フォン・ホフマンは、19世紀半ばのドイツの告白的な研究者たち^{コンフェッショナル}の中で、最も創造的で影響力の大きかった者の一人であると広く認識されている。彼は、1859年から1867年まで、エアランゲン大学でデリッチの同僚であった。そこには他の印象的な研究者たちがいたにもかかわらず、彼は他の誰よりも、いわゆるエアランゲン派の中心であった。

　近年、ホフマンに働いている様々な影響をたどる多くの試みがなされてきている（cf. Wendlebourg, "Die heilsgeschichte Theologie" および J. W. Rogerson による分析 *Old Testament Criticism,* pp. 104ff.）。これらの影響の中には、ランケ（Ranke）、ヘーゲル（Hegel）、シェリング（Schelling）、シュライエルマッハー（Schleiermacher）の業績がある。しかし、ホフマンの業績は、ベーメ（Boehme）、ベンゲル（Bengel）、エティンガー（Oetinger）のような先導者に見出される、神智学的な流れ（theosophic currents）とも関係がある（cf. Diestel, *Geschichte des Alten Testamentes,* pp. 704ff., および R. A. Harrisville, *The Bible in Modern Culture,* pp. 123ff.）。フォン・ホフマンの考えは、敬虔主義の要素と観念論哲学（idealistic philosophy）の変種とが複雑に結合したもので、更にまた、それはランケの歴史的方法の影響を反映している。けれども、フォン・ホフマンが、単に折衷主義の混合物を提供したに過ぎないとほのめかすのは、彼の貢献をはなはだしく誤解することである。彼の文章には、彼自身の深い神学的省察からしか生じえない集中力と一貫性、そして輝きがあ

る。

　この章での我々の関心は、聖書解釈におけるホフマンの影響に限定されており、特にデリッチとの関連に限定されている。ホフマンの直接の文脈は、二つの最前線で起こった神学的争いによって形作られた。極右には、ヘングステンベルクのスコラ学的ルター主義があった。彼らは聖書の預言を、未来についての偶発的な予言（contingent predictions）とそれらの成就として理解した。左には、たとえば、デ・ヴェッテ（De Wette）、ヒッツィヒ、イーヴァルトといった高等批評の研究者たちがいた。彼らは、聖書の統一性と権威とを解体した。

　ホフマンの大きな貢献は、有機的関係の中で神の啓示に結び付けられた救済史（Heilsgeschichte）の観点から、聖書の歴史を再定義したことにある。ホフマンにとって歴史とは、世俗的歴史の中に埋め込まれた聖なる過程である。それが被造物全てに究極的な意味を与える。この聖なる歴史は、世界の創造からキリストにおけるその完全な完成までに起こる救いの出来事の中で、神の目的が徐々に明らかにされていくことである。諸々の出来事が最終的な目的に向かっていくこの歴史過程と結合されたのが、被造物全体の救済という神の目標の啓示であり、それは同じコインの裏側を形成するものである。

　この世界にキリストが与えられたことが、全歴史の実質的内容である。このキリストの開示は、歴史と啓示の両方を含んでいる（cf. *Weissagung*）。すなわち、神と人との霊的交わりを形作る歴史であり、ある特定の瞬間にこの交わりの最終形態を露わにする啓示である。歴史と啓示というこの二つの運動は、キリストとの永続的な関係で結び付けられている。キリストがその両者の源なのである。預言者的歴史の前進は、新約聖書の対型（アンチタイプ）を指し示す旧約聖書の型（タイプ）によって、絶えず示されている。啓示は教理ではなく歴史である。旧約聖書の預言は、未来における成就を待ち望む諸々の個々に独立した予言（predictions）から成るのではない。そうではなくて、救済史（Heilsgeschichte）こそが預言者的なのである。この聖なる歴史は、有機体全体の中の異なる段階を通して、目標に向かって動きつつ、徐々に明らかになる。聖書は、この救済史の記録である。しかしそれは「外面的に」読まれるべきではない。むしろ、この歴史の意味は、新生の経験を通してしか明確にならない。新生こ

第16章　19世紀と20世紀

そが、キリストが全ての聖書的歴史の目標であることを確実にするのだ。

2　フランツ・デリッチ（1813-1890）

　フランツ・デリッチは、1890年に没するまで、19世紀後半の中心的聖書研究者であった。彼は、特別な教育と社交的性格、そしてユダヤ教への強い関心を兼ね備えていたが、それらのことはその世代の他の旧約聖書研究者から彼を多くの点で際立たせた。彼は、聖書にある音楽や動植物、ユダヤの職人の生活、色の研究に関する小論や学術論文を書いたロマンチストでもあった。写真の中の彼は、講義する時にいつも花を手にしている。彼は、創世記、詩編、イザヤ書、箴言、ヘブライ人への手紙など、旧約聖書についても新約聖書についても非常に多くの注解を書いた。しかしながら、特に彼を特徴づけたのは、その生涯にわたるユダヤ教——古代と現代両方——の研究であった。彼の注解はラビ文献からの引用であふれている。彼は、依然としてマソラ学者のアクセント表記体系に慎重な注意を払う、19世紀における数少ない旧約聖書注解者の一人であり続けた。

　彼が新約聖書をヘブライ語に翻訳する事業に従事し、それが彼の注意を全生涯にわたって引き続けたのは、もっともなことである。何よりも、彼は根っからの聖書学者で、メシア信仰に関する幾つかの論文を書いた正統的ルター派の研究者であった。キリスト教信仰を、歴史的批判的聖書研究があらゆる領域へと拡張したことから生じた新しい洞察と挑戦と深く関連づけようとしたことにおいて、デリッチほど熱心に取り組んだ研究者は、その時代にほとんどいなかった。幸いにも、1978年にジークフリート・ワーグナー（Siegfried Wagner）は、『フランツ・デリッチ　その生涯と著作』（*Franz Delitzsch: Leben und Werk*）と題した壮大な書物を出版した。その後のデリッチ研究は全て、それに依存することになる。ワーグナーは、ただデリッチの生涯と仕事についての網羅的な情報を提供するだけではなく——彼がデリッチの多くの手紙を用いているのは特に素晴らしい——その神学的貢献を深く探った評価を提示してもいる。

　告白的キリスト教神学者として、デリッチは、預言を単なる予言として、

407

あるいは偶発的出来事の超自然的成就として理解するような、杓子定規で合理的主義ですらあるような預言理解に対して強く反対した。同様に、多くの新しい批評家たちの過激な懐疑的態度に対して、彼は大いに批判的であった。デリッチはしばしば、エアランゲン大学のホフマンの救済史学派（heilsgeschichtliche school）と同一視され、ホフマンの亜流だと批判されさえした。デリッチが、ホフマンの1841年の挑発的な著書『預言と成就』（*Weissagung und Erfüllung*）の意義を認めた最初の一人であったのは事実である。彼はそれを賞賛し、かつ批判する長い論評を書いた。更にデリッチは、ホフマンの立場と格闘し続けた。そして彼は、幾つかの著作や手紙や小論で、賛同する点としなかった点とを明らかにしたのだった。

　デリッチは、ホフマンの救済史の強調を非常に高く評価した。救済史は、キリストで頂点に達する動的運動の範囲内で、旧約聖書と新約聖書の両方を包含するのである。彼はまた、予型論的な要素の中に、成就の過程を通していつの日か達成される神の創造の回復の前兆を指し示すことを通して展開されていく数々の出来事の統一性が見られることにも賛同した。最後に、聖書の真の理解は、解釈者の個人的、主観的、宗教的経験という手段によって解き明かされるという初期のドイツ敬虔主義を強調しているという点で、彼はホフマンと共通している。

　それにもかかわらず、デリッチがホフマンに激しく反論した重要問題もある。これらの多くはデリッチの書簡中に表されているが、とりわけ彼の著書『聖書の預言者の神学』（*Die biblischprophetische Theologie*）の数箇所でかなり長めに表現されていた（pp. 170ff., 195ff., 208ff., 257ff.）。その詳細な説明の中で、デリッチはホフマンの救済史（Heilsgeschichte）、予型論（Typologie）、実現（Erfüllung）のような用語を受容したにもかかわらず、頻繁にこの用語をホフマンとは異なる仕方で定義した。たとえば彼は、聖なる歴史とは人間の応答から独立して明らかになっていく有機的過程のことである、というホフマンの見方に反対した。確かに、デリッチにとっては、神は歴史を通して救いをもたらす預言を提供するが、歴史それ自体は啓示ではないのである（"die Geschichte nicht an sich eine weissagende ist"〔歴史は、それ自体としては、将来について予め告げるような性質を持つものではない〕, p. 180）。デリッチは、

第16章　19世紀と20世紀

ホフマンが罪の役割を軽視し、信仰における決断に際しての個人の自由を過小評価していることにも異論を唱える。結局デリッチは、自然と恩寵の関係に関するルター派的定式を根拠としていて、後者［恩寵］についてのホフマンの誤解は、哲学的観念論（philosophical idealism）の不幸なる影響に由来していると感じていた。要するに、ホフマンの神学体系における重要な特徴についてのデリッチの批判は、デリッチをホフマンの亜流だと特徴づけることが偽りだということを示している。

デリッチの注解における実際の釈義も、ホフマンとの著しい違いを示している。それは、厳密な文献学、歴史的分析、釈義の詳細への文学的留意によって特徴づけられている。もちろん、そのような特徴が、ホフマンの著書である『聖書的証明』（Schriftbeweis）に欠けているというのではない。しかし、哲学的推論の要素は、デリッチには欠けている。彼の興味は、テクストそのものの意味を明らかにすることに留まっている。それ故、書かれたテクストから切り離されたように見える聖なる歴史の見方に、彼は批判的である。彼は聖書テクスト——普通、マソラテクストに焦点を当てている——への密着を保とうと努めた。そして彼が自身の見解を何度も修正したことは、彼が釈義の改善に常に関心を持っていたことを示している。

ホフマンとデリッチの関係については、最後にもう一つ重要な面があって、それは後から振り返った時にのみはっきり見えるものである。ホフマンの世界観は、19世紀初頭に、歴史についての様々な観念論哲学（フィヒテ〔Fichte〕、シェリング、ヘーゲル）によって形成されたのだが、それは観念的精神（ideal Spirit）の有機的開示を強調したものであった。しかしながら、デ・ヴェッテ（De Wette）に始まり、F. C. バウア（Baur）と J. ヴェルハウゼン（Wellhausen）で頂点に達することになる、聖書の歴史についての非常に異なった理解が出現し始めた。もし旧約聖書の歴史の本当の歴史的発展がホフマンによって仮定された救済史の軌跡と非常に異なるのなら、何が起こるだろうか。もし救済史（Heilsgeschichte）と世界史（Weltgeschichte, すなわち世俗的歴史）が、聖書の歴史の順序を並べ直すような急進的な文献（資料）批判的再構築によって全く別物とされるのなら、それは何を意味するだろうか。聖書に含まれる諸々の書物に、正典によって伝統的に割り当てられてい

409

る著者とは異なる複数の著者がいるという説を支持すれば、どのような影響が生じるであろうか。要するに、デリッチはホフマンとは非常に異なる一群の問題に直面していたのである。そして彼は、ヘングステンベルクの不毛な合理主義と極右の考え方の中にただ含まれていたものより、はるかに大きな脅威からの挑戦を受けることになる。

デリッチのイザヤ書注解（1889 年、英語版 1894 年）の第四版の英訳の冒頭の序文の中で、S. R. ドライヴァー（Driver）は、イザヤ書の著者問題についてデリッチが批判的判断を修正した点を重んじている。初期の版の中でデリッチは、イザヤ書の著者がひとりであることを擁護していた。ところが最終的に 1889 年には、彼は第二イザヤという著者を承認して、その書の起源と著者性に関する調整を行った。要するに、デリッチは、ドライヴァーが長く主張してきた現代的な歴史的批判的研究方法（アプローチ）と同じ方法を取っていたように見えた。

デリッチが、1866 年の初版の見解を修正したことは明らかではあるが、ドライヴァーがこの変化から正しい含意を引き出したかは、決して確かではない。デリッチの修正は、ドライヴァーが二つの観察をすることを可能にした。第一に、そのことは、旧約聖書の歴史的批判的な見方の根拠の妥当性を確かにした。第二に、そのことは、批判的研究は旧約聖書に含まれた啓示のリアリティーを信じる堅固な信仰と完全に一致している、という証拠を提供した。

デリッチはドライヴァーの解釈を、少なくとも部分的には受け入れていたかもしれない。なぜならデリッチは、常に好意的な反応を示していたからである。しかしながら 40-66 章の注解のために新しく書いた序論の中で、デリッチは異なる強調を提供している。彼は、第二イザヤの著者性（authorship）に関する自身の変化を大げさに考えずに、むしろ、彼にとってそのことの内にはわずかな解釈学的意義しか含まれていないと主張した。彼は、イザヤ書がイザヤより後の預言を含んでいるという見方に反対すべきものを見つけたことは全くないと示唆している。実に、彼は常に 40-60 章を捕囚の民に向けて語られたものとして扱っていたのである（この応答は、二重の著者性に対して彼が初期に強く反対していたことを考慮すると、少し誠実さに欠けるよ

うに見える）。

　より重要なのは、それに続く段落である。その中で彼は、自身の解釈の方法が通常の批判的研究方法（アプローチ）とはどのように違うのかを述べている。彼にとって重要な問題は、二重の著者の可能性とは無関係に、その書の統一性をいかに理解するかに向けられている。彼は、第一イザヤと第二イザヤは偶然に結び付けられたのではなかったと論じている。後半の章は、質においても価値においても同程度、真実な意味でイザヤの預言の継続であった。この書の全ての部分は、直接的にせよ間接的にせよ、イザヤの刻印を担っている。預言者イザヤは捕囚の民の間で生きている。それはエゼキエルのように実在するという仕方としてではなく、可視的形態のない霊のようなもの「イザヤの生き霊（Jesaia's Doppelgänger）」として、である。

　40-66章を、その形と内容に従って読めば、「イザヤの霊が支配し、イザヤの心臓が脈打ち、イザヤの燃えさかる舌が語る」ことが分かる（Wagner, p. 251より引用）。この書のキリスト教的使信（メッセージ）は調和の内に留まっている。イザヤとは別のもう一人の人物が直接の著者であるかどうかには関係なく、その書はイザヤから沸き起こる衝動の結果なのである。更にその書は、約束のメシアから苦難の僕へ、そして新約聖書におけるそのキリスト論的成就へと伸びていく一貫した終末論的使信（メッセージ）を含んでいる。要するに、デリッチの研究方法（アプローチ）は、ドライヴァーやチェーン（Cheyne）やその同僚の批判的研究者たちの方法とは、非常に異なっている（この判断は、彼が書いた40-66章の導入部の最終版にほのめかされている。しかし、デリッチは決してそれを論争的な仕方で述べてはいなかった。ドライヴァーの序文付きで自身の注解の英語版が出版される前に、彼は亡くなってしまった）。

　デリッチのイザヤ書注解には、隅々にまで行き渡る彼の神学的関心を最もよく特徴づけているところが幾つかある。第一に、ある部分がイザヤが生きていた時代より後の作だと認めている時でさえ、彼はその書が広い意味で一つであることを見ようと苦心している。24-27章が預言者自身によって書かれたはずはなく、「この場合には師匠を凌駕する」（vol.2, p. 419）弟子によって書かれたのだということに彼は同意する。それから彼はかなりの分量を割いて、それらが13-23章に対する終楽章（フィナーレ）を形作っているのだと主張す

411

る。その書の統一性を理解するために最も効果的な方法の一つが、イザヤ書に間テクスト性を用いることであった。デリッチはしばしば、預言は常に律法に優先するというヴェルハウゼン（Wellhausen）の原則に疑いを差し挟もうと意識的に努力し、五書の法に関する部分とイザヤ書の律法の適用の間にある並行性をたどった（vol.1, p. 2）。更にまた彼は、1-39 章と 40-66 章の間の言語学的並行をたどった。ヘングステンベルクに従って、「ひとりの著者」という主張を確立するためではなく、複数の著者にもかかわらず存在する預言者の使信の連続性を大いに効果的に示すためである。

　第二に、デリッチは、7-11 章の文学的順序と歴史的順序を叙述することに熱心に取り組んだ。彼はイザヤ書 7:14 の伝統的なキリスト教的解釈から自由になってテクストを読もうとしたが、しかしゲゼニウスやそのユダヤ教的先達たちの合理主義的歴史化（rationalistic historization）には満足しようとしなかった。結局デリッチは、7 章、9 章、11 章に記されたメシア的希望の間に、救済史的（heilsgeschichtliche）繋がりを見ることができるという見解を論じることができた。そして、このメシア預言の連続は、紅海の向こう岸に渡った贖われた人々の讃美の歌に並行する讃美の歌（イザ 12 章）の中で頂点に達する。「その言葉は、現在の人々の中に含まれる未来の人々に向けられている」（vol.1, p. 290）。

　第三に、デリッチは、第二イザヤの僕についての解釈に熱心に取り組んだ。彼は僕をただちにイエス・キリストと同一視しようとする伝統的キリスト教の取り組みに抵抗し、41 章と 42 章において、ひとりの人物によって共同体を表現するという仕方で、僕としてのイスラエルへの言及がなされていることに細心の注意を払った。それから中盤部分（49 章）では、僕はイスラエルを贖うために送られたのでもあり、それ故、民全体と単に同一視できるものではないことを彼は認めた。最後に、53 章において彼は、僕が極めて個人的な存在として描かれていることを無視することは解釈学的に不可能であると考えた。そこでデリッチは、僕を理解するために、ピラミッドの形について語っている。すなわちピラミッドの下底にあるのはイスラエルの民、中央部に「霊に従う」イスラエル、そして頂点にイスラエルから起こる「救済の人格（the Person of salvation）」が位置する（vol.2, p. 165）。彼は「イザヤ書

第 16 章　19 世紀と 20 世紀

52:13–53:12 は、あたかも預言者が十字架の下に立ち、復活されたお方を見たかのようにはっきりと、イエス・キリストの苦難と復活を宣言している」と続けた。

　最後に、デリッチの第四版と最終版のイザヤ書注解は、彼の初期の著作の特徴であったキリスト論への全面的な集中から逸れることは決してなかった。この熱烈な確信は、特に 19 世紀後半においては注目すべき事柄である。なぜなら、それが同時代の人々の批判猛攻撃を開始させたのだから。デリッチが一方で地道な文法的、文献学的釈義の絶対的必要を強調しながら、同時に他方で、「十字架にかけられ、復活されたお方であるキリストは、神の言葉全体の生ける到達点であり、従ってその最終的な意味でもある」（Wagner, p. 325）とも加えて語ることがどうしてできるのか、多くの人にとっては非常に不可解に思われた。あるいはまた、英語に翻訳された小論（*The Old Testament Student*, pp. 77-78）の中で、彼はこう書いている。「新約聖書なしでは、旧約聖書は手がかりのない迷宮、結論のない三段論法、心のない胴部彫像、太陽のない月である。キリストは旧約聖書のふさわしい解釈者なのだから」。このような陳述から、デリッチが、聖書の釈義は神学的な前提なしですべきだという 19 世紀末期に普及していた見解を共にしていなかったことは明らかである。

IV　19 世紀後半の英国のイザヤ書注解

　19 世紀後半には、英国の研究者たちによって大量のイザヤ書注解が生み出された。彼らが何十年もの間、英語圏のイザヤ書理解を形成したのである。19 世紀のほとんどの間、英国、そして疑いなく北米が、ドイツの学問にはるかに後れを取っていたことは一般に認められている。英国の注解が出版され始めたとき、それらは最初、ドイツのものと比較して保守的になる傾向にあった。それらは、高等批評研究の見地を慎重に採用していたが、それでも19 世紀後半まで、そのような研究方法はイギリスでは抵抗にあい続けていた。

　それにもかかわらず、英国の学問にはドイツとは異なる幾つかの特徴が出

413

現し、この研究における我々の解釈学的関心全体に重要な貢献をすることになった。第一に、英国の研究者たちは、およそ 1880 年から 1910 年までの数十年間に英国と北米の両方で、旧約聖書に関する新しい批判的な理論的枠組を導入するのに大いに成功した。第二に、これらの英国——イングランドとスコットランド——の研究者たちは皆、プロテスタント教職者の一員であった。彼らは皆神学教育を受け、通常は教会の任職を受け、教会の教会員を主たる対象として意識的に語りかけ続けていた。それ故、彼らがどのようにキリスト教聖典としてのイザヤ書と格闘したのかを見るために、これらの注解者たちについて知ることは、大いに興味をそそられることである。

1 トーマス・ケリー・チェーン (1841-1915)

オックスフォード大学オリエル・カレッジの教授、トーマス・ケリー・チェーン (Thomas Kelly Cheyne) についての考察から始めるのが適切であろう。チェーンは、早くも 1868 年に、イザヤ書の本文批評研究の出版をもって、イザヤ書の批判的研究を開始した。この取り組みに続いて、間もなく 1870 年に、イザヤ書を時系列に配列する試みを行った。この時点では、彼にはハインリッヒ・イーヴァルトの影響がまだ強くあった。彼によるイーヴァルトの部分修正は、イングランドの保守的な人々の間で大きな憤慨を引き起こすことがない程度であった。続いて 1880 年に、彼のイザヤ書注解の初版が 2 巻本で出版された。

チェーンは晩年には、イングランドの研究者の中で最も急進的な人物であると多くの人から見なされたが、1880 年にはまだ研究方法において著しく保守的であった。彼のエネルギーのほとんどは、歴史的、文献学的、文学的注釈に集中した慎重で少々面白味のない注解を提供することに注がれていた。彼は初期にはデリッチに依存していたにもかかわらず、神学的議論は驚くほど少ない。驚くべきことは、彼が批判的問題を扱う際のその用心深さである。たとえば彼は、40-66 章のイザヤ書の著者が誰かという問題がまだ未解決の問いであることに言及するが、しかしこう付け加える。すなわち、その決着は「我々を鼓舞し支配する神の影響力を我々が保ち続ける」限り決定的では

第 16 章　19 世紀と 20 世紀

なく、「それを私は願い求めてきたのだ」（vol.2, p. 231）と。彼はまた、苦難
のメシアは少なくとも、その萌芽を示す形で、旧約聖書の中にすでにあるの
だという立場を擁護している。

　注解の第五版（1889 年）では、彼の保守的姿勢に関する確信がますます
なくなってきているのに気付かされる。彼は、ユリウス・ヴェルハウゼン
（Julius Wellhausen）や W. R. スミス（Smith）のより進歩的な批判的研究理
論に忠実に従っているが、彼らを信奉することには依然としてためらいを
感じている。それから 1891 年に、S. R. ドライヴァーの有名な『旧約聖書入
門』（Old Testament Introduction）が出版された。40-66 章の著者が不明である
こと、24-27 章の成立年代が非常に遅いことを明確に断言している。その後
すぐ、チェーンは 1895 年のイザヤ書の新しい批判的分析の中で、より一層
過激な立場をとるようになった。それから、『旧約聖書批評の創始者たち』
（Founders of Old Testament Criticism）に収録された一連の論文の中で、チェー
ンは実際に、ドライヴァーのイザヤ書に関する保守的で臆病な姿勢を攻撃し
ている。

　我々の解釈学的関心にとって更に興味深いのは、チェーンが 1889 年版の
補遺として出版した「イザヤ書のキリスト教的要素」（"The Christian Element
in the Book of Isaiah"）という題の小論である。チェーンは、イザヤ書の構成
の発展については批判的判断を徐々に展開させていったが、この小論にお
いては、イザヤ書の神学的内容についての彼の継続した関心が示されている。
チェーンはその学術的注解の中で、自身が預言者の神学的次元を十分に扱っ
ていないことに気付いているようでもある。

　最初に彼は、普遍的に容認された原則として「文法と語彙の完全なる優
位性」を認める（vol.2, p. 193）。それにもかかわらず、彼は旧約聖書の中に、
明確なキリスト教的要素を二種類見出している。第一に、キリストの生にお
ける特別な状況の予示がある。それは見たところ修辞的記述そのものの只中
に、何気なく生じている。これらは意識的な預言ではなく、特別な摂理の導
きを信じるキリスト教信仰が存在しなかったなら、純粋に偶然のように見
えるかもしれない。旧約聖書の記述の中にあるこれらの事柄をそれとなくほ
のめかす特徴の目的は、イエス・キリストの御性質と業を象徴化することで

415

あった。第二に、苦難のメシアであるイエス・キリストの特徴的描写がある。神の霊は、預言者の心理過程において次のような形で働いた。すなわち、預言者は霊の働きによって、完全に彼固有の意味を伝えつつ、キリストの生における未来の事実にも一致する表現を選ぶことができた。特に、教え、苦しみ、勝利を収めたメシアという第二イザヤによる描写において、イエス・キリストの生が予表されているのである。

　重要なのは、チェーンがこのことに関して何を言っていないかである。1）それは旧約聖書の予言（prediction）と新約聖書の成就という問題ではないし、2）旧約聖書から新約聖書へという救済史（Heilsgeschichte）の移行があるのでもないし、3）新約聖書が我々の旧約聖書的理想の頂点に達した形だというのでもない。むしろ、旧約聖書と新約聖書の間にはある種の一致があって、そのことは特に詩編とイザヤ書において顕著に見出される。そしてこの一致は、厳密に文法的、文献学的読みに基づいてのみ保たれる。チェーンが、イエス・キリストに対する証言としての旧約聖書というより古い伝統的な見方と、聖書テクストのより新しい歴史的批判的解釈を調和させようと試みていることが、この点で非常にはっきりと現れている。

　この取り組みが孕んでいるそもそもの問題は、チェーンが、教会の聖書という枠内での特別な神学的運動という点から見ることなしに、しかし後の世代の者たちが歴史の意義をよりよく認識できるようにという目的で大きな出来事を予示するという一般的な哲学理論によって、旧約新約両聖書間の関係を保とうとしていることである。そしてまた、歴史的／文法的な読みと霊的な予示を見ようとする読みという聖書テクストの二つの異なる読みを、聖書解釈を行う文脈をより深く省察することなしに結び合わせることができるかどうか、という問題が生じる。結局、チェーンの神学的折衷案は、世俗的歴史家も告白的キリスト教信者も満足させないのである。

2　アンドルー・ブルース・デイヴィッドソン

　エディンバラ大学の旧約聖書の教授アンドルー・ブルース・デイヴィッドソン（Andrew Bruce Davidson）は、イザヤ書の注解を著さなかった。けれど

第 16 章　19 世紀と 20 世紀

も、イザヤ書解釈における彼の影響は、英語圏で 19 世紀後半を通して、並外れて重要であった。彼は旧約聖書研究の第一人者だと広く考えられており、ウィリアム・ロバートソン・スミス（William Robertson Smith）やジョージ・アダム・スミス（George Adam Smith）を含む、批判的志向を持った若い研究者の新しい世代全体の教師であった。彼はスコットランド教会の学識ある賢明で信頼できる指導者だと見なされていた——彼自身はスコットランド自由教会に属していた。そして、伝統的で保守的な姿勢から、より新しく批判的なドイツの学問に対して寛大な姿勢へと、彼がゆっくり慎重に移行したことは、改革派と英国国教会と自由教会の間で、大きな新しい理論的枠組受容に向けて大きな権威づけとなった。

1884 年の重要な論文（"The Book of Isaiah Chs. XLff."）の中で、デイヴィッドソンは、8 世紀の預言者を著者とする伝統的な説から離れる理由を説明した。特に興味深いのは、53 章についての彼の解釈学的考察であった。彼の研究方法はチェーンとは違っていたのだが、より新しい批判的分析を用いて伝統的なキリスト教的読みを正当化するという関心を共有していた。

彼は、53 章の主の僕はイエス・キリストにおいて成就した、と明確に容認することで議論を始めている。この同一視は新約聖書によってはっきりと力説され、キリスト御自身によってイザヤ書 61 章の中で断言されたというのである。それからデイヴィッドソンは、僕の姿がキリストの内に表されたのだということに、ユダヤ人以外の誰もが同意していると言い、「預言者の内にあったキリストの霊は、偉大な考えへと彼の心を導き、彼はその考えを、キリストを視野に入れて表現した」（p. 450）と論を進めている。

それからデイヴィッドソンは第二の問いにとりかかる。彼は、この問いが第一の問いから鋭く区別されねばならないと主張する。すなわち、僕について語る際、預言者は自身の心の中にどんな対象を持っていたのだろうか、と問うのである。それから彼は、この問いに対する答えは全く違っているかもしれないと示唆する。実際、「預言者の考えが国家に関わるものであることはほとんど疑うことはできない。……イザヤ書に登場する僕は預言者の心の創造物、すなわち理想的イスラエルそのものなのである」（pp. 358-59）。現代の読者は、デイヴィッドソンが僕に関する二つの全く異なる立場を一緒に

417

するという大きな難題に取り組んでおり、この折衷案ではうまくいっていない、という印象を抱くことだろう。更に、デイヴィッドソン以降の53章の解釈史は、チェーンとデイヴィッドソンによって編み出された方法に存するこの緊張が、英国において長くは続かなかったことを示している。

　ユダヤ教聖典としてのイザヤ書理解に対するシナゴーグの取り組みを追跡することは、本書の目指すところではないのだが、そこにキリスト教の解釈者たちの間で19世紀後半に発展した緊張との興味深い並行関係がある。ファンク＆ワグナルズ社（Funk & Wagnalls）によって有名な『ユダヤ教百科事典』（*Jewish Encyclopedia*）が1904年に出版された際、旧約聖書に含まれる書物についてのそれぞれの項目における記述には、二つの非常に異なる分析が含まれていた。それは通常、まず、そこで扱っている旧約の書物に関する伝統的な正統派ユダヤ教の見方が示され、その後に、しばしばよく知られたドイツの研究者によって書かれた第二の記述が続き、それが同じ書についての現代の批判的評価を示していた。印象的なのは、これら二つの相反する物の見方を調停する試みがなされなかったことである。それらは単純に並置され、未解決のまま放置されていた。

3　サミュエル・ロールス・ドライヴァー（1846-1914）と　　ジョン・スキナー（1851-1925）

　1891年にサミュエル・ロールス・ドライヴァー（Samuel Rolles Driver）は、画期的な『旧約聖書文学への入門』（*Introduction to the Literature of the Old Testament*）を出版した。その意義は、彼の分析が草分け的であったことではない。ドイツ的学問の物の見方から見て、彼の著書には、新規なものや以前には知られていなかったものはほとんど含まれていなかった。それでも、ドライヴァーの『入門』は間もなくドイツ語に翻訳され、徹底的かつ公正に書かれた、その歴史的批判的立場の正確で確実な表現が賞賛された。

　しかしながら、英語圏にとっては、彼の書籍の影響は決定的に重要であった。それは、主流派のプロテスタント諸教会による批判的旧約聖書学に対する主要な抵抗の終わりを告げるものであり、このように抵抗がなくなること

第 16 章　19 世紀と 20 世紀

は、英語圏に押し寄せていた大衆化の波によってますます当然のことになった。ドライヴァーは、歴史的批判的研究は急進的で不可知論的なドイツからの輸入品である、というそれまでの印象を消すことにも成功した（首相グラッドストーンはこれに納得せず、欽定講座担当教授〔Regius Professor〕にドライヴァーを任命したことを後悔した。cf. *A Century of British Orientalists,* pp. 122-25 に記されたドライヴァーについての J. A. エマートン〔Emerton〕の小論）。

19 世紀末のドライヴァーとスキナー（John Skinner）に象徴される、イングランドのイザヤ書釈義に起こった大きな変わり目を記述するには、「説教者のための注解」（"Speaker's Commentary"）の中にある、1875 年のウィリアム・ケイ（William Kay）による、保守的な英国国教会の注解と比較する以上に良い方法はない。ケイは、教父に基礎を置いた昔ながらの英国国教会の釈義的伝統の枠内に堅く立ち、アレクサンダー以上にヘングステンベルクから距離を保つ。けれども、ケイにおいてさえ、その注解の弁証的性質は明らかである。1860 年に出版された『小論と論評』（*Essays and Reviews*）から生じてきた既存の教会体制への脅威に対して、伝統的立場が永遠の真実なのだということを、彼は自分の教区民に保証しようとしているのである。

ドライヴァーとチェーンの立場は、明らかに同一ではない。しかし 19 世紀の終わりまでには、主要な英国研究者たちの間にあった主な歴史的批判的問題の大部分に、広く合意が現れてきた。そしてドライヴァーもスキナーも、この水準の合意を成し遂げる際に重要な役割を果たしたのだった。しかし、スキナーは 2 巻本のイザヤ書注解を書き、その一方で、ドライヴァーの書いたイザヤ書についての注釈は『入門』の中の長い章と『イザヤ　その生涯と時代』（*Isaiah: His Life and Times*）という題名の半ば大衆向けの著書だけだったので、この章ではスキナーだけに注意を向けることにして、ごく限定的に、それと相違するドライヴァーの立場を記載することにする。

スキナーは、その序論の結び（p. lxxiii）で、イザヤ書の著者、構造、文書的発展に関する批判的研究の合意についての自身の考えを要約している。「イザヤの名前を冠したその書物は、実際には預言者の諸々の託宣を集めた

419

複数の著者によるものであり、この書が歴史の中で文学として発展し、完成へと到達したものであることを示している。そのほぼ三分の二は、無名の預言から成り、その全てがイザヤ後の時代に属する。この書の40章以下の後半全体はこの種の預言に属するのだが、1-39章の著者についても非常に多様な説が存在する」。ドライヴァーの『入門』は、このスキナーの記述に彼が完全に合意していることを明示している。

　ドライヴァーもスキナーも、イザヤ書の歴史的背景の概要を説明する緒論的分析に多くの注意を払っている。そこでは、その分析のための決定的な資料が古代オリエントに関する情報の内に見出されている。ヘブライ人の王国の本当の年代順配列は、アッシリア側の記録によって確定された同時代性に基づくものでなければならないとされている。古代オリエント史が優先される明らかな理由は、預言書が機能する枠組みが歴史的であることである。ヘブライ人預言者は、世界の状況についての宗教的注釈を提供していると理解される。そしてその歴史の適切な知識なしには、預言者の使信(メッセージ)は理解不能で断片的なのである。ドライヴァーは15章を扱う際に、イザヤの預言が年代順に配列されなかったことを「不運」と特徴づける。そして実際の歴史を年代順に配列する作業は、たとえその作業に様々な困難が伴うとしても、成し遂げられなければならないのである。そのようにして、彼の解釈は歴史的再構築へと続いていく。

　ドライヴァーとスキナーにとって、聖書的歴史は弁証法的次元（dialectical dimension）を全く持たない。それ故、聖書自体による歴史の描写と再構築された世俗的歴史の間の解釈学的緊張は消えうせた。チェーンもデイヴィッドソンも、その緊張の中に解釈学的重要性を、少なくともその痕跡をまだ残していたことを思い出すべきである。このような議論の文脈では、初期の教会の理解において歴史とは、聖書に記録されているものであったことを心に留めておくことが重要である。当時、歴史は神を中心に、世界の中で神が働いておられる証拠として理解されていたのである。もちろん、教会の神学者たちは、世俗的世界について鋭く意識していたし、またそれが神の国にいかに影響を与えるかについて鋭く意識していた。しかし、後者［世俗的世界が神の国に与える影響］は前者、すなわちその創造全体にわたる神の御心を明

第 16 章　19 世紀と 20 世紀

らかにすることに対しては、常に二次的であった。啓蒙主義の大きな影響の
一つは、この優先順位の逆転にあった。かつて歴史は聖書の預言の光に照ら
して理解されたが、17 世紀までには預言は世俗的歴史の必然的結果として
解釈されるものとなったのである。18、19 世紀には、しばらくの間、コッ
ケイユスやホフマンのような神学者は、救済史概念に訴えることによって聖
書的歴史の優先性を保とうとした。しかしながら、19 世紀末までには、世
俗的に歴史を把握する見方は、すでに主導権を獲得していたのであった。

　スキナーとドライヴァー両方に共通するもう一つの解釈の要素は、哲学的
観念論からの全面的な影響である。教会がそれまで拠り所としていたある種
の救済史に、哲学的観念論がとって代わったのである。すなわち読者は、ス
キナーが霊的真理（p. xxvi）、宗教的価値、神の道徳的人格（p. liv）、そして
預言者の意識に堅固な基礎を与えている「単純だが包括的な原則」（p. xlvii）
といった諸々の要素の発展に基づいて議論する様子を見出すことができる。
聖性の概念をイザヤ書がどのように用いているかを議論する際、スキナーは
その概念の発展の経過を跡づけており、それがまず宗教的思考のより低い
水準から始まり、しかしその後ゆっくりと倫理的内容と道徳的完全性で満た
されていく様子を叙述している（p. li）。

　イザヤ書 7:14 についての解釈を議論する時、スキナーは、アハズに与え
られたしるしは、要するに、メシアの実際の誕生であったと結論している。
それから彼は書いている。「そのしるしが実現しなかったことに触れること
は、この見方に対する異議ではない。実現されない予言は（predictions）、旧
約聖書にありふれた現象である。もし、しるしが単に歴史における特定の出
来事であったならば、それ自体を実現できなかったことによって、それは無
効とされていたであろう……しかし、それが指し示す理想が信仰と希望の対
象であり続ける限り、それは信仰的価値を保っている」（vol.1, p. 67）。イザ
ヤ書 7:14 に関するドライヴァーの見方は、いくらかより伝統的である。彼
はインマヌエルの主眼点を「彼［イザヤ］によって、変わりゆく未来に投影
された理想像」（p. 42）として考えている。

　最後に、聖書の預言が完全に人間中心の範疇で解釈されていることは、哲
学的観念論の枠組み内では驚くことではない。スキナーはドライヴァーと同

様、「イザヤの天賦の才」について絶えず語っている。この預言者は、人や自然に対する格別の感性を持つ先見者（visionary）であった。「霊的真実についての彼の知覚力は、我々が直観的と呼ぶようなもので、しばしば忘我のような種類の経験を伴っていた」（p. lxxi）。マシュー・アーノルド（Matthew Arnold）の先例に続いて、スキナーはホメロスの天賦の才に特有な性質をイザヤに適用する。すなわち、「思考の平明さ、文体の平明さ、気高さ、軽妙さ」（p. lxxi）である。イザヤが「信仰の英雄」（p. xlii）として現れているのは驚くに当たらない。ドライヴァーによる預言者の特徴づけは、スキナーによる特徴づけとほとんど変わらない（pp. 107ff.）。ただし、ドライヴァーはイザヤがその考えに「高貴な表象（イメージ）」をまとわせ、「文字通りというよりむしろ象徴的に伝えた」（p. 111）ことをもう少し強調するのではあるが。イザヤの預言の想像力は「時間に依存しない」ものであり、それ故、もともとの文脈から切り離すことができた。しかしながら、イザヤの理想は時代を超えて存続したのである。

　我々の主要な問い、すなわち、スキナーとドライヴァーは、キリスト教聖典としてのイザヤ書理解への取り組みにいかに貢献したかという問いに戻ろう。彼らにはイザヤ書をキリスト教聖典として扱おうという苦闘も構想もなかったのだと言うのは、不親切で正しくないであろう。彼らが19世紀末に闘った闘いは、20世紀初期のそれとはかなり違っていた。この時代、ほとんどの研究者たちには、批判的聖書学が完全に勝利したことは十分明白であった。ヘングステンベルクの古い防衛的路線はおろか、デリッチの路線まで破られてしまった。教会が新しい世代に向けて語ることができるようにと、これらの真摯なキリスト者の研究者たちが解決策を打ち出そうとしたのは、まさにこのような文脈の枠内においてであった。しかしながら、悩ましい問いが残る。支払われた代償が高過ぎたのではないか、と。

4　ジョージ・アダム・スミス（1856-1942）

　聖書の分野へのジョージ・アダム・スミスの貢献を評価するためには、幾つか異なった方法がある。彼は、尊敬された研究者（グラスゴーの自由教会

カレッジの旧約聖書の教授）であり、アバディーン大学学長、国際的名声を得た講師、そして何にもまして、説教者であった。若い研究者として、彼は十二小預言書について『解釈者のための聖書』（*Expositor's Bible*）の 2 巻の注解書を書く務めを割り当てられた。それは非常に大きく成功し、多くの賞賛を引き起こした。後の 1888-90 年に、彼は同じシリーズでイザヤ書の 2 巻本の注解を書いた。

　最初の注解の出版時点では、歴史的批判的研究の位置づけに関して、英国内で依然として激論が続いていた。特に、主に聖職者や一般の人々に向けた*Expositor's Bible* のような注解シリーズをめぐって、そのような議論が続いていた。このシリーズの幾つかの注解は、特に新約聖書において、非常に保守的な方向性を示した。それと対照的に、スミスの著作は、研究方法において公然と批判的であり、特に最新のドイツの学術研究という点では、その分野での彼の卓越性を論証した。スミスの注解の、次における二つの特徴がすぐに明らかになり、それらが、この書に対して抱かれていた否定的な先入観を払拭した。第一に、彼の注解は上品で説得力のある英語の散文で、見事なビクトリア朝風の誇張法さえところどころに散りばめられていた。第二に、彼の詳細にわたる批判的学識は、新約聖書を含む聖書テクストの深く感動的な神学的考察と慎重にバランスが取られていた。

a. 批判的な旧約聖書研究者としてのスミス

　スミスは、ラテン語、ギリシャ語、ヘブライ語に熟練し、その能力を自身の注解全体にわたって用いた。しかしながら彼は、スキナーやドライヴァーや G. B. グレイ（Gray）の言語学的専門知識に対抗しようという真似事はしなかった。彼の独創性はむしろ、その文学的技能において浮かび上がってきた。預言書の構造や詩の様式、韻律の流れに対する彼の関心は、一貫して新鮮で探索的であった。イザヤ書のほとんどの部分についての彼の翻訳は、テクストを新鮮な仕方で生き生きとさせていることにおいてしばしば見事でもある。著者性についての高等批評的な問題に関して、彼は 40-66 章が無名の著者によるものであるという仮説を喜んで受け入れざるを得ないと感じた理由を詳しく説明した。また、注解の第 1 巻で、彼はメシア信仰について慎重

に議論し、自分なりのまずまず穏当な見解に達している。それはデリッチに近いものだった。

スミスはその注解全体にわたって、スキナーやドライヴァーと同様に、イザヤの歴史的背景に綿密な注意を払った。スミスは明らかに、歴史的究明の務めを大きな神学的意義を持つものと見なした。彼の主要テーマの一つは、歴史における神の働きであったからである。彼は 1-5 章についての分析の中で、ユダの歴史の初期の状況において若い預言者が得た歴史的経験は、6 章のウジヤの死に際しての幻の中に直接的に反映されている、と論じた。初版の 39 年後に出版された彼のイザヤ書注解の改訂版において、スミスの研究方法の幾つかの興味深い側面が明るみに出たことに言及することには重要な意義がある。その改訂版の中で彼は、イザヤの託宣の年代決定について、自分の初期の節度ある批判的判定のほとんどをそのまま残した。しかしその新しい脚注には、イザヤについての彼の以前の年代に関する見解が、ベルンハルト・ドゥーム（Bernhard Duhm）やカール・マルティ（Karl Marti）のずっと過激な理論に基づいて、かなり揺らいだと書いている。彼は、もし歴史的懐疑に限度がなかったならば、彼の解釈の歴史的基盤が危ういものになっていたかもしれないと懸念している。

b. 解説者としてのスミス

スミスは、聖書釈義に対するその研究方法という点で、チェーンやスキナーやドライヴァーでは散発的にだけ現れていた特徴を大いに発展させた。それは、テクストの心理学的分析である。つまり彼は、普通の人間の行動に準拠するような方法で聖書テクストを解釈した。古典的な例は、イザヤが民を頑なにするよう任じられたことについての、彼の解釈である（6 章）。この恐ろしい指令を説明するために、スミスは次のように論じる。「預言者としての生涯の初めに、人々のもとへ行ってそのようなことを語れと、これほど多くの言葉で神から命じられた預言者などいるはずがないことは明らかだろう。人がその種の任務を理解するためには、ただ経験則に照らして考える他ないのである」（Isaiah, vol.1）。このやり方の影響は、預言者に対する神の命令の力を、確実に鈍らせる。更にスミスは、ほぼ沈黙しているテクストか

ら推測を強いられる時でさえも、預言者の人柄^{パーソナリティー}を探究することに大いに興味を示す。それに、スミスが頻繁に良心について言及していること（1章を参照）は、狼狽させられるものである。その言葉は、旧約聖書には際立って欠けているものだからである。

これらの特徴に非常に近いのは、19世紀の哲学的観念論に由来する言葉をスミスが用いていることである。もちろん、この種の適用がスミスに特有だとはとても言えない。それは19世紀の間ずっと、英国やドイツやアメリカで広く行き渡っていた。しかしそれでも、それはスミスにおいて特に顕著である。彼は、イスラエルの宗教の発展について、それを「霊的な教義」に向かってゆっくりと移行する原始的な文化に深く根差した発展として語っている。特に預言書においては、道徳的内容がイスラエルの初期の宗教そのままの要素に置き換わり始めるのである。彼は、発展していく霊性の軌跡をたどる。それはもちろん、新約聖書を予示するものになっている。メシアニズムは、理想的イスラエルを人格化しようとする試みであり、それはイスラエルの希望が実現する高貴な人物にますます焦点を当てている。祭儀的、典礼的、法的言語にはあまり重点が置かれず、宇宙の主権者なる神に直面する霊的、実存的経験の方に重点が置かれている。

C. 神学者および説教者としてのスミス

旧約聖書に対するスミスの研究方法^{アプローチ}の側面を記述し続けることは容易であろう。それは彼を19世紀後半に固く繋ぎとめるものである。イェール大学での彼のビーチャー講義は、新境地をほとんど開拓せず、その時代の穏健な神学的自由主義を反映していた。しかし、この路線を継続することは、スミスの最も重要で独特な貢献を明らかに見落としてしまうことになる。それに我々は、我々の中心的問い、すなわち、キリスト教聖典としてのイザヤ書理解に対するスミスの取り組みの性質に、今まで真剣に取り組んではこなかった。

スミスの釈義の圧倒的な特徴は、彼がユダの民に対するイザヤの使信^{メッセージ}の神学的内容と真剣に格闘していることである。彼はメシア信仰、主の僕、政治と信仰といった重要な話題についての印象的な章を書いているが、より重要

なのは、その注解全体にわたる主題の神学的次元を彼がどのように扱うかである。歴史的問題の詳細を扱う際でさえ、彼は、あたかもそれが単に歴史について語っているかのようにその議論を終えることはなく、慎重に、歴史や地理や文献学を、神学や倫理や教義に対する含意と織り交ぜるのである。

スミスには、キリスト教聖典についての彼のより大局的理解に対する明らかな言及はない。旧約聖書と新約聖書の関係をどのように理解するのかを、彼は詳細に議論しないのである。けれども、彼の注解全体の基盤となる理解が、彼の実際の解釈の営みにはあることが分かる。預言者はその召命において、イスラエルだけの神ではなく、天と地を造られた方である神の聖性と威厳の幻を経験する。彼はモーセのような召命を受けてはいない。しかし彼は神の唇から使者の必要性を聞き、即座に自己放棄の決心において応答した。イザヤは神の託宣を伝える空虚な媒体になったのではなかった。従順で苦悩する人間として、イスラエルに神の究極的勝利への揺るぎない信頼と結び付いた神の恐ろしい裁きを運んだのである。スミスは、証明テクストの連鎖式抜粋の中に、新約聖書を引用していない。しかし彼は神学的内容と取り組んでいることから、彼の解釈の中には、［旧約聖書と］全く同じである神の目的に対する新約聖書の証言が、常に含まれることになる。彼の言及は決して行き当たりばったりではないし、ただ修辞的なものでもない。それは、世界全体を救うという神の一つなる御心の成就だと考えられるのである。

スミスの最も優れた解釈を知るための一番良い例は、彼のイザヤ書注解第2巻の「主の僕」と題する六つの章において見出される。彼はその研究を、第二イザヤの僕の姿に関して、これまでどのような批評的問題がとりあげられてきたかを慎重に振り返るところから始めている。彼は僕のアイデンティティーと使命の変化を次のように記述する。それは人格化された国家から、理想的な残りの者へ、そして最後に一人の個人へと移行する。全体に支配的な彼の見方はいくぶんデリッチに近いのだが、彼はデリッチよりはるかに流動的で動的な仕方でそれを示すのである。その後に、僕の表象を新約聖書が用いていることについての章が続いている。彼の研究は、鮮やかで新鮮な翻訳を伴って、53章の念入りな神学的説明についての三つの章で頂点に達している。

第 16 章　19 世紀と 20 世紀

　最後に、これらの章において、そして注解全体において見られるスミスの
最も大きな貢献のもう一つは、旧約聖書テクストを聴衆へと適用する際に認
められる。いつも例外なく、そして素晴らしい繊細さと多くの情熱をもって、
スミスは読み手を引きずり込む。断固とした調子の句があちこちに点在して
いる。「我々が神の偉大なる僕のように送り出されるのだと理解しよう」（p.
324）。「我々は兵士ではなく芸術家である……とがめるためにではなく……
［我々が］神の像と一致して生きることができるようにと来てくださったイ
エス・キリストの生き方を写しとろうとする芸術家である」（p. 325）。この
点でスミスは、英国の同時代の人々と比べて、別格なのである。ただ一人可
能な好敵手は、A. B. デイヴィッドソンであろうが、彼は自分の注解を説教
から切り離していた。

　恐らく、キリスト教聖典としてのイザヤ書理解への取り組みについて我々
が根気強く問い続けていることに対して言えることは、スミスの業績が先達
たちと同じ神学的関心の多くを反映していることである。すなわち、テクス
トの字義的意味への慎重な注意、旧約聖書の神学的内容との激しい格闘、イ
エス・キリストにおいて成就がもたらされた一つの神の目的についての新約
聖書の理解への深い関与、である。聖書解釈に対するスミスの研究方法には、
彼が活動した 19 世紀と 20 世紀初頭という時代が刻印されている。けれども、
その完全に時代に制約された形においてさえ、それはキリスト教釈義の伝統
の最良のものとの明らかな系統的類似性を持っているのである。

19 世紀と 20 世紀の聖書解釈者たちについての文献表

I　19 世紀初期の歴史的批判的注解

一次文献

Ewald, H. *Die Propheten des Alten Bundes erklärt,* neue Bearbeitung. 3 vols. Göttingen: Vandenhoeck & Ruprecht, 1867-68.

―――. *The Prophet Isaiah, Chapters 1–33.* London: Deighton Bell, 1869.

Gesenius, W. *Geschichte der hebräischen Sprache und Schrift. Eine philologisch-historische Einleitung in die sprachlehren und Wörterbuch der hebräischen Sprache.* Leipzig: F. C. W. Vogel, 1815.

―――. *Commentar über den Jesaia.* 2 vols. Leipzig: F. C. W. Vogel, 1821.

Hitzig, F. *Der Prophet Jesaja.* Heidelberg: C. F. Winter, 1833.

二次文献

Smend, R. "Über die Epochen der Bibelkritik." In *Epochen der Bibelkritik. Gesammelte Aufsätze,* vol.3, pp. 11-32. Munich: Kaiser, 1991.

II　19 世紀の保守的応答

一次文献

Alexander, J. A. *Commentary on Isaiah.* 2 vols. New York: Wiley & Putnam, 1845-47. Rev. edition. Edinburgh: T. & T. Clark, 1875. Reprint, Grand Rapids: Kregel, 1992.

Hengstenberg, E. W. *Christology of the Old Testament.* 4 vols. Edinburgh: T. & T. Clark, 1854.

Knabenbauer, J. *Commentarius in Isaiam Prophetum.* Paris: Lethielleux, 1881. Revised edition by F. Zorell, 1923.

二次文献

Bachmann, J., and T. Schmalenbach. *Ernst Wilhelm Hengstenberg. Sein Leben und Wirken nach gedruckten und ungedruckten Quellen.* 3 vols. Gütersloh: Bertelsmann, 1876-92.

Mehlhausen, J. "Hengstenberg, Ernst Wilhelm (1802-69)." In *Theologische Realenzyklopädie,* vol.15, pp. 39-42. Berlin: de Gruyter, 1986.

Reventlow, H. *Epochen der Bibelauslegung,* vol.4, pp. 278-90; 290-95. Munich: Beck, 2001.

Taylor, M. A. "Joseph Addison Alexander." In *The Old Testament in the Old Princeton School (1812-1929),* pp. 89-166. San Francisco: Mellen Research University Press, 1992.

第16章　19世紀と20世紀

Ⅲ　告白的立場による調停

1　J. C. K. フォン・ホフマン

一次文献

Hofmann, J. C. K. von. *Weissagung und Erfüllung im Alten und im Neuen Testamente.* 2 vols. Nördlingen: Beck, 1841-44.

―――. *Der Schriftbeweis.* 2 vols. Nördlingen: Beck, 1852-56.

―――. *Biblische Hermeneutik.* Nördlingen: Beck, 1880. English Translation, Minneapolis: Augsburg, 1959.

二次文献

Diestel, L. *Geschichte des Alten Testamentes in der christlichen Kirche,* pp. 704-5. Jena: Mauke, 1869.

Harrisville, R. A. and W. Sundberg. "Johann Christian Konrad von Hofmann." In *The Bible in Modern Culture,* 2nd ed., pp. 123-45. Grand Rapids: Eerdmans, 2002.

Hübner, E. *Schrift und Theologie. Eine Untersuchung zur Theologie J. C. K. von Hofmann.* Munich: Kaiser, 1956.

Kraus, H.-J. *Geschichte der historisch-kritischen Erforschung des Alten Testaments,* pp. 207-10. Neukirchen-Vluyn: Neukirchener Verlag, 1956; 3rd ed., 1982.

Rogerson, J. W. "Hofmann and Delitzsch: Confessional Scholars with a Difference." In *Old Testament Criticism in the Nineteenth Century,* England and Germany, pp. 104-20. London: SPCK, 1984.

Steck, K. G. *Die Idee der Heilsgeschichte.* Zürich-Zollikon: Evangelischer Verlag, 1959.

Wendlebourg, E.-W. "Die heilsgeschichtliche Theologie J. Chr. K. von Hofmanns in ihrem Verhältnis zur romantischen Weltanschauung." *Zeitschrift für Theologie und Kirche* 52 (1955): 64-104.

Weth, G. *Die Heilsgeschichte.* Munich: Kaiser, 1931.

2　フランツ・デリッチ

一次文献

Delitzsch, F. *Die biblisch-prophetische Theologie, ihre Fortbildung durch Chr. A. Crusius und ihre neueste Entwicklung seit der Christologie Hengstenbergs.* Leipzig: Gebauerische Buchhandlung, 1845.

―――. *The Prophecies of Isaiah* (1867). 2 vols. 4th ed., 1889. Edinburgh: T. & T. Clark, 1894.

―――. "Must we follow the New Testament Interpretation of Old Testament Texts?" *The Old Testament Student* 6 (1886-7): 77-78.

―――. *Old Testament History of Redemption.* Edinburgh: T. & T. Clark, 1880.

―――. *The Messianic Prophecies.* Edinburgh: T. & T. Clark, 1880.

二次文献

Kraus, H.-J. *Geschichte der historisch-kritischen Erforschung des Alten Testaments von der Reformation bis zur Gegenwart,* pp. 210-21. Neukirchen-Vluyn: Neukirchener Verlag, 1956; 3rd ed., 1982.

Rogerson, J. W. *Old Testament Criticism in the Nineteenth Century,* pp. 104-20. Philadelphia: Fortress, 1985.

Wagner, S. *Franz Delitzsch. Leben und Werk.* Munich: Kaiser, 1978.

Ⅳ 19 世紀後半から 20 世紀初期にかけての英国のイザヤ書注解

Cheyne, T. K. *Notes and Criticisms on the Hebrew Text of Isaiah.* London: Macmillan, 1868.

————. *The Book of Isaiah Chronologically Arranged.* London: Macmillan, 1870.

————. *The Prophecies of Isaiah.* 2 vols. London: Kegan Paul, 1880-81; 5th ed., 1889.

————. *Founders of Old Testament Criticism.* London: Methuen, 1893.

————. *Introduction to the Book of Isaiah.* London: A. C. Black, 1895.

Davidson, A. B. "The Book of Isaiah Ch. XLff." In *The Expositor,* series 2, vol.8, pp. 250-69; 351-61; 430-51. London: Hodder and Stoughton, 1884.

Driver, S. R. *Isaiah: His Life and Times.* London: Nisbet, 1888.

————. *Introduction to the Literature of the Old Testament.* Edinburgh: T. & T. Clark, 1891.

————. "The Permanent Religious Value of the Old Testament." In *The Higher Criticism,* pp. 71-88. London: Hodder and Stoughton, 1912.

Emerton, J. A. "Samuel Rolles Driver, 1846-1914." In *A Century of British Orientalists* 1902-2001, edited by C. E. Bosworth, pp. 122-38. Oxford: British Academy, 2001.

Kay, W. *Isaiah* ("Speaker's Commentary"). London: John Murray, 1875.

Skinner, J. *The Book of the Prophet Isaiah.* 2 vols. Cambridge: Cambridge University Press, 1896; rev. ed., 1915.

Smith, G. A. *The Book of Isaiah.* 2 vols. New York: Armstrong & Son, 1888-90; rev. ed., New York: Harper and Brothers, 1927.

————. *Modern Criticism and the Preaching of the Old Testament.* London: Hodder and Stoughton, 1901.

Smith, W. Robertson. *The Prophets of Israel.* Edinburgh: T. & T. Clark, 1882; 2nd ed., 1895.

第17章

ポストモダンの解釈

I ポストモダンの解釈の本質

　ポストモダニズムは、この数十年の間に出現したテクスト解釈の方法を、いくぶん漠然と定義した語である。A. K. M. アダム（Adam）は、聖書学におけるポストモダニズム時代の始まりを示そうと、次のように提案した。「聖書学という分野はおおよそ 20 年前に『ポストモダニズム』と交差したと、我々は見なしている」（*Handbook of Postmodern Biblical Interpretation*, 2000, p. vii）。何がポストモダニズムを構成するのかについての合意はないが、バリー・ハーヴィー（Barry Harvey）が示したように（*Handbook*, p. 1）、その題目で呼ばれ得るものの大部分に共通な特徴を同定することは可能である。多くの特徴は否定形によって言い表される。すなわち、ポストモダニズムによれば、合理性のある実質的な概念は一つもなく、現実全体の科学的概念へと導く手法はなく、後の世代の解釈者たちが理解できる確定的な意味は一つも

なく、テクストに吹き込まれている意味的特性といったものもない。

　ジョージ・アイシェル（George Aichele, *The Control of Biblical Meaning,* p. 100）は、他の二つの特徴を付け加える。「言語はもはや、テクスト外の真理（extratextual truth）を表示せず、むしろ言語そのものが力を行使する。……歴史は断片的、主観的で、大いにイデオロギー的な虚構であると理解されている。それは現在の関心事に応じて創られるものである」。明らかに、ポストモダニズムは決して伝統的な解釈の方法への回帰ではなく、19世紀後期と20世紀初期の歴史的批判的研究方法（アプローチ）の拡張である。しかしそれが、科学的な歴史的批判的方法論の客観性という前提を攻撃することによって、意識的に過激（ラディカル）にされたのである。過去数世紀の批判的研究方法（アプローチ）は、全ての伝統的研究方法（アプローチ）を破壊することに完全に成功したように見えたのだが、その研究方法（アプローチ）自体の時代的制約を把握できなくなってしまうという点で、自己矛盾であった。

　ポストモダニズムは、全ての文学的解釈はテクストを形成した著者を想像力を駆使して解釈することを含んだ営みであるという前提に［批判的に］取り組み、テクストの意味とはただ一つに限定されるものではなく、むしろ与えられた作品と対話しつつ読み手が継続して創り上げていくものであると考える。読み手の文脈は常に変化しているという理由から、解釈活動においては解釈が絶えず変化する。更に、ポストモダニズムは、いかなるテクストの読みにも影響を与える社会学的、経済的、政治的な力、性別や階層や民族による偏向（バイアス）、そして無意識の心理学的諸要素にまで視野を大幅に広げることによって、テクストの読みに影響を与える他の諸因子についての以前の認識を急進的（ラディカル）に変更した。脱構築からの特徴を採用することで、ポストモダンの解釈者は、非連続性と緊張があらゆる著作の一部であることを見出し、歴史的あるいは文学的統一性（literary coherence）をもった包括的範疇（カテゴリー）のいかなるものをも否定する。そのため、伝承の中の矛盾する修辞を絶えず研究しないわけにはいかなくなる。

　もちろん、ポストモダン解釈の担い手と称するそれらのグループ内には、多くの深刻な方法論的違いが残っている。ポストモダンの人たちの大部分は、自身の徹底した世俗主義を誇る。彼らの世俗主義は、宗教的倫理的価値体系

第17章　ポストモダンの解釈

のいかなる特権からも自身を急進的[ラディカル]に分離した「新時代の到来」なのである。けれども、ポストモダンの解釈者たちにはもう一つのグループがあって、彼らは意識的に宗教的共同体の枠内に立つ。通常それはユダヤ教かキリスト教である。

　［イザヤ書の教会における解釈を考察するという］我々の当面の関心にとって、最も重要な例となるのが、ウォルター・ブルッゲマン（Walter Brueggemann, 1932年-）である。彼は自らをキリスト教神学者であると明言し、意識的にポストモダン解釈者と見なしている。しかしここでさえ、彼のプロフィールを歪ませないためには、多くの更なる修正が必要である。ブルッゲマンの解釈は多くのポストモダンの人たちと同様、起源と目的と手法において、ポストモダニズムに依存しない他の研究方法[アプローチ]との共通点を持つ。彼の2巻本のイザヤ書注解（1998年）は、歴史における神の目的について、そして預言者の「主（Yahweh）に対する尽きることのない注視」について彼が語る際、彼が若い頃に受けた第二次世界大戦後の「聖書神学運動」の教育を時折反映している。また、ブルッゲマンは、その様式批判的な注釈において、古典的な歴史的批判的研究方法からの特徴を共有している。そしてまた、彼の尊敬する師ジェームズ・マイレンバーグ（James Muilenburg）の流儀であれ、あるいはM. A. スウィーニー（Sweeney）の最近の研究の流儀であれ、現代の文献批判（literary criticism）や編集批判（redactional criticism）の要素の痕跡がしばしば見出される。最後に、彼のポストモダンという範疇[カテゴリー]の用い方の更なる発展を、彼の『旧約聖書神学』（*Theology of the Old Testament*, 1997）に見ることができる。それは、彼のイザヤ書注解（pp. 707ff.）に見出されるよりも更に急進的[ラディカル]なポストモダン的形式を反映している。読者は、ブルッゲマンの輝かしい説教学的な解釈もまた認めるべきである。それはしばしば、新鮮で徹底的で適用に長けている。

　この章における我々の関心は、彼のイザヤ書注解全体の評価を提供することではなく、むしろ、はっきりとポストモダンを強調している要素にのみ焦点を当てることである。そこにおける意図は、彼の解釈の研究方法[アプローチ]を我々の中心的問い、言い換えれば、キリスト教聖典としてのイザヤ書解釈のための教会の取り組みと関連づけることである。世俗的に傾いた多くのポストモダ

433

ンの人たちにとっては、この問いは意味のない、興味をそそらないこととしてはじめから拒絶される。けれども、教会への深い関与をもってキリスト者を自認しているブルッゲマンにとっては、その問題は重要なものである。たとえ彼の著作が、過去にキリスト教的聖書解釈の伝統を構築した多くのものへの拒否を表すとしても。

Ⅱ イザヤ書のポストモダン解釈に特有な特徴

　ポストモダンと称し得るブルッゲマンのイザヤ書解釈については、ある特有の特徴がある。

　1．旧約聖書テクストについては一つの正しい解釈などない。この立場はある聖書解釈の原則から生じる。歴史的批判的研究方法に対する批判的評価は、歴史資料が不足しているが故に、解釈者がテクストの元来の意味を再構築することができないために行われるのではないし、テクストの質が伝承の過程を経ても保たれているかどうかが疑わしいために行われるのでもない。現段階では、ポストモダニズムは、啓蒙主義運動から起こり19世紀と20世紀に堂々たる完成をみた歴史的批判的研究方法とは著しく異なっている。これらの研究者たちは、現代の批判的手段を正しく用いれば、しばしばテクストの元来の意味に対して非常に接近できると信じていた。テクストの元来の意味とは通常、著者の意図と同一視されていた。それに反して、ブルッゲマンのポストモダニズムは、一つの解釈が「独占的」になる（*Isaiah*, vol.2, p. 149）こと、あるいは最終的な閉じた読みと見なされることは決してありえないという仮定に基づいている。全ての解釈は「一時的」（vol.1, p. 75）だと考えられていて、修辞学的に開いているのである。あらゆる解釈は主観的で暫定的であり、絶えざる流れの中にある。それは個人的な瞬間であれ共同体的な瞬間であれ、いかなる所与の瞬間にも、終わりなき文脈が存在するからである。

　2．ブルッゲマンは、聖書テクストを「生成的」（generative）なものとして叙述しようと苦心している。つまり、創造的な想像力によって誘起され得

第 17 章　ポストモダンの解釈

る、限界なき可能性や潜在力があるというのである。あらゆる解釈は主観的で、確定的な意味などないが故に、テクスト解釈が個人個人の、あるいは共同体の読みの先入観に影響されないことは決してないのである。ブルッゲマンによって呼び出された形式でのポストモダニズムは、教会の伝統的理解をも、歴史的批判的で科学的な分析の実践家たちをも、「聖書解釈的に無邪気である」と非難する。彼らには、意識的にも無意識的にも変化していく文脈の急進的な流動性が見えていないと言うのである。

　3．ブルッゲマンは、伝統的なキリスト教の解釈を否定する際、特に辛辣である。絶えず、ヘブライ語聖書を「独占する解釈（preemptive reading）」に対する攻撃がある。イザヤ書がイエス・キリストを預言し先取りしているといういかなる主張をも、彼はきっぱりと退ける（vol.2, p. 6）。彼は次のように論じる。そのような主張はただ「ユダヤ教の読者を尊重していない」（vol.2, p. 6）だけでなく、その書物自体をねじ曲げることであると。実に、旧約聖書の中には、本質的にキリスト教的なものは全く何もない。イザヤ書のメシア、あるいはメシア的人物について語る時さえ、ブルッゲマンは神経を使っているように見える。実のところ、注解におけるメシアへの実際の言及はほとんど存在しない。反ユダヤ教的であると見なされることを彼は恐れるのだ。それ故、読まれるべきものは「旧約聖書」（Old Testament）ではなく、ヘブライ語聖書（Hebrew scriptures）である。それを読む際には、いかなる一つの宗教的読みにも特権が与えられてはならない。

　4．ブルッゲマンは、ヘブライ語聖書と新約聖書における旧約聖書の用い方との関係について、多くのことを批判的に語っている。旧約の譬え話や黙示的言い回しの想像的な解釈として、彼はしばしば新約から引用している。しかしながら、新約における旧約の使用は、旧約自体から引き出されるいかなるテクスト的根拠にも基づいていていない。むしろ、新約聖書の著者は一貫して、旧約聖書の中にキリスト教的解釈を読み直したのだった。旧約聖書という文献自体には、いかなる意味でもキリスト教的であると客観的に主張できるものは何もない。つまり、「預言と成就」というパターンは、旧約聖書から新約聖書へと動くのではない。むしろ、キリストにおける「成就」から過去に遡ってヘブライ語聖書へとのみ動くのである。旧約テクスト

435

は、創造的に解釈した場合のみ、新約聖書と関連づけられる。そもそもこの［預言と成就という］範疇（カテゴリー）の使用自体が、ヘブライ語聖書を独占しようとする動きである。同様に、歴史的連続性のが真の意味で存在することを示す要素があるとか、あるいはキリスト教神学の中心として後に教会によって主張されることになる神学概念のかすかな面影があるといった意味において救済史（Heilsgeschichte）が存在しているというのではない。たとえば、［僕の歌の内に］「代償苦」（vicarious suffering）のいかなる概念をも見出すことは容認し難い。旧約聖書と新約聖書を結ぶ存在論的繋がりは全く存在しない。ヘブライ語聖書を下支えするものはイスラエルの陳述の他には何もないことを、ブルッゲマンは繰り返し主張する（*Theology of the Old Testament*, p. 723）。たとえばパウロの陳述のような、全体にわたるメタヒストリーのいかなるものも、または啓示において開示されていく［神の言葉の］明瞭さの［歴史的］軌跡（ヘブ 1:1）も、［ユダヤ教徒の感情を損ねるという意味で］正当な根拠のない不快なものとして却下される。

Ⅲ ポストモダン解釈の神学的意味

1．非常に残念なことに、私はこう結論せざるを得ない。すなわち、旧約聖書についてのウォルター・ブルッゲマンのポストモダン解釈は、私が最初期から現在まで追跡しようとしてきたキリスト教釈義の伝統全体との深刻な断絶を提供している、と。キリスト教聖典としてのイザヤ書理解への取り組みは、彼にとっては大いに筋違いであるように見える。なぜなら、旧約聖書と新約聖書の間に実質的な連続性を見出したり、あるいは旧約聖書の中にキリスト教の福音が予示されたものを発見したりする試みは、原則として最初から拒否されているからである。

2．従って、旧約聖書と新約聖書の関係は、旧約の字義的意味から生じる何かに由来するのではなく、むしろ新約を生み出した共同体の想像的な解釈に由来している。聖書テクストは、新しい意味のとめどない産出の可能性を提供する。キリスト教聖典の枠内には、神の啓示の歴史はなく、むしろその

第17章　ポストモダンの解釈

繋がりは人間の創造性の側にのみ由来するものである。その関係性の神学的理解の探索を引き起こした諸々の論点——すなわち、教父が探究した比喩的意味、スコラ学者が考えた存在論的実体、そして現代において語られる救済史——は、原則的に全て幻想だと見なされる。むしろ、ヘブライ語聖書は概して統一性を欠いた集成であり、しばしば意味が不可解であって、従ってそこに意味を投影するために人間の創意工夫が必要である。この文書集成は、せいぜいユダヤ教解釈者とキリスト教解釈者の人間の精神によって促進された、再生の待ち望まれる表象の修辞学的蓄積なのである。

　3．ユダヤ人とキリスト者の間の神学的関係性も、ポストモダニズムの前提理解によって深く影響を受けている。ユダヤ人とキリスト者の断絶をもたらした中心的争点は、旧約聖書はイエス・キリストについて語っているというキリスト者の主張であった。キリスト者がユダヤ教聖典を、キリスト者自身の信仰の告白を支える根拠とするために利用しようとした際、大きな議論が起こった。言うまでもなく、イエスをキリストとして同定することは、キリスト者とユダヤ人にとって今日もなお最大の不一致点であり続けている。その衝突をささいなものとして片付けたり、脇へ寄せておいたりすることはできない。教会がイエス・キリストの証言として旧約聖書を用いることは、ユダヤ人に不快感を与えるので避けるべきである（Brueggemann, *Isaiah*, vol.2, p. 6; *Theology of the Old Testament*, pp. 733ff.）と論じることは、キリスト者にとって神学的に到底受け入れ難い。そこには、尊重されるべき、純粋に告白的な不一致があるのである。

　　しかしながらこのことは、このような重要な問題に関する神学的不一致のために、キリスト者とユダヤ人の間に更に意味ある対話がありえないことを意味するのではない。二つの信仰は、多くの共通のものを共有する。新約聖書の著者たちは、神についての新しい教理を考案したのではなかった。そうではなくて、キリスト者はアブラハム、イサク、ヤコブの一つなる神を礼拝することを完全に受容したのだ。新約聖書は、多神教と偶像崇拝の全ての形式を拒否するという点において、ユダヤ教と見解を全く同じくした。最後に、教会は、キリストの名を告白するキリスト者が、キリストによる愛と和解への招きに従わないことがあまりにも頻繁であることを深い悔恨と共に、認め

ざるをえない。その一方で、イエス・キリストと自分を重ね合わせはしないにしても、世界の抑圧された者たちへの公正と正義に対するイエスの要求を、実際に反映して生きるよう努めているユダヤ人たちがいるのである。

　4．ブルッゲマンがポストモダンという範疇を用いたことは、キリスト教聖典を共に構成している旧新約聖書の中にある、一つにされた（unified）神の言葉に対するキリスト教の告白に疑問を投げかける。この告白の中心は、旧約聖書と新約聖書が一緒になって神の真の意志をその民に啓示しているという信念である。創造以来の神の一つの贖いの目的は、神の主権の力に従って、その終末論的成就に向かって世界の歴史を形成した。ヘブライ語聖書は様々な多元的読みによって好きなように解釈されるのを待っている「中立の」イメージ源であると言うことは、キリスト教信仰の中心を攻撃することになる。要するに、「生成的」なものとしてヘブライ語聖書を特徴づけることは、聖書についてのキリスト教的理解には適さない神学的定式化である。

　5．伝統的なキリスト教神学によれば、聖書は神が「神の物語を語る」手段である。主人公は神で、それ故、もし聖書テクストに忠実であるならば、その解釈は神中心であるべきである。想像的な解釈というブルッゲマンの概念は、この神中心の焦点を人間中心の焦点と交換することで、19世紀の神学的自由主義の誤りを悪化させてしまう。彼の本の題名『人に我々は信頼する　聖書信仰の軽んじられた側面』（*In Man We Trust: The Neglected Side of Biblical Faith*, Atlanta: John Knox, 1972）を思い出していただきたい。ここにおいては、神の霊ではなく人間的な想像力に、聖書テクストを生きたものとする役割が割り当てられているのである。それとは対照的に、初期の教会が、聖書テクストによって読み手に加えられる抗えない強い力について語った時、それは、書かれた神の言葉が、神の霊によって常に与えられる声を持っているという、確信に基づいた定式であった（*Credo in Spiritum Sanctum*〔我は聖霊を信ず〕）。神の霊を人間の想像的な創造性と混同することは、神学の分野全体に深刻な歪みを導入することである。

第 17 章　ポストモダンの解釈

ポストモダンの解釈に関する文献表

Adam, A. K. M. *What Is Postmodern Biblical Criticism?* Minneapolis: Fortress, 1995.

―――. "Post-modern Biblical Interpretation." In *Dictionary of Biblical Interpretation,* vol.2, edited by J. H. Hayes, pp. 305-9. Nashville: Abingdon, 1999.

―――, ed. *Handbook of Postmodern Biblical Interpretation.* Saint Louis: Chalice Press, 2000.

Aichele, G. *The Postmodern Bible. New Haven*: Yale University Press, 1995.

―――. *The Control of Biblical Meaning.* Harrisburg: Trinity Press, 2001.

Aichele, G., and G. A. Phillips, eds. *Intertextuality and the Bible.* Semeia 69. Atlanta: Scholars Press, 1995.

Barthes, R. *The Semiotic Challenge.* New York: Hill and Wang, 1988.

Brueggemann, W. *Theology of the Old Testament.* Minneapolis: Fortress, 1997.

―――. *Isaiah* (Westminster Bible Companion). 2 vols. Louisville: Westminster John Knox, 1998.

Cahoone, L., ed. *From Modernism to Postmodernism.* 2nd ed. Oxford: Blackwell, 2003.

Caroll, R. B. "Poststructuralist Approaches: New Historicism and Postmodernism." In *The Cambridge Companion to Biblical Interpretation,* ed. J. Barton, pp. 50-67. Cambridge: Cambridge University Press, 1998.

Docherty, T., ed. *Postmodernism: A Reader.* New York and London: Harvester/Wheatsheaf, 1993.

Exum, J. C., and D. J. A. Clines, eds. *The New Literary Criticism and the Hebrew Bible.* Valley Forge: Trinity Press, 1993.

Fish, S. *Is There a Text in This Class? The Authority of Interpretive Communities.* Cambridge: Harvard University Press, 1980.

Fowler, R. "Postmodern Biblical Criticism." *Forum* 5 (1989): 3-30.

―――. *Let the Reader Understand.* Minneapolis: Fortress, 1991.

Ingraffia, B. D. *Postmodern Theory and Biblical Theology.* Cambridge: Cambridge University Press, 1995.

Jencks, C. *What Is Postmodernism?* 4th edition. London: Academic Editions, 1996.

Jobling, D., and S. Moore, eds. *Poststructuralism as Exegesis.* Semeia, 54. Missoula: Scholars Press, 1992.

Kristeva, J. *Revolution in Poetic Language.* New York: Columbia University Press, 1984.

―――. *Language — The Unknown: An Initiation into Linguistics.* New York: Columbia University Press, 1989.

Levenson, J. D. "Is Brueggemann Really a Pluralist?" *Harvard Theological Review* 93 (2000): 265-94.

Lyotard, J.-F. T*he Postmodern Condition: A Report on Knowledge.* Minneapolis: University of Minnesota Press, 1984.

McKenzie, S. L., and S. R. Haynes, eds. *To Each Its Own Meaning: An Introduction to Biblical Criticisms and Their Applications.* Rev. ed. Louisville: Westminster John Knox Press, 1999.

McKnight, E. V. *Postmodern Use of the Bible: The Emergence of Reader-Oriented Criticism.* Nashville:

Abingdon, 1988.

Melugin, R. F. "On Reading Isaiah 53 as Christian Scripture." In *Jesus and the Suffering Servant*, edited by W. H. Bellinger and W. M. Farmer, pp. 55-69. Harrisburg: Trinity Press, 1998.

Norris, C. *Deconstruction: Theory and Practice: New Accents*. New York: Methuen, 1982.

Steins, G. Die *"Bindung Isaaks" im Kanon (Gen 22). Grundlagen und Programm einer kanonisch-intertextuellen Lectüre*. Freiburg: Herder, 1999.

Stout, J. *The Flight from Authority: Religion, Morality, and the Quest for Autonomy*. Notre Dame: University of Notre Dame Press, 1981.

Tracy, D. *The Analogical Imagination: Christian Theology and the Culture of Pluralism*. New York: Crossroad, 1981.

Vanhoozer, K. *Is there a Meaning in This Text? The Bible, the Readers, and the Morality of Literary Knowledge*. Grand Rapids: Zondervan, 1998.

日本語文献

クリステヴァ『詩的言語の革命』第 1 部・第 3 部、原田邦夫 他訳、勁草書房、1991 年、2000 年。

ノリス『ディコンストラクション』荒木正純／富山太佳夫訳、勁草書房、1985 年。

バルト『記号学の冒険』花輪光訳、みすず書房、1988 年。

フィッシュ『このクラスにテクストはありますか　解釈共同体の権威』小林昌夫訳、みすず書房、1992 年。

リオタール『ポスト・モダンの条件　知・社会・言語ゲーム』小林康夫訳、書肆風の薔薇、1986 年。

第18章

解釈学的結論

I 分析の目的の確認

イザヤ書をキリスト教聖典として理解しようとしてきた教会の苦闘を研究する本書の目的は、私の歴史的分析から浮かび上がってくる幾つかの重要な解釈学的問題と取り組むということであった。教会の釈義的伝統における「系統的類似」について意義深く語ることは可能だろうか。この類似の本質とは何であろうか、そしていかにしてそのような主張を弁護できるであろうか。私は次のことを願っている。すなわち、解釈の歴史についての真剣な神学的考察を通して、我々が過去の釈義的企てを照らし出し、同時に今日における聖書解釈が直面する解釈学的課題について、幾つかの助けを得られるような幾つかの結論を引き出すことができるように、と。

まずはじめに、教会の営みの全ての時代において現れてきた、尋常ならぬ文化的、歴史的多様性を考慮に入れると、解釈学的見解の一致点が存在しな

い部分について語る方がよほど簡単に見えることであろう。このことに関してコンセンサスが見出されるような教理的定式などは一切存在していないし、時代を貫いて存在する共通の哲学的、あるいは神学的体系などというものも存在しない。もちろん、キリスト教聖典の形成が、短期間において全てのキリスト者にとっての重要な中心的出発点になったことは事実であるが、しかしそれが完成したのは教会の誕生から何世紀か後のことであり、どこまでを聖書と呼ぶかというその厳密な範囲さえ流動的なまま残っている。

　ゲルハルト・エーベリンク（Gerhard Ebeling）はかつて、聖書解釈［史］としての教会史ということについて語った（*Die Geschichtlichkeit*, p. 81）。実に、聖書解釈の歴史の研究は、神学的一貫性のより大きなパターンの探究に関して、その企てが有望であることを約束している。自身の分析を、ある一つの、しかし重要な聖書の書物に絞って行うことの有利な点は、そのようにして分析の範囲を限定することによって、研究される資料が、その膨大さによって解釈者を圧倒してしまうことがないということの内に存している。しかし同時に、そのようにして任意に範囲を限定することによって、より大きな主題的事柄を誤って解釈してしまうという明白な危険も存在している。私はまた、聖書解釈の解釈学的問題にフォーカスするという決断が、関連する歴史的背景について語る資料の多くを除外してしまうことを十分に認識している。このことは、専門家たちの批評に対しては脆弱な点を露呈する。

　しかしそれにもかかわらず、私は本研究で、旧約聖書に関するキリスト教的釈義においては、一つの系統的類似を構成し、またそれと見なされ得るような明白な特徴が存在することを示そうと努力してきた。私のここでのさしあたっての作業は、それらの特徴を単に説明するだけでなく、同時に、教会の聖書解釈の今なお続く苦闘（それはたびたび、神学と政治が分離不可分な状況において、分裂して争った指導者たちの間でなされた激しい闘争という文脈の中で起こってきたことであるが）において見出される共通点と多様性の全貌を究めることである。

第 18 章　解釈学的結論

Ⅱ　キリスト教釈義の伝統における諸特徴

1　聖書の権威

　キリスト教釈義の基本的特徴の一つは、聖書の権威を常に認識し続けてきたということであるが、しかしこの確信が一体どのようにして表現され、解釈されてきたかということに関しては非常に多様性がある。神が聖書の言葉の著者であるという信仰は広く受け入れられている。聖書は真理の言葉を含んでおり、それは「信仰による服従」を要求する。しかし、教会の長い歴史の中では、聖書の権威については、それについて弁明を必要としないと単純に認識されてきた。聖書の権威はシナゴーグから初期の教会によってその確信が引き継がれ、福音の口頭伝承が書き下されたものとして徐々に形を整えるにつれて、紀元 2 世紀にはその認識が新約聖書にも及んだ。

　聖書を神的啓示の源として讃美する、広く受け入れられた典型的な諸定式が存在したにもかかわらず（エイレナイオスやオリゲネスはその典型である）、聖書の権威の役割が認識されるのは通常、敵たちと論争する際である。ユスティノスとトリュフォンは、イザヤの託宣をどのように解釈するかということで一致することはできなかったが、しかし彼らの対話は可能であったし、また真剣なものであった。それはとりもなおさず、霊感を受けた預言者に対する尊崇の念を共有していたからである。対照的にエイレナイオスは、神話的思索によって聖なる書物を愚弄したグノーシス主義者たちに対して激怒した。初期キリスト教がギリシャ・ヘレニズムの思想と直面した時、時折クレメンスのような護教家たちが聖書の真実と古さに関する論理的証明をなそうと試みたが、しかし最終的には、聖書についての真実な理解は「神によって与えられた理解する恵み」（ユスティノス）に因っているという次第に形成されていった確信によって、そのような方向性は失われてしまった。

　初期の教会における聖書の権威はとりわけ、説教、典礼、そして教理問答を通した共同体の営みの形成において聖書が用いられたことの中に明白に現れていた。エイレナイオスによる最も偉大な貢献の内の一つは、旧新約両聖

443

書の一つのヴィジョンの中に聖書の全ての部分を組み込み、それをイエス・キリストを通した一つの救いの物語の統一された権威ある語りとして提示したことであった。彼は一つの神の計画が、創造から始まって、受肉、そして究極的救いへと至るまで段階的に啓示されていくという枠組みを提供した。キリストの権威は、従って、神がキリストの内に全てのものを呼び集められることによって顕にされたのである。

　紀元2世紀から5世紀にかけてのキリスト教正典（カノン）の発展は、その礼拝における使用を旧約聖書と新約聖書の定められた範囲へと限定することによって、聖典としての特別な地位を保とうとする一つの試みであった。このプロセスは、使徒的福音の真理を保存することに関わる内的・外的強制力によって触発されたものであった。グノーシス主義者たちは、旧約聖書の神がイエス・キリストの父であることを否定することによって、すでに2世紀までには、信仰に対する主要な脅威となっていた。重要なこととして、キリスト教正典（カノン）の流動的な状態、特に旧約聖書の範囲を狭く定める見方（ユダヤ教的）と広く定める見方（ギリシャ語訳的）との緊張関係に関しては、それが系統的に類似したキリスト教信仰を脅かす決定的な要因にはならなかった。むしろこの緊張関係は、カトリックの聖書とプロテスタントの聖書との違いに関連して後に生じることになり、宗教改革以後の時代の教理論争の文脈の中で表面化した。もちろん、中世において、教会の中では新約聖書が旧約聖書よりも重要であるとますます見なされるようになったが、しかしそれにもかかわらず聖書解釈の論争が、旧約聖書の正典的地位（カノニカル）を打ち砕くことは建前上はなかった。ヘブライ人への手紙は新約聖書に対して、「影」について、そして古い契約が一時的な意味しか持たないことについて語る正当な根拠を与えたが、しかしそれは、イエス・キリストにおける神的啓示において最高潮に達する一つの聖なる物語の一部分として、旧約聖書の権威的役割の存在を否定することなしに行われた（ヘブ 1:1）。要するに、旧約聖書と新約聖書は共に、キリスト教聖典として普遍的に受け入れられていた。宗教改革期におけるカトリックとプロテスタントの間の論争の激しさがあったことは確かだが、しかしそこでは聖書の権威そのものが問題となったのではなく、むしろ聖書の権威が、その後に生み出された教会の伝統とどのように関わるのかという

444

ことが問題となったのである。

　啓蒙主義に先立つ時代と、啓蒙主義以後の時代において初めて、新しい科学的知識と、新しい聖書の批評的分析、またそれと並んで哲学的合理主義といったものの爆発的発展が、聖書の神的権威についての前提に深刻な疑念を示し始めるようになる。しかし一般的に言って、教会史のこのような段階においてすら、教会における聖書の権威を受け入れる態度は、聖書の解釈が次第に変化を被り、広げられていったにもかかわらず、そのまま保持された。聖書の預言的役割は、学問的領域において再定式化された。その役割は、理性と人間の経験両方が受け入れることができるような道徳的理想、倫理的方向性、そして価値観を、非聖書的資料と共有したのである。

　聖書の権威をキリスト教釈義の伝統の基本的特徴として定義する際には、困難な問いが残り続ける。この権威は、キリスト者の忠実な営みを形作ることにおいて働く新鮮な神の言葉を待ちわびている礼拝する信仰共同体の文脈の外で、何ほどか意味を持ち得るのだろうか。要するに、キリスト教の系統的類似にとって本質的な構成要素である聖書の権威の神学的理解は、教会史の中で「当たり前」として見なされてきた生気のない教理ではなく、むしろそれは、聖書のメッセージが信仰の忠実さの中で宣言され、受け取られるような特定の文脈の中でこそ、その真実な意味を獲得するのである。このような告白的立場から考える時、まさにそのような聖書の権威こそが、キリスト教釈義の必要不可欠で、基本的な特徴を提供することになる。従って、イザヤ書の解釈者たち、たとえばテオドレトスのような人々は、預言書の意味は時折隠されていて曖昧であるが、しかし聖霊の働きによって、その権威は決して妥協したり、無効にされたりすることはなかったと断言することができたのである。

2　聖書の字義的、霊的意味

　ユダヤ教聖典（後に旧約聖書と呼ばれたもの）は、教会が誕生した当初から神的で権威あるものと見なされてきたにもかかわらず、それは常にキリスト教的福音の文脈から読まれ、解釈されてきた。ロワン・グリーア（Rowan

Greer）は「変質した旧約聖書」（transformed Old Testament）ということについて正しく語っている。新約聖書の中で用いられている旧約聖書のおびただしい数の引用や言い換え（パラフレーズ）の量を考えてみれば、両者の関係の重要性は一目瞭然である。旧約聖書はキリスト教の解釈を反映するものとなっていたので、グロティウスが初めて旧約聖書を新約聖書から区別して解釈すべきことを提案した時、彼の釈義は主として深い疑いの念を持って見られた。カルヴァンでさえも、旧約聖書の字義的意味を強調したことによって、ある急進的ルター派の人々から「ユダヤ主義者」（Judaizer）であるとして攻撃された。しかし、実際には、このような誤った攻撃は、カルヴァンとグロティウスの間の根本的相違を認識し損ねたものであった。なぜならカルヴァンは常に、旧約聖書の中にある福音に聞こうとしており、新約聖書についての明確な言及をしていない時でさえもそうしようとしていたからである。

　私は更に次のように論じたい。すなわち、キリスト教釈義の基本的特徴は長らく、聖書の字義的、霊的次元両方を認識することであった、と。もちろん、このような解釈学的判断の根拠は、新約聖書自体において見出されるのであって（ヨハ 3:14; マタ 16:4; Ｉコリ 9:9; ロマ 3:31ff.訳注1 他）、後のヘレニズムから押し付けられた考え方として説明することはできない。アンドリュー・ロウス（*Discerning,* pp. 96-131）が寓喩（アレゴリー）（広い意味での）を、キリストの神秘を認識するための手段として、キリスト教聖典解釈の本質的構成要素であると語るのは実に正しい。従って、寓喩（アレゴリー）を聖書テクストの難しさの回避手段として退けてしまうことは、根本的誤りである。

　しかし同時に、教会の歴史の中では長い間、聖書テクストの字義的、霊的次元の関係を正確に理解するための取り組みに、莫大なエネルギー、思考、議論が投入されてきた。普通、キリスト教において寓喩的（アレゴリカル）な解釈法が過度に発展させられたのは、オリゲネスによってであると認識されている。確かにオリゲネスの影響は、当然のことながら甚大なものであった。しかしそれにもかかわらず、我々がすでに確認したように、オリゲネスの聖書解釈についての理解はここ何十年かの内に修正されてきており、しかも以前のよう

訳注1　ここでのチャイルズの聖句引用の意図は、必ずしも明らかではない。

第 18 章　解釈学的結論

な形で、寓喩をグノーシス的発明であってキリスト教にとっては異質なものであったと説明する試みは、支持されないものとなってきている。このことに関する解釈学的問題を理解するためのよりバランスの取れた見方が、アレクサンドリア学派とアンティオキア学派との歴史的緊張関係に関する分析から現れてきている。この両者の関連についての以前の誤った理解、すなわちアレクサンドリア学派はあたかも奇抜な寓喩主義者であって、その一方でアンティオキア学派は、聖書の歴史的文脈を強調したという意味で現代の歴史的批判的研究の先駆けであったといった理解は、聖書テクストの複層的な意味の問題に関する両者の間の類似点、および相違点の注意深い研究に取って代わられることとなった。二つの学派は、両者ともテクストの字義的次元と霊的次元両方を認識することについて一致していたし、そしてまた両者とも、この二つの次元の相互連関を導き制御する微妙な方法を発展させようとした。解釈学的専門用語において大きな多様性が見られることは―― *theoria, allegoria, skopus, nous* ――、釈義の厳密さを求める継続した苦闘を反映している。アレクサンドリア学派は、字義的意味は霊的意味を離れてしまっては、その意味を自ら無にしてしまうと熱心に信じていた。しかしアンティオキア学派は、聖書の歴史的な流れというものが、無時間的なシンボリズムの中で失われてしまわないかと危惧した。5 世紀まで、それぞれの釈義的伝統から最も良い部分がキリスト者の聖書解釈者たちによって用いられていたということは、ここで言及すべき重要な点である。

　エイレナイオスの大きな強みは、彼のアプローチにおいてはある種の曖昧さが見出されるにもかかわらず、彼が信仰の基準（*regula fidei*）を、聖書の神学的内容を強調するキリスト教的聖書解釈の枠組みとして提供したことである。彼は聖書に対して厳格な教理体系を押し付けることはしなかった。むしろ彼は、聖書の配列に従って信仰の真理を保存するために、教会の使徒的信仰の包括的要約をそのはじめから提供したのである。そのことはまた、福音を霊に満たされて解釈したものとして提供されていた様々な新しい教えの、対抗する主張を吟味する役割も果たしたのである。

　聖書の字義的次元と霊的次元両方を理解しようとする探究は、トマスから新しい刺激を受けた。トマスは聖書著者の意図の字義的解釈（*ad litteram*）

447

の必要性を強調したのである。しかし、トマスの実際のイザヤ書の釈義を見てみると、そこにおいて彼が伝統的な寓喩の説教的使用を継続していたことが分かり、アンリ・ド・リュバックはこの点を正しく強調した。宗教改革者たちにおいては、ルターとカルヴァンは両方とも、聖書の意味が四重であるという伝統的な理解に対して厳しい批判を浴びせた。彼らの攻撃は、彼らが寓喩的方法の内に感じ取った神学的危険に対して向けられていた。ルターは、際限のない霊的選択肢を提供することによって、神の言葉の力と明確さが鈍くさせられてしまう危険に対して強力に反論した。カルヴァンは字義的意味と霊的意味を一つの真っすぐな意味において見ずに、二つに分けてしまうことに対して反対した。しかしながら、実際の釈義において、ルターとカルヴァンは共に、その字義的／歴史的意味の解釈を、彼らの時代の会衆の必要に対して実存的に適用するために、拡張して提供することができた。

　宗教改革者たちによる聖書解釈の大きな強みは、聖書の時代を実際に生きた人々から応答を引き起こして書かれた言葉の中に、神の生きた声を回復したことであった。特に聖書テクストの「単純な意味」(plain sense) に関する理解によってカルヴァンは、聖書の字義的／歴史的意味による制限とキリスト教信仰の神学的輪郭とのバランスを保つことができた。ルターによるイザヤ書の弁証法的読みは、文字と霊を動的に行ったり来たりし、その関係を、聖書テクストの字義的、霊的次元の間の実りある神学的緊張関係と捉えることを可能とした。二人の改革者は共に、異なる仕方で、解釈者は預言的ヴィジョンをその固有の視座に従って持続させるよう努力すべきであるという、以前の教父たちが抱いた関心を継続させた。聖書の解釈に関するルターとエラスムスの論争を見ると、後の時代における多くの解釈学的問題の初期の前兆がすでに見出されている。そういった解釈学的問題は、キリスト教的伝統から独立したいわゆる客観的読み方を行う際に、解釈者の理性的自主性を擁護するべきだという啓蒙主義の主張の内に、爆発的に出現してくることになるのである。

　恐らく、聖書を解釈する際に、数え切れないほどの他の世俗的解釈的選択肢が利用可能であるという発見は、教会にとっての最も大きな挑戦ではなかった。むしろそれは、聖書の中には救いの道へと導き、またそれについて

第18章 解釈学的結論

教えるための神的啓示の恵み深い賜物として与えられた聖なる書物が本当に含まれているのかどうかということに関して、教会自身が自信を持って答えられなくなっていったということなのであった。

3 聖書の中の旧約聖書と新約聖書

キリスト教釈義の伝統の中で、系統的類似を形成している不可欠な構成要素は、キリスト教聖典は旧約聖書と新約聖書から成っているという確信である。このような聖書的術語が用いられることには、幾つかの重要な理由がある。キリスト教聖典は一つの神的語りについての統一的な証言を提示しており、その語りは始まりと終わりという物語としての流れを保持している。更に、旧約と新約両方が、歴史の最終的な目的 (telos)、すなわち神の支配を指し示す終末論的視座を共有している。「旧約」、「新約」という言い方に含まれている順序関係の意味合いは、単に歴史的な性格を持つだけでなく、同時に一人の三位一体の神が異なる神的経綸、すなわち、準備、古い契約、受肉、新しい契約、そして完成の中で働かれると告白する三位一体の神学に根差したものである。最近提案されているような、第一の、第二の聖書 (first and second testaments) といった表現の仕方は、従って、神学的に不適当ということになる (cf. Seitz, *Word Without End*, pp. 61-74)。

旧約聖書、新約聖書という二つの書物について教会内では普遍的な一致が存在してきたにもかかわらず、この両者の関係の厳密な性質について、一つの決定的な解釈に至ったことは一度もないという問題が存在している。事実、新約聖書においては、旧約聖書と新約聖書を結び付ける際に、多様で異なる神学的手法が用いられてきた。

この問題を解決するために最も頻繁に用いられてきた方法のうちの一つが、旧約聖書を周辺的な役割を持つものとして従属的に考えるやり方である。旧約聖書をキリスト教正典_{カノン}から取り除いてしまおうというマルキオンとその追従者たちの試みは異端的なものとして拒絶されたにもかかわらず、教会が寓喩_{アレゴリー}によって旧約聖書を解釈することが時折、旧約聖書自体の声を事実上、沈黙させてしまうという傾向を持ってしまった。イザヤ書を「第五の福

音書」であると特徴づけることでさえも、同じ危険を冒してしまっていたのである。

　別のより実りある試みにおいては、使徒パウロに倣って、律法と福音、文字と霊の間の弁証法的関連についての主張が援用される。ルターは、旧約聖書が律法で新約聖書が福音であるという伝統的帰属関係を打破するために、この図式を自身のイザヤ書注解において効果的に適用した。それどころか彼は、いかにして旧約聖書もまた、霊に従えば福音として機能するかということ、同時に一方で、新約聖書もまた単なる文字として解釈され得ることがあり、従ってそのことによって福音の言葉が把握されないままになってしまうことについて論証した。

　確かに、エイレナイオスは段階的啓示の形式について語り、またコッケイユスは歴史において神の働きが前へと推し進められていくことを説明しようと骨折った。しかしそれにもかかわらず、旧約聖書と新約聖書を、教会と世界のメシア的救済という究極の目標へと向かう有機的な発展の中で関連づけようとした試みとして、「救済史」（Heilsgeschichte）という言葉が登場してくるのは19世紀になってからであった。19世紀のドイツ観念論の重厚な哲学的趣は、当初は純粋な聖書的主題を回復するのに役立つと思われたが、しかしそれはまた、それが人間の文化的プロセスに働く一つの力として解釈された際には（それは旧約聖書の預言者たちにとっても新約聖書の福音書記者たちにとっても異質な概念である）、危険な世俗化へと導くものとなったのであった。

　古代教父たちによってたびたびなされた理解、そして後にカルヴァンによって更に洗練された形で展開された理解は、旧約聖書における神の啓示の形態を区別して考えるが、しかし同時に啓示の本質（すなわち、その内容〔res〕）は同じであると固執する見方であった。この理解によってカルヴァンは、自身のイザヤ書注解において、聖書テクストの歴史的、文化的実在（realia）を字義的に（ad litteram）相当詳しく扱うこととなった。カルヴァンはこのような方法を用いることによって自身の神学的考察を切り開き、神の正義、正しい支配、そして罪人に対する憐れみという主題について語ることができた。カルヴァンの釈義は、彼を批判する者たちにとっては、キリス

450

第 18 章　解釈学的結論

ト論的指示対象を用いた論証に限定され過ぎているように思われたが、しかし詳しく彼の釈義を読んでみると、いかに彼の三位一体の神学が、モーセと預言者［旧約聖書］の神についての神学的理解のために基盤を提供していたかということが明らかになる。そのことはまた、カルヴァンがなぜ、テクストの霊的意味を解釈するための寓喩という別な次元を必要としなかったかということを説明しているのである。

　恐らく、旧約聖書と新約聖書を神学的に関連づけるために最も頻繁に用いられた図式は、預言と成就のアプローチである。このアプローチのヴァリエーションとして存在するもので、たびたび古代教父たちによって預言と成就の図式と一括りにして扱われたものが型と対型、あるいは影と光という図式であり、これらはヘブライ人への手紙によって強力に支持されている。すでにユスティノスによる『ユダヤ人トリュフォンとの対話』において見出されるイザヤ書解釈において、預言と成就の厳密な歴史的対応が主要な弁証的道具として用いられている。しかし、外的参照としての真理（truth as external reference）という哲学的セオリー（cf. ハンス・フライ）を利用することは、高次の歴史的合理主義（たとえばヴィトリンハなどにおいて見られるもの）を持ち出すことになり、このことはやがて、自然神学の中に根差した明白な歴史性との関連を持たない、神の約束と関連した預言のより洗練された解釈を引き起こすことになった。

　以上の議論を要約すると次のようになる。すなわち、旧約聖書と新約聖書の関係を真剣に捉えることにキリスト教の釈義的伝統が固執することは、教会の歴史の中の他の立場から一線を画す一つの特徴である、と。様々な異なる神学的手法が探究され、様々な成果が得られた。しかし教会は、キリスト教正典から旧約聖書を除外すべきとの選択肢については、これを異端として退けることによって絶えず激しく応答し続けてきた。そのように提案された選択肢が古代のグノーシス主義であれ、19 世紀の「近代のマルキオン主義」であれ（ハルナック）、あるいはヒトラーの国家社会主義の支持者たちによるものであれ、教会はそのように応答してきたのである。結果として、ほとんどのキリスト者にとって、旧約聖書を守る闘いは勝利に終わったのであり、誰も旧約聖書をキリスト教信仰にふさわしくないものとして除くことをただ

451

ちに主張することはなくなった。しかし、この神学的勝利は、教会がキリスト教聖典の統一性についての理解に関する別の挑戦に直面していないことを意味するわけではない。そのような挑戦は最近、全く逆の方向から現れてきている。

　現代におけるエキュメニカル運動という名の下に、ロルフ・レントルフ（Rolf Rendtorff, *Canon and Theology,* pp. 31-45）とウォルター・ブルッゲマン（Walter Brueggemann, *Isaiah,* vol.2, p. 6; *Theology of the Old Testament,* passim）は共に次のように主張した。すなわち、教会はヘブライ語聖書（Hebrew Bible）の声をそれ自体として、新約聖書から独立したものとして聴くべきである、と。彼らはヘブライ語聖書を旧約聖書——すなわち、新約聖書の準備としての書物——として理解する伝統的なキリスト教的企てについて、それはヘブライ語聖書の意味を歪めることであるだけでなく、同時にユダヤ人読者たちへの侮辱であると見なした。ブルッゲマンは旧約聖書に関して、そこには本来的にキリスト教的なものは何も含まれていないと述べている。むしろ、ヘブライ語聖書の集成は複層的イメージから構成され、無限の新しい意味を持つ構造体を生み出しているというのである。聖書の中のイメージは、その形式と内容に関して完全に中立的なものであり、ユダヤ人、キリスト者、あるいは宗教には関わっていない世俗的解釈者の想像力に従って、自由に解釈され得るのである。従ってこのことは、新約聖書による旧約聖書の解釈は何ら規範性を持たないという帰結をもたらす。それは単に想像力に富んだ創造的な解釈の別の例に過ぎない。自身のイザヤ書注解と旧約聖書神学の著作において、ブルッゲマンは新約聖書の書物に繰り返し言及するが、しかし彼は、自らの解釈が自身の想像的解釈から引き出されていることを全く認めている。彼は、預言／成就の図式であれ、救済史を用いた論証、あるいは（最もありえないこととして）一般的な存在論的構成要素を用いた論証であれ、それらと関連した旧約聖書と新約聖書とのいかなる有機的繋がりをも拒絶している。キリスト教聖典の調和の中に、旧約聖書と新約聖書を結び付けるキリスト教釈義の伝統は、自分たちがユダヤ教聖典を当然のごとく用いることができるという全く正当性を欠く主張に依拠しており、それはまた、教会が自らの競争相手に対して政治的力を行使しようとしてきたことを大きく反映している、

というのである。

　レントルフは自身の小論の中で、伝統的なキリスト教釈義の内にある誤謬を克服するために適切な方法であると彼が考えていることの概要を述べている。それはつとめて平和的な調子で、まずなすべき最初の建設的ステップとして提供されている。もしへブライ語聖書についてユダヤ教とキリスト教に共通する解釈への試みになるものがあるとすれば、それはただ次のような認識に依拠したものである。それはすなわち、ユダヤ教のパートナーであるキリスト教の側による、「へブライ語聖書はユダヤ人の聖書である」という認識であり、更にまた「ユダヤ教という宗教の尊厳と独立的価値の受容」が文字通り存在するという認識である（p. 40）。

　このような議論に応えて、私はまずはじめに、ブルッゲマンとレントルフによって論じられている問題は重大であり、軽率に退けられるべきではないことを認識したいと思う。しかし、彼らの提案においては、是非とも指摘されなければならない多くの厄介な問題が存在する。レントルフの言葉遣いからは、次のことがすぐに明らかとなる。すなわち、彼は神学的対話の次元から宗教史的分析の範疇で論じることがふさわしい内容へと話を移してしまっている、ということである。彼は「ユダヤ教という宗教の尊厳と独立的価値」について語る。今日の多文化的文脈の中で、一体誰が、尊敬と寛容に関する彼の主張に反対することができるだろうか。しかし、いくら彼の思いが世俗的な文脈の中で価値あることだとしても、それは問題となっている重要な神学的課題について何も語ってはいない。

　レントルフの言葉遣いとアプローチは必ずしも保守的なユダヤ教の見方に合致しているわけではない。「ユダヤ教はどう聖書を読むか」（"How Judaism Reads the Bible"）という1999年の論考の中で、ジェイコブ・ニューズナー（Jacob Neusner）は、学術界の世俗的専門用語による広範に行き渡ったユダヤ教信仰の説明に真っ向から攻撃を仕掛け、それを自由主義プロテスタント・キリスト教との受け入れ難い妥協であると見なした。それによれば、ユダヤ人は聖書を読むのではない。むしろトーラーの学びを支持し、実践するのである。「ユダヤ教」という言葉はシナゴーグにとっては役に立たない言葉である。なぜなら、そこには重大な内容が欠如しているからである。ユダ

ヤ教は、賢人たちの規範となるべき著作の中で生じるのではない。むしろ、モーセの命令の真実な受領者たちは、それに従うという応答の中でそれを受け入れる神の民である。要するに、ニューズナーはある文脈の中で、レントルフの提案を有用な政治的方策として受け入れるかもしれないが、それはユダヤ教信仰の核心部分に届いてすらいないのである。それは、レントルフが主張する客観的な宗教史的分析の次元に留まっているのであり、信仰深いユダヤ人の礼拝と実践からはほど遠いのである。

更に言えば、キリスト者の視点から考えても、旧約聖書を新約聖書から切り離し、レントルフが提案するような絶対的な意味で解釈することについて語ることは、聖書に関するキリスト教信仰の理解の根幹に打撃を与える。すでに我々が確認したように、そのような提案は教会にとって真剣に考慮すべき選択肢とはなってこなかった。「イエス・キリスト」という名前さえもが、キリスト者の信仰告白の中で、旧約聖書と新約聖書の分離不可能な統一を反映している。

もちろん、すでに我々が見たように、教会は聖書に属するこの二つの正典的部分の関係について、それをどう正しく扱うべきかという問いと激しく格闘したし、またその格闘は続いている。その歴史を通じて、真剣なキリスト教神学者たちは旧約聖書を「キリスト教化」することに反対してきた。「キリスト教化」ということで意味されていることは、旧約聖書の独自の声を聴き、律法の教師たち、預言者たち、賢者たちのメッセージを引き出すことが不可能になるということである。教会がユダヤ教聖典を、大幅な編集的改訂なしに受け入れたということ自体、それ自身に元来与えられている神的啓示の源としての永続的役割の存在を証言している。明らかに、旧約聖書は新約聖書と融合されるべきではないが、しかし両者は分離されるべきものでもない。

世俗的な文献批評家はたびたび、新約聖書における旧約聖書の解釈を、古代の宗教的テクストに全く異質なメッセージを押し付けていることであると説明する。しかし、キリスト教神学はそのことを異なった形で理解する。約束と成就との、そして古い契約と新しい契約との本質的な区別が存在しているにもかかわらず、キリスト者は旧約聖書の内に新約聖書との真の継続を見

第 18 章　解釈学的結論

出している。そのことは、旧約テクストの意味（それが聖なる歴史という
パターンで表現されていようが、あるいは旧約と新約の繋がりを強める存在
論的調和というパターンで表現されていようが）にとって必須のものである。
このことを類比的に別な言い方で表現してみよう。音楽のシンフォニーを正
しく鑑賞するためには、たとえば、弦楽器だけに焦点を当てるという形で、
個々の楽器を区別することが一時的には役立つかもしれない。しかし究極的
には、我々がその曲を完成した作品として聴かない限りは、その真のインパ
クトを理解することはないのである。

　私は、聖書を共に深く学ぶことによって、ユダヤ人とキリスト者の和解を
なそうとするレントルフの情熱を心から共有しているが、しかし宗教史的ア
プローチを追い求めることによっては、ほとんど何の進歩も生まれないので
はないかと思う。そのようなアプローチはたびたび、ユダヤ人とキリスト者
両方にとって神学的に不毛であり、またほとんど興味をそそらないものに留
まるのである。ユダヤ人とキリスト者に対し、ごくわずかな共通点を土台と
して対話をさせようとする提案は、たとえどんなに素晴らしい意図を持って
いたとしても、真剣で自己批判的な出会いをもたらすことはないのである。

4　聖書の著者としての神と人

a. 両者の関係

　教会は、聖書の著者が神であると常に告白してきた。神こそが、神的語り
の中で人々に語りかける声なのである（出 20:1ff.; 34:1ff.）。しかし同時に人
間もまた、神の教えを伝達する著者として明示されている（たとえば、モー
セ、ダビデ、福音書記者たち、使徒たち）。それでは一体、神と人間の関係
はどのようなものなのであろうか。

　教会の神学者たちは古代教父たちの時代においてすでに、明らかにこの問
題に気が付いていた。ヒエロニムスが、歴史的、文学的、言語学的といった
あらゆる分析の手法を用いて聖書テクストを細心の注意を払って訳したこと
は、彼が次のように確信していたためであった。すなわち、聖書は神の神秘
を運ぶ霊感を受けた媒体である、と。しかし、聖書の神的、人間的著者性の

問題について、極めて明瞭に最初に言及した人物はトマスであった（『神学大全』1.1.10）。神は聖書の著者である。しかし人間の著者たちは「神の道具として働く」媒体として用いられたのである。従ってトマスにとって、両者の間には深刻な緊張関係は存在しない。字義的意味は人間の著者たちが、その著作において意図したことであるが、しかし、聖書の究極の著者である神が、御自身の理解において全てのことを同時に含蓄される故に、聖書の意味の複層性もまたその一つの神の意図から引き出され得るのである。

カルヴァンの時代までには、著者としての神と人間の関わりという問いの切迫性が大いに強められていた。カルヴァンは人文主義的教育を受けていたため、聖書著者の文学的スタイルや隠喩的イメージ、そして個々の旧約預言者が用いた文法的特徴について、聖書解釈者が厳密に取り扱う必要を十分に認識していた。しかしカルヴァンのアプローチは、現代の解釈者たちを当惑させるかもしれない。というのも彼は同時に、聖書が全く人間の理性的論理を含んでおらず、それは聖霊によって啓き示された神の託宣であると言っているからである。更にカルヴァン自身は、神的著者と人間的著者の間に何の深刻な緊張関係も感じていないように見受けられ、また彼がある解釈を退ける際、「聖霊はここで別の意図を持っている」と述べることができたのである。彼が「適応」（accommodation〔神が人間の次元に合わせて語られるという考え方〕）という論理を用いたことはまた、神から人間へという論理的な解釈学的移行をもたらすことになった。従ってカルヴァンによる聖書の「字義的意味」に関する見解は、その用語に通常割り当てられた意味からは非常にかけ離れた幅と内的力動性を保持するに至ったことは明らかである。

残念ながら、カルヴァン以降の時代においては、トマスと宗教改革者たちにおいて見られた神と人との調和が瓦解し始めてしまった。英語圏の理神論者たちからの圧力の下で正統信仰を擁護した弁証家たちは、聖書の無謬性を弁護する新しい方策を発展させることを通して、聖書が神によって書かれた書であることを弁護しようと試みた。しかし、これらの試みは、聖書的真実の発見への鍵としての議論の中心が論理的証拠から人間的経験へとシフトした19世紀において、全く影響力を失ってしまった。

しかしそれにもかかわらず、聖書解釈の歴史的批判的アプローチが主流と

第18章 解釈学的結論

なっている現代においてすら、教会の遠い記憶の痕跡は完全に失われてはいない。典礼の役割は依然として大きな信頼を保持している。そこにおいては、聖書箇所が朗読される直前の会衆に対する伝統的な呼びかけ、「主の言葉を聴け」が、今なお次のことを聞き手に思い起こさせている。すなわち、全く人間の著者によって書かれた言葉、たびたび司式者のたどたどしい言葉によって朗読されるその言葉は、しかしそのようなものでありながらなお、神的現臨の圧倒的感覚を呼び起こさせる、ということを。多くの現代のキリスト者は、「聖霊を信ず」との古代信条における教会の告白の意味を少ししか理解しなかった。しかしそれにもかかわらず、信仰者を支え、燃え立たせる、命を刷新する力の経験は、聖書を書かれた神が今なお活発に働いておられることを確証するものとして、讃美歌や典礼の中にたびたび現れてきたのである。

b. 多様な伝達における聖書の調和

聖書の神的、人的著者性の問題に関わる、重要な聖書解釈の解釈学的問いは他にもある。それは、神的啓示の淵源として、各々がそれ自身としての尊厳を保持している旧約聖書と新約聖書両方のメッセージの統一性という神学的前提から起こってくる問題である。しかし、ヘブライ語聖書の初期の受容について扱った本書の第1章において私が論じようと試みたように、教会はユダヤ教聖典を大方ギリシャ語訳を通して受容した。もちろん新約聖書には、ヘブライ語的、アラム語的（タルグム的）伝統に関する知識を示している多くの痕跡がたびたび見出される。しかしそれにもかかわらず、新約聖書が全く七十人訳聖書によって形成されてきたことは、抗い難い事実である。更に言えば、それが聖なる書物であるためには、その権威ある形式としてヘブライ語が用いられていなければならない、という正統的ラビ的教義に初期の教会が与していなかったことがたちどころに明らかになった。

ヘブライ語テクストとギリシャ語の七十人訳聖書はいつも一致するわけではないということが、（オリゲネス以前には認識されていなかったにしても）少なくともオリゲネスによって認識された時、新たな解釈学的問題が起こってきた。このことは、意図的にテクストが歪められたという問題ではなく、むしろ言語自体が持つ性質から生じた問題である。翻訳によってもたら

457

された言語的フィルターは、元来のテクストを正確に再現することを完全に不可能にする。仮に翻訳が懸命に字義的なものとしてなされた場合でも、ある箇所の意味に常に影響を与える意味上のニュアンスは、しばしば異なったものとなる。このような難しさに加えて、次のようなこともある。すなわち、ヘブライ語テクストの箇所は、時折テクストが破損しているために、あるいは文法的不明瞭さのために、その意味が分かりにくい場合があり、そのためにギリシャ語翻訳者たちがある程度「勘」に頼らざるを得ない場合がある。七十人訳聖書に内在する問題は、新約聖書記者（特に使徒パウロ）が旧約聖書を自由に解釈したことによって、更に悪化することとなった。オリゲネスが六欄聖書を編纂した主要な目的は、ヘブライ語聖書に対してギリシャ語の諸翻訳が施した付加や削除を見極めることを通して、ユダヤ人たちとの論争に必要な知識をキリスト者たちに提供することにあったと、現在では一般に理解されている。しかし、新約聖書が七十人訳聖書を用いたことに関連するより広い解釈学的問題については、なお解決には至っていない。

　オリゲネス以後の時代においては、この問題をめぐって様々な解釈学的試みがなされてきた。

　１．初期の教会は寓喩^{アレゴリー}に頼り、ギリシャ語訳におけるヘブライ語聖書との違いを、テクストの文彩^{フィギュラティヴ}的意味を提供するための意図された仕方であると解釈した（ヒエロニムス）。

　２．また、両者の緊張関係は、それを調和しようとする様々な方法によって緩和されてきた。たとえば、旧約聖書と新約聖書は言語の形態こそ異なれ、その実質においては違わない。あるいは、新約聖書が旧約聖書から様々な形で異なっていることについては、基本的に同じ意味を保とうとしつつも、旧約聖書を新しく適用していることに起因していると説明することができる（カルヴァン）。

　３．別の選択肢として、新約聖書による旧約聖書解釈の内に、次のような解釈学的理論への正当な根拠を見出すやり方もある。すなわちそれは、旧約聖書は、それが新約聖書によって再解釈されている限りにおいてのみ、教会にとって権威あるものであると考える解釈学的理論である（cf. H. Hübner: "Vetus Testamentum in novo receptum"〔新約聖書に受け入れられた旧約聖書〕

第 18 章　解釈学的結論

であって、"Vetus Testamentum per se"〔旧約聖書それ自体〕ではない）。

　4．宗教史的アプローチの台頭に伴って、マソラテクストと七十人訳聖書の緊張関係は、もはや解釈学的／神学的問題として扱われることはなくなった。むしろ両方のテクストが、歴史的、文化的強制力によって形成された、完全に時代に制約された文学的集成であることが当然と見なされた。批評的釈義の務めは、受け継がれたヘブライ的遺産が新約聖書記者たちによって解釈される中で、そこにどの程度ユダヤ・ヘレニズム的環境が影響を及ぼしたのかを判断することにある。二つの権威ある正典的テクストの間にある調和や不統一に関わる神学的問題は、もはや重要であると見なされることはなく、真剣に取り扱われることもなくなった。

　5．最後に、最近のポストモダン的アプローチは、歴史的批判的アプローチによってもたらされたおおむね否定的な影響に対して応答しようと試みてきている。ウォルター・ブルッゲマンとフレドリック・ホルムグレン（Fredrick Holmgren）は次のように論じている。すなわち、新約聖書が旧約聖書を自由に利用していることは、現代の解釈者もまた同じような創造的想像力（creative imagination）を用いて旧約聖書を解釈することの正当な根拠となる、と。ここにある前提は、新約聖書はそれだけが永続的なものであると主張することなしに、一つの修辞的方法を提供している、というものである。従って、聖書を解釈する全ての新しい世代は、新約聖書が示した模範に倣って、新たな「霊に満たされた」旧約聖書の再解釈を探し求める課題を負うのである。

　このような見方に応えて、私は次のように論じたい。すなわち、聖書は常に二つの部分の関係の内に理解されてきた故に、正典がもっているまさにこの意味から出発して、教会は聖書の統一性について神学的に考察してきたのである、と。実に、このような解釈学的問題に絶えず関心が向けられてきたことこそ、キリスト教釈義が系統的に互いに似通っていることの大きな理由になっている。聖書解釈史から明らかなことは、この問題の解決のために、教会が大いに苦闘してきたということである。その解決の試みはたびたび、課題の本質が変化したことによって影響を被ってきた。宗教改革の時代には、古代教父が寓喩を問題解決のために用いることが、いよいよ問題であると見

459

なされるようになった。19世紀には、改革派と英国国教会の神学者たちによる、旧約聖書と新約聖書を調和させようとする解決法は、新しい歴史的批判的研究の台頭に照らして、もはや適切とは見なされなくなってしまった。

　聖書が多様な伝承を伝達していることをめぐる解釈学的問題が、一つの特定の方法によって解決されてきたと提案することは思慮に欠けた判断になることは確かである。しかし、少なくとも明らかになってきたことは、この問題の根幹は、教会が、聖書の二重の証言の正典的統一性に、継続して関わり続けてきたということの内に存しているということである。旧約聖書と新約聖書それぞれが、それ自体での完全性を有している。一方が他方に従属することは原則上ありえないことであり、むしろ各々が、一つの神的経綸（預言と成就のような）の中で、その特有な機能を持っている。教会は旧約聖書には預言者、そして新約聖書には福音書記者（evangelists）といったように、旧約聖書と新約聖書両方に特権的な地位を付与してきた。このために、ポストモダンの神学者たちが新約聖書における旧約聖書の使用と、現代的な、聖書のいわゆる「想像力豊かな解釈」（imaginative construal）との間に類縁性を探し求めようとしたことは、根本的な神学的誤謬なのである。我々は預言者でも、福音書記者でもない。むしろ、我々の証言は、彼らの上に建てられるものである。キリスト教正典の機能は、使徒的証言を、教会から絶えず生み出される伝統から切り離すことであった。教会の伝統における真理は、使徒的信仰によって絶えず試される必要がある。確かに、教会はキリストの教えの新鮮な理解を促進させてくれる聖霊の働きを待ち望んでいる。しかし、約束された弁護者の証言は、使徒たちの証言に属するものであり、そこから独立したものではないのである（ヨハ 14:26; 15:26; 16:13-15）。

　福音についての新約聖書の証言は、変容させられた旧約聖書を用いてなされた。四人の福音書記者それぞれが、旧約聖書からそれぞれ異なった仕方で、イエス・キリストについて証言した。旧約聖書と新約聖書の調和を求める釈義的作業は、旧約聖書を「キリスト教化」すること、すなわち、旧約聖書を新約聖書の理解に置き換えることではない。むしろ、両方の神的権威の存在を前提として、教会は理解するための苦闘の中で、たびたび緊張関係の只中で、神学的に思考している。教会は次のように告白する。すなわち、旧

第18章　解釈学的結論

約聖書と新約聖書両方の真理を見定める基準はイエス・キリストその方、すなわち、聖書各書の証言を繋ぎとめる神的リアリティーなのである。旧約聖書と新約聖書を測るのはこのイエス・キリストのリアリティーであって、新約聖書が旧約聖書を判断するのではないのである。更に言えば、ヘブライ語聖書とギリシャ語聖書とのテクスト上の緊張関係によって引き起こされる解釈学的問題は、聖書の全てが時代に制約されていることを強く思い起こさせる。旧約聖書と新約聖書に見出される異なった文化的背景——古代近東とユダヤ・ヘレニズムの違い——の存在にもかかわらず、教会はその二つを、福音についての真実な証言をなす媒体として、人間的な形式で受け継いだのである。新約聖書は、旧約聖書の証言を、福音とヘブライ語聖書との連続性を告白するために、そしてまた、古い契約を新しい契約へと変容させた福音の根本的新しさを証言するために用いた。そしてこの神学的思索は、たびたび七十人訳聖書の言語を用いて行われたのである。

5　キリスト教聖典のキリスト論的内容

　キリスト教聖典のテクストには、その決定的な意味というものがあるだろうか。伝統的キリスト教釈義は、聖書の証言がある特別な事柄へと向けられていることを当然のこととして見なした。その証言は神のリアリティーという神秘に近づく道を提供するものであった。そのリアリティーとは、ある時には知覚される地上的な、時代と場所に制約されたものであった。しかしまたある時には、それは直接的にせよ間接的にせよ、知覚と結び付いた超越的リアリティーだが、同時にそれを完全に理解するためには神的霊感が求められる類のものであった。従って、聖書は複数の意味を含んでいるが、しかし全てがある一つの対象へと何らかの形で結び合わされている。新約において神話や作り話を厳しく退ける態度（Ⅰテモ 1:4; 4:7; Ⅱテモ 4:4; Ⅱペト 1:16）は、「わたしたちが聞いたもの、目で見たもの、よく見て、手で触れたもの」（1ヨハ 1:1）に基づいてなされた宣教と対比されている。

　このような伝統的解釈学的立場は、何年にもわたって様々な攻撃を被ってきた。一方では、啓蒙主義から起こってきた歴史的批判的アプローチは、

様々な仕方で次のような態度をとった。すなわち、聖書はその字義的／歴史的意味に従って、一つの決定的な指示対象を持っていたのであり、このような意味は、適切な解釈の方法を用いて批判的に探究されるならば論理的に決定され得るものである、というのである。聖書における歴史的出来事の歪曲の克服は、そのこと自体は教会の伝統的聖書解釈に対する攻撃であるにしても、批評家たちが批評的観察眼をもってすれば可能ではないかと、19 世紀の大半において多くの者たちが信じていた（たとえば、ユリウス・ヴェルハウゼン、F. C. バウア）。このことを実現する鍵は、正しい歴史的指示対象を探究することにおいて見出されるべきであり、そのような企てにおいて寓喩（アレゴリー）ははじめから、敬虔な惑わしとして退けられたのである。

　他方で、歴史的批判的方法論が前提としていることに対する強力な攻撃が、ポストモダンの解釈者たちによってなされている。彼らは、歴史批評を用いる現代人が自らの確信には無批判となっていると批判している。現代人は自分たちが時代に制約されていることを無視している、というのである。ポストモダンを標榜する者たちにとっては、字義的意味を探究することは今や錯覚に基づくプロセスであり、それは「発掘される」べき客観的指示対象とは何ら結び付いていない。むしろ聖書の意味は、読者、テクスト、そして文脈の相互関連としてのみ現れてくる。どんな意味も決定的で固定化されたものではありえず、むしろそれは移り変わる文化的諸力（それはテクストと読者両方に影響を与える）によって形成される、常に流動的な働きの一部分なのである。ポストモダンを標榜するこの人々は、解釈とは真理ではなく力を求める闘いであると見なしており、そのような理解故にたびたび、あらゆる解釈は特定の意図をその構成要素として含んでいると強調するのである。

　これら二つの解釈学的選択肢の存在によって、教会は、その釈義的伝統が二つの方向から挑戦を受けることとなった。キリスト教神学者たちは次のように論じてきた。すなわち、自分たちの信仰が一つの使徒的証言の上に拠って立っていることの故に、聖書テクストは一つの決定的な意味を持つべきである、と。従ってエイレナイオスは、福音のグノーシス主義的解釈に反対した。そのような解釈は、その手の込んだ象徴主義故に、教会の共同の歴史的記憶の中に保持されてきたイエス・キリストへの信仰と何らの類似性も持た

第18章 解釈学的結論

なかった。それに続く数世紀において聖書の視座を定義するために引き続いてなされた闘いは、様々な関心によって動機づけられていた。第一に、正典（カノン）を確定することの実際的作用は、信仰の立脚点となった使徒的証言の真理を保存することであった。第二に、正典（カノン）は限界を設定することによって、信仰の公同性を保存することに貢献した。この限界の内側では、教会の神学的多様性が認識されたが（ヨハネ、パウロ、ペトロ）、しかしこの限界の外側では、異端の脅威が存在した。聖書に与えられたこのような特権が示唆することは次のことである。すなわち、そこにおける証言は、一義的には一つの教義定式に照らして編纂されたのではなくて、むしろ歴史上たどることのできるキリスト者の共同体の礼拝（エルサレム、ローマ、アンティオキアなど）の中で伝承された、諸々の信仰告白の一般に認められている範囲をあらかじめ明確に示す枠として編纂されたということである。

とりわけ、キリスト教正典（カノン）の形成は、はじめは教会の組織を整えるための公式の方法だったわけではなく、むしろキリスト教聖典全体のキリスト論的内容を告白するための手段であった。聖書の意味は、公文書館に保存されるもはや変化することのない収蔵物の形で存在したのではなく、むしろ宣べ伝えられるべき福音、用いられるべきテクストであった。常に新しい理解を引き出す聖書の力は、御言葉を通して教会を照らし導く、約束された復活のキリストの霊の働きと同じものである。従って聖書は、その読者に対して強い力（coercion）を及ぼす声を持っている。実に、長い歴史を通して保たれてきたキリスト教の釈義的伝統の一つの共通の特徴は、信仰的な聖書解釈とは、この神中心の力に対する応答を含むものであるという認識であった。従って「聖書と格闘する」ことの課題は、そのメッセージを受け取るための能力を獲得するための闘いの内に存しているのである。

最近数年間の間に、主に力強く新しい解釈学的提案をしたウォルター・ブルッゲマンに対する応答の中で、ある一つの論争が引き起こされた。ブルッゲマンはその多くの著作、特にイザヤ書注解と旧約聖書神学に関する著作の中で、聖書解釈にとって絶対的に必要不可欠なものは「想像力に富んだ解釈」であると提案した。ポストモダニズムの用語を用いながら、ブルッゲマンは「強制力」（coercion）という用語に反対するだけでなく、同時にまた

463

信仰の基準といった概念を用いることについても、それはキリスト教聖典の多くの部分が持っている「何ものにも囚われない」（unruly）性質を抑制し、コントロールしようとする受け入れられない試みであると断じている。信仰の基準という概念を用いることを厳しく批判する際の彼の一貫したポイントの一つは次のようなものである。すなわち、全ての聖書解釈には想像力に富んだ解釈が含まれており、聖書テクストの内には、「所与の」解釈などというものは存在しない。聖書テクストは中立的で、受け身な存在であり、解釈者の人間的努力によって意義ある意味へと変えられなければならない、という（cf. "The Bible as Scripture," pp. 22-26）。

このようなブルッゲマンの立場に対して、私は次のように応答したい。

1．ブルッゲマンは、全ての解釈は必然的に想像力に富んだ解釈を伴っていると論じている。従って、信仰の基準という概念を用いることは、彼のポストモダニストとしての読みと同じように一つの解釈に過ぎない。ある意味で、ブルッゲマンのポイントは正しい。書物を解釈する際には常に人間的営みが必要である。しかしブルッゲマンは自身の主張を、世俗的で、宗教史的分析に基づいた言葉によって表現している。対照的に、信仰の基準という概念を用いることは、神学的議論であり、それとは全く異なる文脈から事柄を考えることである。信仰の基準という概念は、キリスト教釈義の歴史を通じて繰り返し現れてくる一つの主題である。たとえば、カルヴァンの釈義が、非常に鍛錬を積んだ思考力に裏打ちされた、大変洗練された合理的営みであることを疑う者は誰もいない。しかしカルヴァン自身は、自らの聖書解釈の根源的事柄について語る際には、こういった自身の釈義の特徴を完全に信仰の基準に従属するものとしている。このような場合、彼は完全に、聖書テクストの意味を明らかにするために生きて働く聖霊の神中心の力に自らを委ねている。そこでは人間的営みは受動的媒体でしかない。同じようにアウグスティヌスは、神の声を聴き分けるために、解釈者としての正しい態度が与えられるようにと神に祈り求めることの役割を強調した。従って聖書テクストは、伝統的なキリスト教神学の中では、一貫した意味を得るために人間のイニシアティヴを待つしかないような、中立的で活性のない対象では決してない（クリストファー・サイツ〔Christopher Seitz〕の秀逸な分析を参照。彼は

第 18 章　解釈学的結論

Figured Out, pp. 13-33 において、神学的告白が宗教の哲学的カテゴリーへと
シフトしてしまっていることについて論じている）。

　２．ブルッゲマンは、いわゆる正典的な聖書の読解は、そのような読み方
がテクスト自体の中にすでに「所与」のものとして存在していると提案する
ならば、誤りへと導くものになると論じている。彼のこのような批判は、ポ
ストモダンの文学研究において広く受け入れられた前提に則ったものである。
すなわち、テクストの意味とはテクストの中にきっちりと固定されているも
のではなく、むしろそれはテクスト、読者、そして文脈といった要素の相互
連関を含んだ解釈のプロセスである、という考え方である。従ってテクスト
の意味を獲得することは、固定された所与のものを探し求めることではなく、
むしろ、継続して行われる営みにおける流動的なやり取りのことなのである。
確かにそのようなポストモダンの分析は、多くの歴史的批判的釈義の言語学
的前提を骨抜きにする極めて効果的なものであった。しかしやはりそのよう
な分析は、信仰の基準についての神学的議論の言語や文脈を理解すること に
は失敗している。

　３．信仰の基準という概念を用いることは、ユダヤ教、キリスト教両方の
聖書伝承の伝承者たちによって共有されていたある確信に基づくものであ
る。すなわち、聖書文書を形成していくことは書いたものをでたらめに寄せ
集めることではなく、むしろ伝承者たちが神の霊感によるものと見なした神
学的考察の賜物であった、という確信である。このような正典的聖書形成に
よって、解釈のためのある枠組み——それは後に信仰の基準と呼ばれた——
が与えられ、その中で聖書が解釈されるようになった。たとえば、モーセの
律法は預言書に先立っており、申命記は律法の結論として機能している。同
じように、四つの福音書はそれぞれに固有の福音書記者の名前で呼ばれなが
ら、しかしそれぞれの証言がイエス・キリストの一つの福音に属するものと
して関連させられ、一つのものとして束ねられてきた。言い換えれば、聖書
の書物はより大きな枠組みの中で、ある特別な方法で編集されてきたのであ
る。たびたび、このような編集行為は「正典的」とか「宣教的」、あるいは
「告白的」なものと言い表されてきた。客観的な宗教史的視座とは対照的に、
このような見方は信仰の実践と告白を伴ったスタンスから生み出される。こ

465

の意味で、聖なる書物としての役割を担っていることから、聖書には「所与の」意味が存在するのである。従って、ブルッゲマンが自身の旧約神学の書物の中で、旧約聖書の中の書物を神の命令に関する二つの相反する解釈、つまり証言と反証言（counter-testimony）に再配列してしまうことは、正典的聖書形成によってもたらされた筋から外れており、またそれによって与えられた信仰の基準を退けることになってしまう。

4．更に、聖書資料が、正典的（告白的）に、聖書として形成されていることと、聖書の個々の箇所を関連づけていく釈義的作業——それはたびたび複数の意味や解釈に対して開かれている——との間には、別の重要な区別が存在する。聖書神学者たちはたびたびこの解釈学的区別を、正典的形成によって影響された意味と、継続した釈義的取り組みによって引き出される意味との区別としてとりあげている。前者は、より大きな神学的構造によって提供される「客観的意味」であるが、後者は、釈義的企ての本質的要素である「主観的意味」である。たとえば、福音書の正典的枠組みは福音を伝える書物に共通なジャンルがあることを明らかにし、イエス・キリストについて証をしているが、しかし正典的に定着した四つの福音書の間に、詳細にわたる厳密な歴史的、文学的、神学的関連があるわけではない。このことを解釈する営みは釈義の作業に属しており、それは、様々な証言のニュアンスを聞き取るためにテクストと格闘することに他ならない。正典的形態は、聖書のより大きな枠組み——すなわち信仰の基準——を提供し、釈義の解釈的機能はその枠組みの中で導かれる。従って正典的枠組みは解釈者にとって、信仰に基づいた読み方のために提供された神学的枠組みから逸脱した解釈かどうかを見極める際に、その解釈を肯定する基準とも否定する基準ともなる。

これらの解釈学的区別は、イザヤ書の解釈史から例証できる。イザヤ書の基本的な正典的構造は、そのようなものがたびたび無視されるような時代の中でさえも、長い間ずっと認識されてきた。［イザヤ書の］表題は、「幻」、すなわち神の啓示の伝達者が預言者イザヤであったとしている。更に、啓示の受け手はユダとエルサレムであるとされ、時代的枠組みは、ウジヤ王からヒゼキヤ王までであるとされる。それに続いてヤハウェの語りが始まる。その最終形態によれば、イザヤ書の資料は一つの預言書として解釈されてきた。

第 18 章　解釈学的結論

しかし、まさにこのことが必然的に示す事柄は、緻密な釈義によって判断されなければならない。イザヤの預言者としての活動がヒゼキヤの治世で終わりを迎えているという事実は、40-66 章の解釈にとって重要な解釈学的示唆を与えている。批判的研究によりイザヤ以後の時代に書かれたことを示すとされる数々のしるしにもかかわらず、イザヤ書の表題は、正典的に、イザヤの預言の歴史的状況が捕囚以前の時代であることを示しており、従ってイザヤ書の後半部の解釈を方向づけている。40 章は、イザヤ書の第一の部分と第二の部分を結び付ける役割を果たしている。預言者に届けられたヤハウェの言葉は絶えることがない（40:8）。しかし、これら二つのセクションが結び合わされているということは、釈義的に解釈されるべき事柄である。また、同じようなこととして、40-55 章の文脈はヤハウェの僕をイスラエルと見なしているが、この認識がどのように理解されるべきかということは、やはり釈義的課題として残り続ける。解釈者は常に正典的構造によって、この預言書の性質について考えるようにと促され続ける。預言者自身が 40 章以降登場しないとすれば、イザヤという人物が著者として名指しされているこの文書集成をどのように理解すべきであろうか。要するに、預言書の正典的形成は信仰の基準として機能している。それは、ある批判的解釈の選択肢を除外するように否定的に働くこともあれば、イザヤ書全体にとって権威ある文脈を確立するために肯定的に働くこともある（cf. 2001 年に出版された私のイザヤ書注解）。

6　歴史の弁証法的本質

　歴史の本質に対する熱い関心は、聖書のキリスト教的解釈がその歴史のはじめから絶えることなく持ち続けてきた特徴であった。旧約聖書と新約聖書両方において歴史的出来事が占める中心的役割を考慮するとき、この判断は全く驚くにはあたらない。

　私は「弁証法的」（dialectical）という言葉を、歴史についてのキリスト教的理解の中心的諸特徴を説明するための一般的な用語として選んだ。この言葉は、歴史的出来事の様々なタイプの間に設けられた区別を指し示すもので

ある。聖書においてはたびたび、一般的な出来事と神的出来事の、また内的な次元と外的な次元の、あるいは信仰に基づく認識と世俗的な認識の緊張関係が表現されてきた。現代的な基準からしてこうした区分が曖昧に見える場合でも、たとえばエイレナイオスの例を挙げれば、旧新約聖書を貫き受肉においてクライマックスを迎える公の出来事が啓き示されていく、秩序立った歴史的プロセスについての彼の理解は、この世界の様々な出来事の中に特別で唯一無比の神の目的が存在していることを意味していた。

　古代教父たちによってすでに例証されている、このような歴史に対する多大な関心の存在を示す根拠は実は聖書自体において、特に旧約聖書において見出される。イスラエルの預言者たちが、歴史の正確な年代配列に注意深かったというだけではない（ほとんどの預言書には、諸国民の歴史についての長い記述がある）。更には、地上的な次元と神的な次元が、絶えることなく相互に関連している有様を観察することが重要である。預言者イザヤは6章においてエルサレム神殿を訪れているが、ここでは全く突然にイメージがシフトし、天の神殿と、セラフィムを侍らせて玉座に座している王としての神が描かれる。あるいは、18章において預言者イザヤは、まずエチオピアとユダ王家の間の政治的陰謀について語り始めるが、自ら裁きをもって介入するべく、これらの人間たちの営みを黙って観察している神に突然視点を移す。預言者によれば、神には全世界に対する計画がある（14:26）。それは神秘的であるが、同時に完全に理解可能なものであり、言ってみれば農夫の農耕暦のようなもので、アッシリア人たち（19:5-12[訳注2]）や他の支配者たちの思い上がった主張を挫折させるものである。

　初期の教会において、そしてその後も引き続き啓蒙主義の時代まで、キリスト教神学者たちはたびたび聖書の語る歴史の特別な性質について、超自然的な事柄に訴えることによって説明しようと試みた。しかし、この概念は聖書に根差したものではなく、ますます哲学的な支えが必要となった。対照的に聖書が奇跡的なことについて言及する時、その働きは神の驚くべき、予想を超えた働きについて説明しようとしているのであり、その働きは往々にし

訳注2　ここでのチャイルズの聖書引用の意図は、必ずしも明らかではない。

てこの自然世界の一部の出来事として提示されているのである。

　宗教改革者たちの間では、ルターが文字と霊、律法と福音という弁証法的パターンを用いていることは、預言者的な意味での歴史を、単に実際に起こった出来事の歴史と対比させるという帰結をもたらした。ルターは歴史の進み方を操ろうとする人間の努力を、神の霊的王国の到来と鋭く対比させた。歴史における神的しるしは、イザヤ書7章に見られる通り、事柄を啓き示すと同時に隠蔽する。それでもルターは、洗練された「救済史」（Heilsgeschichte）のような考えを発展させることはせず、むしろより率直でありのままの解釈を継続した。これによって彼は、抽象的な議論を通して歴史的出来事の具体的な性質を犠牲にすることを避けたのである。ある意味で、ルターは全く「前批判的」（pre-critical）であった。なぜなら彼は、実際の歴史的出来事と聖書の記述との直接的な関連を前提にして考えていたからである。しかしそれでも、ルターによる聖書の物語の洗練された解釈は、日常の出来事の中に神が介入するという、力強い実存的次元を確保することとなった。ルターとは対照的に、カルヴァンは自身の歴史についての見方の中では、弁証法的な緊張関係に訴えることはしていない。むしろ一つの神の意思が、全ての出来事に意味と方向性を与えるのであり、イスラエルと教会の物語は同じ道筋を共有していると考えたのである。カルヴァンが予型論を用いたことは、歴史的出来事の神的順序の中に比喩的パターンを見出すことを可能にした。彼が神的適応（divine accommomdation）という神学を適用したことは、ある程度、歴史についての直接的な指示対象についてのこれまでの理解を変更することとなった。

　聖書の歴史の本質に関する議論は、啓蒙主義によって著しく悪い方向へと向かった。新しく興ってきた批評的アプローチは、すでにグロティウスの釈義によってその兆しが現れており、彼は伝統的なメシア的テクストの成就を、ユダヤ人国家の内部で起こった様々な歴史的出来事と結び付けて解釈しようとした。カロフによって論じられた正統的ルター派によるこれに対する応答は、新約聖書のキリスト論的解釈以外の仕方でメシア預言の成就を語ることの全面的な拒絶であった。しかし、ヴィトリンハの時代までには、ある妥協に到達していた。すなわち、彼はイスラエルの国家としての歴史の中

469

での、メシア預言の様々な部分的成就を預言に適合したことと見なし、そういった歴史における部分的成就が後に、キリストにおける究極的成就によって完成されたと考えたのである。この時代において更に重要なことは、コッケイユスによる釈義であった。彼は、自分の教え子が提示した解決策を拒絶した。コッケイユスは、歴史における神の業の根本的な終末論的本質を回復しようとした。預言の成就とは、人間による出来事を拡張することではなく、それとは質的に異なるのである。コッケイユスのアプローチは、聖書の預言を大体において黙示的な言葉によって、古い時代と新しい時代の間の断絶として解釈するものであった。このような彼の行き過ぎた方向性にもかかわらず、コッケイユスは、ルターにある程度近い歴史の実存的性質を回復しようとしたことによって、17世紀の改革派正統主義の堅固な支配に風穴を開けることに成功した。

　18世紀の終わりまでには、イギリスとヨーロッパにおいて広範に受け入れられていた歴史的合理主義が、聖書が語る歴史的出来事の説明として合理的で内在的、主観的な要因を提供したことによって、聖書の語る歴史を根絶してしまった。しかし、19世紀初期までの時代には、理神論の継承者たちはロマン主義の力強い影響力の前に、全くその存在感を失ってしまった。ヘーゲルやシェリングは、歴史哲学を発展させることに新たに注目し、歴史を宗教の観念的理想へと段階的に向かっていく弁証法的プロセスと理解したのである。

　このような大きな文脈の中で、歴史に関する新しく重要な定式が「救済史」（Heilsgeschichte）という概念を伴って現れてきた。この概念の主要な主張者は、J. C. K. フォン・ホフマンであった。彼は、世界救済を目指した神の行為の歴史と、神的なものがすでに入り込んでいるところの一般的、世俗的な出来事との間に区別を設けようとした。ホフマンは二つの局面で闘いを展開した。一つには、啓示を単独の預言としてではなく、全体的、有機的な歴史的プロセスとして捉えるという彼の啓示についての動的な理解は、ヘングステンベルクによる古い、静的な預言理解と対立するものであった。他方で彼は、歴史の中の受肉の出来事においてクライマックスを迎えた聖書の様々な出来事の具体的特徴を保とうと努めることを通して、ヘーゲルによる観念

第 18 章　解釈学的結論

論的抽象化と闘った。しかし振り返ってみると、ホフマンの「救済史」の概念は、やはり観念論的ヘーゲル哲学の諸特徴によって過度に影響されていたことが明らかに分かる。

　ホフマンが考えたような統合された歴史という形をとって、出来事が有機的、調和的に展開されていくという理解は、ヴェルハウゼンが史料批判の手法を用いて旧約聖書の「本当の歴史」を批評的に再構成したことによって、大きく後退することになってしまった。このようなヴェルハウゼンの試みは、イスラエルの宗教的発展の歴史的順序を根本的に組み替えてしまった。実際、19 世紀の終わりまでに、旧約聖書、新約聖書両方に用いられた、宗教史的アプローチによる批判的方法論は、神的救済の出来事を人間的営みの中に働く世俗的事柄からある意味で区別して考えてきた教会の伝統的な神学的関心に取って代わったように思われる。しかし 20 世紀に入る前には、新しく、より批判的で、神学的により深みのある「救済史」の定式が、マルティン・ケーラー、アドルフ・シュラッター、そしてゲルハルト・フォン・ラートらの著作において登場してきたことにより、キリスト教の釈義的伝統において系統的類似が変わることなく存在していることが示された。歴史における神のユニークな行為は、人間によって知覚される経験的な歴史と一つになることはありえず、かといってそこから分離されることもありえない。これは、秘儀に通じた人だけが知ることのできる奥義ではない。むしろこれらの要素の中で、教会は神の道を理解しようと闘っている。この道は信仰者に対して啓示されており、彼らの礼拝と奉仕の生活は、人間的営みの次元における神の霊の約束された現臨を証明しているのである。

7　歴史と聖書テクストの最終形態

　歴史の問題に関連して、ここで論じなければならない最後の問題がある。いわゆる、聖書テクストの最終形態、正典的形態をめぐる議論の現在の混乱は、歴史の問題と、その弁証法的性質に起因している。その最近の著作の中で（*The Pentateuch in the Twentieth Century*）、アーネスト・ニコルソン（Ernest Nicholson）は私の正典的書物の最終形態への強調を、フォン・ラートの創

世記注解の次の文章を引用することで批判している。「この書物の長い時間をかけた発展の中では、どの段階のものも全く廃れてしまうということはありえない。各段階のそれぞれが、永続的なものとして、六書がその最終的な形態を獲得する時まで保存され、手渡されていったのである」（p. 27）。ニコルソンはここで、フォン・ラートが披瀝している聖書の構造的発展についての理解を、ニコルソンが考える聖書の歴史についての私の理解と対比させるために用いている。「チャイルズは、最終形態以前の全てのテクストの発展段階を重要なものとは見なさない……。最終形態に集中することは、テクストの背後にあったであろう、様々な意見、議論、論争の奥行きのある経過を縮めることになってしまう」（p. 267）。私見では、このようなテクストの最終形態とテクスト形成の歴史的経過を対立させるやり方は、私の立場を基本的に誤解している。残念ながらこのような誤解は、最初ジェームズ・バー（James Barr）によって表明され（*Holy Scripture*, 1983）、その後、ジョン・バートン（*Reading the Old Testament*, 1984）によってとりあげられ、今やニコルソンや、多くの他の人々によって引き続き共有され続けている（cf. Julio Trebolle Barrera, *The Jewish Bible and the Christian Bible*, pp. 416-21）。

　しかし実際には、私はフォン・ラートの立場に全く賛成である。つまり、彼が言うように、旧約聖書の歴史的発展におけるどの段階も廃れてしまってはおらず、それぞれの段階は何らかの形で、最終形態の中に保存されてきている。理解の混乱が生じているのは、なされている釈義的作業の本質についての見解の相違の部分についてである。旧約聖書を教会の聖なる書物として理解しようというのが一つの方向性であるが、聖書を宗教史的カテゴリーで理解することは、それと全く別の作業である。両方の作業はそれぞれに正当であるが、しかし互いに目標とすることとその手続きが全く異なっている。ここでの解釈学的問題は、ニコルソンらによって主張されているような、歴史的発展の経過と聖書の最終形態の間の対照ということではない。聖書を聖典として理解するということは、預言者と使徒による証を通して伝えられてきたテクストの様々な「証言」について熟考することである。この作業は、聖書の歴史を聖書に証されている神の働きとして理解することを含んでいる。これに対して宗教史的アプローチは、人間に共通の経験によって規定された

批判的研究の基準に従った科学的、客観的分析として、歴史を広範に受け入れられている啓蒙主義のカテゴリーに従って再構成しようとする。

本書の中で、この二つのアプローチを関連させるための解釈学的試みについて詳述しようとするためには、紙面があまりにも限られている。そこで私は、この二つのアプローチは、異なった目的、前提を持ち、その結果も異なってくると表明するだけに留めたい。それでも、この二つのアプローチの関係の複雑さは明らかであり、これらは決して一つになることも、互いに区別されることもできない。この二つの間には、保たれるべき微妙な関係が存在する。我々が本書のイザヤ書についての研究で見てきたように、教会は、聖書に対する信仰的スタンスの歴史的本質について理解しようと激しく闘ってきたのである。

正典的テクストの最終形態に関する理解の混乱は、歴史について共通の理解を共有していない釈義についての、二つの異なったアプローチの存在を十分に理解していないことにその要因がある。正典的形態が持つ優先的な地位について語ることは、決してイスラエルの過去の歴史を捨象することではない。そうではなくて、このアプローチは預言者と使徒の「証言」の形成の正典的プロセスを、客観的、科学的といわれている再構成と一つにしてしまうことを拒否する。この再構成は、イスラエルと教会の歴史における神の現臨という、聖書の証言を形成するまさにその特徴を取り除くために、批評的フィルターを用いているのである。

Ⅲ 要約と解釈学的結論

私は本書で、キリスト教的釈義の伝統の諸特徴を認識しようと努めてきた。それらの諸特徴は、私の見立てでは、系統的類似を形成している。私の歴史的探究の焦点は、必然的に非常に選択的なものであり、キリスト教聖典としてイザヤ書を理解するための教会の闘いという全体を貫く表題の下に、イザヤ書の釈義を集中して考察するものであった。私はこのような解釈学的企てが持つ、幾つかの基本的で本質的な特徴を認識しようと努めた。それは聖書

の権威、その字義的、霊的意味、聖書が旧約聖書と新約聖書を含んでいること、その神的、人間的著者性、そのキリスト論的内容、そして歴史の弁証法的性質といったものであった。

　私は、聖書の中の一つの書物の解釈史を、神学的、解釈学的視座からたどるという本書の試みの中で、様々な解釈の統一性と多様性の本質について論じようと努めた。教会の長い歴史の中では、解釈の中に根本的な歴史的、文化的断絶が絶えず見られるが、しかしそれにもかかわらず、私はキリスト者の釈義を形成している、幾つかの永続的な神学的関心の基本的特徴の存在について論じた。私が提案する結論は次のことである。すなわち、様々な文化的影響力（歴史的、社会学的、文献学的）こそが聖書解釈の主要な要素であるという前提に基づく解釈史の研究は、教会の神学的熟考の最も中心的構成要素を把握し損なっている、と。

　私は、聖書解釈史における系統的類似とは、聖書の権威の問題、複層的意味の問題、そのキリスト論的内容の問題といった難しい課題を無理やりに解決しようとする、一つの信条定式や固定された定式の中に納まるようなものではないということも示そうとした。むしろ「信仰の基準」（rule of faith）という言葉で表現された、許容され得るキリスト教解釈の限界についての理解が、口頭、書物両方の形式で、教会の歴史のほぼはじめから存在していたのである。使徒的伝承によって確立された枠組みを逸脱するように見える問題のある神学的立場にとっては、この基準はますます否定的な物差しとして機能した。しかしそこにおいてさえも、そのような制限を適用することはたびたび、合意を形成するための、そしてまた教会と世界についての証言に関する以前の過ちを告白し、悔い改めるための長いプロセスを要したのである。

　聖書を解釈するための規範などどこにもなく、それぞれの解釈者が自らの想像力を駆使して解釈をするのだ、ということをたびたび耳にするかもしれない。これに対して本書の一つの結論は、聖書の理解に関して、教会の中にはある系統的類似が常に存在し続けてきたというものであった。もちろん教会は、著しい意見の相違と、深刻な争いを経験した長い時代を経ている。しかし、聖書の力は文化的変動の著しい時代においてさえ、新しい展望を切り開き続けてきた。もちろん聖書解釈に際して、精神の柔軟性と寛容性は絶え

第 18 章　解釈学的結論

ず必要とされている。しかし、聖霊がイエス・キリストを真実に証すること
へと促してくれることによって絶えず形作られている教会を保持していくた
めの、神学的限界づけというものが存在している。教会の聖書解釈の歴史を
振り返ることによって、我々は信条の告白において、新しい確信を見出すこ
とができる。「我は、一つの、聖なる、公同の、使徒的教会を信ず」。

文献表

Barrera, J. Trebolle. *The Jewish Bible and the Christian Bible*. Leiden: Brill, 1998.

Barton, J. "Canon and Meaning." In *The Spirit and the Letter*, pp. 131-56. London: SPCK, 1997.

Blowers, P. M. "The *Regula Fidei* and the Character of Early Christian Faith." *Pro Ecclesia* 6 (1997): 199-228.

Brueggemann, W. *Theology of the Old Testament: Testimony, Dispute, Advocacy*. Minneapolis: Augsburg Fortress, 1997.

————. *Isaiah* (Westminster Bible Companion). 2 vols. Louisville: Westminster/John Knox, 1998.

————. "The Bible as Scripture: Canon Fire." *The Christian Century*, vol.118, no.33 (December 5, 2001), pp. 22-26.

Childs, B. S. *Isaiah*. Louisville: Westminster/John Knox, 2001.

Ebeling, G. *Die Geschichtlichkeit der Kirche*. Tübingen: Mohr Siebeck, 1954.

Felber, S. *Wilhelm Vischer als Ausleger der Heiligen Schrift*. Göttingen: Vandenhoeck & Ruprecht, 1999.

Frei, H. *The Eclipse of Biblical Narrative*. New Haven: Yale University Press, 1974.

Holmgren, F. C. *The Old Testament and the Significance of Jesus*. Grand Rapids: Eerdmans, 1999.

Hübner, H. "Vetus Testamentum und Vetus Testamentum in Novo receptum: Die Frage nach dem Kanon des Alter Testaments aus neutestamentlicher Sicht." *Jahrbuch für biblische Theologie* 3 (1998): 147-62.

Kähler, M. *The So-called Historical Jesus and the Historic Biblical Christ of Faith*. Philadelphia: Fortress, 1964.

Kugel, J. L., and R. A. Greer. *Early Biblical Interpretation*, pp. 126-54. Philadelphia: Westminster, 1986.

Louth, A. *Discerning the Mystery*, pp. 96-131. Oxford: Clarendon, 1983.

Lubac, H. de. *Scripture in the Tradition*. New York: Crossroad, 2000.

Minear, Paul S. *The Bible and the Historian*. Nashville: Abingdon, 2003.

Neusner, J. *How Judaism Reads the Bible*. Baltimore: Chizuk Amuno Congregation, 1999.

Nicholson, E. *The Pentateuch in the Twentieth Century*. Oxford: Oxford University Press, 1998.

Rad, G. von. *Theology of the Old Testament*. 2 vols. New York: Harper & Row, 1962.

Rendtorff, R. "Toward a Common Jewish-Christian Reading of the Hebrew Bible." In *Canon and Theology*, pp. 31-45. Philadelphia: Fortress, 1993.

Seitz, C. *Word without End: The Old Testament as Abiding Theological Witness*. Grand Rapids: Eerdmans, 1998.

————. *Figured Out: Typology and Providence in Christian Scripture*. Louisville: Westminster John Knox, 2001.

Williamson, P. S. *Catholic Principles for Interpreting Scripture: A Study of the Pontifical Biblical Commission. The Interpretation of the Bible in the Church*. Rome: Pontifical Biblical Institute,

2001.

Yeago, D. S. "The Spirit, the Church, and the Scriptures: Biblical Inspiration and Interpretation Revisited." In *Knowing the Triune God: TheWork of the Spirit in the Practice of the Church,* edited by James J. Buckley and D. S. Yeago, pp. 49-93. Grand Rapids: Eerdmans, 2001.

日本語文献

フォン・ラート『旧約聖書神学』全 2 巻、荒井章三訳、日本基督教団出版局、1980-82 年。

人名索引

Abarbanel アバルバネル　367, 382

Abel, F. M. アベル　156, 165, 192, 205

Adam, A. K. M. アダム　431, 439

Aichele, G. アイシェル　432, 439

Albertz, R. アルベルツ　58

Alexander, J. A. アレクサンダー　399-401, 419, 428

Ambrose, Saint アンブロシウス　283

Antin, P. アンタン　165

Appold, K. G. アッポルド　393

Aquinas, Saint Thomas トマス・アクィナス　234-61, 447

Arnold, Matthew アーノルド　422

Ashby, G. W. アシュビー　230, 232

Attridge, H. アットリッジ　143

Augustine, Saint アウグスティヌス　49-50, 151, 162, 163, 235, 283

Aune, D. E.　78

Auvray, P. オーヴレイ　165

Bachmann, J. バッハマン　428

Baker, D. L. ベイカー　55

Baker, J. A. ベイカー　120

Bammel, C. P. H. バンメル　120

Bardenhewer, O. バルデンホイアー　205

Bardy, G. バーディー　78, 120, 165, 175, 205, 213, 232

Barnabas, Saint バルナバ　84, 141

Barnard, L. W. バーナード　78

Barnes, T. D. バーンズ　124, 143

Barr, James バー　109, 120, 472

Barrera, J. Trebolle バレラ　53, 60, 472, 476

Barrett, C. K. バレット　55, 58, 59

Barth, Karl バルト　319, 348

Barthélemy, D. バルテルミー　53

Barthes, R. バルト　439

Barton, John バートン　472, 476

Battles, F. L. バトルズ　326, 348

Bauer, K. バウアー　314

Bauer, Walter バウアー　39

Baur, C.　175

Baur, F. C. バウア　462

Bayer, O. バイエル　314

Beale, G. K. ビール　55, 60

Bellinger, W. H. ベリンジャー　61

478

Bengel, J. A. ベンゲル　394

Benoit, A. ブノワ　94

Benoit, P. ブノワ　261

Berger, S. ベルジェ　348

Bernard, Saint ベルナール（ベルナルドゥ
　　ス）　284

Beutel, A. ボイテル　314

Bigg, C. ビッグ　120

Bizer, E. ビツァー　314, 394

Blanchard, Y.-M. ブランシャール　94

Blowers, P. M. ブロワーズ　476

Bluhm, H. ブルーム　314

Bock, D. L. ボック　58

Bohatec, J. ボハテック　348

Bokser, B. Z. ボクサー　78

Bornkamm, H. ボルンカム　282, 314

Bouthillier, D. ブティリエ　260

Bousset, W. ブセット　64

Bouwsma, W. J. バウズマ　348

Braverman, J. ブレイバーマン　165

Breen, Q. ブリーン　348

Brooke, A. E. ブルック　24, 53

Brooke, G. J. ブルック　53

Brown, D. ブラウン　165

Brown, R. E. ブラウン　109, 120

Brox, N. ブロックス　78

Broyles, C. C. ブロイルズ　27, 53

Brueggemann, W. ブルッゲマン　433-38,
　　439, 452, 459, 463-64, 476

Bunte, W. ブンテ　280

Cahoone, L. カフーン　439

Calmet, A. カルメ　385-92, 404

Calov, A. カロフ　354-58, 469

Calvin, John カルヴァン　317-50, 446, 448,
　　450-1, 456, 464, 469

Caroll, R. B. キャロル　439

Carson, D. A. カーソン　55

Casey, M. ケイシー　55

Cavallera, F. カヴァレラ　145, 165

Chadwick, H. チャドウィック　78, 102,
　　120

Chase, F. H. チェイス　175

Chenu, M.-D.　260

Cheyne, T. K. チェーン　414-16, 430

Childs, B. S. チャイルズ　37, 56, 395, 472,
　　476

Chilton, B. D. チルトン　53, 55

Chrysostom, Saint John ヨアンネス・ク
　　リュソストモス　167-76, 210

Clark, E. A. クラーク　165

Clement of Alexandria アレクサンドリア
　　のクレメンス　96-103, 443

Clines, D. J. A. クラインズ　439

Cocceius, J. コッケイユス　359-71, 421,
　　470

Collins, Anthony コリンズ　51, 55, 61, 380,
　　395

Cosgrove, D. H. コスグローヴ　78

Cramer, J. A. クラーマー　348

Cripps, R. S. クリップス　396

479

Cross, F. M. クロス　53

Crouzel, H. クルーゼル　111, 120, 143, 232

Cyril of Alexandria キュリロス　177-206, 276

Dahl, N. A. ダール　59, 70, 78

Dale, A. W. W. デール　121

Daniélou, J. ダニエルー　94, 99-102, 108, 110, 121, 188, 203

Darling, J. ダーリン　386, 396

Davidson, A. B. デイヴィッドソン　416-18, 420, 430

Dawson, D. ドーソン　102

Delitzsch, F. デリッチ　404-5, 407-13, 429

Devresse, R.　124, 143, 232

De Wette, W. M. L. デ・ヴェッテ　406

Diestel, L. ディーステル　353-54, 364, 366, 385, 393, 394, 395, 396, 405, 429

Dietzfelbinger, C. ディーツフェルビンガー　59

Dieu, L. デュー　175

Diodore of Tarsus タルソスのディオドロス　210

Dittmar, W. ディットマー　55, 59

Docherty, T. ドチャーティ　439

Dodd, C. H. ドッド　55, 59

Dorival, G. ドリヴァル　53

Dowey, E. A. ダウイー　320, 348

Driver, S. R. ドライヴァー　410-11, 415, 418-22, 430

Dubarle, A. M. デュバール　205

Duffield, G. E. ダフィールド　348

Duhm, B. ドゥーム　424

Dumortier, J. デュモルティエ　175

Ebeling, G. エーベリンク　260, 280, 284-86, 289, 314, 442, 476

Efird, J. M. エファード　55

Elert, W. エラート　314

Ellis, E. E. エリス　56, 59

Elze, M. エルツェ　260

Emerton, J. A. エマートン　53, 419, 430

Erasmus, Desiderius エラスムス　292, 297

Eusebius of Caesarea カイサリアのエウセビオス　123-44

Evans, C. A. エヴァンズ　27, 29-31, 53, 55, 58, 59

Ewald, H. イーヴァルト　398, 428

Exum, J. C. エクザム　439

Fairbairn, P. フェアベーン　109, 121

Farkasfaly, D.　94

Farrar, F. W. ファーラー　73, 78, 319, 348

Faulenbach, H. ファウレンバッハ　359, 361-3, 394

Felber, S. フェルバー　476

Ferguson, J. ファーガソン　102

Fichte, J. G. フィヒテ　409

Field, F. フィールド　24

Fischer, M. フィッシャー　280

Fish, S. フィッシュ　439

Fishbane, M. フィッシュベイン　55

Fitzmyer, J. A. フィッツマイヤー　41, 55,

480

58, 59

Flint, P. W. フリント　27, 53

Forstman, H. J. フォーストマン　321, 327,
348

Fowl, S. E. ファウル　240, 258, 260

Fowler, R. ファウラー　439

France, R. T. フランス　36, 56, 58

Freed, E. D. フリード　58

Frei, Hans ハンス・フライ　258, 260, 340,
348, 451, 476

Frend, W. H. C. フレンド　78, 205

Froehlich, K. フローエリッヒ　260, 280

Fullerton, R. フラートン　321, 348

Gamble, R. C. ギャンブル　349

Ganoczy, A.　349

Garrett, D. A. ギャレット　170-73, 175

Gerrish, B. A. ゲリッシュ　314, 349

Gese, H. ゲーゼ　37, 57

Gesenius, W. ゲゼニウス　397-98, 403, 428

Ginzberg, L. ギンズバーグ　165

Glorieux, P. グロリュー　260

Gnilka, J. グニルカ　31, 56

Goodenough, E. R. グッドイナフ　78

Goppelt, L. ゴッペルト　56, 59, 61

Gozza, S.　165

Grant, R. M. グラント　94, 110, 121, 143

Greef, W. de グレーフ　349

Greene-McCreight, K. E. グリーン＝マク
ライト　322-23, 349

Greer, R. A. グリーア　56, 78, 83, 93, 94,

121, 232, 445-46, 476

Grotius, Hugo グロティウス　352-58, 446

Grützmacher, G. グリュッツマッハー
145, 165

Guggisberg, H. B. グッギスベルク　393

Guillet, J. ギエ　205

Guinot, J.-N. ギノー　213-14, 217, 219,
223-24, 232

Gundry, R. H. ガンドリー　57

Haenchen, E. ヘンヒェン　48, 59

Hägglund, B. ヘグルント　84, 94

Hailperin, H. ヘイルパーリン　280, 314

Hanhart, R. ハンハルト　53

Hanson, A. T. ハンソン　56, 59

Hanson, R. P. C. ハンソン　73, 79, 94, 108,
110, 112, 121

Hardy, E. R. ハーディ　205

Harl, M. アルル　53, 121

Harnack, A. ハルナック　451

Haroutunian, J. ハルトゥニアン　349

Harris, J. Rendel ハリス　56

Harrisville, R. A.　405, 429

Hartmann, L. ハートマン　57, 147, 165

Harvey, B. ハーヴィー　431

Hata, G. 秦剛平　143

Hatch, E. ハッチ　24

Hayes, J. H. ヘイズ　385, 396

Hays, R. B. ヘイズ　59

Hefner, P. ヘフナー　94

Hegel, G. W. F. ヘーゲル　409

481

Heine, R. ハイネ　121

Helmer, C. ヘルマー　296, 314

Hengel, M. ヘンゲル　23, 26, 53, 59, 61, 79

Hengstenberg, E. W. ヘングステンベルク
　　399, 412, 422, 428

Hermann, R. ヘルマン　314

Herrera, A. エレラ　94

Hidal, A.　232

Higgins, A. J. B. ヒギンズ　79

Hill, R. ヒル　175

Hirsch, E. D. ハーシュ　51, 56, 61

Hirsch, Emil ヒルシュ　394

Hitzig, F. ヒッツィヒ　398, 428

Hoffmann, G. ホフマン　393

Hofmann, J. C. K. von ホフマン　360, 405-
　　7, 421, 429, 470-1

Holl, Karl ホル　288, 315

Hollerich, M. J. ホラリッヒ　124-9, 141,
　　143

Holmes, R. ホームズ　24, 53

Holmgren, F. ホルムグレン　459, 476

Hooker, M. D. フーカー　58

Horbury, W. ホーバリー　79

Horn, H. J. ホルン　102

Horne, T. H. ホーン　386, 396

Hübner, E. ヒュプナー　429

Hübner, H. ヒュプナー　60, 458, 476

Hunt, W. ハント　396

Ingraffia, B. D. イングラフィア　439

Irenaeus, Saint エイレナイオス　80-95,

141, 443, 447, 462

Jay, P. ジェイ　165

Jencks, C. ジェンクス　439

Jerome, Saint ヒエロニムス　126, 145-66,
　　241-42, 266, 284, 333, 458

Jobes, K. H. ジョーブス　54

Jobling, D. ジョブリング　439

Joest, W. ヨースト　315

Jouassard, G. ジュアサール　205

Jourjon, M.　94

Juel, D. ジュエル　56

Jülicher, A. ユーリヒャー　286-87, 315

Justin Martyr, Saint 殉教者ユスティノス
　　62-79, 92

Kähler, E. ケーラー　315

Kähler, M. ケーラー　22, 471, 476

Kaiser, W. C. カイザー　51, 56, 61

Kamesar, A. カメサー　57, 166, 205

Käsemann, E. ケーゼマン　48, 60

Katz, P. カッツ　60

Kay, W. ケイ　419, 430

Keith, A. キース　378, 395

Kelly, J. N. D. ケリー　145, 166, 173, 175

Kennedy, R. G. ケネディ　260

Kerrigan, A. ケリガン　179-80, 182-88,
　　192, 201-3, 205, 206

Kiecker, J. G. キエッカー　263, 268-70,
　　279, 280

Kihn, H. キーン　208, 232

Kimball, C. A. キンボール　58

Kimchi キムチ　382

Knabenbauer, J. クナーベンバウアー
401-4, 428

Koch, D.-A. コッホ　45-47, 56, 60

Koenig, J. ケーニヒ　28, 54

Kohls, E. W. コールス　315

Kooij, A. van der コーイ　28, 54

Koopmans, J. クープマンス　315

Kraus, H.-J. クラウス　319, 349, 394, 429,
430

Krey, P. D. W. クレー　280

Kristeva, J. クリステヴァ　439

Krupp, R. A. クラップ　175

Kuenen, A. キューネン　378, 393, 395

Kugel, J. L. クーゲル　56, 78, 94, 121, 385,
396, 476

Kunze, J. クンツェ　394

Kurz, W. S. カーツ　79

Labrosse, H. ラブロース　280

Lagarde, Paul de ラガルデ　24, 54

Lamarche, P. de ラマーチ　54

Lampe, F. A. ランペ　360

Lampe, G. W. H. ランペ　108, 121

Lane, A. N. S. レイン　349

Lange, N. R. M. ラング　121

Langlois, C. V. ラングロワ　280

Lawson, John ローソン　81-82, 94

Lehmann, P. レーマン　349

Leske, A. M. レスケ　57

Lessing, G. E. レッシング　346

Levenson, J. D. レヴェンソン　439

Lightfoot, J. B. ライトフット　143

Lilla, R. R. C. リラ　102

Lindars, B. リンダーズ　35-36, 53, 56, 57

Lindbeck, G. リンドベック　240, 258, 260

Loewe, R. レーウェ　166

Lohse, B. ローゼ　315

Longenecker, R. N. ロンゲネッカー　56,
61

Louth, A. ロウス　110, 118, 121, 216, 446,
476

Lowth, Robert ロウス　379-85

Lubac, Henri de リュバック　110-12, 121,
143, 203, 232, 236-38, 260, 280, 448,
476

Luther, Martin ルター　107, 282-316, 448,
470

Luz, U. ルツ　34-35, 57, 60

Lyotard, J.-F. リオタール　439

Mailhiot, M.-D.　260

Marcos, F. マーコス　54

Marcus, Joel マーカス　58

Margerie, B. de マルジェリー　94, 102,
121, 175, 181, 186, 200, 203, 206, 209,
232

Marrs, R. R. マーズ　396

Marshall, B. マーシャル　260, 315

Martin, R. F. マーティン　260

McCasland, S. V. マカスランド　35, 57

McCollough, C. T. マッカロー　232

483

McGacken, T. マクガッケン　260

McGuckin, J. A. マクガッキン　206

McKenzie, S. L. マッケンジー　439

McKnight, E. V. マックナイト　439

McLean, N. マクリーン　24, 53

Méhat, A.　102

Mehlhausen, J. メールハウゼン　428

Melugin, R. F. メルギン　440

Menken, M. J. J. メンケン　57, 59

Merrill, E, H. メリル　280

Michel, O. ミヒェル　60

Minear, P. S.　476

Möhle, A. メーレ　124, 143

Möhler, J. A. メーラー　22

Moltmann, J. モルトマン　394

Mondésert, C.　103

Moo, D. J.　58

Mortley, R. モートレー　103

Moore, S. ムーア　439

Moule, C. F. D. ムール　35, 56, 57

Moyise, S. モイス　56, 57, 58

Müller, E. F. K. ミュラー　394

Müller, K. ミュラー　349

Muller, R. A. ミュラー　349

Munnich, O.　53

Murphy, F. X. マーフィー　166

Nassif, B. ナッシーフ　176, 207, 232

Nestorius ネストリオス　210, 213-14

Neuser, W. H. ニューザー　349

Neusner, J. ニューズナー　453-54, 476

Newton, Thomas ニュートン　378, 395

Nicholas of Lyra リュラのニコラス　262-81, 284, 297

Nicholson, E. ニコルソン　471-72, 476

ナインハム Nineham, D. E.　22, 61

ノリス Norris, C.　440

オーバーマン Oberman, H.　283, 315

エコランパディウス Oecolampadius, J.　297

オールド Old, H. O.　175

オピッツ Opitz, H.-G.　143

オリゲネス Origen　49, 104-22, 145, 162, 235, 277, 283-4, 289, 361, 443, 446

オーリンスキー Orlinsky, H. M.　54

オズボーン Osborn, E. F.　79, 103

Oss, D. A. オス　60

Østergaard-Nielsen, H. エスタガールド＝ニールセン　315

Ottley, R. R. オットリ　24, 54

Oulton, J. E. L. アウルトン　102

Paget, J. N. B. Carleton パジェット　103, 106-7, 111, 121

Painter, J. ペインター　59

Parker, T. H. L. パーカー　318, 323, 326, 332, 336, 349

Parson, James パーソン　24, 53

Patton, C. L. パットン　262, 281

Pearson, B. W. R. ピアソン　28, 54

Pelikan, J. ペリカン　315

Persson, P. E.　260

Pesch, O. H. ペッシュ　236, 238, 257, 261

Pesch, R. ペッシュ　36, 57

Peterson, E. ピーターソン　394

Phillips, G. A. フィリップス　439

Places, E. des プラス　124, 144

Porter, S. E. ポーター　28, 54, 57

Prestige, G. L. プレスティージ　206

Preus, J. S. プロイス　241, 257, 261, 281, 283, 294, 308-11, 315

Prigent, P. プリジャン　79

Procopé, J. F.　121

Puckett, D. L. プケット　321, 325, 336, 349

Pusey, P. E. ピュージー　179, 205

Quasten, J. カステン　77, 79, 80, 95, 103, 121, 144, 166, 168, 170, 175, 206, 232

Rad, G. von フォン・ラート　230-31, 232, 405, 471, 476

Rashi ラシ　284, 382

Reim, G. ライム　59

Rendtorff, R. レントルフ　452-55, 476

Reventlow, H. レヴェントロウ　22, 95, 354, 393, 394, 428

Reyero, M. Arias　261

Rogers, E. F. ロジャース　240, 258, 261

Ritschl, O. リッチュル　394

Rogerson, J. W. ロジャーソン　405, 429, 430

Rothen, B. ローテン　315

Rothfuchs, W. ロートフックス　57

Russell, N. ラッセル　206

Saebø, M. サーボ　22

Sanders, J. A. サンダース　42, 58, 59

Sapp, D. A. サップ　47, 60

Sawyer, J. F. A. ソーヤー　19, 22, 79

Schäublin, C. ショイブリン　233

Scheel, O. シール　315

Scheld, S. シェルト　349

Schelling, F. W. J. シェリング　409

Schellong, D. シェロング　349

Schlatter, A. シュラッター　471

Schleiermacher, F. シュライエルマッハー　288

Schmalenbach, T. シュマレンバッハ　428

Schmid, J. シュミット　151, 166

Schmitz, P. シュミッツ　396

Schneck, R. シュネック　58

Schrenk, G. シュレンク　361, 363, 395

Schuchard, B. G.　59

Schulz, S. シュルツ　60

Seccombe, D.　58

Seeligmann, I. L. セリグマン　25, 28, 54

Seitz, C. R. サイツ　464, 476

Sellers, R. V. セラーズ　206, 233

Sherlock, Thomas シャーロック　378, 395

Shotwell, W. E. ショットウェル　79

Silva, M. シルヴァ　54, 56, 60

Simonetti, M. シモネッティ　103, 144

Skarsaune, O. スカルサウネ　63-66, 72, 76, 79, 95

Skinner, J. スキナー　418-22, 430

485

Smalley, B. スモーリー　236-37, 261, 281

Smend, R. スメント　396, 428

Smith, D. M. スミス　56, 60

Smith, George Adam スミス　422-27, 430

Smith, L. スミス　280

Smith, W. R. スミス　415, 417, 430

Snodgrass, K. B. スノッドグラス　56

Soares-Prebhu, G. M. スワレス＝プラブー　35, 57

Sparks, W. F. D. スパークス　166

Spicq, C. スピク　236, 238, 240-41, 261, 281

Stanley, C. D. スタンレー　60

Steck, K. G. シュテック　429

Stegner, W. R. ステグナー　55

Steinmetz, D. C. シュタインメッツ　315, 349

Steins, G. シュタインズ　440

Stendahl, Krister ステンダール　35, 39, 57

Stoeffler, F. E. ストフラー　395

Stout, J. スタウト　440

Strauss, M. L. ストロース　58

Strecker, G. シュトレッカー　57

Stuhlmacher, P. シュトゥールマッハー　61

Sundberg, A. C. サンドバーグ　54

Sundberg, W. サンドバーグ　429

Swete, H. B. スウィート　24, 54

Synave, P.　240, 261

Tanner, K. タンナー　258, 261

Taylor, M. A. テイラー　428

Tennant, P.　233

Tertullian テルトゥリアヌス　141

Thackeray, H. St. J. サッカレー　24, 53

Theodore of Mopsuestia モプスエスティアのテオドロス　210-13

Theodoret of Cyrus キュロスのテオドレトス　207-33, 445

Tholuck, F. A. G. トールック　318-19, 349, 394

Torall, J. P.　260

Torjesen, K. J. トージェセン　107, 113-15, 121

Torrance, T. F. トーランス　95, 98-99, 103, 206, 261, 349

Tov, Emanuel トーヴ　26-27, 54

Tracy, D. トレイシー　121, 440

Trench, R. C. トレンチ　109, 121

Trigg, J. W. トリッグ　121

Ulrich, Eugene ウルリヒ　27, 54

Ungern-Sternberg, A. von ウンゲルン＝シュテルンベルク　64, 144

Unnik, W. C. van ウンニク　393

Vaccari, A. ヴァッカーリ　208, 233

Vander Ploeg, J. ファンデル・プルーフ　261

Vanhoozer, K. ヴァンフーザー　440

Venables, E. ヴェナブルズ　176

Vessey, M. ヴェッシー　166

Vielhauer, P. フィールハウアー　60

Vigouroux, F. ヴィグルー　233

Vischer, W. フィッシャー　349

Vitringa, C. ヴィトリンハ　360, 367, 371-
　　79, 395, 405, 451, 469

Vogelsang, E. フォーゲルザンク　315

Vogt, J. フォークト　95

Vollmer, H. フォルマー　60

Wagner, J. R. ワグナー　60

Wagner, S. ヴァグナー　407, 413, 430

Wallace-Hadrill, D. S. ウォレス＝ハドリル
　　124, 131, 144

Wallmann, J. ウォールマン　394

Watson, Francis ワトソン　79

Watts, R. E. ワッツ　58

Weber, H. E. ヴェーバー　350, 395

Weisheipl, J. A. ワイスハイプル　261

Wellhausen, J. ヴェルハウゼン　409, 412,
　　415, 462, 471

Wendlebourg, E.-W.　405, 429

Westcott, B. F. ウェストコット　59, 122

Weth, G. ヴェート　429

Wevers, J. W. ウィーヴァーズ　55

Whitman, J. ウィットマン　110, 122

Wilde, R. ワイルド　122

Wiles, M. ワイルズ　122

Wilk, F. ヴィルク　45, 60

Wilken, R. L. ウィルケン　176, 188, 206

Williams, A. L. ウィリアムス　65, 144

Williamson, H. G. M. ウィリアムソン　55

Williamson, P. S. ウィリアムソン　476

Wingren, G. ウィングレン　95

Witsius, H. ウィツィウス　360

Wolf, E. ヴォルフ　315

Wolterstorff, N. ウォルターストーフ　261

Wood, S. K. ウッド　122

Woollcombe, K. J. ウルコム　108, 121, 176

Woudstra, M. H. ワウドストラ　350

Wright, D. F. ライト　350

Wyschograd, M.　261

Yeago, D. S.　477

Young, Frances ヤング　95, 110, 113, 119,
　　122, 144, 176, 206, 216-17, 233

Young, F. W. ヤング　59

Zahrnt, H. ツァールント　315

Ziegler, J. ツィーグラー　24-25, 28, 54,
　　124, 126, 169

Zwingli, U. ツヴィングリ　297-98

事項索引

アレクサンドリア学派 Alexandrian school
106-7, 128-29, 156, 183, 207, 215

アンティオキア学派 Antiochene school
129, 156, 171- 72, 207-213, 215-20, 224

ウルガタ訳聖書 Vulgate　145, 353, 387

神の国 Kingdom of God　30, 39, 242, 302-
3, 363, 420

神の民 People of God　65, 91, 114, 308-11,
326

救済史 Heilsgeschichte　71, 86, 127, 231,
292, 357, 363, 366, 378, 406, 412, 450

教理問答／信仰教育 Catechesis　100,
105, 130, 305, 443

キリスト教教理 Doctrine, Christian　83,
295, 343-46

キリスト論的読み Christological reading
76, 88, 128-29, 141, 161, 312, 357, 361,
413, 460

寓喩 Allegory　90, 92, 101, 107-15, 118-
19, 126, 133, 155-56, 183, 207-8, 235-36,
284-87, 336-37

グノーシス主義 Gnosticism　73, 81, 83, 98,
100, 106, 112

（釈義の）系統的類似 Family resemblan-
ce, exegetical　427, 441-42, 449, 473

啓蒙主義 Enlightenment　50, 224, 288,
292, 312, 360, 400, 404

契約 Covenant　69, 76, 91, 101, 289, 326,
328-30, 363, 449

交換主義 Supersessionism　65, 75

最終的な完成 Consummation, final　93,
138, 323, 339-41

三位一体 Trinity　44, 72, 178, 295-96,
362, 449

字義的意味 Literal sense　111, 116, 126-
28, 131, 140, 150, 161, 163, 180-83, 190,
218, 235-39, 244-48, 258-59, 267-75, 322-
24, 387, 445-49

（聖書の）字義的解釈主義 Literalism, bi-
blical　163, 373, 399-400, 409

七十人訳聖書 Septuagint　23-52, 133,
141, 151, 153, 332-33, 457-61

使徒信条 Creeds　84-85, 222, 305

証明テクスト Prooftexting　34, 39, 44, 68,
　131, 361

諸国民の召集 Nations, the gathering of
　90, 132, 137, 252

処女懐胎 Virgin birth　68, 70, 87, 89, 133,
　138-39, 153, 160, 273, 356-57, 368, 389-90

信仰の基準 Rule-of-faith　83-84, 86, 91,
　447, 465-67

神秘的意味 Mystical sense　268, 358, 369,
　372, 377, 384

新約聖書における引用 New Testament cit-
　ations　29-49, 51-52, 435, 458, 461

スコラ主義 Scholasticism　241, 360

聖書的隠喩 Metaphors, biblical　125,
　226-28, 247, 255, 342, 389-90

聖書と伝承 Scripture and tradition
　→信仰の基準 Rule-of-faith

聖書の統一性 Unity of scripture　92, 158,
　164, 307, 346, 435, 438, 457

正典、正典的 Canon, canonical　26, 48,
　51, 214, 385, 444, 465-67, 473

聖なる書物の著者 Sacred scripture, autho-
　rity of　25, 239, 337, 343, 443-45, 455-57

聖霊 Holy Spirit　50, 92, 115, 118, 231,
　323-24, 337-38

説教 Homiletics　85, 100, 109, 115-17, 167-
　68, 172-73, 290, 345, 346-47, 367, 379,
　425-27, 448

存在論的解釈 Ontological interpretation

138, 237, 243, 252-53, 329, 341, 358

単純な意味 Plain sense
　→字義的意味 Literal sense

地理についての知識 Geography, knowled-
　ge of,　192, 392

適応 Accommodation, theory of　71, 326,
　456

哲学的観念論 Idealism, philosophical
　409, 421, 425

比喩的意味 Figurative sense
　→寓喩 Allegory

文学的技法 Literary skills　288, 325, 332-
　34, 380-35, 391

ヘブライ語テクストの真実な意味 Hebraica
　veritas　147, 153, 161, 355

ヘブライ語の知識 Hebrew, knowledge of
　64, 143, 320, 332, 359, 386, 398, 423

弁証 Apologetics　62, 67, 73-76, 81, 125,
　278, 352, 399

弁証法的歴史 History, dialectic　36, 163,
　294, 301, 328, 378, 467-71

包括的読み Holistic reading　84, 92, 129,
　325, 335

ポストモダンの解釈 Postmodarn interpre-
　tation　431-38

マソラテクスト Masoretic text　27, 47, 49,
　372, 382, 384, 407

メシア的希望 Messianic hope　74, 132,
　248, 305-07, 356, 383, 400-1, 403, 415-16,
　417

黙示的主題 Apocalyptic themes　98, 364-
　67, 370

文字と霊 Letter and Spirit　91, 289-90,
　302-3, 329

物語 Narrative　37, 68, 220, 225, 326, 449

ユダヤ・ヘレニズム的環境 Jewish-Helle-
　nistic milieu　24-27, 41, 43, 46, 52, 101,
　107, 459

ユダヤ教聖典 Jewish scriptures　23, 48,
　67, 73-75, 131, 152, 435, 452

ユダヤ教的解釈 Jewish interpretation
　44, 47, 65, 75, 112, 152, 157, 163, 188, 223-
　24, 271, 284, 297, 310, 334, 355-56, 382,
　397-98, 453

予型(論) Typology　70-72, 92, 110, 140,
　157-58, 212, 216, 219, 228-31, 327, 330-31,

　340

預言からの証明 Proof-from-prophecy
　70-71, 87-89, 92

預言と成就 Prophecy and fulfillment　76,
　93, 157, 223, 372, 373-74, 378, 451

律法と福音 Law and Gospel　291, 293-94,
　303-05, 328

霊的意味 Spiritual sense　126-28, 151,
　156-59, 164, 183-89, 193-201, 226-28,
　235-41, 248-50, 265-66, 446

礼拝 Worship　119, 187, 201, 308, 444

歴史的意味 Historical sense
　　→字義的意味 Literal sense

歴史的合理主義 Rationalism, historical
　156, 374-77, 397-98

歴史的批判 Historical criticism　37, 51,
　82, 203, 209, 224, 398, 401, 409, 419, 423,
　432, 461-62, 472-73

訳者あとがき

田中　光

原著と「日本語版への序文」著者の紹介（および凡例）

　本書は、B. S. Childs, *The Struggle to Understand Isaiah as Christian Scripture* (Grand Rapids/Cambridge: Eerdmans, 2004) の全訳である。これまで日本では、チャイルズについての紹介は幾度かなされてきたが（たとえば、大野恵正「最近の旧約学における正典的解釈論の問題」『活水論文集』25、1982年、73-88頁；中野実「正典批評」、浅野淳博他著『新約聖書解釈の手引き』日本キリスト教団出版局、2016年、280-319頁）、チャイルズの著作自体の翻訳がそれほど多くなされたわけではなかった。これまでになされた翻訳としては、近藤十郎訳『出エジプト記　上下　批判的神学的注解』（日本キリスト教団出版局、1997年、原著は *The Book of Exodus: A Critical, Theological Commentary*, OTL〔Louisville: Westminster John Knox Press, 1974〕）や、芳賀力訳『聖書を取り戻す』（教文館、1998年）に収録されたチャイルズによる論文「キリスト教神学に聖書を取り戻す」（15-39頁）がある（原著は "On Reclaiming the Bible for Christian Theology," in *Reclaiming the Bible for the Church*, ed. by Carl E. Braaten and Robert W. Jenson〔Grand Rapids: Eerdmans, 1995〕, pp. 1-17）。本書は、チャイルズの本格的な著作の邦訳としては二冊目ということになる。チャイルズ教授の来歴、業績、本書の紹介等についてはすでに、本書にご寄稿くださったクリストファー・R. サイツ教授による「日本語版への序文」の中に詳しく述べられているので、ここではあえてそれを繰り返さず、後に述べる「日本における本書の意義について」の項目において必要

なことだけを補足的に申し上げたい。

　ここではむしろ、本書に「日本語版への序文」を寄せてくださったサイツ教授について主に紹介したい。クリストファー・R. サイツ教授はアメリカ出身の旧約聖書学者である。教授は、イェール大学で Ph.D. を取得された後、同大学で教鞭を執られ、それから、スコットランドのセント・アンドリュース大学において、2007 年からトロント大学ウィクリフ・カレッジにおいて教えておられる（2018 年現在、Senior Research Professor）。

　これまでに出版された著書や論文は膨大で、とても紹介しきれないが、ここでは主なものだけを挙げよう。まず教授は、幾つかの注解を執筆しておられる。ヨエル書の注解（International Theological Commentary, T & T Clark, 2016）、コロサイ書の注解（Brazos Theological Commentary Series, Brazos, 2014）、イザヤ書の注解（1-39 章を Interpretation Commentary Series, Westminster John Knox Press, 1993-、40-66章を The New Interpreter's Bible, Abingdon Press, 2001-）などがあり、新約聖書にまでその射程が及んでいる点には驚かされる。そして教授は、チャイルズの思索を引き継ぎ、聖書を正典として理解することを前提とした解釈学を独自な視点から展開する様々な著作を出版している。たとえば *The Character of Christian Scripture: The Significance of a Two Testament Bible*（Baker Academic, 2011）、*The Goodly Fellowship of the Prophets: The Achievement of Association in Canon Formation*（Baker Academic, 2009）、*Prophecy and Hermeneutics: Toward a New Introduction to the Prophets*（Baker Academic, 2007）などがある。最近の著書としては、*The Elder Testament: Canon, Theology, Trinity*（Baylor University Press, 2018）がある。

　サイツ教授は大学での研究者という顔の他に、教会に仕える牧者としての顔も持っておられる。彼は按手を受けた米国聖公会の司祭である。その牧者としての働きは、The Anglican Communion Institute の所長、米国聖公会ダラス教区における Canon Theologian としての役割など多岐にわたる。蛇足になるが、テキサスを活動の拠点の一つとされている教授は、大リーグ、テキサス・レンジャーズのファンであり、私が在学当時、チームに所属していたダルビッシュ有を応援しておられたことが印象深く記憶に残っている。

　サイツ先生は、本書の序文に記しておられるように、チャイルズ教授を最

訳者あとがき

もよく知る学生、友人、同僚であり、本書の日本語版の序を記すのに最も適任な方であった。教授は本訳書出版の意義を深く理解し、日本から来た一学生の申し出を快く聞いてくださり、本書にかなり長文な序文を寄せてくださった。この場を借りて心から感謝申し上げる次第である。

　さて、ここでは更に、翻訳に関わる凡例について主なものを記しておく。

・本文中に引用されている聖書は、基本的には新共同訳に従っているが、チャイルズの聖書引用が新共同訳と大きく異なる場合には、チャイルズの聖書引用を日本語訳することとした。
・人名や著作の日本語表記、訳については、主に以下の書物を参考にした。ハインリヒ・クラフト『キリスト教教父事典』水垣渉／泉治典監修、教文館、2002 年。『キリスト教人名辞典』日本基督教団出版局、1986 年。
・原著において、引用その他について明らかな誤りが見出された場合、訳者が補足での説明を特に感じた場合には、訳注などによってその旨指摘をすることとした。訳注の作成にあたっては以下の書物を参照した。
　E. A. Livingstone, ed, *The Concise Oxford Dictionary of the Christian Church*（3rd ed.）. Oxford: Oxford University Press, 2013.
　Angelo Di Berardino, ed. *Encyclopedia of the Early Church*, vol.1-2. Translated by Adrian Walford. Cambridge: James Clarke & Co., 1992.
・索引などでとりあげられている重要語句については、訳者間で統一することを心がけたが、それ以外の語句については、訳者それぞれの個性をある程度残すこととした（例：「研究方法」、「アプローチ」）。

　さて、以下においては、主に二つの点について記すこととしたい。一点目は、本書の日本における意義について、そして二点目は翻訳の経緯についてである。チャイルズがあまり紹介されていない日本において、本書の意義を問うことは必要なことであり、同時にまた、私の個人的な体験である翻訳の経緯を紹介することによって、その考察を多少補完することができると思われるので、ここでこれら二点について記すことは有益であると考えられる。

本書の日本における意義について

　まず、本書が持つ日本における意義について短く考察してみたい。結論から言えば、本書の日本における意義は、主に二点あると考えられる。第一点目として、本書は神学部門の相互の交流が少ない日本にあって、聖書学が他の神学の分野と協力することによって新たな豊かさが生み出される可能性を示しているという意味で意義深い。

　本書を記したのは歴史神学の研究者ではなく、旧約聖書学を専門とする学者である。ここに表れているのは、欧米の神学研究においては、すでに神学の各部門をまたいでの研究が一般的になっている、という事実である。もちろん、サイツ教授が「序文」の中で指摘していたように、このような神学部門の相互交流は、イェール大学の学統の反映とも言える。しかし、特に最近の英米圏の聖書学の流れの中には、様々な要因から、聖書解釈の歴史を聖書学の要素として取り入れる流れが広く浸透していることを考えると、本書はより大きな欧米圏の聖書学の流れを反映していると言える。このことを示す例については枚挙にいとまがないが、一例を挙げれば、Wiley Blackwell 社から刊行されている Wiley Blackwell Bible Commentaries というシリーズにおいては、聖書解釈史の多様な視点をふんだんに取り入れた注解が次々に世に送り出されている（たとえば、オックスフォード大学の Susan Gillingham によって 2018 年に出版された詩編注解においては、古代教父、宗教改革者の注解、更には典礼における詩編の使用についての言及までなされている）。

　つまり、こうした流れの中にあって本書の存在は、欧米にあっては決して稀有なものではない。実際、本書は聖書学者や歴史神学者たちからその存在を広く認知され、一定の評価を受けている。英米圏の聖書学の研究者においてはもちろんであるが（たとえば、James Luther Mays による書評 *Interpretation* 60 〔2006〕, pp. 80-82; Randall Heskett による書評 *Anglican Theological Review* 88 〔2006〕, pp. 442-44）、ドイツ語圏の聖書学者によっても、本書は一定の評価を得ており（たとえば、Joachim Becker による書評 *Biblica* 87 〔2006〕, 429-34）、しかもドイツ語圏の教会史研究の雑誌においても本書についての書評が記されていることは重要である（Peter Gemeinhardt による書評 *Zeitschrift für antikes Christentum* 12 〔2008〕, pp. 186-88）。もちろん、解釈

史からキリスト教聖典解釈の規範を導き出す試みについて一定の評価がされている一方で、他方では、様々な批判も当然存在する。たとえば、言及されていない重要な文献が多数あるとの指摘や（たとえば Becker, 434。ベッカーは、チャイルズが W. Vischer による *Das Christuszeugnis des Alten Testaments* に言及していない点を問題視する）、教会の 2000 年の聖書解釈の歴史にそう簡単に共通項を見出せるのかという疑問（Gemeinhardt, pp. 187-88）、新約聖書が提示するラディカルな「霊的意味」についての見方（たとえばⅡコリ 3:14-16 など）を、どのようにしてチャイルズが主張する時代を貫く聖書解釈の「系統的類似」の中に取り込めるのかという疑問（Becker, pp. 433-34）などが投げかけられていることは事実である。しかしそれにもかかわらず、少なくとも欧米では、上記の学問的コンテクストの存在に鑑みると、この著作がキリスト教聖典解釈の規範を探究した批判的研究として、重要な意義をこれからも保ち続けていくことはほぼ間違いないと思う。

　しかし、こうした欧米における神学の諸部門を統合しようという動きは、必ずしも日本の聖書学において大きなインパクトを与えてはいない。日本における聖書学関係の出版物の多くは、やはりその大半が、従来通りの歴史的批判的方法論に基づいた研究書によって占められているように思われる。もちろんその中にあって、最近日本においても純然たる聖書学の研究書だけでなく、W. ブルッゲマンのような、ポストモダンの前提に基づきつつ「神学的」な聖書解釈を提唱する旧約学者の著作が翻訳され、紹介されていることは注目に値する。また、マイノリティーの視点からの聖書解釈を展開した著作の紹介も見られる。それでも、チャイルズの著作に見られるような、教会の聖書解釈史を本格的に探究するような書物は、旧約学者の手によるものとしては、ほとんど見られないと言っても過言ではない。しかしそのような中にあって、神学校で旧約を専門に学ばれた私の先輩、堀江知己牧師が最近オリゲネスのイザヤ書説教を翻訳され、オリゲネスの聖書解釈理論について詳しい解説をなさっていることには、注目すべきものがある（関川泰寛監修、堀江知己訳・解説『オリゲネス　イザヤ書説教』日本キリスト教団出版局、2018 年）。

　欧米の学問が全て後追いに値するということを言おうとしているわけでは

ない。しかしやはり、学ぶに値するものは確実に存在する。日本ではあまり着目されていない、教会の聖書解釈史は、我々が今最も学ぶに値するものの一つではなかろうか。もちろん一方では、日本において神学部門の厳然たる区別が存在することには、重要な意義がある。その意味で、聖書学がその学問的領域を保持することは必要なことである。しかし他方では、特に最近英米圏において目覚ましい勢いで発展している聖書解釈史の分野を見る時、日本の聖書学、そしてそれだけでなく、日本の教会においてこうした成果を取り入れることによって、聖書の本当の意味での豊かさに与ることができるのではと思わされる。我々の聞くべき聖書解釈は最近の数百年においてしか見出されないという偏見から自由になり、むしろ教会の2000年の歴史の中に広く真実な聖書解釈を探究する志に立って、神学部門の垣根を越えた協力を模索しても良いのではないだろうか。本書は日本の神学会にそのようなチャレンジを促すという意義を持っていると考えられる。

　続いて、本書が日本という文脈の中で持っている二つ目の意義は次のことである。すなわち、本書は、教会の伝統的信仰と聖書学の研究が平行線をたどり続ける日本の文脈にあって、現代の聖書学を含めたあらゆる時代の聖書解釈の究極的目標が、聖書の本質的リアリティー（*res*）に与ることであることを改めて思い起こさせている、という意味で意義深い。

　サイツの序文に記されていたように、本書においてチャイルズが目指しているのは、単に教会における聖書解釈の歴史そのものを記述的に提供するということではない。むしろ本書においては、教会の2000年にわたる聖書解釈から引き出される規範的聖書解釈の方向性とは何か、という問いが探究されている。その意味で本書は、聖書を教会という文脈で解釈することの根底にある本質を見極めようとした批判的研究であると言える。

　そしてこの研究を通して明らかになるのは、旧約学が立脚している歴史的批判的研究の前提と、教会における伝統的聖書解釈の前提との相違である。メイズの言葉に従えば、「チャイルズは、歴史的批判的釈義が聞こうとしない聖書テクストの側面にキリスト教釈義は応答している、という事実に注意を促している」（Mays, p. 81）。歴史的批判的釈義が聞こうとしない聖書テクストの側面とは、再びメイズに従えば、たとえば、聖書が神のリアリティー

訳者あとがき

について繰り返し言及していること、聖書文書間の相互関連によって生み出される解釈上の影響、多様な聖書文書を貫いて見出される共通の主題といった事柄であり、他にも多くの事柄を付け加えることができる（たとえば、聖書における聖霊の働きについて、など）。こうした事柄は全て、聖書が教会にとっての「正典」であるという理解を根底に持っている。従ってチャイルズは、歴史的批判的研究が、「正典」としての聖書解釈を多様な形で営んできた教会の伝統との間に溝を生んでいること、そしてその溝はどのようにして克服されるべきかという問題を、読者に改めて提示しようとしているのである。

　この両者の溝は、教会と聖書学者両方が、これまで何度も曖昧にしようとしてきたものだが、チャイルズはむしろこの溝の存在を直視しようとする。チャイルズはすでにこの問題を、1970 年に出版された『危機にある聖書神学運動』（*Biblical Theology in Crisis*）において告発していた。「聖書神学運動」とは、フォン・ラートなどに代表される、ドイツにおける聖書神学復興の流れがアメリカに輸入された結果引き起こされた 20 世紀のムーヴメントのことである。聖書神学運動は、聖書の歴史的批判的研究と聖書の神学的意義は両立できると考え、保守主義、自由主義両方に論陣を張った。しかしチャイルズは上記の著作で、両者の相違はそれほど簡単に解決できるものではないこと、そして現代の聖書解釈が正典を重視したものに立ち戻らない限り、教会としての聖書解釈は早晩枯渇することをすでに 1970 年代に指摘していた（たとえばチャイルズによれば、聖書神学運動が強調した「啓示としての歴史」は、教会が伝統的に立脚してきた「啓示を媒介する聖書」という理解とは根本的に異なる）。このチャイルズの指摘は、当時の旧約学の重鎮たちによって真剣に取り合われることはほとんどなかった。しかしチャイルズはその後も、正典を重視した聖書解釈とはどのようになされるべきか、そこにおいて歴史的批判的研究はどのような貢献をなすべきかという問いを考え続けた。その顛末は、サイツによる本書「序文」に記されていた通りである。

　その後も「正典」を旗印に著作を生み出し続けたチャイルズには、常に激しい非難が浴びせられてきた。一例を挙げれば、ジェームズ・バー（James Barr）による批判などを思い起こすことができる。こうした批判はおおむね、

497

聖書学の記述的作業に徹する固有の役割を死守しようとする熱意に基づいているものであったと考えることができるし、更には「正典」を強調する解釈の「前批判的」（pre-critical）な性質に対する、嫌悪感とも言うべき感情に基づくものであったとも見ることができる。いずれにせよ、チャイルズによる思索は、ほとんどの聖書学者たちにとって、あまりにも「教理的」で「教会的」であると映った。しかし、そうした厳しい批判にもかかわらず、チャイルズのアプローチから学び、それを更に独自な仕方で発展させる人々が増えてきていることは注目に値する。たとえば Christopher Seitz and Kent Harold Richards, ed. *The Bible as Christian Scripture: The Work of Brevard S. Childs*（Atlanta: SBL, 2013）には、チャイルズの正典的アプローチを受容し、発展させている学者たちのサークルの広がりを確かに見出すことができる。更に言えば、英米圏では最近、チャイルズの神学的思索の流れとはまた別の（しかし、恐らく間接的には関係していると思われる）流れの中で、聖書の正典性と教会の伝統的信仰に則って聖書を解釈するというスタンスの注解が幾つか現れ始めている。一例を挙げれば、ニカイア信仰告白に則って聖書を解釈することを謳った Brazos Theological Commentary on the Bible がある（たとえば、この注解シリーズの使徒言行録注解は、教会史家のヤロスラフ・ペリカン〔Jaroslav Pelikan〕が担当している）。

こうした英米圏の聖書解釈の流れは全て、チャイルズの著作も含めて、そもそも聖書を解釈するという営みから神中心の視点を全く排除した、人間的な視点に基づく解釈だけを取り出すことは妥当なのか、そしてそれは果たして「キリスト教的解釈」と言えるのか、という問いから生み出されている。もし解釈者が、聖書は人の言葉であると同時に神の言葉であるという伝統的な教会の理解に立つのであれば、聖書における人間の意図の探究と神の意図の探究は、単純に分けられるものではなく、むしろ何らかの仕方で常に関連していなければならないはずである。もちろん、「神学的解釈」の強調が、批評的聖書学の意義まで否定してしまっては行き過ぎであろう。しかし、こうした英米圏の流れが、聖書解釈において果たされるはずの教理の役割がますます矮小化され、聖書解釈が枯渇している教会の状況に対しての応答であることを考えると、この問題は、決して無視できないものであると言える。

訳者あとがき

　こうした、聖書解釈の非神学化の状況は、聖書学が依然として他の神学部門との深い交流にない日本においては、なお一層顕著であると言えるかもしれない。しかも日本にあっては、聖書の神学的解釈についてかろうじて語られる際にも、チャイルズが批判した20世紀アメリカの「聖書神学運動」に見られるような理解の域をなかなか脱することができず、その視野が教会の信仰にまで広がっていかない。これらのことが理由となって、教会の聖書解釈の本質を探究しようとする問いは、日本にあっては、ほとんど組織神学に丸投げされてしまうことが多いように思う。しかし聖書の解釈を問題とする聖書学が、その固有の学問的領域を守るためとは言え、聖書解釈の本質、特にキリスト教聖典解釈の本質について探究することを周辺に追いやってしまうことが果たして妥当かどうかを、教会が緩やかに衰退へと向かい始めているこの日本の文脈の中で、改めて問うてみる必要はないだろうか。もちろん、チャイルズの著作から漂ってくる「護教的な」香りに顔を背ける研究者が多い日本において、この問題と取り組む研究者が、欧米のように幾つかのサークルを形成するような事態は、少なくともすぐには期待できない。しかしたとえそうであるとしても、少なくともこのチャイルズの書が日本において紹介されることによって、次のことに対する私たちの理解が深まるとすれば、それはこのチャイルズの書物が日本において持つ意義を、私たちが正しく理解することに繋がるに違いない。すなわち、あらゆる聖書解釈は全て、それが教会という文脈の中で聖書を正典として理解して営まれる限りにおいて、聖書が指し示すリアリティー（res）に与るようにと読者を導くはずであり、そうあるべきであるということである。

翻訳の経緯

　本書の完成は、共訳を引き受けてくださった宮嵜薫先生や矢田洋子先生、そして日本キリスト教団出版局の方々をはじめ、多くの方々の協力と祈りによって成し遂げられたものである。ようやく完成した翻訳を前にして、そこに多くの紆余曲折があったこと、そして神の導きがあったことを思い起こさざるを得ない。

　本書を翻訳するそもそものきっかけとなったのは、私が東京神学大学在

学中（2006-2008 年）の授業その他の場面における学びの経験であった。その当時、演習の授業などで、チャイルズについて学ぶ機会が頻繁にあった。大住雄一先生の授業では、チャイルズの *Biblical Theology of the Old and New Testament*（Fortress Press, 1993）をとりあげて、その解釈学的視点について学ぶ機会が与えられた。また、小友聡先生の授業では、当時話題となっていたイザヤ書の包括的解釈について学ぶ中で、チャイルズの名前を何度も聞いた。また、上に言及した、芳賀力先生が訳してくださった本や、芳賀先生御自身の御著書を通して、チャイルズが組織神学者の関心の対象であることを知った。そうしてチャイルズについて学ぶ中で私が抱いた印象は、歴史的批判的方法論を用いながらも、旧約聖書を教会の正典として読もうとするこの人は、一体どのような聖書学者なのだろうか、という純粋な興味だった。こうしたことが、今思えば、チャイルズについての興味を深めるきっかけとなったのだと思う。

　しかし、そのような興味と同時に、私はチャイルズが問題としているような、「正典的解釈」とか「教会の伝統における聖書解釈」といったトピックに、ある種の苦手意識も持っていた。というのも、その当時私は東神大の博士課程に入学したばかりで、旧約聖書学の分野で歴史的批判的な聖書の研究をより一層深めることを志していたからである。そしてそのことに加えて、教会の旧約解釈の歴史について、自分があまりにも無知であったことも、このような感覚に拍車をかけた。具体的には、私はファンダメンタルな教派の出身であったので、潜在的に教会の伝統に頼った聖書解釈に懐疑的であり、同時に、歴史的批判的研究を学んだことで、ようやく自分のこれまでの「反知性主義的」聖書解釈から「脱皮」し始めているという（今思えば誤った）解放感があった。翻訳の校正段階で、当時の自分の様子を妻から思い起こさせられて、恥ずかしい思いになった。私は当時「歴史的批判的な聖書の解釈」以外の聖書解釈というものをかなり軽蔑しており、妻が学んでいた古代教父の聖書解釈についても相当に否定的なことを言っていた。もっとバランスの取れた見方をしていたはずと勝手に私が思っていたのは、どうやら結婚を前にして多少浮かれていたことに起因する「思い出補正」のようであった。そんな中、本書の原著の存在を偶然知ることになる。翻訳を自分の業績とし

500

てやってみたいという野心の混じった向学心だけを頼りに、早速手に入れた原著を開いてみると、そこには自分が知らないことばかりが記されていた。何とか数十ページを翻訳したが、とにかく内容についての興味や理解がそれほどあったわけではないので、この作業は断続的にしか続かなかった。

　しかし、大きな転機が訪れることになる。2010 年から 2013 年まで、カナダのトロント大学で、妻と共に神学を学ぶ機会を与えられたのである。急に決まった留学だったので、すでに年を越していた時点でアプリケーションを受け付けてくれる大学がここしかなかった。どんな教授がいるか、何を学びたいかなどということをあまり選択する余地がなかったのだが、不思議なことに、そこにしか行けないという場所に、チャイルズの弟子にあたる先生がおられた。本書の序文を執筆してくださったクリストファー・R. サイツ先生である。このことは、私たち夫婦にとっては、神の導きとしか思えない出来事であった。

　入学して最初に受講したサイツ先生の授業は特に印象深かった。それはサマー・コースの演習で、詩編解釈の歴史を扱う授業であった。各授業では、その日に定められた詩編を中心にして、まずはヘブライ語テクスト、古代語諸翻訳を読み比べ、その後、歴史的批判的解釈を含めた世々のキリスト教解釈者たちの解釈を学生同士で互いに発表し、その解釈学的論理について論じ合うというものであった。この授業は、本書の翻訳に大いに役に立っただけでなく、聖書解釈の歴史の深みを私に教えてくれ、歴史上の解釈者たちの生の解釈に示された敬虔に触れることで、以前の「教理的解釈」に対する偏見が少しずつ氷解していった。そして、それまであまり分からなかった「信仰の基準」と旧約解釈の密接な関係、古代教父の旧約解釈の根底にある驚くべき敬虔、カルヴァンの解釈論理の美しい一貫性など、本書で話題になっていることの多くがこの授業で話題となったことで、本書の翻訳に必要な知識が少しずつ蓄えられた。トロント大学の授業ではその他にも、新約を講じるスコット・ルイス（Scott Lewis）先生による古代教父の聖書解釈に関する授業、歴史神学を講じるエフライム・ラドナー（Ephraim Radner）先生による解釈学の授業など、教会の聖書解釈の歴史についての学びを深める授業が多くあり、それぞれの学びが実り多いものであった。そしてまた、同じ大学で古代

教父について学んでいた妻との会話、それに触発されて留学中に読んだ関川泰寛先生のアタナシオスの旧約解釈についての論文（『アタナシオス神学の研究』教文館、2006 年）も大きな刺激になった。このような学びのお陰で、本書のとりあげているトピックが自分の偽らざる興味関心の対象となってきたのである。更に付け加えれば、こうした学びの成果として、サイツ先生の指導の下、古代教父の聖書解釈についての論文を執筆できたことも、翻訳に向けての一つの大きな成果であった（H. Tanaka, "Athanasius as Interpreter of the Psalms: His Letter to Marcellinus," *Pro Ecclesia* 21〔2012〕: pp. 422-47）。

　カナダで学んだことを生かして、帰国してからなるべくすぐに翻訳を完成させるつもりであった。大住雄一先生が教団出版局の方にお願いしてくださったお陰で、翻訳の出版が正式に決まったこともあり、私のモチベーションも高まっていた。教会に仕える働きが始まり、御言葉を取り次ぐ勤めを担うようになると、チャイルズの著作の中で論じられている「キリスト教的旧約解釈」の意義は、自分にとってますます重要なものとして理解されるようになってきた。私はこの時点でようやく、本書を翻訳するための準備が整ったと感じていたのである。しかし、牧会をしながら、そして博士論文の執筆や神学大での授業を担当しながらの翻訳作業は途切れがちになった。そしてまた、学びを重ねていたとはいえ、チャイルズによって展開されている膨大な知識、解釈学的考察の深みを翻訳に落とし込む作業は、私の生半可な学びでは歯が立たないことが多くあり、更なる学びを必要とした。

　こうした遅々とした状況を見かねた出版局の担当の方が、小友先生を通して、宮嵜先生と矢田先生をご紹介くださった。お二人は神学大の博士課程で学んでおられる先生方であり、以前から様々な形でお交わりをさせていただいていた。お二人から大きな助けを得たことが、翻訳作業の大きな推進力となり、その後更に数年を要してようやく、ここに翻訳を完成させることができた。以上が、本書翻訳の経緯である。

終わりに：謝辞

　最後に、この翻訳を出版するにあたって、お世話になった方々に改めて感謝の思いを伝えたい。まず、私に古代教父の学びの面白さを教えてくれた妻

訳者あとがき

従子に、心からの感謝を捧げたい。妻から古代教父について聞くことがなければ、本書は訳されることはなかったと思う。妻は本書の執筆中、常に私のために祈り、励ましてくれた。また、本書の翻訳出版のために、様々なご助言をくださった、東京神学大学の小友聡先生、大住雄一先生、そして、共訳を快く引き受けて、共に本書を訳してくださった矢田洋子牧師、宮嵜薫牧師、また、翻訳プロセスの中で、私の拙い訳文を読んで、できるだけ読みやすい文章へと整えてくださった、教団出版局の方々、特に土肥研一さん、日高詩織さんに、心からの感謝を述べたいと思う。そして最後に、この翻訳を完成させてくださった神に、全ての栄光を帰したいと思う。

〈訳者略歴〉

田中　光（たなか・ひかる　日本語版への序文、序文、第 1 章 - 第 12 章、第 18 章担当）

　東北学院大学文学部キリスト教学科卒業、東京神学大学大学院修士課程修了、トロント大学ウィクリフカレッジ（カナダ）修士課程（ThM）修了、東京神学大学大学院博士課程単位取得退学。神学博士。現在、東京神学大学助教、日本基督教団自由が丘教会牧師。

宮嵜　薫（みやざき・かおる　第 13 章、第 15 章担当）

　東京外国語大学外国語学部フランス語学科卒。東京神学大学神学部卒業、同大学院神学研究科博士課程前期課程修了、同大学院博士課程後期課程在籍中。現在、日本基督教団国立教会牧師。

　訳書に、W. ブルッゲマン『平和とは何か　聖書と教会のヴィジョン』（共訳、教文館、2018 年）。

矢田洋子（やだ・ようこ　第 14 章、第 16 章、第 17 章担当）

　国際基督教大学教養学部卒業、東京都立大学理学研究科博士課程修了、博士（理学）、東京神学大学神学部・同大学院神学研究科博士課程前期課程修了、同後期課程単位取得満期退学。日本基督教団正教師。現在、日本基督教団吉祥寺教会担任牧師。

　訳書に、W. ブルッゲマン『現代聖書注解　サムエル記下』（日本キリスト教団出版局、2014 年）。

B. S. チャイルズ

教会はイザヤ書をいかに解釈してきたか
七十人訳から現代まで

2018 年 12 月 20 日　初版発行　　　　　　　© 田中　光
　　　　　　　　　　　　　　　　　　　　　宮嵜　薫
　　　　　　　　　　　　　　　　　　　　　矢田洋子　2018

　　　　　訳　者　田中　光、宮嵜　薫、矢田洋子
　　　　　発　行　日本キリスト教団出版局
　　　　　〒 169-0051　東京都新宿区西早稲田 2-3-18
　　　　　電話・営業 03（3204）0422、編集 03（3204）0424
　　　　　http://bp-uccj.jp

　　　　　印刷・製本　三秀舎

ISBN 978-4-8184-1007-7　C3016　**日キ販**
Printed in Japan

日本キリスト教団出版局

《オンデマンド版》
出エジプト記　上・下
批判的神学的注解

B. S. チャイルズ：著
近藤十郎：訳

本文批判や資料批判、文献批判、編集史批判に至るまでを概括的に紹介し、その近代聖書批評学の成果に基づき、著者独自の聖書解釈方である「正典批判」を展開する。　　　　　各 8,500 円

オリゲネス
イザヤ書説教

関川泰寛：監修
堀江知己：翻訳・解説

3 世紀に生きた、古代教会最大の神学者オリゲネス。常にキリストを念頭に置いてイザヤ書を読み解き、語った説教は、現代の説教にない「力」を持つ。オリゲネスの生涯、その神学や聖書解釈についての丁寧な解説も付す。　　　　2,500 円

《オンデマンド版》
聖書解釈の歴史
新約聖書から宗教改革まで

出村　彰／宮谷宣史：編著

「聖書がどのように解釈されてきたのか」を、古代から宗教改革に至るまで探り、聖書解釈がなされた歴史的背景とその時代に与えた影響とを学問的に分析し吟味する。　　　　4,800 円

聖書解釈の歴史
宗教改革から現代まで

木田献一／高橋敬基：著

聖書を伝統的解釈から自由にし、新たに「神の言葉」の意味を読みとろうとする、聖書の歴史的解釈とは何か。出発点である宗教改革から、本格化する 19 世紀を経て、今日に至る歴史を、自己検証しつつ辿り、本質に迫る。　　　2,900 円

《オンデマンド版》
キリスト教教理史

ルイス・ベルコフ：著
赤木善光／磯部理一郎：訳

わが国における教理史や神学史は、ドイツを中心とするルター派のものが多いが、本書は、改革派も含め、テーマ毎に区分けして、当該テーマについて古代から現代までの歴史を簡潔に叙述したものである。　　　　　　4,400 円

重版の際に定価が変わることがあります。定価は本体価格。
オンデマンド版書籍のご注文は出版局営業課（電話 03-3204-0422）までお願いいたします。